GEORG JELLINEK

SYSTEM
DER
SUBJEKTIVEN
ÖFFENTLICHEN RECHTE

Elibron Classics
www.elibron.com

Elibron Classics series.

ISBN 0-543-97778-1 (paperback)
ISBN 0-543-97777-3 (hardcover)

This Elibron Classics book contains the complete text of the edition published in 1892 by Akademische Verlagsbuchhandlung von J. C. B. Mohr, Freiburg.

DEM FÜHRENDEN MEISTER

VERTIEFTER ERFORSCHUNG DER RECHTSIDEE

RUDOLPH VON IHERING

ZUR FEIER SEINES FÜNFZIGJÄHRIGEN DOCTORJUBILÄUMS

VEREHRUNGSVOLL GEWIDMET.

*DEM FÜHRENDEN MEISTER VERTIEFTER ERFORSCHUNG DER RECHTSIDEE **RUDOLPH VON IHERING** ZUR FEIER SEINES FÜNFZIGJÄHRIGEN DOCTORJUBILÄUMS VEREHRUNGSVOLL GEWIDMET.*

Vorrede

Die erstaunlich rasche Entwickelung der staatsrechtlichen Literatur seit Aufrichtung des Reiches hat bald zu einer Zahl umfassender systematischer Werke geführt. Namentlich das Reichsrecht, aber auch das Staatsrecht der grösseren Gliedstaaten hat so vielfältige gründliche Darstellung gefunden, dass man meinen sollte, die publicistische Wissenschaft habe auf lange hinaus bereits einen Abschluss gefunden, da neue Werke nur in untergeordneten Dingen oder soweit die Gesetzgebung fortschreitet, Neues scheinen darbieten zu können.

Allein ein flüchtiger Blick in die neben der systematischen einhergehende monographische Literatur genügt, um zu zeigen, wie wenig noch die Gesammtheit der Fundamente gefestigt ist, auf dem die Systeme bauen. Diesen Fundamenten, die nicht leicht zu legen oder zu finden sind, wird sich aber die Forschung mit ihrer ganzen Kraft zuwenden müssen, soll nicht alles bisher Geleistete in Frage gezogen werden. In keiner juristischen Disciplin sind gegenwärtig die Grundlagen auch nur im Entferntesten so bestritten, wie im öffentlichen Rechte. Das wird namentlich bei der Behandlung specieller Probleme klar, welche schärfere Untersuchung der Basis verlangt, als sie in der Regel die systematische Durchforschung des ganzen Gebietes verstattet.

Aller dauernde Fortschritt der Wissenschaft vom öffentlichen Rechte ist daher heute mehr denn je abhängig von gedeihlicher Erforschung der Einzelprobleme.

Unter diesen nimmt das des subjektiven öffentlichen Rechtes eine der hervorragendsten Stellen ein. Dass es bisher nur selten gründlicher Erörterung unterzogen wurde, beweist allein schon, wie unsicher der ganze systematische Bau des Staatsrechts aufgeführt ist.

Die im Verlaufe der folgenden Untersuchungen eingehend begründete Erkenntniss, dass die wissenschaftliche Diskussion mit aller Macht auf diese elementare Frage hingelenkt werden muss, hat mir den Muth gegeben, das vorliegende Werk zu veröffentlichen trotz der Grösse der Aufgabe und der Schwere des Stoffes, die in vollem Umfange nur eingehendste Beschäftigung mit ihnen ermessen lehrt.

Ist dieser erste Versuch einer systematischen Darstellung der gesammten öffentlichen Rechte auch selbstverständlich für den Verfasser abschliessend, so wäre es doch von mir vermessen, ihm solchen Werth für die in ihm behandelten Probleme zuzuschreiben. Die Schwierigkeit der so verwickelten Grundfragen des öffentlichen Rechtes, die kurze Zeit, in welcher wissenschaftliche Forschungsweise an sie herangetreten ist, lassen ihre definitive Lösung noch lange als unwahrscheinlich erkennen, wenn überhaupt in der Welt des Geistes, als deren Theil das Recht sich darstellt, ein Endgiltiges, nicht weiter Umzubildendes und zu Vertiefendes sich feststellen lässt. Der Werth derartiger Arbeiten liegt daher keineswegs in ihrem niemals sicher zu constatirenden Gehalt an absoluter Wahrheit, sondern vielmehr darin, ob sie geeignet sind, ein treibendes Moment in dem wissenschaftlichen Erkenntnissprocesse zu werden. Nicht sowohl ihre bleibenden Resultate, als vielmehr das Mass vorwärtstreibender Kraft, das sie hegen, weist ihnen ihre wissenschaftliche Stellung an.

Die folgenden Erörterungen bewegen sich in erster Linie auf dem Boden des deutschen Rechtes. Doch hat auch das öffentliche Recht der beiden anderen Staaten, das ich lehrte, das österreichische und das schweizerische, eingehendere Berücksichtigung gefunden.

So gewissenhaft ich auch die einschlägige höchst umfangreiche Literatur zu benutzen bestrebt war, so habe ich doch Citatenhäufung so viel als möglich vermieden und polemische Exkurse auf das Notwendigste beschränkt, vornehmlich in den Untersuchungen zur allgemeinen Rechtslehre. Auf diesem Gebiete schien es mir kaum anders möglich vorzudringen, als durch sorgfältige Darlegung des eigenen Standpunktes. Anführung oder Bekämpfung aller jemals über diese Probleme geäusserten Ansichten würde den ohnehin schwer zu gliedernden Stoff in eine unförmliche, ungeniessbare Masse verwandelt haben. Grösste Klarheit und durch Polemik so wenig als möglich unterbrochene Darstellung erschien mir aber als das wichtigste Erforderniss wirksamer Entfaltung meiner Ansichten in diesen grundlegenden Partien des Werkes.

Während des Druckes erschienen und konnten daher nicht mehr benutzt werden *Hänel*, Deutsches Staatsrecht I, *Bernatzik*, Republik und Monarchie, *Ulbrich*, Oesterreichisches Staatsrecht in Marquardsens Handbuch des öffentlichen Rechts, 2. Auflage. In dem Augenblicke, wo diese Zeilen zum Drucke gehen, kommt mir zu *Kuntze*, Der Gesammtakt, ein neuer Rechtsbegriff (in den Festgaben der Leipziger Juristenfakultät für O. Müller), durch welche Schrift, schneller als ich es erwarten konnte, der von mir S. 197 ausgesprochene Wunsch nach eingehender Untersuchung dieser Rechtsform in vortrefflicher Weise erfüllt worden ist.

Schliesslich sei es mir vergönnt, meiner Freude darüber Ausdruck zu geben, dass ich dieses Buch dem hochverehrten Manne widmen konnte, dessen Name als fernhinleuchtendes Wahrzeichen deutscher Rechtswissenschaft weit über Deutschland hinaus glänzt. Wenn ich ihm zu seinem Jubiläum eine Gabe darzubringen wage, so erfülle ich damit freudigen Herzens ein Gebot der Dankbarkeit. Vor mehr als zwanzig Jahren war es, dass ich neben hunderten von Genossen, die dichtgedrängt in dem grössten und doch zu kleinen Saale der Wiener Universität seinen Worten begeistert lauschten, ihn mit der gewaltigen Energie seines Wesens seine Theorie des subjektiven Rechtes verkünden hörte. Ihm und seinem Freunde Joseph *Unger* verdanke ich es gleich manchen Anderen, die damals die Blüthe der Wiener Juristenfakultät genossen, dass ich in der Rechtsforschung meinen Lebensberuf fand. Als wohlwollender Berather, als thatkräftiger Helfer hat er mir später in ernsten Stunden beigestanden. Solches zu erwidern, habe ich Nichts als dieses schwache Zeichen meines Dankes. Möge er es freundlich aufnehmen und möge es nicht unwürdig sein der Feier, zu der nun bald alle Universitäten deutscher Zunge mit seltener Einmüthigkeit ihre Huldigungen darbringen werden.

Heidelberg, im Mai 1892.

Georg Jellinek.

Allgemeiner Theil

I. Einleitung

Von allen publicistischen Problemen tritt das der Eigenart des subjektiven öffentlichen Rechtes zuletzt in das wissenschaftliche Bewusstsein.

Der erste Versuch juristischer Construktion und Erkenntniss des modernen Staates wird von dem Naturrecht unternommen. Dem Naturrecht aber gilt das subjektive Recht, welches von ihm wesentlich als Freiheit aufgefasst wird, als das Primäre, Vorstaatliche, der Staat als eine Anstalt zum Schutze des von ihm nicht geschaffenen, sondern nur anzuerkennenden Rechtes. Eine scharfe Scheidung privater und öffentlicher Berechtigung ist unter diesem Gesichtspunkt nicht möglich. Alle öffentliche Berechtigung, soweit sie überhaupt als solche erkannt wird, erscheint nur als ein Accessorium der privaten. Im Einzelnen die verschiedenen Nuancen der naturrechtlichen Lehre nachzuweisen, wäre eine höchst interessante Aufgabe. An dieser Stelle sei nur als typisches Beispiel *Blackstone* angeführt, der gemäss der naturrechtlichen Doktrin, wie sie in England von Locke formulirt war, sein berühmtes Werk über das englische Recht damit, anhebt[1], dass er sich die Individuen vorstaatlich mit absoluter Freiheit ausgestattet denkt und sie, wenn sie in die bürgerliche Gesellschaft treten, als „Kaufpreis bei diesem so schätzbaren Handel“[2] einen Theil ihrer natürlichen Freiheit aufgeben lässt. In der Gesellschaft erhalten die Menschen aber die drei Ur- und Hauptrechte der Sicherheit, der Freiheit und des Eigenthums. Aus letzterem wird unter Anderem das parlamentarische Recht der Steuerbewilligung abgeleitet. Ausser diesen Hauptrechten habe aber die englische Verfassung den Unterthanen noch „einige untergeordnete Hilfsrechte“[3] eingeräumt, gleichsam Befestigungen der drei Grundrechte, um sie unversehrt zu erhalten. Diese seien die gesammte Parlamentsverfassung, die Beschrän-

---

[1] Comentaries on the laws of England I. 1.

[2] «as the price of so valuable a purchase» l. c. I, p. 124 (10th ed.)

[3] «certain other auxiliary subordinate rights of the subject». P. 141.

kung der königlichen Prärogative, das Recht auf Rechtsschutz und das Petitionsrecht.

Die Literatur des positiven Staatsrechtes hingegen hat vor der französischen Revolution auf dem Continente und namentlich in Deutschland den absterbenden Staat der ständischen Gesellschaft zum Gegenstand, in welchem die Grundgedanken des öffentlichen Rechtes schon deshalb nicht zum Durchbruch gelangen können, weil die den Einzelnen zustehenden Ansprüche in der Regel als Privilegien aufgefasst werden. Den grössten Theil der Erörterungen aber pflegen die Untersuchungen über die Competenzen des Landesherrn einzunehmen, welche ebenfalls in überwiegend privatrechtlicher Weise aufgefasst werden. Die Entwickelung der staatsrechtlichen Auffassung vom Wesen des Monarchen und der Staatsgewalt zu verfolgen, ist ebenfalls ein interessantes Thema, das eingehender literarhistorischer Bearbeitung harrt.

Von tiefgreifendster Bedeutung für die Umwandlung der Ansichten über das subjektive öffentliche Recht wird die französische Revolution. Die Erklärungen der Menschen- und Bürgerrechte, welche den Eingang der drei ersten französischen Verfassungsurkunden bilden, sollen einen Katalog sämmtlicher Rechte der Staatsangehörigen darstellen, derart, dass alle Gesetze nur die nähere Präcisirung und Durchführung der einzelnen Nummern des allgemeinen Kataloges enthalten, die Staatsordnung selbst ganz wie bei Locke und Blackstone nur als Schutzanstalt dieser Rechte erscheint[4].

Bis auf die Gegenwart ist das System der Menschenrechte die Grundlage der französischen Auffassung des subjektiven öffentlichen Rechtes, was auch immer die Kritik an diesem Systeme auszusetzen findet[5]. Trotz der Ausbildung, welche das

---

[4] Déclaration des droits de l'homme et du citoyen Art. 2: Le but de toute association politique est l a conservation des droits naturels et imprescriptibles de l'homme. Ces droits sont la liberté, la propriété, la sûreté et la résistance à l'oppression.

[5] Die französische Theorie unterscheidet droits civils und droits politiques. Unter letzteren versteht sie alles, was sie an öffentlichen Rechten des Einzelnen anerkennt. Sie sind aber identisch mit den Menschen- und Bürgerrechten, oder wie sie gewöhnlich genannt werden, den droits garantis par la constitution. Vgl. Block, Dictionnaire de l'administration trancaise v ^{0} droits civils et politiques, Batbie, Traité

französische Verwaltungsrecht erfahren hat, ist aus ihm eine neue Erkenntniss des subjektiven öffentlichen Rechtes nicht erstanden. Das französische Verwaltungsrecht kennt nicht sowohl individualisirte Rechte der Einzelnen gegenüber dem Staate, als vielmehr Competenzen der Behörden, es normirt objektives, nicht subjektives Recht[6]. An diesem Stillstand in der Lehre vom subjektiven öffentlichen Rechte trägt die Art der französischen Rechtsforschung in erster Linie schuld. Sie ist entweder abstraktes Raisonnement über rechtsphilosophische Principien, oder Bearbeitung des öffentlichen Rechtes zu praktischem Gebrauche. Wissenschaftliche Untersuchung des gegebenen Rechtsstoffes, um aus ihm höhere Principien zu gewinnen, ist nicht ihre Sache.

Auch die deutsche Literatur in der ersten Hälfte dieses Jahrhunderts steht wesentlich unter dem Einflusse des französischen Systemes. Die sich nach constitutionellen Principien organisirenden deutschen Staaten stellen in ihren Verfassungen eine Tabelle der öffentlichen Rechte nach französischem Muster auf. Die von der Restauration bis zur zweiten Republik so mächtige Einwirkung französischer Ideen trägt das Ihrige dazu bei, die französische Theorie vom Individualrecht auch in Deutschland zur herrschenden zu erheben. Nebenher allerdings geht eine Strömung, welche gegen die französische Revolution und ihre staatsrechtlichen Consequenzen sich ablehnend verhält. Sie setzt jedoch keine selbständige Lehre vom subjektiven öffentlichen Rechte an Stelle der herrschenden, sondern ignorirt es beinahe. Das bedeutendste Werk dieser Richtung, die Staatslehre von Fr. J. Stahl, enthielt noch in der zweiten Auflage keinen besonderen Abschnitt über die öffentlichen Rechte der Unterthanen, sie wurden vielmehr verschämt ohne jede tiefere systematische Unter-

---

du droit public et administratif II, p. 277 ff; Cabantous, Répétitions écrites sur le droit administratif. 3eme ed. p. 19 ff., Lebon, Staatsrecht der französischen Republik in Marquardsens Handbuch des öffentlichen Rechts S.27 ff.

[6] Vgl.O. Mayer, Theorie des französischen Verwaltungsrechts S. 157 f. Wenn auch die verwaltungsrechtliche Literatur von individuellen Rechten spricht, die gegenüber der Verwaltung geschützt sind (z. B. Aucoc, Conférences sur le droit administratif 3eme ed. N. 268), so hat diese Idee doch keinen Einfluss auf die systematische Erfassung der ganzen Materie.

suchung in dem Kapitel über die Grenzen der Rechtspflege und der Verwaltung abgehandelt[7]. Von einer principiellen über die hergebrachten Schablonen hinausschreitenden, die Gesammtheit der Probleme erörternden Lehre ist aber in dem ganzen Zeitraum von 1815 — 1850 nichts zu finden.

Im Jahre 1852 wird endlich in der deutschen Wissenschaft der Versuch einer streng juristischen Erfassung der öffentlichen Rechte unternommen in der epochemachenden Abhandlung, welche C. F. v. Gerber[8] über dieses Thema veröffentlicht. Zum ersten Mal wird eine systematische, von rein staatsrechtlichen Gesichtspunkten ausgehende Untersuchung des Gebiets der öffentlichen Rechte des Individuums durchgeführt. Allerdings sind es nur die Grundlagen, welche erörtert werden, ein tieferes Eindringen in das überreiche verwickelte Detail findet nicht statt. Historische Ursachen erklären dies zum Theil. Noch war das constitutionelle System in einem grossen Theile Deutschlands jungen Datums, in die Rechtsanschauungen des Volkes nicht eingelebt, die Theorie mehr abstrakten Ideen als dem conkreten Rechtsstoff zugewendet; vor Allem aber mangelte ein ausgiebiger Schutz des öffentlichen Rechts durch eine ausgebildete Verwaltungsgerichtsbarkeit und deshalb war damals eine ganze Reihe von Fragen noch nicht aufgeworfen worden, die später das wissenschaftliche Denken beschäftigten. Nichtsdestoweniger bezeichnet die Abhandlung Gerbers einen Markstein in der Geschichte der Staatsrechtslehre überhaupt.

Die folgende Literatur weist keinen zweiten Versuch einer durchgreifenden Erörterung des Problems des subjektiven öffentlichen Rechts in seinem ganzen, erst in der Gegenwart deutlich erkennbaren Umfange auf. In systematischen Werken über allgemeines, deutsches Bundes-Reichs- und Landesstaatsrecht und über Verwaltungsrecht wird eine Lehre von den öffentlichen Rechten mehr oder minder eingehend vorgetragen, werden die Grenzen von Privat- und öffentlichem Recht untersucht. Man sollte meinen, dass bei dieser Lage der Dinge über die Grundfragen längst Uebereinstimmung herrsche, eine communis opinio doctorum sich herausgebildet habe. Aber schon ein flüchtiger

---

[7] Philosophie des Rechts II, 2, § 133 ff. Erst die 3. Auflage enthält S. 518 ff. ein Kapitel über die Erklärung der Rechte.

[8] Ueber öffentliche Rechte.

Ueberblick der einschlägigen Literatur ergiebt, dass die grösste Unklarheit und Verwirrung, unversöhnliche Gegensätze und Widersprüche in den fundamentalen Sätzen herrschen, auf denen die verschiedenen Autoren ihr Lehrgebäude errichten.

Nichts steht nämlich weniger fest, als der Begriff des subjektiven öffentlichen Rechtes selbst. In Fortbildung Gerberscher Gedanken[9] ist eine Richtung innerhalb der Staatsrechtslehre entstanden, welche die Existenz der öffentlichen Rechte der Subjicirten überhaupt in Frage zieht. An ihrer Spitze steht die bedeutendste Leistung der deutschen reichsrechtlichen Literatur. Schon in der ersten Auflage des *Laband*'schen Staatsrechts des deutschen Reiches war der Raum für das subjektive öffentliche Recht eingeengt; in der zweiten ist diese Restriktion noch weiter vorgeschritten[10]. Unter dem Einfluss französischer Anschauungen und wohl auch der Gerber-Laband'schen Theorie hat Otto Mayer das subjektive öffentliche Recht auf ein Minimum beschränkt[11]. In einer vor keiner Consequenz zurückschreckenden Weise hat endlich Bornhak die öffentlichen Rechte aus der Reihe juristischer Erscheinungen zu eliminiren gesucht[12] [13].Auf der anderen Seite jedoch steht die Schaar der Schriftsteller auf dem Gebiete des Staats- und Verwaltungsrechtes, welche den Begriff des subjektiven öffentlichen Rechtes als einen gegebenen hinnimmt, um die hergebrachten Typen als wissenschaftlich feststehende zu reproduciren. In der Terminologie bestehen zwar manche Schwankungen, trotzdem jedoch sind auch die einzelnen Kategorien im Grossen und Ganzen als feststehend zu betrachten. Eine in die Tiefe dringende Erörterung des Grundproblems selbst und der zahlreichen sich daran knüpfenden Specialfragen

---

[9] Zunächst v. Gerber selbst, Grundzüge eines Systems des deutschen Staatsrechts 3. Aufl. §11.

[10] Vgl. namentlich I, S. 546 f. der ersten mit I, S. 308 f. der zweiten Auflage.

[11] Siehe S. 2 Note 2.

[12] Das preussische Staatsrecht I, S. 268 ff.

[13] Wesewntlich nigerend verhalten sich zum individuellen subjektiven öffentlichen Recht ferner Göppert, Jahrbücher für Dogmatik XXII; S.112, 113, 118, Kohler, Der Process als Rechtsverhältniss S.13 ff. Und — auf ungenügender juristischer Basis — Schuppe, Der Begriff des subjektiven Rechts S.83 ff.

ist aber in den systematischen Werken nicht zu finden[14]. Daher ist namentlich in der Frage nach den Grenzen sowohl des öffentlichen Rechtes überhaupt, als der subjektiven öffentlichen Rechte im Besonderen eine Uebereinstimmung nicht vorhanden.

Die grosse Bedeutung der in Frage stehenden Probleme zeigt sich aber auch darin, dass systematische und monographische Untersuchungen, die andere juristische Disciplinen betreffen oder von ihnen ihren Ausgangspunkt nehmen, in neuerer Zeit immer mehr das Thema der öffentlichen Rechte berühren oder erörtern. Das Privatrecht findet seinen Gegensatz und seine Schranken am öffentlichen Rechte, sowie es andererseits von ihm bedingt und mit ihm verbunden ist. Die Theorie des Civilprocesses ist lebhaft betheiligt an der Frage nach dem Dasein und den Grenzen der öffentlichen Rechte[15]. Der enge Zusammenhang zwischen Straf- und Staatsrecht hat auch in der Lehre von jenem das Verlangen nach Erkenntniss des Wesens des subjektiven öffentlichen Rechtes hervorgerufen und zu Versuchen selbständiger Lösung mancher Einzelfragen geführt. Die Lehre von der deutsch-rechtlichen Genossenschaft, in der Form, die ihr Gierke[16] gegeben hat, sucht auf eigenartigem Wege zu einer selbständigen Erkenntniss des Verhältnisses zwischen dem Staate und den ihm eingegliederten Persönlichkeiten zu gelangen. Die kirchenrechtliche Doctrin ist nicht nur wegen der staatlichen Rechte, sondern auch kraft der so vielfache Analogien mit dem Staate bietenden Organisation der Kirche und der Gewalt, die sie über ihre Mitglieder ausübt, an der Erkenntniss des Wesens der öffentlichen Rechte in hohem Grade betheiligt.

Eine Anzahl publicistischer Monographien hat in jüngster Zeit ein und das andere Moment aus dem Complex von Contro-

---

[14] Die verhältnissmässig eingehendsten Untersuchungen bei F. F. Mayer, Grundsätze des Verwaltungs-Rechts S. 438 ff., v. Sarwey, Das öffentliche Recht und die Verwaltungsrechtspflege S. 102 ff., 405 ff., sowie Allgemeines Verwaltungsrecht in Marquardsens Handbuch S. 119 ff., E. Löning, Lehrbuch des deutschen Verwaltungsrechts S. 8 ff.

[15] Dieser Grenzzug sorgsam gezeichnet von Wach, Handbuch des deutschen Civilprocessrechts I, § 8. Vgl. auch P r a z á k, Arch. für öff..Recht IV, S. 241 ff.

[16] Von hervorragender Bedeutung für die hier behandelten Fragen namentlich: Die Genossenschaftstheorie und die deutsche Rechtssprechung.

versen und erklärungsbedürftigen Erscheinungen, die das Problem der öffentlichen Rechte erzeugt, herausgegriffen und aufzuhellen versucht[17]. Allein gerade diese Arbeiten, soferne sie etwas Neues bieten, lassen die Nothwendigkeit einer gründlichen, allseitigen Untersuchung des ganzen Fundamentes, auf dem sie bauen, in helles Licht treten.

Unter diesen Verhältnissen scheint es an der Zeit, die wissenschaftliche Discussion auf diese Fundamente hinzuweisen. Im Folgenden soll der Versuch unternommen werden, das Problem seinem ganzen Umfange nach zu entwickeln und seiner Lösung entgegenzuführen. Nicht nur die öffentlichen Rechte der Einzelnen, auch die des Staates nach Innen und Aussen, die der privat- und der öffentlich-rechtlichen Verbände werden den Gegenstand der Untersuchung bilden. Es soll mit einem Worte das gesammte öffentliche Recht unter dem Gesichtspunkte des subjektiven Rechtes betrachtet werden. Ein Querschnitt gleichsam durch das öffentliche Recht wird zeigen, dass seine ganze Struktur an allen Punkten von dem Geflechte subjektiver Rechte durchzogen ist, die allerdings in ihrer Eigenart von dem, was man in der privatrechtlichen Theorie also nennt, sich wesentlich unterscheiden.

Der theoretische Werth einer derartigen Untersuchung ergiebt sich aus den vorstehenden Betrachtungen. Aber auch der praktische ist nicht gering zu veranschlagen. Die Erkenntniss des Wesens, der bestehenden oder zu erweiternden Grenzen der öffentlichen Rechte ist von hoher Bedeutung für eine Zeit, welche ihnen Garantien bereits geschaffen hat oder zu schaffen bestrebt ist.

II. Das Problem des öffentlichen Rechtes

Jedes subjektive Recht setzt voraus das Dasein einer Rechtsordnung, durch die es geschaffen sowie anerkannt und in

[17] Sie werden in den betreffenden Kapiteln erwähnt werden. Einen grösseren Kreis hieher gehöriger Fragen erörtern Seydel, Grundzüge einer allgemeinen Staatslehre S. 38 ff., Ulbrich, Ueber öffentliche Rechte und Verwaltungsgerichtsbarkeit, Dantscher von Kollesberg, Die politischen Rechte der Unterthanen (unvollendet), v. Stenge l, Oeffentliche Rechte und öffentliche Pflichten in seinem Wörterbuch des deutschen Verwaltungsrechts II, S. 177 ff.

grösserem oder geringerem Masse geschützt wird. Alles Wollen, Können, Haben der Menschen wird aus der Sphäre natürlicher Lebensvorgänge in die rechtlicher Aktionen und Zustände erhoben durch das objektive Recht. Es ist nichts als eine Verwechslung von Faktum und Recht, wenn man das subjektive Recht als das Primäre erfasst, das die Norm seiner Geltung und Beurtheilung erst aus sich erzeugt. Es ist historisch möglich, dass durch das subjektive Recht das Dasein der es erzeugenden und beherrschenden Norm erst zum Bewusstsein kommt, aber als logisches Prius der Rechtsordnung ist das von ihr Verordnete nicht denkbar.

Eine objektive Ordnung des öffentlichen Rechtes ist daher Grund des subjektiven öffentlichen Rechtes. Ehe an die Untersuchung des letzteren geschritten werden kann, ist daher die Frage zu untersuchen: Was ist die öffentliche Rechtsordnung?

Die Antwort hierauf scheint leicht zu sein. Das Problem ist, sollte man meinen, längst gelöst durch die oft gehörte, immer wiederholte Formel: Das öffentliche Recht ist jenes, welches die staatliche Organisation und die Beziehungen des Staats zu seinen Mitgliedern regelt.

Allein hier ist sofort der kritische Einwurf zu erheben: Ist öffentliches Recht überhaupt denkbar?

Das Privatrecht ist die rechtliche Ordnung der Lebenssphären coordinirter Persönlichkeiten, die gemeinsam der Staatsordnung unterworfen sind. Die Möglichkeit gegenseitiger Berechtigung und Verpflichtung durchzieht die ganze Ordnung des Privatrechtes.

Ist aber eine solche wechselseitige Verpflichtung eines höheren Ganzen, einer Collektivperson, als welche der Staat sich uns darstellt, gegen die sein Substrat bildenden Individuen möglich?

Für die Verbandpersönlichkeiten innerhalb des Staates ist diese Frage unbedingt und leicht zu bejahen. Die staatliche Rechtsordnung erkennt alle Ordnung der in ihr lebenden Verbände nur als eine relative an, die kraft ihres Gebotes und eventuell durch ihre Machtmittel zu verwirklichen ist. Die Möglichkeit gegenseitiger Ansprüche von Verband- und Einzelperson ist durch die staatliche Rechtsordnung garantirt.

Allein der Träger der öffentlichen Rechtsordnung ist der Staat selbst, und zwar ist der souveräne Staat ausschliesslich der

Schöpfer seiner Ordnung. Der sich selbst bestimmende, seine Ordnung formell frei normirende Staat ist höherer Macht nicht unterworfen. Dann fehlt aber jede Macht, welche den gleichen Werth der Ansprüche von herrschender und unterworfener Persönlichkeit garantiren könnte. Ja, die Möglichkeit von rechtlichen Ansprüchen der Subjicirten an den Staat scheint a priori ausgeschlossen, wenn Träger des öffentlichen Rechtes nur der Staat sein kann. Theilt man der Einzelpersönlichkeit öffentliches Recht zu, dann wird auch sie zum Subjekt des öffentlichen Rechtes, was ein Widerspruch in sich zu sein scheint. Alle Leugnung des subjektiven öffentlichen Rechtes operirt unausgesprochen oder ausdrücklich mit diesem Grundgedanken.

Allein wer die Möglichkeit öffentlicher Berechtigung der Subjicirten leugnet, hat sich die Consequenzen solcher Negation nicht klar gemacht. Alles Recht ist Beziehung von Rechtssubjekten. Ein isolirt gedachter Rechtsträger ist eine unvollziehbare Vorstellung. Auch der Staat kann nur Rechte haben, wenn ihm Persönlichkeiten gegenüberstehen. Ein faktisches Herrschaftsverhältniss wird zum rechtlichen nur dann, wenn beide Glieder: Herrschender und Beherrschter als Träger gegenseitiger Rechte und Pflichten sich anerkennen. Das Verhältniss des Herrn zum Sklaven war Rechtsverhältniss nur gegenüber Dritten, wie jedes Verhältniss einer Persönlichkeit zu einer Sache. Für den Sklaven war die Macht des Herrn rein faktische Macht; da er nicht Rechtsgenosse war, gab es für ihn auch keine Rechtsmacht.

Somit hängt von dem Dasein öffentlicher Berechtigung der dem Staate Eingegliederten das Dasein des öffentlichen Rechtes überhaupt ab. Eine Rechtsordnung, die nur eine Persönlichkeit berechtigt, ist ein Unding. Das objektive öffentliche Recht einerseits und das subjektive Recht des Staates andererseits sind bedingt durch die Thatsache, dass Herrscher und Beherrschter als solche Rechtsgenossen sind.

Die Bedeutung des subjektiven öffentlichen Rechtes reicht aber noch weiter. Ohne öffentliches Recht kein Privatrecht: ein Satz, der in den folgenden Untersuchungen noch tiefer begründet werden wird, der aber sofort einleuchtet durch die Erwägung, dass eine schützende, nach Rechtsnormen verfahrende, staatliche, also öffentlich-rechtliche Organisation zur Anerkennung, Fortbildung, Gewährung und Verwirklichung alles Rechtes nothwendig ist.

Ist der Staat aber nicht Träger von Rechten, so ermangelt er der Persönlichkeit, er kann dann auch nach Aussen hin nicht Rechtssubjekt sein. Er ist dann reines Machtsubjekt. Damit wird aber das Völkerrecht zur Unmöglichkeit.

So erzeugt denn die Frage nach dem subjektiven öffentlichen Rechte die nach der Möglichkeit der Rechtsordnung überhaupt. Das Problem gehört also zu den tiefsten und schwierigsten der Wissenschaft vom menschlichen Gemeinleben. Die folgenden Untersuchungen haben den Zweck, eine positive Lösung für dasselbe zu finden.

Dass von vornherein der Charakter des Resultates bestimmt wird, bedarf der Rechtfertigung. Kann wissenschaftliche Forschung etwas Anderes verlangen als reine Erkenntniss, möge sie auch alles Hergebrachte verneinen?

Wenn irgendwo, so gilt auf dem Gebiete der ethischen Wissenschaften der Satz: Negantis major potestas. Der beharrlich Leugnende ist dadurch stets im Vortheil, dass sich dem absolut Widerstrebenden kein theoretisch zwingender Beweis irgend einer ethischen Grundanschauung geben lässt, die bis zu einem gewissen Grade stets Sache nicht weiter ableitbarer persönlicher Ueberzeugung ist. In der Staats- und Rechtslehre zeigt sich dies darin, dass bald das Völkerrecht, bald das ganze Staatsrecht, bald mindestens das subjektive öffentliche Recht einfach geleugnet werden. Derartige Negation kann das Resultat ernster wissenschaftlicher Ueberzeugung sein. Aber ebenso leicht kann ein Unberufener auftreten und sein Verdammungsurtheil über den Gedankenbau aussprechen, den Generationen aufgeführt haben. Sehen wir doch jeden Augenblick einen rasch vergessenen Namen erstehen, der irgend einem der grossen Denker der Vergangenheit oder auch allen zusammen den Garaus macht und den Triumph der eigenen Plattheit und Ignoranz proklamirt.

Solchen nihilistischen Bestrebungen gegenüber muss daran erinnert werden, dass so etwas wie absolute Voraussetzungslosigkeit in menschlichen Dingen nicht existirt. Durch den ganzen Inhalt seiner Bildung ist dem Forscher eine Voraussetzung seiner Arbeit gegeben, die ihm selbst unaufhebbar ist. Alle Erkenntniss ist nun einmal in ihrer Art durch das erkennende Subjekt bedingt, das nicht eliminirt werden kann, sowie ein jedes Spiegelbild durch die Beschaffenheit des Spiegels bedingt erscheint und mit diesem selbst verschwindet. Eine ärmliche Anschauung vom

Gemeindasein des Menschen ist in vielen Fällen der letzte Grund der Verneinung ethischer, socialer, juristischer Probleme.

Die Aufgabe der Wissenschaft von menschlichen Dingen ist aber wesentlich aufzubauen. Von aller Bornirtheit frei hat sie die Erkenntniss des Reichthums der nie ganz zu enträthselnden Menschennatur zur unabweisbaren Voraussetzung. Auch wo sie zerstört, schafft sie doch nur den Boden für bessere, tiefere, breitere Fundirung des neu zu errichtenden Baues, zu ihm die alten noch brauchbaren Bausteine von Neuem verwendend, in der Ueberzeugung, dass ein absolutes von Vorne Anfangen in ihrem Bereiche eine kindliche Selbsttäuschung wäre. In der Negation dauernd zu verharren ist das Vorrecht des Beschränkten, zumal Negiren so leicht, Schaffen so schwer ist. Mit einem Federzug kann der Werth der Gedankenarbeit eines Jahrhunderts geleugnet werden von dem, der nicht im Stande ist, sie zu begreifen.

III. Die rechtliche Natur des Staates

Der Streit um den Staatsbegriff, von dessen richtiger Erfassung alle staatsrechtliche Erkenntniss abhängt, hat in jüngster Zeit an Heftigkeit nicht verloren. Die Zahl möglicher Lösungen des Problems ist zwar von Vornherein eine begrenzte; es sind stets dieselben Anschauungen, Vorstellungen, Begriffe und Bilder, die in Schlachtreihe gegen einander aufgestellt werden. Der Staat als Organismus, als Persönlichkeit, als Herrschaftssubjekt (Fürst oder Volk), als Herrschaftsobjekt (Volk und Land), als faktischer oder rechtlicher Zustand, als Rechtsverhältniss hat mehr oder minder klar ausgeprägt zuerst in dem populären und sodann in dem wissenschaftlichen Denken aller civilisirten Völker seine Stelle gefunden[18].

---

[18] Sorgsame historische Untersuchung lehrt, dass für alle ethischen, politischen und juristischen Grundfragen eine bestimmte Zahl typischer Lösungen existirt. Entwickelung und Fortbildung der Theorie ist daher nur innerhalb eines conkreten Typus möglich. Gewisse typische Lösungen können im Laufe der Geschichte bei fortschreitender Erkenntniss verworfen werden, äusserst selten ist jedoch das Auftauchen eines neuen Typus — es sei denn, dass eine eigenartige historische Bildung selbst entsteht, wie der Bundesstaat der Gegenwart. Der Gegensatz der Typen wird hervorgerufen einerseits durch die verschiedene Position,

Dieser ewig neue und doch so alte Streit kann aber, soweit es sich um die rechtliche Seite des Staates handelt, nicht geschlichtet werden, so lange man nicht das Kampfesterrain genau abgrenzt. In der Regel werden nämlich die allerdings nicht leicht zu fixirenden logischen und erkenntnisstheoretischen Bedingungen des Erfassens der rechtlichen Natur des Staates nicht zum Bewusstsein gebracht. Ohne eine genaue Abgrenzung der Welt der juristischen Begriffe gegen andere Erkenntnissgebiete ist jedoch eine gedeihliche Untersuchung der Grundlagen des Staatsrechtes unmöglich. Ueberhaupt spinnt sich ein grosser Theil juristischer Controversen in allen Disciplinen der Rechtswissenschaft nur deshalb unaufhörlich fort, weil der Jurisprudenz bisher kein Kant erstanden ist, dem sie eine Kritik der juristischen Urtheilskraft zu verdanken hätte.

Für die juristische Erkeuntniss handelt es sich nun ausschliesslich um Beantwortung der Frage: Wie habe ich mir den Staat rechtlich zu denken? Die Antwort hierauf soll und kann nicht bestimmt sein, eine allseitige Erkenntniss des Staates zu liefern. Ein und dasselbe Objekt kann zu einer Fülle von Erkenntnissarten Anlass geben. So gross auch die Differenzen unter ihnen sein mögen, so muss deshalb doch kein Widerspruch unter ihnen statthaben. Je nach dem Gesichtspunkte, unter dem es betrachtet wird, ist auch die Erkenntniss des Objektes eine andere. Und es ist sogar ein schwerer methodologischer Fehler, die Betrachtungsweise eines Erkenntnissgebietes den Forschungen auf einem ganz anderen zu Grunde zu legen.

Ein Beispiel möge dies erhärten. Für die physiologische und psychologische Betrachtung existirt eine Symphonie als constantes Objekt nicht. Vom Standpunkte des Naturerkennens giebt es in der objektiven Aussenwelt und in der Innerlichkeit menschlicher Subjekte nur Luftschwingungen und die durch sie

---

die man zu dem beobachteten Objekt einnehmen kann, andererseits aber auch durch die geistige Ausstattung der Forscher. Auch für diese Probleme gilt Fichtes tiefsinniges Wort: Welche Philosophie man wähle, hängt davon ab, was man für ein Mensch ist. In die wissenschaftliche Discussion würde aber sicherlich mehr Ruhe einkehren, wenn die Einsicht Mephisto's Gemeingut würde:

> „Wer kann was Dummes, wer was Kluges denken,
> Das nicht die Vorwelt schon gedacht?“.

erzeugten Tonempfindungen. Gemäss einem sehr verwickelten psychologischen Processe sind nun eine Anzahl Menschen im Stande, Klangcombinationen, die in der Seele eines Individuums stattgefunden hatten, auf Grund seiner durch bestimmte Zeichen vermittelten Anweisungen, auf ihren Musikinstrumenten zu reproduciren. Die Gesammtheit der von einer Zahl ausübender Künstler zugleich und in zeitlicher Gontinuität, durch kurze Ruhepausen unterbrochen, hervorgebrachten Klangwirkungen werden in der Psyche des Hörenden, wiederum durch einen sehr verwickelten psychologischen Process zu einer Einheit zusammengefasst, und zwar ist diese Einheit eine verschiedene in den einzelnen das Publikum bildenden Individuen gemäss deren Anlagen, Fähigkeiten, Stimmungen. So oder ähnlich wird der Naturforscher und Psycholog den akustisch-psychologischen Process sich erklären,; der in der Aufführung einer Symphonie stattfindet. Allein irgend ein sinnlich wahrnehmbares oder mit Hilfe wissenschaftlicher Forschungsmethoden erschliessbares Objekt: „Symphonie" genannt, ist für ihn nicht gegeben und mit Recht würde er den für einen unwissenschaftlichen Kopf erklären, der behauptete, ausserbalb der möglichen Reproduktionen eines Musikstückes und der diese vermittelnden Zeichen existire noch etwas diesen Namen Tragendes, das dieselbe Realität besässe, wie die Aether- oder Luftmoleküle und ihre Wellenschwingungen.

Allein ganz anders stellt sich die Sache für die aesthetische Betrachtung dar. Ihr erscheint die Symphonie als ein Objekt des Genusses, der Betrachtung, der musikalischen Erkenntniss. Sie substanziirt die psychologischen Vorgänge, die, in Einem Individuum erzeugt, in tausend und aber tausend Individuen zu verschiedenen Zeiten sich widerspiegeln. Und sie thut Recht daran. Denn für die Welt der ästhetischen Empfindung gilt eine ganz andere Wahrheit als für die der theoretischen Erkenntniss. Die C-Moll-Symphonie Beethovens ist für die musikalische Empfindung und Betrachtung ein Objekt der tiefsten. wahrsten, gewaltigsten Realität und alle Naturwissenschaft und Psychologie sind nicht im Stande, an dem Bewusstsein dieser Realität auch nur im Geringsten zu rütteln. So existiren in diesem Sinne die Bilder Raphaels und Tizians, die dichterischen Gestalten Shakespeares und Goethes als reale Objekte ästhetischer Erkenntniss, während unter dem Gesichtspunkte theoretischen Naturerkennens sie als höchst verwickelte psychologische Processe ohne jedwede Substanzialität sich darstellen. Die eine Erkenntnissweise der anderen substituiren wäre aber eine schwere Verirrung, denn die Welt des theoretischen Erkennens und des ästhetischen Empfindens sind von einander gänzlich getrennt. Die beiden Erkenntnissweisen widersprechen aber auch einander nicht, da sie ein und dasselbe objektive Geschehen unter ganz verschiedenen Gesichtspunkten zu ganz verschiedenen Zwecken erfassen wollen. Und wenn etwa der „Empiriker" zum Aesthetiker spräche, seine Kunstwerke seien Fiktionen, es gebe in der Welt der Objekte keinen Hamlet und Faust, keine Venus von Milo und keine Raphaelsche Madonna, keinen Don Juan und keine Eroika, sondern nur Buchstaben und Papier, Stücke geformten Marmors und mit farbigen Substanzen bedeckte Leinwand, sowie mit krausen Zeichen erfüllte Notenhefte, die unter Umständen bestimmte psychologische Processe hervorrufen, so würde der Aesthetiker den Empiriker mit vollem Recht der Bornirtheit zeihen, die nicht erfasst, dass die Welt des Schönen zwar in ihren psychologischen und physischen Grundlagen, nicht aber ihrem Inhalte nach Gegenstand der Psychologie und Naturwissenschaft sein kann.

Auch die Welt des Juristen ist nicht die, welche das Objekt der theoretischen Erkenntniss bildet. Es ist die Welt des Handelns, des praktischen Lebens, die ausschliesslich die seinige ist, eine Welt der Dinge für uns, nicht der Dinge an sich. Unter dem Gesichtspunkte theoretischer Erkenntniss giebt es keine Rechte als Substanzen oder Qualitäten, sondern wiederum nur höchst verwickelte psychische Massenprocesse und Beziehungen der Individuen zu einander, als deren Resultat sich bestimmte Relationen darstellen, die zu der Vorstellung von subjektiven Rechten und objektiven rechtlichen Institutionen führen. Eigenthum und Besitz, Servitut und Pfandrecht, Kauf und Miethe, Ehe und Erbschaft sind nicht greif- oder sichtbare Dinge oder Eigenschaften, sondern Relationen von solcher Complicirtheit, dass es schwer fällt, sie in vollem Umfange sich zum Bewusstsein zu bringen. Den psychologischen Thatbestand aber, der den juristischen Instituten zu Grunde liegt, wissenschaftlich zu erforschen, ist die Aufgabe anderer Disciplinen als der juristischen. Die Jurisprudenz will und kann nicht ein Naturdasein erkennen, nicht Naturgesetze, die mit unwiderstehlicher Macht wirken, constatiren, sondern ihre Aufgabe ist es, Normen zu erfassen, die hypothetischen, kein Müssen, sondern ein Sollen zum Inhalt habenden Regeln, welche das praktische Leben des handelnden Menschen beherrschen. Ihre Objekte sind daher nicht Concreta, sondern Abstracta, Begriffe und Regeln, die nur verständlich werden, wenn man das Treiben der Welt kennt, in welche der praktische Mensch hineingestellt ist, eine Welt menschlicher Interessen und Leidenschaften, die in Schranken gebannt und in Harmonie gesetzt werden sollen. Es ist die Welt menschlicher Zwecke und Werthe, in welcher das Rechtssystem seine Stelle hat. Das natürliche Geschehen, welches diese subjektive, nur für den Menschen vorhandene Welt ausgestaltet, mag Gegenstand biologischer und psychologischer Forschung, sowie metaphysischer Speculation sein und all diese Disciplinen haben ihre eigenen durch die Natur ihrer Gegenstände gegebenen Methoden. Allein weder die naturwissenschaftliche noch die psychologische oder spekulative Erkenntniss und ihre Methoden sind die, welche dem juristischen Dogmatiker ziemen. Des Juristen Aufgabe ist es nicht, die für die Gesammtheit menschlicher Erkenntniss so wichtigen natürlichen, individual- und massenpsychologischen Vorgänge zu constatiren, welche zu dem Rechtsinstitute des Eigenthums geführt haben, sondern er kann nur die Frage beantworten:

Wie muss das Eigenthum gedacht werden, damit alle auf dasselbe sich beziehenden Normen zu einer widerspruchslosen Einheit zusammengefasst werden können? Also nicht: was ist das Eigenthum, sondern wie ist es zu denken, ist die Weise wissenschaftlicher juristischer Fragestellung. Die von dem juristischen Institut erfassten und normirten Lebensvorgänge sind der Gegenstand historischer und socialwissenschaftlicher Forschung, dürfen aber, weil ein reales Geschehen darstellend, milden blos ein abstraktes Gedankenleben führenden Rechtsvorschriften nicht verwechselt werden. Die juristischen Begriffe haben daher keine Wesenheiten zum Objekt, die juristische Welt ist eine reine Gedankenwelt, die zu der Welt des realen Geschehens sich ähnlich verhält, wie die Welt der ästhetischen Empfindung zu der der theoretischen Erkenntniss[19]. Sie ist aber eine Welt der Ab-

---

[19] Die Verkennung dieser Relation ist eine der Hauptursachen unfruchtbarer Polemik in der neuesten staatsrechtlichen Literatur. Ihr reihen sich an die vergeblichen Versuche, das Naturdasein des Staates

straktionen, nicht der Fiktionen. Der Abstraktion liegen reale Vorgänge in der Welt des äusseren und inneren Geschehens zu Grunde, die Fiktion hingegen setzt an Stelle des natürlichen einen ersonnenen Thatbestand und setzt ihn dem ersteren gleich. Die Abstraktion ruht auf dem Geschehenen, die Fiktion auf dem Erfundenen. Das Verkennen des tiefgreifenden Unterschiedes zwischen Abstraktion und Fiktion ist nicht zum Geringsten schuld an einer unrichtigen Auffassung der staatsrechtlichen Grundbegriffe.

Hat man den generellen Unterschied der Gedankenwelt des Juristen von der objektiven Welt der Naturvorgänge erfasst, so ergiebt sich hieraus die Unzulässigkeit einer Uebertragung der Methoden für die Erkenntniss der letzteren auf die der ersten. Zu den wissenschaftlichen Untugenden unserer Zeit zählt der methodische Synkretismus. Die naturwissenschaftliche Methode, die empirische Untersuchung, die biologische Forschungsweise treten auf, um himmelstürmende Entdeckungen zu machen. Von der einen Seite wird der Jurist belehrt, dass der Staat weder Kopf noch Beine habe, daher keine Person sein könne, von der anderen die epochemachende Wahrheit enthüllt, dass der Staat mit Baccillen, Farrenkräutern, Säugethieren, Vereinen und Genossenschaften eine grosse Kategorie wesensgleicher Individuen bilde.

Zu diesem methodischen Synkretismus mag nun allerdings ein wichtiger Umstand beitragen, der aber um so mehr zur Vorsicht mahnt. Es unterliegt nämlich die Erscheinung des Rechtes als socialer Funktion der menschlichen Gemeinschaft, einer ganz anderen Betrachtungsweise als die systematische Erfassung seiner juristischen Struktur. Socialwissenschaft und Geschichte wollen die Ursachen, die Entwickelung der socialen Erscheinung des Rechtes darlegen, die Entstehung des Rechtes in seiner concreten Gestaltung kennenlernen, die wirtschaftlichen, ethischen, nationalen Triebkräfte des Rechtes, sowie seine Rückwirkung auf das Volksleben erfassen. Für diese Disciplinen: für Rechtsgeschichte, vergleichende Rechtswissenschaft, Politik, politische Oekonomie u. s. w. sind nur die Methoden massgebend, welche

---

unmittelbar zur Grundlage juristischer Conatraktion zu machen und andererseits den juristischen Begriff des Staates mit der theoretischen Erkenntniss desselben zu identificiren.

die wissenschaftliche Erforschung des objektiven historischen Daseins der menschlichen Gemeinschaft erfordert. Für sie aber — sofern es sich nicht etwa um dogmengeschichtliche Untersuchungen handelt — kommt das Recht gar nicht nach seinem dogmatischen Gehalt, sondern nach seinen ethischen, religiösen, ökonomischen, politischen Voraussetzungen und Wirwissenschaften an der Mathematik. Wie diese mit abstrakten Grössen, hat jene es mit abstrakten Willensverhältnissen zu thun. Allein noch Niemand hat den Punkt oder die Linie geleugnet, trotzdem beide nicht wahrnehmbar sind oder 1/2 für eine Fiktione erklärt, weil ihr in der greif- und sichtbaren Welt nichts entspricht.

Nun ist es selbstverständlich, dass der Jurist nicht einseitig dogmatisch vorgebildet den juristischen Gehalt des Rechtes erforschen soll. Giebt es doch überhaupt kein menschliches Wissensgebiet, das zu seiner gedeihlichen Bearbeitung nicht die Kenntniss anderer voraussetzte; je weiter der Blick des Forschers, je umfassender sein Wissen, desto sicherer und tiefer die Erkenntniss seines Faches! Für Art und Resultat der Arbeit des Juristen wird daher die Kenntniss und Beachtung anderer mit dem Rechte sich beschäftigender Disciplinen von Bedeutung sein. Allein die im forschenden Subjekte sich vollziehende Vereinigung der Kenntniss mehrerer Wissensgebiete darf nicht ein Ineinanderschieben dieser Gebiete selbst zur Folge haben. Rechtsdogmatik soll durch Rechts-, Wirthschafts-, Culturgeschichte und Gesellschaftswissenschaft ergänzt, aber nicht ersetzt werden[20].

Welches der berechtigte Vortheil ist, den die Erkenntniss der juristischen Natur des Staates aus anderen Disciplinen ziehen kann, möge an einem wichtigen Punkte erläutert werden. Historische Betrachtung lehrt uns den Staat als eine weltgeschichtliche Erscheinung kennen. Daher gehören die staatlichen Gebilde zu einer unter einen höheren gemeinschaftlichen Begriff fallenden

---

[20] Die Selbständigkeit der Rechtsdogmatik scharf betont von Laband, Staatsrecht des deutschen Reiches 2. Aufl. I, Vorrede S. XI, XII. Allerdings wird aber Laband in seinen Ausführungen der Bedeutung der im Texte genannten Disciplinen für die Arbeit der Rechtsdogmatiker nicht gerecht. Die Kenntniss der historischen Voraussetzungen und der allseitigen Beziehungen eines Rechtssatzes ist für die juristische Construktion selbst von der grössten Bedeutung; nur dadurch kann die Jurisprudenz vor unfruchtbarer Scholastik gehütet werden.

Klasse socialer Erscheinungen. Die Staaten stehen nicht neben einander als toto genere von einander geschiedene Individuen, von denen jedes nur in seiner Eigenart erfasst, nicht aber einem höheren Begriffe untergeordnet werden kann. Es ist dies nicht der Fall, weil die menschliche Natur kraft ihrer constanten Eigenschaften in allen menschlichen Dingen nothwendigerweise Constantes auswirken muss, wenn auch weitgehende individuelle Unterschiede innerhalb eines jeden Typus menschlicher Verhältnisse gegeben sind. Was für alle Aeusserungen des Gemeinlebens gilt, für Wirthschaft, Recht, Sitte, Religion, Sprache u. s. w., die alle bei noch so weitgehenden Unterschieden gewisse Typen aufweisen, kann nicht für den Staat allein seine Geltung verlieren. Vielmehr tragen alle unter den Begriff des Staates fallenden Einzelerscheinungen nothwendig gewisse gemeinsame Merkmale an sich. Damit ist aber die Behauptung *Störks*, die öffentlichen Rechtsverhältnisse seien im Gegensatze zu den privatrechtlichen individuell gestaltet[21] als unrichtig erkannt. Constante Formen, welche die privaten Verhältnisse trotz der kaum zu erfassenden Fülle des Lebens beherrschen, müssen sich kraft der innerhalb gewisser Grenzen gleichen Anlage namentlich der Culturvölker und der Gleichheit der staatlichen Ziele auch in der Struktur der verschiedenen Staaten nachweisen lassen. Damit ist aber wie der Staatswissenschaft einerseits, so auch andererseits der Jurisprudenz geboten, ihren Untersuchungen die Erkenntniss zu Grunde zu legen, die sich aus der Vergleichung der conkreten historischen Staatsindividualitäten ergiebt. Was Aristoteles für die antiken Staaten mit unerreichter Meisterschaft begonnen hatte: die Gesammtheit und Fülle des staatlichen Lebens der wissenschaftlichen Betrachtung zu Grunde zu legen, das ist für alle Zeiten und alle Disciplinen, die sich mit dem Staate beschäftigen, ein unabweisbares Postulat. Diese Erkenntniss bewahrt aber auch vor einem so eigenthümlichen Versuche, wie es der von Preuss ist, eine „deutsche Staatsconstruktion" aufzubauen[22], ein

---

[21] Zur Methodik des öffentlichen Rechts S. 76.

[22] In seinem anregenden Buche: Gemeinde, Staat, Reich als Gebietskörperschaften. Versuch einer deutschen Staatsconstruktion auf Grundlage der Genossenschaftstheorie. S. 99 wird die „induktive Methode", die nur den deutschen Staat auf Grund des deutschen Rechts erkennen will, proklamirt, was den Gegner aller Abstraktion allerdings nicht hindert, die gewonnenen Resultate S. 418 auf die internationale

Versuch, der wissenschaftlich auf gleicher Linie stünde mit dem Unternehmen, eine französische Ethik oder eine englische Anatomie zu schaffen. Allerdings operirt Preuss in erster Linie mit dem Begriffe des Organismus, dem er selbst eine über das deutsche Reich hinausgehende Bedeutung beilegt; indess selbst die misslungene Absicht, den deutschen Staat etwa wie die Reallasten als ein deutschrechtliches Institut sui generis nachzuweisen, giebt doch die gewichtige Lehre, dass staatswissenschaftliche Erkenntniss die dogmatisch-staatsrechtliche vor Ausschreitungen behüten muss.

Wir schreiten nun zur Beantwortung der Frage: Wie ist der Staat juristisch zu denken? Hierbei sind wir uns bewusst, nur eine Seite des Staatsbegriffes zu erfassen, und zwar jene, der wie allen Rechtsbegriffen nur immanente Wahrheit für die Welt des menschlichen Handelns zukommt. Das An-sich des Staates zu bestimmen, die jene praktische Welt transcendirende Realität desselben zu erfassen, ist nicht Aufgabe der Jurisprudenz, sondern einer die natürlichen und ethischen Grundlagen des menschlichen Gemeinlebens erforschenden Staatslehre. Die theoretische Basis der juristischen Erfassung des Staatsbegriffes ist aber die unzweifelhafte natürlich-historische Thatsache des auf abgegrenztem Gebiete sesshaften von einer Obrigkeit beherrschten Volkes, welche alle vom wissenschaftlichen Sprachgebrauche als Staaten bezeichneten Formen menschlicher Gemeinschaft aufweisen. Die juristische Untersuchung ergiebt nun Folgendes:

1. *Der Staat ist eine Personeneinheit auf territorialer Grundlage.* Eine allseitige Untersuchung des Wesens der Einheit mangelt in der logischen Literatur[23], trotzdem es von der tiefgreifendsten Bedeutung ist, sich die höchst mannigfaltigen Vorstellungen, welche in dem Begriffe der Einheit zusammengefasst sind, zum klaren Bewusstsein zu bringen und zu erkennen, durch welche Momente eine Synthese hervorgerufen werden kann.

Gemeinschaft auszudehnen, so dass schliesslich eine deutsche Völkerrechtsconstruktion geliefert wird.

[23] Die relativ vollständigste bei Sigwart, Logik II, §78. Namentlich die Ausführung über die Ideologische Einheit S. 215 ist von grossem Werthe für die juristische Erkenntniss.

Als *objektive* Einheit kann in der Aussenwelt nur das räumlich Abgegrenzte und Untheilbare bezeichnet werden. Für die wissenschaftliche Erkenntniss wird daher nur das Atom in vollem Sinne als Raumeinheit sich darstellen[24]. In der menschlichen Innerlichkeit sind die einfachsten psychischen Akte objektive Einheiten: eine Vorstellung, ein Willensakt, eine Empfindung stehen der psychologischen Betrachtung als untheilbare Akte des menschlichen Bewusstseins gegenüber. Fast unübersehbar ist aber die Zahl subjektiver Einheiten, d. h. jener Einheiten, die nur in unserer Vorstellung sich vollziehen, ohne dass ihnen in der Welt des Seins oder Geschehens etwas entspräche, was der Zusammenfassung räumlich, zeitlich und psychisch getrennter Elemente in unserem Bewusstsein analog wäre. Vor allem ist in der Zeit, die continuirlich verläuft, nur subjektive Einheit, der willkürlichen Eintheilung der Zeit in Zeiteinheiten entspringend möglich. Die continuirliche homogene Handlung oder Erscheinung, ebenso alles, was durch einen Zeitabschnitt mit einander verbunden und gegen andere abgegrenzt ist, bezeichnen wir als eine Einheit: die Vorlesung, die Spazierfahrt, den Schuss, den Blitz, das Gewitter. Ferner erfassen wir alles, was im continuirlichen Raum uns abgegrenzt erscheint, und zwar je nach unserem räumlichen Standpunkt als Einheit: die Stube, die Wohnung, das Stockwerk, das Haus, die Strasse, die Stadt. Die Vorstellung des Abgegrenzten als des Einheitlichen liegt auch den drei Aristotelischen Einheiten der Zeit, des Ortes, der Handlung zu Grunde. Selbst das Discontinuirliche, aber in zeitlicher Folge regelmässig Wiederkehrende: den Sonntag, den Frühling, den Orientexpresszug fassen wir im praktischen Leben, eine Gedankenreihe abbreviirend als Einheiten auf, wie denn überhaupt die Kategorie der Allheit auch durch die der Einheit ausgedrückt wird. Der durch subjektive Zusammenfassung gemeinsamer Merkmale eine Vielheit einigende Begriff: die logische Einheit führt uns hinüber in das grosse Gebiet formaler Einheiten. Die Form bietet ein principium individuationis selbst bei wechselndem Inhalt. Der Rhein erscheint uns stets als derselbe Strom, weil die wechselnde Wassermasse sich stets in einem und demselben oder doch nur sehr langsam sich ändernden Bette bewegt; ein Regiment feiert sein hundertjähriges Jubiläum, obwohl keine einzige Person aus

---

[24] ατομος = individuum.

seiner Entstehungszeit mehr am Leben ist, weil gewisse formale Merkmale dieses Truppenkörpers unverändert geblieben sind, trotz der wechselnden Individuen, die seinen Inhalt bilden. Eine der bedeutsamsten Arten dieser formalen Einheiten sind aber die durch die Anwendung der Zweckkategorie geschaffenen. Vor Allem die organischen Wesen, die sich uns, wie Kant in bisher nicht widerlegter und nicht verbesserter Weise ausführt[25], als durch einen inneren Zweck zu Individualitäten zusammengefasste Einheiten darstellen. Daher sehen wir bei allem Wechsel der Form und der Materie dasselbe Individuum bestehen, so lange dasselbe ideologische Princip ein in räumlich-zeitlicher Continuität stehendes Naturgebilde beherrscht. Das Reis und der mächtige Baum, die Raupe und der Schmetterling, das Kind und der Greis stellen sich in allen ihren Lebensschicksalen als eine Individualität kraft des ihnen innewohnenden natürlichen Zweckmomentes dar. Selbst der Mensch, dessen Bewusstsein durch psychische Störungen jede Continuität verloren hat, bewahrt für unser Denken seine Individualität kraft des in ihm fortwirkenden organisirenden Zweckmomentes.

In mehr oder minder bewusster Weise wird aber die Beziehung der Dinge und Personen zu menschlichen Zwecken zu dem Einigungsprincip, welches in der praktischen Welt des menschlichen Gemeinlebens, daher auch im Rechte die grösste Rolle spielt, wenn auch hier in untergeordneter Weise noch andere Individuationsprincipien thätig werden, wie das der räumlichen Trennung und quantitativen Theilung. So ist z. B. das Objekt der Aussenwelt, welches einem oder einer Zahl cohärenter oder doch verwandter Zwecke dient, für das praktische Denken eine Sache; der juristische Begriff der Sache entsteht erst durch das In-Beziehung-Setzen der Aussenwelt zu menschlichen Zwecken[26]; daher kann auch ein und dasselbe Objekt unter Berücksichtigung

[25] Kritik der Urtheilskraft § 64, 65.

[26] Die klare Erkenntniss dieser Relation mangelt der juristischen Literatur. Daher das Erstaunen Fittings, die Specifikation, Archiv f. civ. Praxis 48, S. 3: „Die Begriffe der Entstehung und Vernichtung der Sachen sind nicht naturwissenschaftliche, sondern rein psychologische, wie denn, so seltsam und befremdlich das auch klingen mag, in der That der ganze Begriff der Sache ein rein psychologischer ist.“

verschiedener Zwecke betrachtet, verschiedene Sachen darstellen[27].

Was aber nicht zu menschlichen Zwecken in direkte, willkürliche Beziehung gesetzt werden kann, fällt, niemals unter den Begriff der Sache, wie z. B. die Himmelskörper[28]. Daher eint der Zweck körperlich getrennte Objekte zu einer Sache, er ist es, der die unitas rerum distantium hervorruft. Ja, durch den Zweck allein werden die Sachen in dieser Eigenschaft uns verständlich, nur durch den Zweck können sie definirt werden. Für eine theoretische Naturbetrachtung giebt es keine Tische, Stühle, Häuser, sondern nur Holz, Stein und Metall, erst wenn ich den Zweck kenne, der diese Materialien in bestimmte Formen zusammengefügt hat, wird mir auch das Wesen dieser Dinge in der praktischen Welt des Menschen klar. Aber nicht nur die Produkte der menschlichen Arbeit, in welchen der Zweck bewusst schöpferisch auftritt, auch die von der Natur geschaffenen Objekte erlangen für die Menschen erst durch ihren Zweck Bedeutung. Nur durch Beziehung auf menschliche Zwecke entsteht der Werth und nur das Werthvolle hat im Rechtsleben Raum. Nicht das Pferd als Naturobjekt schlechthin ist Gegenstand rechtlichen Verkehrs, sondern das Reit- oder Zugthier. Ein organisches Naturprodukt, das menschlichen Zwecken überhaupt nicht dienen kann, figurirt nicht auf der Liste der Sachen. Giftschwämme und Fledermäuse sind keine Sachen, es sei denn, dass sie durch eine

---

[27] Auf der handgreiflichen Verwechslung von Naturobjekt und Sache beruht die Polemik Seligmanns, Beiträge zur Lehre vom Staatsgesetz und Staatsvertrag II, S. 152 gegen meine bereits Gesetz und Verordnung S. 193 angedeuteten Anschauungen über den Begriff der Sache. Dass ein und dasselbe Objekt in verschiedenen Relationen mehrere Sachen darstellen kann, lehrt die tägliche Rechtspraxis. Man denke an das Messer, das Werkzeug und Waffe (R.Str.G.B. § 223a und § 367[10]) sein kann, an das Buch, das durch blossen Wechsel des Zweckes ohne Aenderung in seiner Substanz Makulatur, den Balken, der Brennholz, den Diamanten, der Schmuck oder Instrument, den Branntwein, der Genussmittel oder Arznei wird. Mit dem Wechsel des Zweckes ändern sich häufig auch die Normen für die rechtliche Stellung des Objektes. Pertinenzqualität, die Eigenschaft der Unpfändbarkeit (R.C.Pr.O. § 715), Zollfreiheit, Kriegscontrebande können durch Wandel ein und desselben Objektes von einer Sache in die andere kraft blosser Zweckänderung hervorgerufen werden.

[28] Vgl. Bekker, System des heutigen Pandektenrechtes I, S. 287.

Einreihung in eine Naturaliensammlung oder irgend eine andere ausnahmsweise stattfindende Verwendung zu menschlichen Zwecken in Beziehung gesetzt werden. Ferner erhalten die menschlichen Willensaktionen erst durch den Zweck ihre juristische Einheit. Rechtsgeschäfte und Delikte stellen sich uns als Einheiten dar und werden von dem Rechte als solche aufgefasst und beurtheilt kraft des einheitlichen Zweckes, der eine Reihe von oft zeitlich unterbrochenen Handlungen zu einer Einheit zusammenfasst. Ohne Anwendung der Zweckkategorie ist es überhaupt gar nicht möglich in die Willensäusserungen des Menschen Sinn und Ordnung zu bringen.

Aber auch Menschenmehrheiten werden für das praktische Denken durch einen sie verbindenden Zweck geeinigt. Die Gleichheit und Continuirlichkeit der bestimmte Zwecke versorgenden Funktionen lassen die einander ablösenden Funktionäre als eine Einheit erscheinen, die unitas rerum distantium hat an der unitas personarum succedentium ihr Gegenstück. Die Firma erscheint Dritten gegenüber als eine Einheit, mag ihr Inhaber noch so oft wechseln; der Amtsrichter, der Minister, der Monarch sind in ihrer staatlichen Thätigkeit ein unsterbliches Organ, wie viel sterbliche Menschen auch immer Träger der betreffenden Organschaft waren. Es ist dies keine „Fiktion“, so wenig es eine Fiktion ist, dass vor dem Hause des commandirenden Generals ununterbrochen eine Schildwache steht, obwohl die schildwachstehenden Personen alle zwei Stunden wechseln.

Auf dieselbe Weise werden auch zeitlich coexistirende Individuen zu einer Einheit zusammengefasst, wofern gemeinsame Zwecke sie mit einander verbinden. Die Versammlung, die Familie, der Verein, die Körperschaft sind derartige juristische Zweckeinheiten. Je intensiver und je dauernder die einigenden Zwecke sind, desto stärker erscheint uns auch die Einheit ausgeprägt. Unter dem Gesichtspunkte theoretischer Erkenntnis aber sind selbstverständlich in allen Fällen nur Einzelindividuen vorhanden, die sich in mannigfachen Beziehungen zu einander und gegenseitig verursachten Zuständen befinden. Allein weder für das praktische Leben noch für das durch und durch praktische Recht hat diese Erkenntniss den geringsten praktischen Werth, d. h. jene Einheiten werden dadurch für das menschliche Zweckbewusstsein nicht aufgehoben. In diesem Sinne habe ich bereits früher behauptet, dass wir in einer Welt der Zwecke und Werthe leben, die einer absoluten Erkenntniss weder fähig noch bedürftig ist[29].

Dass nun auch der Staat dem juristischen Denken als eine Einheit erscheint, ist nach den voran gehenden Erörterungen klar. Die Grundlage dieser Einheit ist zunächst eine physische. Der Staat entfaltet sich auf einem räumlich abgegrenzten Theil der Erdoberfläche. Auf diesem abgegrenzten Territorium leben Menschen, die gemeinsame, bleibende, einheitliche, unter einander zusammenhängende, nur durch dauernde Institutionen zu versorgende Zwecke verfolgen. Schon kraft dieser constanten Zwecke stellt sich unserem praktischen Denken der Staat trotz seiner wechselnden Volksbestandtheile als eine teleologische Einheit dar. Endlich erscheint die diese Zwecke versorgende Staatsgewalt als eine continuirlich-einheitliche kraft des Denkprocesses, der eine Reihenfolge einander ablösender Personen, welche dieselben Funktionen vollziehen, als eine Einheit zusammenfasst. Das thut auch die über die scholastischen Fiktionen in der Jurisprudenz so stolz triumphirende realistisch-empirische Schule des Staatsrechts, indem der Herrscher, dessen Objekt der Staat sein soll, nicht das Herrscherindividuum, sondern die abstrakte Herrscherpersönlichkeit ist und indem die Einheit in dem Zustande der Beherrschung, die auch sie anerkennen muss, nichts als das Resultat eines Denkprocesses ist, dessen objektiver Erkenntnisswerth sich als höchst zweifelhaft darstellt[30].

Denn für die vor keiner Consequenz zurückscheuende, um die praktischen Resultate ihrer Forschungen unbekümmerte streng theoretische Betrachtung, die das unabhängig von unserer praktischen Welt Existirende, dieser vielmehr Subsistirende erkennen will, wird die staatliche Einheit nicht vorhanden sein.

---

[29] Gesetz und Verordnung S, 194.

[30] An Stelle des für eine realistische Erkenntniss nicht vorhandenen Staatswillens hat der Begründer der Herrschertheorie in ihrer neuesten Form Seydel, Grundzüge einer allgemeinen Staatslehre S. 1 ff. und Bayerisches Staatsrechte I, S. 352 *S.* den angeblich conkreten Herrscherwillen gesetzt. Wie dieser Herrscherwille von Individuum zu Individuum sich fortsetzt, wodurch aus den Herrschern der Herrscher entsteht, woher die Identität des aus stets wechselndem Menschenmaterial bestehenden Staates kommt, diese Fragen werden von Seydel ignorirt, aber dadurch nicht aus der Welt geschafft.

Eine unübersehbare Reihe psychischer Massenprocesse, die zwar einander folgen und untereinander in Causalzusammenhang stehen, aber in einer fortwährend wechselnden durch keine Continuität des Bewusstseins, die ja nur im Individuum stattfindet, zusammengehaltenen Menschenmenge vor sich gehen, das ist der Staat für die die Realität in ihre letzten Elemente auflösende Forschung[31]. Schon die Annahme eines Zustandes oder Verhältnisses der Beherrschung als Wesen des Staates ist für die, „empirische Staatslehre" unzulässig, weil Herrscher und Beherrschter ja in stetem Wechsel begriffen sind und die Einheit dieser Verhältnisse, als blos subjektiv vorhanden, bereits einen Sprung aus dem Empirismus bedeutet[32]. Eine Summe von Zuständen, welche aber nur eine subjektive Abbreviatur für ein schwer zu analysirendes Geschehen innerhalb der gegenseitigen Beziehungen der Menschen bedeutet, ist das schliessliche logisch durchdachte Resultat des Empirismus auf dem Gebiete der Erkenntniss der Natur des Staates. Allein der Jurist, seiner Beschränktheit sich bewusst, wagt es nicht, in diese Tiefe hinabzusteigen, sondern bleibt in der subjektiven Welt, in der das Rechtsleben sich abspielt und nicht theoretische Erkenntniss, sondern praktisches Handeln herrscht, welches Einheiten schafft und anerkennt, unbekümmert darum, ob sie diesen ihren Charakter auch vor dem theoretischen Verstande rechtfertigen können.

---

[31] Diesen Thatbestand legt Lingg, Empirische Untersuchungen zur allgemeinen Staatslehre, seiner Staatstheorie zu Grunde und beweist durch die Verdrehungen, Gewaltsamkeiten und handgreiflichen Widersprüche, mit denen er operirt, um überhaupt von seinem Ausgangspunkte aus zu einer Lösung staatsrechtlicher Probleme zu gelangen, mehr als die schärfste Kritik es hätte thun können, die Unmöglichkeit einer „empirischen" Fundirung einer juristischen Disciplin. Dadurch erlangt dieses Buch aber, dessen kritischer Theil übrigens manche treffende Bemerkung enthält, eine Art von dauerndem Werthe. Kann doch der berühmte Satz des Spinoza: Verum index sui et falsi auch umgekehrt werden! Ueber Lingg vgl. die Besprechungen von Preuss Archiv f. öff. Recht VI, S. 163 ff. und namentlich die gehaltvolle von Tezner, Grünhuts Zeitschrift f. d. Privat- und öffentl. Recht XVIII, S. 530 ff.

[32] In der That leugnet auch Lingg a. a.O. S. 116 die Identität des Staates in verschiedenen Zeitperioden und vernichtet damit allein schon eine juristische Erkenntniss dauernder staatlicher Institutionen. Vgl. auch Preuss Archiv 166, 167.

2. *Der Staat besitzt Persönlichkeit.* Persönlichkeit oder Person ist die Fähigkeit, Träger von Rechten sein zu können, mit einem Worte die Rechtsfähigkeit. Sie gehört nicht der Welt der Dinge an sich an, ist überhaupt kein Sein, sondern eine Relation von einem Subjekt zu anderen und zur Rechtsordnung. Sie ist stets vom Rechte verliehen, nicht von Natur aus gegeben. Es ist eine als Produkt jahrtausendelanger Entwickelung erkannte sittliche Forderung, den Menschen schlechthin als Rechtssubjekt anzuerkennen, aber die Geschichte hat die traurige Lehre geliefert, dass eine Rechtsordnung möglich ist, welche diese Forderung nicht verwirklicht. Der Sklave hatte natürliche Willensfähigkeit, aber keine Rechtsfähigkeit, d. h. er konnte die das Individuum schützenden Normen der Rechtsordnung nicht in seinem Interesse in Bewegung setzen, eine Fähigkeit, die ihrem Wesen nach künstlich, d. h. nicht durch organische Naturprocesse, sondern durch bewusste menschliche Veranstaltung gegeben ist. Es giebt daher keine natürliche, sondern nur juristische Persönlichkeit[33]. Die Bezeichnung: physische Person enthält eine contradictio in adjecto; physisch kann nur eine Substanz oder deren Funktion gegeben sein, Person ist aber wie erwähnt eine — nur psychologisch zu begreifende, abstrakte — Relation. Persönlichkeit setzt daher eine Vielheit von Menschen voraus, die in constanten Relationen stehen. Und zwar muss diese Constanz durch eine feste, wiederum von Menschen getragene Rechtsordnung verbürgt sein. Diese Ordnung bewirkt aber eine Vereinigung der Rechtsgenossen in der oben entwickelten Weise. Die Einzelpersönlichkeit ist daher nicht die Grundlage, sondern das Resultat der Rechtsgemeinschaft. Was Aristoteles vom Verhältniss des Menschen zum Staate gelehrt hat, dass dieser früher da sei als jener[34], eilt unwiderleglich vom Verhältniss des Rechtssubjektes zum Gemeinwesen. Das Gemeinwesen als einen Schein erklären und nur die Individuen als ursprüngliche Rechts-

---

[33] Dieser so lange verkannte Gedanke bricht sich immer mehr Bahn. V.I. aus der neuesten Literatur Gierke, Genossenschaftstheorie passim, Preuss, Gemeinde, Staat etc. S. 137, Meurer, Begriff und Eigenthümer der heiligen Suchen I, S. 74, Dernburg, Pandekten 2. Aufl. I, S. 136, Laband, Staatsrecht I, S. 78, Bernatzik, Kritische Studien über den Begriff der jur. Person, Archiv f. off. R. V, S. 236 ff.. Burckhard, Zur Lehre von den Jurist. Personen, Grünhuts Zeitschrift XVIII, S. 7 ff.
[34] Polit. I, 1235 Bekk.

subjekte anerkennen, heisste die Theile in die Hand nehmen, nachdem man das geistige Band zwischen ihnen zerrissen hat.

Jedes Rechtssubjekt aber muss einen Willen haben, der im Stande ist, seine rechtlichen Interessen zu verfolgen. Wird dem Staate Rechtssubjektivität zugeschrieben, woher nimmt er den ihm nothwendigen Willen? Da aller Wille menschlicher Wille ist, so scheint er selbst willensunfähig zu sein. Nur eine Vertretung für ihn wäre denkbar, wie sie das Recht dem vernünftigen Willens Entbehrenden durch den Willensfähigen zu Theil werden lässt. Somit wäre der Staatswille in Wahrheit nichts als Wille Einzelner, der nur kraft Rechtsgebotes, nicht kraft irgend einer anderen Nothwendigkeit als Wille eines hinter dem Wollenden stehenden Wesens zu gelten hat, eines Wesens, das sich aus eigener Kraft gar nicht und in keiner Richtung äussern kann, mithin ein Phantom — eine Fiktion ist.

Allein so verhält es sich in Wahrheit nicht. Der Wille des Staates, der in dieser Hinsicht nur ein Specialfall der Collektivperson ist, ist keine Fiktion, sondern kraft derselben Denknothwendigkeit vorhanden, mit welcher uns die stetige, einheitliche, unter einander zusammenhängende Zwecke durch gemeinsame Kräfte verfolgende Mehrheit von Menschen als eine Vereinigung, d. h. wie schon die Sprache ausdrückt, als eine Einheit erscheint. Ist überhaupt die Existenz der Personeneinheit für das praktische Denken zugegeben, so hat sie, sofern ihre Zwecke stetig, in sich einheitlich, unter einander cohärent sind, in den constant auf die Versorgung dieser Zwecke gerichteten Willensakten unmittelbar ihren eigenen Willen. Mit derselben Denknothwendigkeit, mit der wir die Vielheit zur Einheit zusammenfassen, erscheint uns der in ihr auf Erreichung ihrer Zwecke gerichtete constante aktive Wille als ihr Wille, nicht nur als Wille des physisch Wollenden.

Alle auf den Zweck der Einheit bezogenen Willensakte der Mitglieder der Einheit haben daher einen doppelten Charakter gemäss der doppelten Erkenntniss, welcher die Einheit unterliegt. In der physisch natürlichen Welt sind es nur die Willensakte der Individuen, die da vor sich gehen, in der ethisch-juristischen Welt nur die Willensakte der Gemeinschaft. Das wollende Individuum wird unter der letzteren Betrachtungsweise zu einem Willensorgan der Einheit. Das Willensorgan vertritt daher nicht die Gemeinschaft, wie etwa der Willensunfähige durch einen Willensfähigen vertreten wird, sondern es ist die wollende Gemeinschaft selbst, wie eben die Fähigkeiten der Glieder Fähigkeiten des Ganzen sind. Vertretener und Vertreter sind stets zwei geschiedene Personen. Personeneinheit und Organ hingegen sind nicht gegen einander selbständig, sondern das Organ ist eben ein integrirender Bestandtheil der Einheit. Hinter dem Vertreter steht daher ein Anderer, hinter dem Organ Nichts.

Die Projicirung des Individualwillens auf eine geeinte Vielheit findet für unser praktisches Denken überall statt, wo wir eine organisirte Zweckeinheit menschlicher Individuen sehen. Sie ist daher ganz unabhängig in ihrer Grundlage von der Anerkennung durch die Rechtsordnung. Die organisirte Räuberbande, der verbotene Verein weisen dieselben Merkmale der Willensfähigkeit auf wie erlaubte Verbindungen. Daher erscheint auch der Usurpator als Willensträger des Staates so gut wie früher der legitime Monarch. Zum rechtlichen Organ allerdings kann das faktische Willensorgan nur durch die Rechtsordnung erhoben werden, indem sie die bereits unabhängig von ihr als innere Lebensordnung der Menscheneinheit bestehende Organisation als solche anerkennt.

Auch schaffen oder doch vorzeichnen kann die Rechtsordnung eine derartige Organisation. Durch Rechtssätze muss sie namentlich in allen jenen Fällen geregelt sein, in denen der Wille der Vereinigung nicht unmittelbar Wille eines Individuums ist, sondern aus den Willensakten einer Mehrheit von Menschen gewonnen wird[35].

Es ist eine noch kaum begonnene, zur Feststellung der juristischen Grundbegriffe jedoch nothwendige Untersuchung über die Verwendung, welche die Rechtsordnung von den Willens-

---

[35] Die Gegner der juristischen Person als einer fingirten sehen alle nicht, dass bereits in der Annahme der Möglichkeit eines Majoritätswillens, eines stellvertretenden Willens u. s. w. gemäss ihren Grundanschauungen eine „Fiktion" liegt. In der Welt der realen Dinge kann nicht nur aus den Willensaktionen mehrerer nicht ein einheitlicher Wille destillirt, es können auch Willen nicht addirt werden, ein Wille kann da nicht für den anderen wollen. Die Relationen mehrerer Willen und die Normen, welche diese Relationen beherrschen, gehören ausschliesslich der Welt der praktischen Menschen an. Man versuche es nur einmal, die Lehre von der Stellvertretung z. B. auf die Realität anstatt auf die Relation der Dinge aufzubauen!

akten der Individuen machen kann. Sie lässt den Willensakt fortexistiren, nachdem er längst sein physisches Ende genommen hat, bis ein entgegengesetzter Akt ihn aufhebt; selbst über das Leben des Individuums hinaus lässt sie im Testamente und in der Stiftung seinen aus der Welt der objektiven Thatsachen entschwundenen Willen fortwirken. Sie lässt aus dem Wollen Mehrerer einen in sich einheitlichen Willen entstehen, der als solcher ein über dem Willen der an seiner Bildung Theil nehmenden Individuen stehender ist. Alle Wahlen und Majoritätsbeschlüsse haben diesen Charakter. Eine empirisch-realistische Rechtslehre müsste consequenterweise jeden Majoritätsbeschluss für eine Fiktion erklären — denn wo ist das nicht „fingirte" Moment, welches die Willensakte einer Mehrheit von Individuen. die, wenn auch inhaltlich übereinstimmend, dennoch an sich ganz unverbunden sind, zu einer inneren Einheit zusammenschmelzen könnte. Ist demnach nicht der „Herrscher" in der Republik. namentlich in einer solchen, die auch die Vollziehung ausschliesslich in die Hände von Collegien legt, wie heute die Schweiz und ihre Kantone, eine Fiktion, derart dass für sie die empirische Erleuchtung überhaupt keine Formel findet[36]?

Die Rechtsordnung kann aber auch den umgekehrten Weg einschlagen, wie bei der Anerkennung der Entscheidung durch Majoritätsbeschlüsse. Sie kann einer Minderheit den entscheidenden Willen zutheilen, ja den Willen einer Majorität durch den entgegengesetzten Willen eines einzigen Individuums vernichten lassen, wie z. B. durch das Veto der Tribunen den Willen des Senates, durch dasjenige des Präsidenten der Vereinigten Staaten den gesetzschaffenden Willensakt des nordamerikanischen Gongresses. Sie kann ferner die Willensäusserungen der Individuen, die ja von Natur aus gleiche Intensität haben, mit verschiedener Macht ausstatten, so dass für den Organwillen ganz andere Gesetze gelten als die psychologischen, nach denen überhaupt der in einem Individuum stattfindende Willensakt niemals durch den eines Anderen alterirt oder vernichtet werden kann. Sätze wie

[36] Lingg a. a. O. S. 193 macht in der That den Versuch, bei Collegialbeschlüssen ein Individuum — den Präsidenten — als den wahren Willensträger hinzustellen. Ueber die Entstellung des juristischen Thatbestandes, die er zu diesem Zwecke vornimmt vgl. die treffende Bemerkung von Preuss, Archiv S. 167 f., und Tezner a. a. 0. S. 534 f.

negantis major potestas, Vorgänge wie die Cassation eines ürtheils durch die obere Instanz sind vom empirisch-psychologischen Standpunkte aus einfach unerklärlich. Sie sind aber nicht etwa Fiktionen, denn die ihnen zu Grunde liegenden Thatbestände sind die des praktischen Lebens und der praktischen täglichen Anschauungen. Vor dem Richterstuhl einer absoluten Erkenntniss allerdings zerstäuben sie in Nichts.

Fassen wir das bisher Gesagte zusammen, so ergiebt sich, dass der Staat eine auf begrenztem Gebiete basirte Zweckeinheit menschlicher Individuen ist, die unter dem Gesichtspunkte praktischer Erkenntniss an dem Willen ihrer Glieder Organe ihres eigenen Willens besitzt, dass die Rechtsordnung an diese unabhängig von ihr gegebene Thatsache anknüpfend die staatliche Willensbildung ordnen kann. Dadurch setzt sich der seine eigene Ordnung schaffende Staat als Rechtssubjekt.

Die Erkenntniss der persönlichen Natur des Staates tritt in wissenschaftlicher Klarheit in demselben Augenblicke auf, in dem erkannt wird, dass im Staate ein von dem der ihn bildenden Individuen verschiedener Einheitswille vorhanden sei. Mehr oder minder unbestimmt schon lange vorhanden vollzieht sie sich in voller Schärfe und Deutlichkeit bei Hobbes, dessen materialistisch-sensualistische Weltanschauung der Annahme hypostasirter Begriffe diametral entgegengesetzt ist: ein schlagender Beweis dafür, mit welch‘ zwingender Notwendigkeit selbst die den Staat atomistisch aus den Individuen zusammensetzende Theorie des juristischen Staatsbegriffs zur Persönlichkeitstheorie führt [37]. Hobbes lässt bekanntlich durch einen Unterwerfungs-

---

37

Es ist daher nicht richtig, die Persönlichkeitstheorie aus der organischen abzuleiten, wie es in letzter Zeit öfter geschehen ist; ebenso falsch ist es, die Hegel'sche Philosophie als ihren Ursprung zu bezeichnen. Sie war vielmehr seit dem Ende des 17. Jahrhunderts die herrschende (man vgl. nur z. B. Pufendorf, de iure naturae et gentiumVIl, c. II, 13, Rousseau, du contrat social l. I eh. VI), wurde aber in Deutschland durch die natürliche organische Theorie Schellin g'scher Fassung verdunkelt, bis Albrecht in seiner epochemachenden Anzeige des Maurenbrecher'schen Staatsrechts in den Göttinger gelehrten Anzeigen 1837 S. 1491 sie wieder aufklarte und als den unverrückbaren Ausgangspunkt juristischer Erkenntniss des Staates hinstellte, v. Gerber bat sodann in der zweiten Auflage seiner Grundzüge des deutschen Staatsvertrag der ursprünglich als isolirt gedachten Menschen unter den Willen eines Einzigen oder einer Vielheit den Staat entstehen. Er erklärt hierauf: Unio autem sie facta appellatur civitas sive societas civilis, nam cum una sit omnium voluntas pro una persona habenda est; et nomine uno ab omnibus hominibus particularibus distinguenda et dignoscenda habens sua iura et res sibi proprias. Ita ut neque civis aliquis, neque omnes simul (si excipiamus eum cuius voluntas sit pro voluntate omnium) pro civitate censenda sit. Civitas ergo (ut eam definiamus) est persona una, cuius voluntas, ex pactis plurium hominum, pro voluntate habenda est ipsorum omnium, ut singulorum viribus et facultatibus uti possit, ad pacem et defensionem communem[38]. Die spätere juristische Theorie hat diesen Ausführungen — abgesehen natürlich von der Verwerfung der naturrechtlichen Grundlage — nichts wesentlich Neues hinzufügen können.

Die Erkenntniss von der Persönlichkeit des Staates bewährt sich aber auch dadurch als die richtige, dass sie allein im Stande ist, den Erscheinungen des öffentlichen Rechtes eine befriedigende juristische Erklärung zu geben. Nur sie vermag z. B. das Völkerrecht juristisch zu erfassen. Ist der Staat ein „Objekt", dann ist nicht einzusehen, wie dies Objekt Rechtssubjekt sein kann, denn Subjekte des Völkerrechtes sind und bleiben die Staaten. Diese bleiben aber dieselben Rechtssubjekte, welcher Wechsel auch immer in der „Herrscherpersönlichkeit" vor sich gegangen sein mag. Daher wurde mit vollem Rechte das Unterfangen Lamartines, die zweite französische Republik kraft des Wechsels der Staatsform von den auf ihr aus früherer Zeit ruhenden internationalen Verpflichtungen zu befreien., von den übrigen Mächten als völkerrechtswidrig zurückgewiesen[39]. Noch weniger kommt man zu einem Völkerrechte, wenn man den

---

rechts den A l b r e c h t'schen Standpunkt acceptirt. Ueber die Entwikkelung der Persönlichkeitstheorie vgl. auch die treffenden Darlegungen von Bernatzik, Archiv für öffentl. Recht V, S. 186 ff.

[38] deciveV,9. Geringe Kenntniss der Weltanschauung des Hobbes zeigt von Krieken, lieber die sog. organische Staatstheorie S. 41 f., wenn er auf Grund gelegentlicher Bilder in den Schriften Hobbes diesen für einen Vertreter der organischen Theorie erklärt. Ueber das Mechanische seiner Gesellachaftslehre vgl. die treffende Darstellung von Lange, Geschichte des Materialismus 2. Aufl. t, S. 234 ff.

[39] Vgl. F. v. Märtens, Völkerrecht I, S. 234.

Staat mit *Lingg* rechtlich als einen „Zustand der Beherrschung kennzeichnen will. Zustände können nicht Verträge schliessen und nicht Kriege führen! Man versuche einmal die juristisch so verwickelte Materie von dem Abschluss der Staatsverträge mit der Herrscher- oder der Zustandstheorie befriedigend zu lösen. Hie Rhodus, hie salta! Eine Lehre, die unfähig ist, die gegebenen Rechtsverhältnisse zu construiren, kann sie eben nicht begreifen und ist deshalb juristisch werthlos. Da ist die Theorie Gumplowiczs viel consequenter, der im Gefühle seiner gänzlichen Unfähigkeit des Verständnisses juristischer Probleme diese Probleme einfach für nicht vorhanden erklärt. Das ist wenigstens einsichtsvoller, als dem juristischen Denken zuzumuthen, auf Grund ganz unbrauchbarer Lehren seine Arbeit fortzusetzen.

Eine juristische Theorie muss eben die Erscheinungen des Rechtslebens erklären können: sie darf weder psychologisch, noch naturwissenschaftlich, weder empirisch, noch realistisch, sie muss vielmehr ausschliesslich juristisch sein. Diese Forderungen erfüllt aber die von *Seydel* begründete Herrschertheorie auch in allen Nuancen, die ihr Andere gegeben haben, nicht. Nicht nur nicht, wie ich bereits früher dargethan habe, die Rechtsbeschränkung des Herrschers[40], nicht einmal das Dasein des Herrschers wird durch sie verständlich — das des Usurpators ausgenommen. Wie aus ihr die Thronfolgeordnung zu begreifen sei, die bereits vor sechshundert Jahren Bracton zu der Erkenntniss führte, dass der König unter dem Gesetze stehe „quia lex facit regem", das ist schlechterdings unerklärlich. Und ebenso unerklärlich bleibt das ganze grosse uns hier beschäftigende Problem des öffentlichen Rechtes der Gewaltunterworfenen. Von diesem Standpunkte ist die Leugnung der ganzen Materie jedenfalls consequenter und auch einfacher als die Erklärung. Man muss es Bornhak zum Danke wissen, dass er vom Standpunkte der Herrschertheorie aus folgerichtig das subjektive öffentliche Recht des Individuums gänzlich geleugnet und damit ihren Bankerott mit voller Unbefangenheit proklamirt hat.

---

[40] Was ihn nicht gehindert hat, jungst ein „österreichisches Staatsrecht" (Wien, Manz 1891) zu erfinden. Zur Leugnung dieses Staatsrechts wird Gumplowicz ohne Mühe alle seine Gegner bekehren.

Zum Schlüsse dieser Untersuchung soll die der Herrscher und Zustandstheorie direkt entgegengesetzte organische Staatslehre auf ihren juristischen Werth geprüft werden.

Unter allen Hypothesen über das Wesen des Staates ist die organologische die älteste und populärste — liegt sie doch bereits der Fabel des Menenius Agrippa zu Grunde. Das erste philosophische System, das sich eingehend mit dem Staate beschäftigt, das platonische, hat sie bereits vollständig ausgebildet. Namentlich die Vergleichung des Staates mit dem menschlichen Organismus ist bei Schriftstellern aller Zeiten zu finden; auch umgekehrt wird der Mensch mit dem Staate verglichen[41]. In der That, man mag welche Staatstheorie auch immer acceptiren, es fällt schwer, die mit einer Art psychologischer Notwendigkeit sich aufdrängende Analogie von Staat und Naturorganismus zurückzuweisen.

Hiebei muss aber zunächst die bisher nicht erkannte und doch so selbstverständliche Thatsache constatirt werden, dass der Begriff des Organismus historisch sich aus Analogie mit menschlichen Verhältnissen entwickelt hat, ähnlich wie der Gesetzesbegriff ursprünglich nur Rechtsnorm bedeutete und erst später analog auf die Natur übertragen wurde[42]. Schon die Entstehungsgeschichte des Wortes weist deutlich darauf hin. 'Οργανον heisst Werkzeug, also ein menschlichen Zwecken und menschlicher That dienender Gegenstand. Deshalb nennt auch Aristoteles das οργανον einen „δοῦλον αΨυχον, den Sklaven hingegen ein „öργαν εμψυχον[43], daher heisst das spätgriechische οργάνωσις, aus dem unser „Organismus" entstanden ist, ursprünglich nichts als eine mit den nöthigen Werkzeugen versehene, d. h. zweckmässige Einrichtung und die Römer gebrauchen das Wort organicus geradezu für mechanisch[44]. Zuerst

---

[41] „Der Genius und die sterblichen Organe
Sind dann im Rath vereint; und die Verfassung
Des Menschen, wie ein kleines Königreich
Erleidet dann den Zustand der Empörung." Shakespeares Julius Caesar II, 1.

[42] Vgl. Jellinek, Gesetz u. Verordnung S. 37.

[43] Eth. Nic. VIII, 13, ll6lb, 4.

[44] Vitruvius 10, l stellt folgenden Unterschied zwischen machina und organum auf: machinae pluribus operibus maiores coguntur effectus habere, uti balistae torculariumque prela. organa autein unius operae

wurde nun der Begriff des Werkzeuges auf die menschlichen Glieder übertragen und auf die „Sinneswerkzeuge“, durch welche der Seele Empfindungen zugeführt werden. Und zwar spricht zuerst Plato von den „ὄργανα δι’ ϖν αι’σνάνεται ήμϖν τὸ αισνόμενον εχαστον“[45], und Aristoteles wendet hierauf den Terminus auf alle Glieder des menschlichen und thierischen Leibes an und stellt οργανα φνσιχα und τεχνιχα in Gegensatz.[46] Endlich wird die Natur als Bildnerin der menschlichen angeborenen Werkzeuge anerkannt und die von ihr in ähnlicher Weise mit innerer Zweckmässigkeit ausgestatteten thierischen und pflanzlichen Wesen werden nun nach *Analogie des Menschen* als Organismen bezeichnet. Indem der Staat dem Naturorganismus gleichgesetzt wird, findet daher auf ihn eine Rückübertragung von Vorstellungen statt, die der Welt des praktisch thätigen, die Dinge sich mittelst der Werkzeuge dienstbar machenden Menschen entstammen. Daraus erklärt sich auch die Thatsache, dass die organologische Hypothese selbst für das unwissenschaftliche Bewusstsein so viel Ansprechendes hat; ist sie doch naiv-anthropomorphistischen Ursprungs.

Hält man sich dies vor Augen, so erkennt man, wie ungerechtfertigt die Anschauung ist, dass man durch Acceptirung der Termini: „Organ“ und „organisiren“ nothwendig in den Gedankenkreis der organischen Staatslehre eingetreten sei[47]. Staatliches Organ heisst staatliches Werkzeug, organisiren heisst Funktionen planmässig vertheilen. Gerade das Naturwüchsige. welches das

---

prudenti tractu perficiunt, quod propositum est, ut scorpionis et anisocyclorum versationes. Also organum nichts als eine Gattung von Werkzeugen,

45 Theaet. 185 C.

46 Vgl. Bonitz, Index Aristotelikus s. v. όργανον. Die Übertragungdes Werkzeugsbegriffes auf die leiblichen Glieder deutlich z. B. in folgender Stelle: έπεὶ μεν όργανον παν ένεχα τοῦ, των δε τοῦ σώματος μυρίων έχαστον ένεχα τοῦ, τὸ δ’ οῦ ένεχα πράξις. Trendelenburg, Arist. de anima bemerkt S.331 ff. ’Οργανα proprie ad animalum partes vitae que quasi instrumente trahuntur id enim agunt vel alicui consilio inserviunt.

47 Verwechslung juristischer und natürlicher Organisation bei E. Mayer, Krit. Vierteljahrsschrift 1888, S. 578, wie überhaupt des Naturdaseins des Staates mit dem Rechtsbegriffe desselben.

Merkmal des Organismus bildet, ist bei dem durch bewusste menschliche That erfolgenden „organisiren" und deshalb auch bei dem durch bewusste, complicirte juristische Vorgänge bestellten Staatsorgan gänzlich ausgeschlossen[48].

Ist nun unsere Kenntniss vom Wesen des Organismus in Folge der Fortschritte der Naturwissenschaft seit den Tagen des Alterthums bedeutend gestiegen, so birgt er dennoch ungelöste. vielleicht unlösbare Räthsel in sich. Die immanente Zweckmässigkeit, welche, um in der Kantischen Terminologie zu reden, die „reine Urtheilskraft" in den organischen Gebilden erblickt[49],

[48] Den principiellen Unterschied rechtlicher und natürlicher Organisation verkennt auch Preuss, Gemeinde S. 157. Rechtliche Vorgänge als solche sind niemals natürlich im Sinne des mit causaler Nothwendigkeit blind Wirkenden. Sie gehören wie alle menschlichen Schöpfungen dem Gebiete menschlichen Könnens, d. h. der Kunst an. Bei Nennung des Wortes Kunst überfällt allerdings die Organologen ein Grauen, als ob menschliche Freiheit, die doch allein das Höchste zu schaffen vermag, tief unter den dumpfen Naturkräften stünde.

[49] An die unklaren Anschauungen der Schelling'schen Naturphilosophie sich anlehnend bestreitet Preuss S. 281 die teleologische Auffassung des Organismus und will damit die oft wiederholte Lehre von der Zwecklosigkeit des Staates von Neuem zu Ehren bringen. Dadurch setzt er sich aber mit der ganzen modernen Erkenntnisstheorie in entschiedenen Widerspruch. Nicht nur Roux und Hyrtl, sondern vor Allem die Ergebnisse der modernen logischen Forschung hätten von ihm bei seiner Begriffsbestimmung des Organismus zu Rathe gezogen werden müssen. Niemand, der sich mit dem Wesen des Organismus beschäftigt, darf neben den Ausführungen Kants solche wie die von Trendelenburg, Logische Untersuchungen 3. Aufl. II, S. 143, Sigwart, Logik II, S. 216 und W und t, Logik II, S. 435 ff. ignoriren. Nach dem äusseren Zwecke des Organismus zu fragen, ist allerdings müssig. Wie man aber ohne Annahme einer immanenten Teleologie den Organismus bestimmen will, bleibt schlechthin unerklärlich. Es ist wie wenn man aus der Definition des Oceans das Merkmal der Flüssigkeit eliminiren wollte. Vom Standpunkte der organischen Staatslehre bedeutet die Verwerfung der Teleologie einfach die Vernichtung des staatlichen Lebens. Wenn das Ganze keinen Zweck für die Glieder hat, wie sind politische Parteien, die doch bestimmte Zwecke durch den Staat erreichen wollen, überhaupt nur denkbar; wie kann man dann über Regierung und Verwaltung eines Staates ein Urtheil fällen? Ist der Staat begrifflich zwecklos, dann hat die innere Politik Russlands und Englands den gleichen Werth oder vielmehr Unwerth, da der Werthbegriff

steht in unlösbarer Antinomie zu der Forderung der „reinen Vernunft“, alle anscheinend teleologischen Naturvorgänge in mechanische aufzulösen. Die objektive, d. h. von unserer Anschauungsweise ganz unabhängige Existenz des Organismus als eines immanent teleologischen Gebildes behaupten, heisst den Boden positiver Forschung verlassen und in das Reich einer mystischen Metaphysik hinüberspringen, heisst die Wahrheit durch Dichtung ersetzen wollen.

Um die organische Staatslehre vollauf zu würdigen, muss man sich eben vor Augen halten, dass sie in erster Linie nicht juristische Erkenntniss darbieten, sondern das Naturdasein des Staates erklären will. Die von allen bewussten menschlichen Vorstellungen und Zwecken unabhängige ἐντελέχεια des Staates, wie sie durch Zusammenwirken aller kosmischen Kräfte entsteht, ist ihr Objekt. So erscheint der Staat bereits dem genialen Blicke des Aristoteles als ein durch unbewusst wirkende Kräfte der menschlichen Natur hervorgerufenes mit einem nothwendigen inneren Zwecke begabtes Ganzes. So hat auch die spätere organische Lehre den Staat stets als ein seiner Natur und seinen Zwecken nach menschlicher Willkür entrücktes Gebilde aufzufassen gesucht. Im Kampfe gegen die naturrechtlichen Anschauungen, welche die Staatsordnung schliesslich als willkürliches Produkt der jeweiligen Majorität ansahen, hat die organische Lehre mit conservativen und reaktionären politischen Aktionen verbündet und diese stützend die menschlichem Willen entrückten Naturgesetze des Staates aufzudecken versucht. Damit stellt sie sich als eine metajuristische Theorie dar. Den Begriff des Organismus in die Jurisprudenz einführen, heisst daher in den erkenntnisstheoretischen Fehler verfallen, der der Rechtswelt gleiche Realität wie der Aussenwelt zuschreibt. Zudem ist der Begriff des Organismus juristisch ebenso unbrauchbar wie die

---

ein durchaus teleologischer ist. Und nun gar die Elimination des Zwekkes, „des Schöpfers des ganzen Rechtes“ aus dem Staatsrechte, das dadurch einfach unverständlich wird! Mit vollem Rechte erklärt H. Schulze, Einleitung in das deutsche Staatsrecht S. 126 den Staat ohne Zweck als etwas Unvernünftiges. Hat aber die formal-juristische Construktion, wie Preuss ausführt, von dem die Erscheinungen des Rechtslebens beherrschenden Zwecke abzusehen, dann ist die Unfähigkeit des Begriffes des Organismus als Grundlage juristischer Definition zu dienen, klar dargethan.-

Herrscher- oder Zustandstheorie, ja sogar noch weniger brauchbar. Denn die Mystik, welche den Begriff des Organismus umgiebt, steht in schroffem Widerspruche mit der zunächst begriffliche Klarheit heischenden, juristischen Denkungsweise, die wenigstens durch die Plattheit anderer empirischer Erklärungsversuche des Staates nicht gestört wird.

Inwieweit aber die organische Hypothese als staatswissenschaftliche Anschauungsweise für die Grundlagen des Staatsrechts von Bedeutung sein kann, sei schliesslich noch angedeutet.

Es ist die Analogie zwischen Naturorganismus und Staat, welche bei vorsichtiger Anwendung innerhalb gewisser Grenzen nutzbringend werden kann. Es ist die Begründung der Institution des Staates unmittelbar auf die natürliche physische und geistige Beschaffenheit des Menschen und daher seine zwar nicht vom Willen, aber von regelloser Willkür unabhängige Existenz, sowie die nothwendige innere Gliederung, die den Staat den Organismen gleichartig erscheinen lässt. Ferner sind es die in fester Ordnung sich vollziehenden staatlichen Funktionen, die bei allem Wechsel des Menschenmaterials stets dieselben constanten Formen aufweisen, die langsame Aenderung, welche der Staat in der Regel wenigstens trotz der raschen Erneuerung der ihn bildenden Individuen erfährt, die ihn dem, was wir von dem Organismus wissen, annähert. Die Identificirung von Staat und Organismus hingegen ist auch vom Standpunkte theoretischer Erkenntniss aus unzulässig. Es sind eine Fülle unterscheidender Momente des Staates vom Organismus gegeben. über welche die Organologen einfach hinwegsehen. Wachsthum, Rückbildung und Tod sind dem Staate nicht nothwendige Processe; vor Allem aber mangelt ihm Fortpflanzungsfähigkeit, die dem Organismus wesentlich ist. Der grossartige Staatenbildungsprocess des 19. Jahrhunderts zumal weist mit der Zeugung und embryonalen Entwickelung der Naturgebilde nicht die geringste Analogie auf, es sei denn, dass man die Geburt der Minerva für einen nicht blos mythologischen Vorgang hält.

Dem Staate fehlt ferner räumliche Continuität und Abgegrenztheit seines Menschensubstrates. Dem menschlichen Organismus darf er schon deshalb nicht gleichgesetzt werden, weil er kein Bewusstsein hat[50]. Selbst unter dem Gesichtspunkt juristischer Erkenntniss kann nur der perfekte in die Aussenwelt tretende Willensakt seiner Organe als ihm eigen erklärt werden. Alle psychische Innerlichkeit hingegen ist ihm verschlossen. Wissen, überlegen, fühlen, wünschen, sehnen, träumen, hoffen, glauben bleibt eigenster Besitz des Individuums. Auf diesem Gebiete kann die Wissenschaft zwar Massenerscheinungen constatiren und demgemäss geistige Anlage und Besitz ganzer Völker erforschen, allein einen einheitlichen Träger solcher Massenprocesse kann nur die Metaphysik behaupten, die zu allen Zeiten den Trieb besass, Wesenheiten zu construiren, welche das Leben Ungezählter als ihr eigenes leben.

Der juristische Gewinn jedoch, der sich aus dieser Analogie ziehen lässt, ist folgender. Im Staate, wie im natürlichen Organismus ist eine stete Thätigkeit auf Verwirklichung seiner Zwekke gerichtet, gegeben. Durch diese auf die Verwirklichung ihrer Zwecke gerichtete Thätigkeit empfangen beide Erscheinungen ihre Einheit, „beide sind Zweckeinheiten, Entelechien“[51]. Beide unterscheiden sich jedoch wesentlich dadurch, dass im Staate die Willenseinheit niemals durch die schöpferische Hand der Natur gegeben ist, sondern durch bewusste, im geordneten Staate durch juristische Vorgänge entsteht, dass der Staatswille gar häufig durch bewusst geübten Zwang sich realisirt, während im einheitlichen Organismus die Bildung eines Willens aus mehreren und die Zwingung eines Willens durch einen anderen ganz undenkbar ist.

IV. Das subjektive öffentliche Recht des Individuums

Im Zusammenhange mit der Lehre Hegels vom Rechte, welche dieses als Willen erfasste: das objektive Recht in unverkennbarer Fortbildung Rousseau'scher Gedanken als den allgemeinen Willen, das subjektive als Bethätigung der Willensmächt des Individuums, um das Dasein des freien Willens zu offenbaren, hat sich eine Definition des subjektiven Rechtes ausgebildet,

---

[50] Vgl.Merkel in Holzendorffs Encyclopädie der Rechtswissenschaft 9. Aufl. S. 35. Ueber weitere Unterschiede H. Spencer, Die Principien der Sociologie, übers, von Vetter II, §§ 220 — 222.

[51] Bernatzik a, a. O. S. 276.

welche es als ein von der Rechtsordnung verliehenes Wollendürfen, als Willensherrschaft, Willensmacht oder in ähnlicher Art bezeichnet. Untersuchen wir zunächst die psychologische und juristische Haltbarkeit der angegebenen Definition.

Jeder menschliche Willensakt muss einen bestimmten Inhalt haben. Man kann nicht schlechthin wollen, sondern immer nur Etwas wollen, wie wir auch nicht schlechthin sehen, hören, fühlen, denken, sondern wie alle sinnliche Wahrnehmung und geistige Ueberlegung ein Etwas zum Inhalt haben muss. Es ist daher psychologisch unmöglich, dass ein Wollen schlechthin von der Rechtsordnung anerkannt oder verliehen werde. Ein Etwas Wollen ist allein als Inhalt rechtsverleihender Rechtssätze möglich. Das Verhältniss des Individuums zu diesem Etwas bildet nun, wie bei einiger Ueberlegung klar wird, den Inhalt aller rechtsbegründenden Rechtssätze. Dieses Etwas dem Individuum zu verschaffen, das Etwas ihm zu erhalten, den Genuss des Etwas ihm zu ermöglichen, ist der Zweck der individuelles Recht begründenden Rechtsordnung.

Dieses Etwas aber wird in ein derartiges Verhältniss zum Individuum gesetzt wegen seiner Tauglichkeit für individuelle Zwecke. Dieses Etwas ist das, was die nach der Ansicht der Rechtsordnung nothwendigen oder doch anerkannten Zwecke des Individuums fordert oder erfüllt. Mit anderen Worten: es ist ein Gut. Was objektiv gefasst als Gut erscheint, wird subjektiv zum Interesse. Ein Interesse ist ein Gut nach der subjektiven Werthschätzung für die menschlichen Zwecke. Der ganze Zweck des Rechtes besteht in dem Schutz von Gütern oder Interessen. Zum Interesse wird das Gut nicht durch die individuelle, sondern durch die Durchschnittswerthschätzung, welche die Rechtsordnung selbst vornimmt.

Die Auffassung des Rechtes als Interesses ist bekanntlich von Ihering mit grosser Schärfe durchgeführt worden. Ihm gebührt das Verdienst, das Unzulängliche der reinen Willenstheorie dargethan zu haben. Die Erfassung des Rechtes als Gutes findet in der Krause'sehen Rechtslehre ihre stärkste Stütze[52]. Allein sie

---

[52] Nach klarer Formulirung des subjektiven Rechtes sucht man bei den Anhängern Krauses vergebens. Ahrens, Naturrecht 6. Aufl. definirt das objektive Recht I, S. 228 und das Rechtssubjekts. 333 ff., erwähnt aber nirgends ausdrücklich des subjektiven Rechtes. Röder, Grundzüge des

ist von der Jurisprudenz nicht in unmittelbarer Anlehnung an diese formulirt worden. Vielmehr hat unabhängig von ihr Dernburg das subjektive Recht des Einzelnen als dessen Antheil an den gesellschaftlichen Lebensgütern bezeichnet[53].

Allein beide Definitionen gehen zu weit in ihrer Abstraktion vom Willensmomente im Rechte. Das vom Rechte geschützte Gut oder Interesse wird zu einem solchen nur dadurch, dass es zu menschlichem Wollen in Beziehung gesetzt wird. Nur als möglicher Inhalt des Willens wird ein Objekt der Aussenwelt oder eine Relation von Mensch zu Mensch ein Bestandtheil der menschlichen Güter- und Interessenwelt. Man kann einerseits nur Etwas wollen, aber andererseits muss das Etwas gewollt werden oder doch gewollt werden können, um Gegenstand rechtlicher Fürsorge zu werden. Der Wille ist das nothwendige Mittel, durch welches das „Etwas" zum Gute oder Interesse wird. Um das Gut oder Interesse zu schützen, muss daher die Rechtsordnung in erster Linie menschliche Willensmacht anerkennen und schützen. Die Hegelsche Theorie des subjektiven Rechtes liess die Willensmacht um ihrer selbst willen anerkannt werden. Tiefere Einsicht in das Wesen des Rechtes lehrt, dass zwar nicht das abstrakte Wollen, sondern nur das Wollen zu bestimmten Zwecken anerkannt und geschützt wird, dass aber eine Elimination des Willensmomentes aus dem Rechtsbegriffe unmöglich ist. Nur ist der Wille nicht Zweck. sondern Mittel für die Ziele des Individuums sowohl als der Rechtsordnung. Das subjektive Recht ist daher das durch Anerkennung menschlicher Willensmacht geschützte Gut; oder Interesse. Erst die rechtliche Anerkennung einer auf das Gut oder Interesse gerichteten Willensmacht kann jene Individualisirung des Rechtes hervorrufen, jene Verknüpfung desselben mit einer bestimmten Person, welche ein wesentliches Kriterium des subjektiven Rechtes bildet. Rechtlich geschützt wird ein Interesse durch objektives Recht, auch wenn es keine individuelle Willensmacht anerkennt. Aller Schutz des Gemeininteresses schützt nothwendig eine ungezählte Summe

---

Naturrechts 2. Aufl. I, S. 163 erklärt confus: „Das Recht in seiner Beziehung auf das Subjekt, dem es zukommt zu leisten oder sich leisten zu lassen, wird das subjektive Recht genannt".

[53] Pandekten 2. Aufl. I. S.86

von Einzelinteressen, ohne subjektive Rechte zu schaffen[54]. Nur wenn ein individueller Wille als massgebend für das Dasein und den Umfang des Interesses anerkannt wird, verwandelt sich dieses in ein subjektives Recht.

Wille und Interesse oder Gut gehören daher im Begriffe des Rechtes nothwendig zusammen. Nicht aber müssen der Träger des auf das Interesse gerichteten Willens und der Destinatär des Interesses identisch sein. Das Interesse bedarf zu seiner Existenz und Funktion eines Willens, der nicht der des Interessenten sein muss. Das hat von anderen, als den hier vorgebrachten Erwägungen ausgehend und zu anderem Ziele gelangend, Bernatzik in klarer Weise nachgewiesen, die Einseitigkeit des reinen Willens- und des reinen Interessendogmas für die Erfassung des subjektiven Rechtes erkennend [55].

Die Willensmacht ist das *formale*, das Gut oder Interesse das *materiale* Element im subjektiven Rechte[56]. Eine Untersuchung über das subjektive öffentliche Recht wird daher zuerst die Frage aufwerfen müssen: Liegt das Kriterium desselben, sein Unterschied vom subjektiven Privatrecht im formalen oder materiale Elemente oder giebt es sowohl formale als materiale Unterschiede zwischen beiden?

Um diese Frage zu beantworten, ist aber zunächst noch tiefer einzudringen in das Wesen des subjektiven Rechtes überhaupt.

Die Rechtsordnung kann sich zum individuellen Willen in mehrfacher Weise verhalten. Sie kann ihm ein bestimmtes Handeln zur Vorschrift machen, also seine natürliche Freiheit einschränken; sie kann seine natürliche Freiheit anerkennen; sie kann dieser Handlungsfähigkeit Etwas hinzufügen, was sie nicht von Natur aus besitzt; endlich kann sie auch sich weigern, dieses Etwas hinzuzufügen oder es wieder zurücknehmen. Gebieten,

---

[54] Das hat v. Ihering selbst, Geist des römischen Rechts 3. Aufl. III, S. 339 in voller Schärfe erkannt.

[55] A. a. O. S. 232 ff.

[56] v. Ihering a. a. O. S. 327 ff. bezeichnet das Interesse als das substanzielle, die Klage als das formale Moment im Rechte, wobei er übrigens S. 328 ausdrücklich nur von den Privatrechten spricht. Erkennt man die Willensmacht als constitutives Element des Rechtsbegriffs, so wird man in ihr, die sich mit dem Klagerecht nicht deckt, das formale Moment finden.

Verbieten, Erlauben, Gewähren, Versagen, Entziehen sind die Formen, in welchen die Beziehungen der Rechtsordnung zum Individuum sich bewegen. Die beiden letzten Paare sind an dieser Stelle eingehender Betrachtung zu unterziehen.

Wenn die Privatrechtsordnung die wirtschaftlichen Verkehrsverhältnisse regelt, so fügt sie der freien Bewegung des Individuums gegenüber den anderen keineswegs ein neues Moment hinzu. Die Rechtsverhältnisse waren als Lebensverhältnisse schon längst vorhanden, ehe sie einer rechtlichen Normirung unterworfen wurden. Die Rechtsordnung erkennt die betreffenden individuellen Handlungen als erlaubt an, d. h. sie gestattet, dass der individuelle Wille nach gewissen Richtungen seine natürliche Freiheit gebrauche. Dieses Erlauben erstreckt sich aber nur soweit, als die natürliche Freiheit die Sphäre anderer Individuen zu berühren im Stande ist. Wenn eine Handlung jedoch — absolut oder relativ — nicht im Stande ist, eine rechtlich relevante Wirkung auf Andere hervorzurufen, kann sie nicht als eine erlaubte bezeichnet werden. Nur insofern eine hierin bestehende Beschränkung aufgehoben wird, wird der Akt der Aufhebung auch als Erlaubniss bezeichnet. Allein diese Erlaubniss ist rein negativ, ihr ganzer Effekt consumirt sich in der Aufhebung des Verbotes. Das Recht regelt Beziehungen der Menschen untereinander, kümmert sich daher nicht um Handlungen, soweit sie nach seinem Ermessen eine derartige Beziehung nicht besitzen. Daher giebt es kein Recht spazieren zu gehen und zu schlafen, insoweit und so lange diese individuellen Aktionen in keine Beziehung zu einer Rechtspflicht gesetzt werden. Es theilen sich die menschlichen Handlungen unter diesem Gesichtspunkte in *rechtlich-relevante* und *rechtlich-indifferente.* Die rechtlich relevanten von der Rechtsordnung gestatteten Handlungen bilden in ihrer Gesammtheit das *rechtliche Dürfen.*

Der eigenthümliche Charakter des Dürfens wird klar, wenn wir die Wirkungen eines Verbotes betrachten. Jedes Verbot kann zurückgeführt werden auf die Formel: du darfst nicht. Ein Verbot hat aber nicht die Wirkung, die verbotene Handlung unmöglich, sondern nur die, sie rechtswidrig zu machen. Das Verbot kann übertreten, die natürliche Freiheit kann unter die Herrschaft von Normen gestellt, aber nicht vernichtet werden. Sofern nicht absoluter Zwang sie ausschliesst, kann sie trotz verbietender Normen realisirt werden. Das *Nichtdürfen* schliesst keineswegs das physische *Können* aus.

Die Rechtsordnung kann aber auch der Handlungsfähigkeit des Individuums Etwas hinzufügen, was es von Natur aus nicht besitzt. Sie kann ihm nämlich den Anspruch verleihen, dass gewisse seiner Handlungen von ihr als zu Recht bestehend anerkannt und demgemäss staatlichen Schutzes theilhaftig werden. Es liegt nicht in der naturlichen Freiheit des Individuums, den Staat zu bewegen, eine von ihm vorgenommene Handlung, der bisher rechtliche Relevanz mangelte, für rechtlich relevant zu erklären. Das kann der Natur der Sache nach stets nur durch den der Bestimmbarkeit durch individuellen Willen entrückten Beschluss des Staates geschehen. Das Individuum mag welche Geschlechtsverbindung auch immer eingehen, zur Ehe wird sie nur unter den vom objektiven Recht festgesetzten Bedingungen, es mag welche Verfügungen auch immer auf den Todesfall treffen, zum Testament werden sie nur auf Grund der Rechtsvorschrift erhoben. Hier hat die natürliche Freiheit eine Grenze. Denn alle Bestimmungen, welche die Giltigkeit von Rechtshandlungen und Rechtsgeschäften betreffen, statuiren ein von der Rechtsordnung ausdrücklich verliehenes *rechtliches Können.* Dieses Können steht in scharfem Gegensatze zum Dürfen. Es wäre nicht richtig zu sagen, der Geschäftsunfähige *dürfe* keinen Vertrag schliessen, er *kann* es vielmehr nicht. was immer er auch thue, es kommt kein Vertrag zu Stande. Das vermeintliche Rechtsgeschäft, das er abgeschlossen hat. ist nicht vorhanden, er hat eine im Rechtssinne nichtige Handlung begangen. Ebenso wenig enthalten Bestimmungen wie die, dass letztwillige Verfügungen nicht von mehreren Personen gemeinschaftlich errichtet werden können, dass als Testamentszeuge der Ehegatte des Testirenden nicht mitwirken kann, dass Schenkungsverträge zur Giltigkeit die Erklärung in gerichtlicher oder notarieller Form erfordern, irgendwie ein Nichtdürfen in sich. Die Rechtsordnung verbietet diesen Vorschriften widersprechende Handlungen durchaus nicht, sondern sie versagt ihnen nur die rechtliche Wirkung, der Richter kann zu ihrem Schütze wirksam nicht angerufen werden. Die Handlung, welche einem Nichtdürfen widerspricht, ist rechtlich relevant, sie zieht Rechtsfolgen nach sich, die Handlung hingegen, welche einem Nichtkönnen widerspricht, ist im Rechtssinne nicht vorhanden. sie ist rechtlich irrelevant. Soll sie zu einer rechtlich relevanten werden, so muss dem natürlichen Können ausdrücklich die rechtliche Anerkennung hinzugefügt werden. Das kann nur dadurch geschehen, dass die Handlungsfähigkeit des Individuums eine Erweiterung erfährt, dass ihm ausdrücklich die bisher nicht vorhandene Fähigkeit eingeräumt wird, in seinem Interesse staatliche Anerkennung und Thätigkeit zu fordern. Diese Fähigkeit aber ist nicht das Resultat einer Erlaubniss, sondern einer Gewährung. Die rechtlich relevanten von der Rechtsordnung gewährten Fähigkeiten bilden in ihrer Gesammtheit das *rechtliche Können*[57].

Das rechtliche Nichtdürfen kann übertreten werden, das rechtliche Nichtkönnen niemals. Dort ist Strafe und Reparationspflicht Rechtsfolge der verbotenen, hier Nichtigkeit der unverbotenen aber irrelevanten Handlung. Das Können ist derart selbständig gegenüber dem Dürfen, dass jenes vorhanden sein und dieses fehlen kann. Die Fähigkeit zur Handlung kann gegeben, ihre Ausübung verboten sein. Können ist nicht nur ohne Dürfen möglich, sondern vermag sogar mit einem Nichtdürfen zusammen zu bestehen, wie die lex minus quam perfecta zeigt. Allein niemals ist ein Dürfen ohne ein Können möglich[58].

Dürfen und Können, Erlauben und Gewähren stehen nämlich in dem Verhältniss zu einander, dass Erlauben und Dürfen sich unmittelbar beziehen auf Verhältnisse des Einen zum Ändern, Gewähren und Können unmittelbar auf Verhältnisse zwi-

---

[57] Die Erkenntniss des fundamentalen Gegensatzes von Dürfen und Könneil ist in der juristischen Literatur bisher in vollem Umfang nicht vorhanden. Meistens wird Dürfen und rechtliches Können einfach identificirt. Aber auch wo beide einander gegenübergestellt werden, mangelt in der Regel ein scharfes Kriterium. So bei Brinz, Lehrbuch der Pandekten 2. Aufl. II, § 65, Bekker a. a. O. I, S. 47, 49 f. Der richtigen Erfassung des Könnens kommen nahe T h o n, Rechtsnorm und subjectives Recht S. 335 ff. und Bierling, Zur Kritik der juristischen Grundbegriffe II, S 56, sie verkennen jedoch die Natur des Dürfens, das sie mit dem rechtlich Unverbotenen identificiren, weshalb auch bei ihnen keine treffende Formulirung des Verhältnisses von Können und Dürfen zu finden ist.

[58] Um jedem möglichen Missverständniss vorzubeugen, sei bemerkt, dass im Folgenden unter Können immer das rechtliche Können gemeint ist.

schen einem rechtschöpfenden Ganzen und den ihm Eingegliederten, also in erster Linie zwischen Staat und Individuum. Gedurft wird dem Nebengeordneten, gekonnt dem Staat gegenüber. Hingegen ist es anders mit Nichtdürfen und Nichtkönnen einerseits, Gebieten und Versagen andererseits. Das Verbotene wird nicht gedurft dem Staate gegenüber, d. h. das Individuum kann aus eigener Machtvollkommenheit keine Rechtsfolgen an die verbotene, ihn schädigende Handlung des Anderen knüpfen, Nicht der Einzelne von sich aus, sondern nur die solches verfügende oder den Subjicirten gestattende Rechtsordnung kann gebieten und verbieten und demgemäss ein bestimmtes Thun und Unterlassen fordern. An das Nichtdürfen des Einen kann der Staat ein Können des Anderen knüpfen. Das unmittelbare Subjekt also, dem das Nichtdürfen gezollt wird, ist der Staat, und nur mittelbar, kraft Rechtsnorm kann das Nichtdürfen dem Anderen geleistet werden. Ebenso verhält es sich mit dem Können, welches unmittelbar sich nur auf den Staat bezieht, mittelbar aber auch Folgen für das nebengeordnete Individuum haben kann, insofern es nämlich mit einem Dürfen verknüpft ist.
Während das Gekonnte auch das Gedurfte sein kann und daher unter dem einen Gesichtspunkte gegenüber dem Staate, unter dem anderen gegenüber dem nebengeordneten Individuum stattfindet, ist das Nichtgekonnte, welches nicht mit dem Nichtgedurften zusammenfällt, nothwendig nach allen Richtungen ein Nichtkönnen. Was ich kraft Rechtsnorm nicht kann, kann ich eben überhaupt nicht, also Niemandem gegenüber. Das Können ist Resultat eines Gewährens bestimmten Inhaltes, das Nichtkönnen eines Versagens schlechthin.

Was sich aber weder auf eine über- noch eine nebengeordnete Person bezieht, wird, insoweit dies der Fall ist, weder gedurft noch gekonnt, weder nicht gedurft noch nicht gekonnt. Alles Recht ist Relation von Rechtssubjekten, wo aus irgend einem Grunde die Relation mangelt, ist daher auch das Recht ausgeschlossen. Dieses Gebiet streng individueller Akte ist das der rechtlich irrelevanten Handlungen.

Dürfen und Können sind, wie bereits angedeutet, derart mit einander verbunden, dass jedes Dürfen nothwendig ein Können zur Voraussetzung hat. Nur soweit ist meine natürliche Freiheit rechtlich anerkannt, als mir die Rechtsordnung Mittel zur Verfügung stellt, sie zu realisiren. Jede Erlaubniss, meine Freiheit in

Beziehung zu einem Anderen zu bethätigen, beruht auf der Voraussetzung, dass der Staat diese Freiheit in ihrer Bethätigung innerhalb der Grenzen des Erlaubten anerkennen und schützen werde[59]. Erlauben ohne zu gewähren hätte keinen Sinn, es würde dadurch einfach eine Handlung formal für rechtlich relevant erklärt, jede Möglichkeit aber versagt, diese Relevanz zu bethätigen.

Allein umgekehrt ist wohl ein Können ohne ein Dürfen möglich. Es giebt zahlreiche Fälle, in denen die Rechtsordnung nur gewährt, d. h. eine neue Handlungsmöglichkeit schafft, ohne zu erlauben, d. h. ohne die bereits unabhängig von ihr bestehende natürliche Freiheit nach irgend einer Richtung hin anzuerkennen. Wenn der Staat dem Bürger Wahlrechte gewährt, so ertheilt er ihm ein von Natur ihm nicht zukommendes Können.

Die Möglichkeit der auf die staatlichen Wahlen bezüglichen Akte wird überhaupt erst durch den Willen der Rechtsordnung geschaffen. Alle auf die Wahlen bezüglichen Handlungen der Einzelnen enthalten kein Dürfen, sie sind vielmehr an sich, d. h. wenn man von ihrer Beziehung zu dem staatlichen Akt der Wahl absieht, wenn man also das in ihnen gewährte Können hinwegdenkt, nicht ein Dürfen enthaltende, sondern einfach rechtlich irrelevante Handlungen. Zum Wahllokal gehen und Stimmzettel beschreiben, sind weder erlaubte noch verbotene Handlungen. Allein als Wähler sich legitimiren und demgemäss an dem Wahlakt theilnehmen kann nur der durch das Gesetz hiezu Autorisirte. Es giebt demnach ein rechtliches Können schlechthin, das nicht mit einem Dürfen verbunden sein muss. Und zwar ist dies stets der Fall, wenn es sich um ein Rechtsverhältniss publicistischer Natur zwischen Individuum und Staat handelt.

Sieht man nämlich näher zu, so findet man, dass die Privatrechte immer mit einem öffentlich-rechtlichen Anspruch auf Anerkennung und Schutz verbunden, daher in ihnen Dürfen und Können stets vereinigt sind. Privatrecht hat stets Beziehung von Einzelperson zu Einzelperson zur Voraussetzung. Jedes subjektive Privatrecht enthält daher nothwendig ein Dürfen und damit ebenso nothwendig ein Können in sich.

---

[59] Schutz nicht identisch mit richterlichem Zwang, sondern mit der Gesammtheit der nach Art und Intensität abgestuften Garantien, welche das Rechtsleben kennt, vgl. das Schlusskapitel.

Allein das subjektive Recht des Einzelnen auf dem Gebiete des öffentlichen Rechtes besteht ausschliesslich in der Fähigkeit. Rechtsnormen im individuellen Interesse in Bewegung zu setzen. Da es sich in der Beziehung des Individuums zum Staate erschöpft, so ist in ihm kein Moment enthalten, welches unmittelbar ein Verhältniss zu anderen subjicirten Persönlichkeiten hervorrufen könnte. Auf Grund öffentlichen Rechtes können zwar privatrechtliche Verhältnisse entstehen, diese heben sich aber stets scharf von ihrem publicistischen Ursprung ab. Das subjektive öffentliche Recht des Einzelnen hat daher immer nur ein Können zum Inhalt. Daraus folgt, dass es nicht an dem von der Rechtsordnung anerkannten Masse natürlicher Freiheitsbethätigung Theil hat, dass es vielmehr ausschliesslich durch die Erweiterung der natürlichen Freiheit geschaffen wird.

Alle selbständigen Rechtssätze können mit Rücksicht auf die hier erörterten ihnen zukommenden Funktionen eingetheilt werden in befehlende und erlaubende einerseits, in machtverleihende und machtversagende andererseits. Das subjektive öffentliche Recht beruht nicht auf erlaubenden, sondern ausschliesslich auf machtverleihenden Rechtssätzen.

Das rechtliche Können ist aber identisch mit der Rechtsfähigkeit. Es bezeichnet die einzelnen Richtungen, in denen sie sich bethätigen kann. Die Gesammtheit des Könnens stellt die Persönlichkeit dar. Daher beruht alles subjektive öffentliche Recht des Subjicirten auf Qualifikationen der Persönlichkeit. Das subjektive öffentliche Recht besteht seiner formellen Seite nach daher in Ansprüchen, welche sich aus conkreten Qualifikationen der Persönlichkeit ergeben.

Nicht mit derselben Schärfe wie innerhalb des formellen lässt sich innerhalb des materiellen Elementes das Kriterium des öffentlichen Rechtes bestimmen.

Es kann nicht liegen in der Natur des Interesses, denn individuelles Recht muss individuelles Interesse zum Inhalt haben. Vielmehr muss es gesucht werden in den Motiven, welche die Rechtsordnung zur rechtlichen Anerkennung des Individualinteresses bewogen haben. Der älteste Versuch bereits, privates von öffentlichem Recht zu scheiden, ist von diesem Gesichtspunkt ausgegangen[60].

Jedes Individualinteresse findet rechtliche Anerkennung nur dann, wenn diese Anerkennung auch im Gemeininteresse geboten ist. Kein rechtliches Einzelinteresse, das nicht in Beziehung zum Gemeininteresse stünde. Allein der Grad dieser Beziehung kann sehr verschieden sein. Dadurch sondern sich die Einzelinteressen in solche, welche überwiegend um der individuellen Zwecke willen von denen, die überwiegend um der Gemeinzwecke willen constituirt sind.Ueberwiegend im Gemeininteresse anerkanntes individuelles Interesse ist Inhalt öffentlichen Rechtes.

Ueberwiegend im Gemeininteresse wird aber dem Einzelnen ein Interesse zugebilligt nicht als isolirter Persönlichkeit, sondern als Glied des Gemeinwesens. Demnach ist seiner materiellen Seite nach subjektives öffentliches Recht solches, welches dem Einzelnen wegen seiner gliedlichen Stellung im Staate zusteht[61].

Diese materielle Grenzlinie ist an und für sich nicht immer mit Sicherheit zu ziehen. Sie erlangt aber ihre Bedeutung für die juristische Begriffsbestimmung in Verbindung mit dem formellen Kennzeichen des subjektiven öffentlichen Rechtes. In zweifelhaften Fällen nämlich, wo das formal-juristische Moment keine Entscheidung bietet, wird diese aus der Combination des formalen mit dem materiellen Kriterium zu gewinnen sein.

Diese grundlegende Erkenntniss zu erläutern und zu erweitern ist Aufgabe der folgenden Kapitel.

V. Oeffentliches und privates subjektives Recht

Auf Grund der vorangegangenen Erörterungen werden nun die allgemeinen Gesichtspunkte bestimmt werden können, unter

---

[60] L. 1 § 2 D. 1, 1.

[61] Die materielle Charakterisirung des öffentlichen Rechtes ist in verschiedener Nuancirung die in der neueren Literatur herrschende, vgl. Wach a. a. O. S. 93 ff. Auch Prazák, Archiv f. off. R. IV, S. 270 acceptirt sie. Auf sie laufen ferner die Erörterungen von Dantscher a. a. O. S. 54 — 75 hinaus. In tiefgehender Weise ist das materielle Moment ausgeführt von Gierke a. a. O. S. 182 und an vielen anderen Stellen.

denen sich die Erkenntniss des Unterschiedes von subjektivem öffentlichem und privatem Recht ergiebt.

Die auf ein Interesse gerichtete rechtliche Willensmacht ist stets — direkt oder indirekt — Willensmacht auf Andere gerichtet. Der Berechtigte erweist sich als solcher dadurch, dass er Anderen gegenüber über sein Interesse disponiren kann, so den Rechtsbestand dieser Anderen erweiternd oder ihrem Handeln einen bestimmten Inhalt und Grenzen setzend. Im Fordern und Erlauben zeigt sich die auf Andere gerichtete Funktion des subjektiven Rechtes. Soweit daher das subjektive Recht in der Beziehung von Person zu Person besteht, ist die Möglichkeit einer a priori in der Regel inhaltlich nicht bestimmbaren Zahl von Forderungen und Erlaubnissen das innere Wesen der rechtlich anerkannten Willensmacht. Eine conkrete, aus dem subjektiven Rechte entspringende, gegen eine bestimmte Person gerichtete aktuelle Forderung ist aber ein Anspruch[62]. Eine conkrete, an individuell oder generell bestimmte Personen gegebene Erlaubniss des Berechtigten ist jedoch stets eine Einschränkung der rechtlich anerkannten potentiellen Willensmacht, eine Entäusserung von Willensmacht, eine Veräusserung im weitesten Sinne des Wortes. Sofern nicht das Recht selbst dem Inhaber verloren geht, bezieht sich die Veräusserung bloss auf bestimmte Ansprüche. Habe ich Jemandem meine Sache geliehen oder verpachtet, so habe ich ihm damit zeitlich eine Summe von Ansprüchen veräussert, die mir als Eigenthümer principiell zukommen. Anspruch und Anspruchsveräusserung sind die beiden Funktionen des subjektiven Rechtes, zu der als dritte Rechtsveräusserung auf Untergang oder selber gerichtet hinzutritt [63].

---

[62] Ueber den Begriff des Anspruchs in dem hier entwickelten Sinne vgl. Unger, System des österr. allg. Privatrechts II, S. 324, Merkel, Encyklopädie §163, Windscheid, Lehrbuch des Pandektenrechts 6. Aufl. 1, § 43, Brinz, a. a. O. I, S. 251 ff., Wach, a. a. O. S. 15, 16, Dernburg, a. a. O. I, S. 87. Anders fasst Thon a. a. O. S. 223 ff. den Anspruch auf; gegen das Unzulängliche dieser Ansicht treffende Bemerkungen von Gluth, Archiv f. off. R. III, S. 590.

[63] Thon a. a. O. S. 327 führt aus, dass die Veräusserungsbefugniss nicht zum Inhalt des Rechtes zähle, „das was übertragen wird, kann nicht zugleich das sein, was überträgt". Allerdings ist bei jeder Disposition Dispositionsfähigkeit eines der verursachenden Elemente, allein ebenso bildet das Objekt selbst ein causales Moment im Vorgange der Dispo-

Der Anspruch ist nun gegenüber dem abstrakt-potentiellen Rechte stets conkret-aktuell. Ergeht auch das Verbot, mein Eigenthum zu stören, an Alle, so erwächst mir ein Anspruch auf Unterlassung oder Wiederaufhebung der Störung doch nur gegen den, der bereits irgendwie mit der Störung begonnen hat[64]. Habe ich kraft der Inhaberschaft eines Staatsrentenscheines principiell ein Recht halbjährige Zinsen zu fordern, so wird dieses Recht zum Anspruch erst mit dem Fälligwerden einer jeden Zinsrate. Das Recht verhält sich zum Anspruch gleichsam wie die actio in der Form, wie der Prätor sie verhiess, zu der actio in der Form, wie er sie gab.

In der rechtlichen Möglichkeit, Ansprüche an einen Anderen zu erheben in Verbindung mit der Dispositionsmöglichkeit über Recht und Anspruch selbst äussert sich das Dürfen. Es ist das specifische Kennzeichen des Privatrechtes Privatrecht ist principiell trennbar von der Person seines Trägers durch den Willen des Trägers selbst. Beschränkung der Dispositionsmöglichkeit können durch ius cogens und Verabredung stattfinden, entspringen jedoch niemals dem Wesen des Rechtes selbst.

Nur dieses den Kern des Privatrechtes bildende Dürfen ist rechtlich relevant. Rechtsgenuss, sofern er keine Beziehungen zu anderen hat, ist rechtlich irrelevante Handlung. Die Rechtsordnung erlaubt mir, mein Pferd zu verkaufen, zu verleihen, zu vermiethen. Allein ob ich es reite oder zum Ziehen verwende, ist ihr ganz gleichgiltig. Genussmöglichkeit ist einer der grossen Zwecke, welche die Rechtsordnung für das Individuum verfolgt. Allein dieser Zweck ist ökonomischer und ethischer, nicht mehr juristischer Natur, er liegt ausserhalb der Rechtsordnung, wie der letzte Zweck menschlicher Dinge nothwendig ausser ihnen selbst liegt. Der rechtlich indifferente Rechtsgenuss kann vom Staate im Gemeininteresse beschränkt werden durch Gebote und Verbote. Dann treten die betreffenden Handlungen aus dem Kreise der rechtlich irrelevanten heraus, es wird die natürliche Freiheit in ein Pflichtverhältniss zum Staate gesetzt, d. h. beschränkt. An

---

sition, wie auch der Steinwurf (vgl. das Bild S. 328) nicht nur durch die Kraft des Werfenden, sondern auch durch die Natur des geworfenen Objekts determinirt ist.

[64] Gegen Windscheid, der a. a. O. S. 111 von (dinglichen) Ansprüchen gegen Jedermann redet, vgl. die treffenden Bemerkungen von Brinz a. a. O. S. 252, Thon a. a. O. S. 159 und Dernburg a.a.O. I, § 39. N. 5.

die Stelle des rechtlich irrelevanten Genusses tritt dann gegebenen Falles die rechtlich relevante deliktische Handlung.

Das Privatrecht hat daher stets eine Richtung auf eine andere nebengeordnete Persönlichkeit; das Entstehen und Vergehen neuer Privatrechte mehrt und mindert die Persönlichkeit nicht. Diese ist unabhängig von dem Masse des Dürfens, das sie besitzt.

Anders aber verhält es sich mit dem Können, welches auf Grund machtverleihender Sätze mit jedem Privatrechte verbunden ist und das specifische Kriterium des subjektiven öffentlichen Rechtes bildet. Dieses Können ist ohne Minderung der Person unabtrennbar von ihr und unabhängig von dem conkreten Besitzstande an Privatrechten. Alle rechtlichen Fähigkeiten, welche die Rechtsordnung verleiht, auf deren Grund erst der Erwerb einzelner Rechte und der Schutz der erworbenen stattfindet, sind das Bleibende in dem Wechsel des conkreten Rechtsbestandes. Das erklärt sich daraus, dass diese Fähigkeiten auf dem dauernden Verhältniss des Individuums zum Staat beruhen, dass der Staat grundsätzlich das Recht des Einzelnen schützt und die privatrechtlichen Rechtssätze für ihn nur die Anlässe und Bedingungen bezeichnen, bei und unter denen er zur Ausübung seiner Schutzpflicht sich veranlasst fühlt. Die Gesammtheit dieser Fähigkeiten aber bilden, wie schon erwähnt, die Rechtsfähigkeit des Individuums, d. h. seine Person. Was man Persönlichkeit des Einzelnen nennt, sind die zu einer Einheit zusammengefassten, verschiedenartigen, von der Rechtsordnung anerkannten und verliehenen Fähigkeiten, die alle in der Möglichkeit bestehen, den Staat, beziehungsweise die Normen seiner Rechtsordnung im individuellen Interesse in Bewegung zu setzen.

Bilden die dauernden Eigenschaften und Fähigkeiten, welche die Rechtsordnung dem Einzelnen beilegt, seinen öffentlichrechtlichen Zustand oder seine Persönlichkeit, so ist die Persönlichkeit zunächst ebenso etwas Potentielles wie das subjektive Privatrecht. Auch ihre Funktion bilden in erster Linie Ansprüche. Diese Ansprüche aber sind gerichtet gegen das staatliche Machtsubjekt, ihr Gegenstand ist daher stets ein Gewähren dessen, was dem Individuum durch individuelle That nicht verschafft werden kann. Ferner beruht öffentlich-rechtliche Qualifikation des Einzelnen auf dem streng persönlichen Verhältniss zwischen ihm und dem Staat. Daher ist ihr Inhalt nichtprivate Dispositionsmöglichkeit. Zwar ist Modifikation der Persönlichkeit bis zu einem gewissen Grade in ihren Willen gestellt. Allein als streng persönliches Verhältniss zwischen Staat und Individuum kann ein Status Gegenstand der Disposition höchstens in Form des Verzichtes sein. Anspruch und Anspruchsverzicht und, sofern die Rechtsordnung es gestattet, auch Statusverzicht sind die Bethätigungsformen des öffentlichrechtlichen Zustandes. Während aber Rechtsverzichtsbarkeit eine regelmässig, ist Statusverzichtbarkeit eine ausnahmsweis stattfindende Erscheinung des Rechtslebens. An dem Individuum haftend, die Persönlichkeit in ihrem Umfange constituirend, ist der Status nur dann verzichtbar, wenn die Rechtsordnung es ausdrücklich gestattet, so dass die Möglichkeit des Statusverzichtes selbst den Kreis rechtlichen Könnens der Person erweitert.

Wollenkönnen ist das formale Kriterium des öffentlichrechtlichen, Wollendürfen des privatrechtlichen Anspruchs. Das materielle Moment beider Ansprüche ist dasselbe: das Interesse. Allein kraft des formellen Unterschiedes differenziren sich auch die Interessen. Das subjektive öffentliche Recht ist daher nur durch ein Wollenkönnen geschütztes Interesse, das subjektive Privatrecht ein Interesse, zu dessen Realisirung auch ein Wollendürfen verliehen ist. Gewährtes und erlaubtes Wollen sind die beiden juristischen Möglichkeiten, durch welche der Mensch seine Interessen befriedigen kann.

Privatrechtliche Ansprüche können entspringen aus Rechten oder (privatrechtlichen) Zuständen, die öffentlich-rechtlichen stets nur unmittelbar aus einer Qualifikation der Persönlichkeit. Namentlich dem privatrechtlichen Verhältniss: Recht und Anspruch steht das öffentliche: Zustand und Anspruch gegenüber, während die aus der Zugehörigkeit zu einem Verbande (Familie, Verein) sich ergebenden Beziehungen von privatrechtlichem Status und Anspruch weitgehende Analogieen mit der dem öffentlichen Rechte angehörigen Relation aufweisen. Nur in jenem weiteren Sinne also, in welchem der Terminus Recht den Anspruch sowohl als das ihm zu Grunde liegende Rechtsverhältniss bezeichnet, ist der Ausdruck: subjektives öffentliches Recht zu verstehen. Correkt ist es, ihn nur auf den Anspruch zu beziehen. Der den publicistischen Anspruch juristisch begründende Zustand ist Rechtsverhältniss, nicht Recht.

Unsere juristische Terminologie ist noch nicht so weit ausgebildet, um derartige feinere Unterschiede stets mit Sicherheit auszudrücken. Die Erkenntniss des dargelegten Unterschiedes berechtigt aber keineswegs zur Leugnung der individualrechtlichen Natur der publicistischen Ansprüche, wie im Folgenden ausführlich dargethan werden wird. Nicht nur die Analogie der unbezweifelt subjektiv-rechtlichen aus privaten Statusverhältnissen entspringenden Ansprüche mit den publicistischen, auch die Thatsache, dass ein Privatrecht sich in einem Anspruch erschöpfen kann, beweisen allein schon, dass subjektives Privat- und öffentliches Recht Glieder eines einheitlichen logischen Ganzen sind.

Wie das Können stets publicistischer Art ist, so sind auch die Beschränkungen des Könnens sowohl als des Dürfens öffentlich-rechtlicher Natur. Während aber die machtverleihenden Rechtssätze individuelle Ansprüche begründen, sind die verbietenden und machtversagenden ausschliesslich im Gemeininteresse da, wenn ihr Resultat auch dem Individualinteresse zu Gute kommt. Denn auf vielerlei Weise: durch Anerkennung individuellen Wollens, durch Gewährung individuellen Rechtsschutzes, aber auch durch Gebot, Verbot, Machtversagung, Strafe, polizeilichen Zwang, endlich durch die ganze im Gemeininteresse ausgeübte Thätigkeit schützt und erhält der Staat menschliche Interessen. Keine Richtung staatlicher Thätigkeit, die nicht schliesslich in Interessenschutz ausmünden würde.

Auf Grund der gewonnenen Resultate ist nun die Grenzlinie aufzusuchen, welche in zweifelhaften Fällen Privat- und öffentliches Recht scheidet. Selbstverständlich haben wir dabei nur das heutige Recht im Auge. Eine absolute, für alle Zeiten giltige Scheidung ist hier nicht vorzunehmen. Sie ist ebenso in den Fluss historischen Geschehens gestellt, wie alles Recht. Dies eingehender darzulegen, musste Aufgabe selbständiger rechtshistorischer Untersuchungen sein[65].

Die familienrechtlichen Statusverhältnisse bewähren sich als privatrechtliche dadurch, dass aus ihnen unmittelbar ein Dürfen entspringt, welches allerdings in erhöhter Weise durch machtversagende und verbietende Rechtssätze derart einge-

---

[65] Vgl. Leuthold, Oeffentliches Recht und öffentliche Klage, Hirths Annalen 1884,8. 356, ff, und die S. 357 N. 1 angeführte Literatur.

schränkt ist, dass der Disposition weniger Raum bleibt, als in anderen Rechtsverhältnissen.

Schwierigkeiten in der Grenzbestimmung von subjektivem Privat- und öffentlichem Recht ergeben sich namentlich bei Ansprüchen an den Staat auf Sach- oder geldwerthige Leistungen. Sie zu lösen hat *Sohm* das ganze Rechtsgebiet in Gewaltrecht und Vermögensrecht eingetheilt[66], das erste als öffentliches, das zweite als privates bezeichnet. Diese Eintheilung, in welcher überdies ganze Kategorien von Rechtsverhältnissen keinen Platz finden, deckt sich nicht mit der Rechtswirklichkeit. Dass das Familienrecht, auch soweit es Gewaltrecht ist, nicht publicistischen Charakters sei, wenn auch das öffentliche Interesse bei seiner Ausgestaltung intensiver mitwirkt, als auf anderen Gebieten des Privatrechts, ist bereits dargethan. Aber auch zahlreiche andere Rechtsverhältnisse giebt es, in welchen eine Gewalt von Person über Person besteht, ohne dass deshalb irgendwie eine publicistische Gestaltung dieser Verhältnisse Platz griffe. Andererseits giebt es vermögensrechtliche Ansprüche, deren Grund im staatlichen Imperium liegt, die also den Inhalt eines specialisirten Gewaltverhältnisses bilden. Die staatlichen Steuerforderungen sind gewaltrechtlicher und vermögensrechtlicher Natur zugleich, ihre Auftheilung unter eine der beiden Kategorien ist nicht möglich. Die Schwierigkeiten, hier die Grenzlinie zu ziehen, mehren sich dadurch, dass der Staat selbst wie das Individuum doppelt qualificirt ist. Auch er ist, in anderer Art allerdings als die Einzelnen, Machtsubjekt, Subjekt eines Könnens und Rechtssubjekt, Subjekt eines Dürfens. Obwohl alle seine Handlungen im Gemeininteresse geschehen, kann er doch von eben den Mitteln Gebrauch machen, welche dem Individuum zur Verfolgung seiner Interessen zu Gebote stehen. Auch er kann aus verschiedenen, hier nicht näher zu erörternden Gründen, zur besseren Erfüllung seiner Zwecke, sich auf die Rolle eines Privatrechtssubjektes beschränken und daher den Subjicirten als ihnen gleichartiger Träger von Privatrechten gegenübertreten.

[66] Institutionen 4. Aufl. S. 14, 15. Vgl. dagegen die treffenden Bemerkungen von Wach, a. a. O. S. 88. lieber öffentliche Vermögensrechte ferner v. Sarwey, Oeff. Recht S. 297 ff., 499 ff.

Der Staat als Subjekt von vermögensrechtlichen Rechten und Pflichten wird als Fiscus bezeichnet[67]. Es muss daher die Frage aufgeworfen werden: Wann ist der Fiscus Subjekt von privaten, wann von öffentlichen Rechten und Pflichten? Und daran sich knüpfend die andere Frage: Wann ist der Anspruch des Einzelnen an den Staat ein Anspruch des Subjicirten, wann der gleichgeordneten Privatperson, wann-ist er eine Funktion individuellen Könnens, wann die individuellen Dürfens?

Diese Fragen sind natürlich nicht nach äusserlichen Momenten zu lösen, namentlich nicht danach ob im conkreten Falle die Civilgerichte zur Entscheidung berufen sind oder nicht[68]. Die Zutheilung der Competenz an Civil- oder Verwaltungsgerichte kann schon deshalb kein Kriterium für den inneren Charakter der betreffenden Rechtssache abgeben, weil nothwendigerweise Civilgerichte über öffentliches, Verwaltungsgerichte über Privatrecht judiciren müssen, namentlich in Form des Präjudicialurtheils, wie denn überhaupt Privat- und öffentliches Recht in ein und derselben Sache so innig mit einander verbunden sein können, dass eine processuale Scheidung beider Elemente unmöglich ist. Zudem entscheidet der Civilrichter durch seine processuale Thätigkeit selbst über öffentliches Recht, indem, wie schon aus dem Vorangehenden erhellt und im Folgenden weiter ausgeführt wird, alle wie immer gearteten Ansprüche

---

[67] Die Erkenntniss, dass der Staat als Vermögenssubjekt schlechthin Fiscus sei, zuerst bei H. A. Z ach a r i ä, Deutsches Staats- und Bundesrecht 3. Aufl. II, S. 402, 403. Neuerdings findet sie sich bei v. Sarwey, Oeff. Recht S. 572 und besonders scharf betont bei Wacha. a. O. S. 92: „Der Fiskus ist der Staat in seiner vermögensrechtlichen, privatrechtlichen und publicistischen Beziehung“. Die neuere deutsche Staatsrechtsliteratur hält an dem Irrthum fest, den Staat nur in privatrechtlicher Hinsicht als Fiscus zu betrachten. Vgl. Laband, Staatsrecht II, S. 839, Zorn, Das Staatsrecht des deutschen Reiches II, S. 220, H. Schulze, Lehrbuch des deutschen Staatsrechts I, S. 576, Seydel, Bayer. Staatsrecht IV, S. 1 ff. Nur G. Meyer, Lehrbuch des deutschen Staatsrechtes S. 605 scheint auf dem Standpunkt Zachariäs zu stehen. Dagegen jedoch desselben Lehrbuch des deutschen Verwaltungsrechtes II, S. 168, 287. Für das französische Recht entwickelt die richtige Lehre O. Mayer, Theorie des franz. V.R. S. 37C ff.

[68] Wie es z. B. Thon a. a. O. S. 131 thut. Dagegen vgl. Bierling a. a. O. II, S. 153 und DernburgI, S. 46, 47.

auf Rechtsschutz rein publicistischer Natur sind. Die Entscheidung kann daher nur aus dem Wesen der Sache heraus erfolgen.

Zunächst sind alle Ansprüche des Staates, welche ausschliesslich in seinem Imperium ihren Grund finden, öffentlichrechtlicher Natur, sind daher, welche Instanz auch immer über sie zu judiciren hat, ausschliesslich nach öffentlich-rechtlichen Gesichtspunkten zu beurtheilen. In dieser Hinsicht steht allerdings dem Staate selbst die volle Freiheit zu, das öffentlichrechtliche Verhältniss zu modificiren durch privatrechtliche Elemente, wie er ja auch andererseits seinen Privatrechten kraft der privilegia fisci einen erhöhten Schutz zu Theil werden lässt. Er kann daher die fällige Steuer anstatt mittelst der Verwaltungsexekution auf dem Civilrechtswege eintreiben, indem er im Concurse zwar vor, aber auch mit anderen Gläubigern aus der Concursmasse Befriedigung heischt, kann als Erbschaftsgläubiger sich an den Richter um einen Befehl zur Zwangsvollstrekkung wenden. Das Pfandrecht des Staates wegen öffentlicher Abgaben ist privatrechtlicher Natur, wenn es auch öffentlichen Zwecken dient. Der Staat kann ferner Steuern (Mauthen. indirekte Abgaben) verpachten, also das ihm zustehende Hoheitsrecht zum Gegenstand privatrechtlichen Verkehrs machen. So sehr ein derartiger Akt der modernen Staatsidee und der des öffentlichen Rechtes widerspricht, so sind derartige Fälle, die früher bekanntlich sehr häufig vorkamen, auch heute noch vorhanden. Sie sind allerdings der letzte Ueberrest einer Zeit, welcher jede auf ökonomische Ansprüche gerichtete Berechtigung und nicht nur diese als eine private erschien, die daher auch staatliche Hoheit, namentlich in Finanzsachen, in der Regel als Privatrecht des Staates auffasste.

Andererseits aber bleibt eine Institution rein privatrechtlich, wenn sie, obwohl im Gemeininteresse constituirt, vom Staate nicht, oder doch nicht überwiegend zur Versorgung der Zwecke dieser Institution sondern zu ausserhalb derselben liegenden fiskalischen Zwecken entweder ganz oder zum Theil normirt wird. So sind die Rechtsgeschäfte, welche der Staat auf Grund eines ihm zustehenden Tabaksmonopols abschliesst, rein privatrechtlich, denn nicht um die Einzelnen mit Tabak zu versorgen, sondern um Geld zu gewinnen hat er das Monopol geschaffen. Bei den staatlichen Verkehrsanstalten ist zwar die Verwaltung dieser gemeinnützigen Institute selbst im Gemeininteresse Staatsaufgabe, aber nicht ausschliesslich um des Gemeininteresses willen wird die Verwaltung geführt. Die mit dem Publikum abgeschlossenen Rechtsgeschäfte haben daher principiell privatrechtlichen Charakter, selbst dann, wenn zur Geltendmachung der hieraus erwachsenden Ansprüche der Privatrechtsweg ausgeschlossen wäre. Allerdings kann der Staat auf diesem Gebiete, wo die inneren Grenzen sich nicht immer mit voller Schärfe ziehen lassen, privatrechtliche Ansprüche formell in öffentlich-rechtliche verwandeln. Das hervorragendste Beispiel dieser Art sind die in Frankreich zu Zwecken der öffentlichen Verwaltung abgeschlossenen Rechtsgeschäfte, die formell zu Verträgen des öffentlichen Rechtes erklärt worden sind, so dass Ansprüche aus ihnen von der nichtstaatlichen Vertragspartei nicht nach Civilrecht beurtheilt und auch nur im Wege der Verwaltungsgerichtsbarkeit können geltend gemacht werden. Für das positive Recht ergeben sich demnach die Kategorien der formellen und der materiellen öffentlich-rechtlichen Ansprüche. Jene sind kraft positiver Anordnung nach öffentlich-rechtlichen Normen zu beurtheilen, mag ihre Natur nun die öffentlicher Rechte sein oder nicht. Die zweite Kategorie umfasst aber die öffentlichen Rechte an sich, unabhängig von dem Wege, den das positive Recht zu ihrer Geltendmachung vorschreibt. Bei der Continuität des durch Begriffe nicht zu spaltenden Lebens ist formelle Scheidung durch den Willen des Gesetzgebers in manchen Fällen nothwendig, wobei dem individuellen Ermessen eines jeden Staates schon durch die Natur der Sache ein grösserer oder geringerer Spielraum eingeräumt ist. Aber nur nach der Unterstellung unter das Privat-oder öffentliche Recht, nicht nach der zur Judikatur berufenen Instanz hat gegebenen Falles die Einreihung in die eine oder die andere Kategorie stattzufinden. Dies schon aus dem Grunde, weil möglicherweise der Rechtsweg ganz ausgeschlossen sein und nur die unvollkommenen Schutzmittel des öffentlichen Hechtes dem Verletzten zu Gebote stehen können.

Ansprüche des Individuums an den Staat von vermögensrechtlichem Charakter sind öffentlich-rechtliche dann, wenn sie einerseits einem öffentlich-rechtlichen Verhältniss — der gliedlichen Stellung des Individuums im Staate — entspringen, andererseits an ihrer Gewährung das Gemeininteresse überwiegend betheiligt ist. Rückforderung irrthümlich gezahlter Steuern hat zwar in öffentlich-rechtlichem Verhältnisse ihren Grund, ist aber als nicht überwiegend im Gemeininteresse gewährt, eine einfache condictio indebiti[69]. Hingegen sind die Ansprüche des Monarchen auf Zahlung der Civilliste, der Beamten auf Gehalt und andere Leistungen, der Abgeordneten auf Diäten nicht nur auf öffentlich-rechtlichem Rechtsverhältnisse beruhend, sondern auch im Gemeininteresse gewährt. Andererseits entspringt zwar die Beziehung des Expropriirten zum expropriirenden Staate der gliedlichen Stellung des Individuums, der Entschädigungsanspruch jedoch, der ersterem gewährt ist, besteht überwiegend im individuellen Interesse. Auch hier wird im conkreten Falle die Grenze manchmal nicht leicht zu ziehen sein, und der Staat hat auch hier die Macht, formell diese Ansprüche zu privat- oder öffentlich-rechtlichen zu erklären, wie denn in der That die Bestimmungen über sie in den verschiedenen Staaten bald den einen, bald den anderen Standpunkt einnehmen.

Nach den im Vorangehenden angewandten Principien wird auch zu verfahren sein, wenn es sich um Bestimmung der Natur von Ansprüchen gegen öffentlich-rechtliche Verbände und von solchen handelt, die als mittelbar publicistische Ansprüche sich gegen eine mit publicistischer Rechtsmacht ausgestattete, aber vom Staate unterschiedene Persönlichkeit richten oder von dieser sei es an den Staat, sei es an die ihr Eingegliederteil gerichtet werden. Vor Allem wird da zu bestimmen sein, ob die Ansprüche von dem Verbande in dessen Eigenschaft als selbständiger, vom Staate unabhängiger Persönlichkeit oder von dem Vollstrecker staatlichen Willens oder endlich von der staatliche Macht in Gemässheit der Gesetze frei verwaltenden publicistischen Persönlichkeit ausgehen, sowie andererseits, in welcher Eigenschaft der Verband als zur Erfüllung des Anspruches verpflichtet erscheint. Das Nähere hierüber wird in einem späteren Kapitel zu erörtern sein[70].

Schon die Existenz eines grossen Grenzgebietes, auf dem Privat- und öffentliches Recht sich berühren, lässt eine Wechselwirkung beider im Rechtsleben als gewiss erscheinen. Tiefere Untersuchung ergiebt aber, dass die Wechselwirkung und der Zusammenhang beider das ganze Rechtsleben durchziehen. Privatrecht ist vielfach die unumgängliche Voraussetzung öffentli-

---

[69] A. A. v. Sarwey, Oeff. B. S. 562.
[70] Siehe unten Kap. XVI.

chen Rechtes, öffentliches Recht die von Privatrecht. Vor Allem wird der durch und durch publicistische Rechtsschutzanspruch in seiner conkreten Wirksamkeit vielfach bedingt durch das Dasein eines Privatrechts, das erst durch die Verbindung mit jenem seine volle rechtliche Existenz erhält. Das ganze Recht der öffentlichen Abgaben knüpft an privatrechtliche Verhältnisse an, der staatliche Anspruch auf Leistung der militärischen Dienstpflicht wird durch familienrechtliche Verhältnisse modificirt, die Wahlberechtigung und Wählbarkeit zum Parlament, zur Gemeindevertretung u. s. w. ruht in Staaten mit Censur- oder Interessenvertretung auf privatrechtlichen Voraussetzungen. Die Thronfolgeordnung basirt auf familienrechtlichen Thatsachen; das Recht auf einen Sitz in der ersten Kammer kann angeknüpft sein an die Abstammung aus bestimmten Familien, an die Innehabung eines Fideikommisses u. s. w. An dem öffentlichrechtlichen Anspruch kann, soweit es möglich und nicht ausdrücklich verboten ist, ein Privatrecht entstehen. Es kann ein Pfandrecht an ihm gewährt werden, er kann Gegenstand einer Cession, eines Miethvertrages (Amtswohnung) sein. Alle Fälle aufzuzählen, in denen derartige Bedingtheit von Privat-durch öffentliches Recht stattfindet und umgekehrt, ist kaum möglich. Selbst die vollständigste Liste würde aber schwerlich wissenschaftlichen Wehrt beanspruchen können.

Publicistischer Rechtsanspruch kann sich ferner in privatrechtlichen verwandeln. So ist z. B. der staatliche Anspruch auf Zahlung der rechtskräftig erkannten Geldstrafe gegen den Erben des Verurtheilten nur als privatrechtlicher Anspruch aufzufassen [71], da Strafe nur den Schuldigen, nicht dessen privatrechtlichen Successor treffen kann. Ebenso der Anspruch von Erben eines Beamten aus dem Dienstverhältnisse, da öffentliches Recht nicht Gegenstand des Erbrechts ist.

Wenn ein öffentlich-rechtlicher Anspruch durch wirthschaftliche Leistungen zu erfüllen ist, so sind diese denen des Privatrechtes gleichartig: Zahlung, datio in solutum. Andererseits unterscheidet sich die Form, in der die Leistung persönlicher Dienste erfolgt, in nichts von den auf privatrechtlichem Lohnvertrage und ähnlichen Rechtsgeschäften beruhenden Leistungen. Die Erfüllungsmittel sind eben weder specifisch privat-

---

[71] R.Straf-G.B. § 30, R.Straf-Proc.O. § 497.

noch öffentlich-rechtlicher Natur, sondern allgemeine juristische Kategorien.

In Folge der Erkenntniss, dass das Vermögensrecht ein privates oder öffentliches sein kann, erlangen ganze Klassen von Normen, die zunächst nur im Hinblick auf das Privatrecht sich ausgebildet haben, eine über dasselbe hinausgehende Bedeutung. Die Rechtssätze über Irrthum, dolus und culpa, Befristung, Bedingung u. A. werden, sofern nicht ausdrücklich ihre Anwendbarkeit ausgeschlossen ist, gleichermassen für beide Rechtsgebiete gelten, die Grundsätze über Compensation, solidarische Haftung, Bürgschaft, Depositum, extinktive Verjährung können mehr oder minder modificirt auf öffentlich-rechtliche Leistungen Anwendung finden.

Privatrechtliche Qualifikation wird oft zum Zwecke der öffentlich-rechtlichen Rechtssprechung präjudiciell festgestellt werden müssen. So z. B. die Qualität als Eigenthümer, Firmainhaber, öffentlicher Gesellschafter. Hiebei kann allerdings ein eigenthümlicher Gegensatz zwischen civil- und öffentlichrechtlicher Feststellung entstehen. Im conkreten Falle ist es möglich, dass kraft Gesetzes der Begriff des Erben oder Vermächtnissnehmers als Voraussetzung der Verpflichtung zur Zahlung der Erbschaftssteuer anders formulirt werden könne als der, an welchen die civilrechtlichen Rechte und Pflichten des Universalsuccessors oder Legatars anknüpfen. In anderen Fällen hingegen wird strenge Beurtheilung der conkreten Voraussetzung eines publicistischen Anspruches nach Civilrecht die rechtliche Bedingung eines solchen sein, wobei es von dem speciellen Falle abhangen wird, welche Instanz die bindende Entscheidung hierüber zu treffen hat.

Ist bloss der Ursprung eines Anspruches publicistisch, er selbst jedoch nur im Privatinteresse constituirt, so fällt er gänzlich dem Privatrecht anheim. Daher sind auf Concessionen, Patenten und anderen rechtsbegründenden Verwaltungsakten beruhende Rechte nicht publicistischer Art[72]. Ebenso wenn durch Anwendung öffentlichen Rechtes eine Verletzung einer individuellen Privatrechtssphäre stattgefunden hat und demgemäss ein Reparationsanspruch begründet wird, also bei competenz-

---

[72] Vgl. unten Kap. VIII. Bezüglich der Privilegien v. Sarwey, Oeff. R. S. 335, Wach, a. a. O. S. 99.

überschreitenden Amtshandlungen, welche durch dolus oder culpa des Beamten rechtswidrig Privatinteressen verletzen. Die so entstehende Deliktsobligation ist rein privatrechtlicher Natur.

VI. Reflexrecht und subjektives Recht

Zu den specifischen Merkmalen des öffentlichen Rechtes zählt es, dass Rechtsschutz Gewährender und — direkt oder indirekt — Verpflichteter ein und dieselbe Person: der Staat ist. Seiner Verpflichtung kann der Staat nur nachkommen, indem er seine Thätigkeit zu Gunsten der Gewaltunterworfenen einschränkt. Diese Einschränkung kann nun nicht in der Weise erfolgen, wie die des Privaten, der im Interesse Anderer Handlungen begehen oder unterlassen muss, die an und für sich der natürlichen Dispositionsfahigkeit der Individuen entspringen. Vielmehr muss dies Thun oder Unterlassen durch die Rechtsordnung derart normirt sein, dass objektive Rechtssätze den staatlichen Organen ein bestimmtes Handeln oder Nichthandeln in bestimmter Richtung vorschreiben. Was das Individuum durch seine unmittelbare That vollbringt, vollzieht der Staat durch Rechtssetzung, durch materielle Gesetzgebung. Das subjektive öffentliche Recht des Subjicirten wird durch das objektive Recht nicht nur geschaffen und geschützt, sondern auch realisirt. Der vom Staat gewährte Anspruch kann nur von ihm auch erfüllt werden.

Dadurch aber entsteht der Schein, als sei das subjektive öffentliche Recht im Grunde eine Täuschung, als sei nur objektives Recht dort vorhanden, wo man subjektives Recht zu sehen glaubt; das was man so bezeichnet, sei nichts weiter als der Reflex objektiven Rechtes. Diesen Standpunkt hat in Beziehung auf die Freiheitsrechte sowie den Rechtsschutzanspruch zuerst v. Gerber[73] eingenommen. Ihn theilen Alle, welche das subjektive öffentliche Recht in grösserem oder geringerem Umfange beschränken oder gar völlig leugnen.

---

[73] Ueber öffentliche Rechte S. 78, 79, Grundzüge S. 34. Von principieller Leugnung aller subjektiven öffentlichen Rechte überhaupt ist v. Gerber jedoch weit entfernt. Vielmehr erkennt er die Gegenseitigkeit staatlicher und individueller Rechte und Pflichten in voller Schärfe an. Vgl. namentlich Grundzüge S. 50 ff., 227 ff.

Die Entscheidung der Frage nach der Grenze zwischen objektivem und subjektivem Rechte, die sich hier aufthut, ist von der grössten Bedeutung. Theoretisch, weil sie eines der wichtigsten Grundprobleme der allgemeinen Rechtslehre berührt, praktisch, weil die ganze Rechtsprechung auf dem Gebiete des öffentlichen Rechtes durch die richtige Lösung wesentlich bedingt ist.

Um sie zu gewinnen, muss man die Zweckbeziehung der Normen des öffentlichen Rechtes zu den menschlichen Interessen erkennen. Alles öffentliche Recht ist im Gemeininteresse da, welches identisch mit dem Staatsinteresse ist. Es ist jedoch nicht identisch mit der Summe der Interessen der Individuen, wenn auch vielfach das Gemeininteresse in das individuelle ausläuft[74]. Das Gemeininteresse geht vor Allem hinaus über das Interesse der momentan den Staat bildenden Menschen, es umfasst ebenso das Interesse der noch ungeborenen Generationen, es erstreckt sich in die fernste Zukunft. Das Gemeininteresse erfordert daher oft individuelle Leistungen, deren Resultat weder den Leistenden noch nothwendiger weise den Zeitgenossen überhaupt zu Gute kommt. Man denke an die eventuell bis zur Vernichtung des Individuums gehende militärische Dienstpflicht, die dennoch im Gemeininteresse da ist, an das Heimfallsrecht des Staates bezüglich der Eisenbahnen, das viele Jahrzehnte nach der Betriebseröffnung erfolgt. Man denke an zahlreiche staatliche Anstalten, die faktisch und rechtlich nur von einer beschränkten Anzahl von Individuen benutzt werden können, an die zahlreichen polizeilichen Beschränkungen der individuellen Freiheit, um zu erkennen, dass Gemeininteresse nicht identisch mit der Summe der Einzelinteressen ist. Das Gemeininteresse ist vielmehr ein auf Grund der herrschenden Zeitanschauungen und speciellen Verhältnisse eines jeden Staates, vielfach aus dem Widerstreit der individuellen Interessen gezogenes Durchschnittsinteresse, welches dem individuellen sogar fremd und

---

[74] Ueber Identität und Gegensatz von Einzel- und Gemeininteresse vgl. Leuthold, Hirths Annalen 1884, S. 332 ff., Fr. J. Neumann ebendaselbst 1888, S. 356 ff. Der von beiden als vieldeutig nachgewiesene Ausdruck „öffentliches Interesse“ ist für die juristische Terminologie am besten durch das klarere „Gemeininteresse“ zu ersetzen.

feindlich gegenüber treten kann, oft sogar gegenüber treten muss.

Von jedem Satze des objektiven Rechtes ist es nun selbstverständlich, dass er staatlichen Zwecken dienen muss, also im Gemeininteresse gegeben ist. Allein nicht nothwendig ist es, dass jeder Rechtssatz auch individuellen Zwecken dienen muss. Die Rechtsordnung hat Bestandtheile, die im individuellen Interesse da sind, aber nur insofern als die Förderung des Individualinteresses als ein Gemeininteresse sich darstellt.

Indem nun die Rechtssätze des öffentlichen Rechtes im Gemeininteresse den staatlichen Organen ein bestimmtes Thun oder Unterlassen gebieten, kann das Resultat dieser Aktion. oder Nichtaktion bestimmten Individuen zu Gute kommen, ohne dass die Rechtsordnung beabsichtigte, die Rechtssphäre gerade dieser Personen zu erweitern. In solchen Fällen wird man von einer Reflexwirkung des objektiven Rechtes reden können[75].

Welches aber ist das Kennzeichen, das uns die Individualrecht begründende von der nur objektives Recht constituirenden Norm trennen lehrt?

Formell ist diese Frage leicht zu lösen. Wo ein Individualanspruch durch die Natur der Sache oder durch Versagung des Rechtsschutzes ausgeschlossen ist, da ist nur objektives Recht vorhanden. Formelle positive rechtliche Ansprüche entstehen daher durch Anerkennung eines individualisirten Rechtsschutzanspruches für die in Rede stehenden Verhältnisse zwischen Individuum und Staat.

Allein mit diesem formellen Kriterium wird die Frage in ihrer ganzen Breite keineswegs gelöst. In zweifelhaften Fällen wird der Richter zu constatiren haben, ob dem Einzelnen der Rechtsweg offen stehe oder nicht; und diese Entscheidung kann mangels positiver Festsetzungen nur auf Grund eines materiellen Kriteriums erfolgen. Ausserdem gewährt die Rechtsordnung dem schutzbedürftigen Individualinteresse oft häufig nur einen unvollkommenen Schutz, der das Interesse selbst nicht zu einem formellen rechtlichen Interesse zu stempeln vermag. Endlich ist es de lege ferenda eine höchst wichtige Frage, welche formell

[75] Der Begriff der rechtlichen Reflexwirkung mulirt von Ihering, Geist des röm. Rechtes S. 327, 328, vgl. hiezu desselben Aufsatz über Jahrbücher für Dogmatik X, S. 245 ff.

schutzlose Interessen zu geschützten erhoben werden sollen und können.

Das materielle Kriterium kann de lege lata überall nur in der Constatirung eines von der Rechtsordnung ausdrücklich oder implicite anerkannten Individualinteresses liegen. Die ausdrückliche Anerkennung fällt mit dem formellen Kriterium zusammen, so dass auf Grund des materiellen Kriteriums der Kreis des subjektiven Rechtes in der Regel ein viel weiterer ist, als der auf der Basis des formellen vorhandene. Ich nenne den Inhalt des letzteren *formelle*, den des ersteren *materielle* subjektive Rechte. Die Abgrenzung der letzteren gegen den Reflex objektiven Rechtes, kurzweg gegen die Reflexrechte ist ausserordentlich schwierig, wie immer, wo der Jurist der sicheren Handhabe des formellen Kriteriums entbehrt.

Das positive Recht kann aber den Kreis der formellen Interessen beliebig verengern oder erweitern. Im letzteren Fall bildet nicht einmal das materielle subjektive Interesse für seine Gewährungen eine unübersteigliche Grenze, so dass selbst dort, wo ein Individualinteresse gar nicht vorliegen kann, trotzdem. ein geschützter Anspruch geschaffen zu werden vermag. Allerdings wird dieser Fall die Ausnahme bilden und in der Praxis, wie an einigen Beispielen später dargethan werden wird, zu bedenklichen Resultaten führen.

Noch schwieriger gestaltet sich die Untersuchung de lege ferenda. Eine absolute Grenzlinie zwischen dem materiellen Gemein- und dem materiellen Einzelinteresse lässt sich mit Sicherheit kaum ziehen. Wie weit der Gesetzgeber geht, ist daher in vielen Fällen Sache seines Ermessens. Nur lässt sich ein grosser geschichtlicher Zug in allen modernen Staaten constatiren, den Kreis der formellen Rechte fortwährend zu erweitern. Die Einführung einer geregelten Verwaltungsgerichtsbarkeit war zwar der grösste Schritt auf diesem Gebiete; allein noch ist es nicht durchmessen, noch harren ungeduldig zahlreiche materielle Individualinteressen der formellen Anerkennung. Die fortschreitende Gewählung und Anerkennung neuer individueller Interessen auf Grund tiefgehender Volksströmungen bildet ein eigenthümliches Merkmal unserer an Widersprüchen so reichen Zeit, in der breite sociale Schichten den Individualismus in der Gesellschaft bekämpfen und seinen Schutz vom Staate fordern.

Der Gegensatz von materiellem und formellem subjektiven Recht ergiebt mit Nothwendigkeit den zweiten von formellem und materiellem Reflexrecht.

In Folgendem möge der juristischer Klarheit am Meisten bedürftige Gegensatz von formellem subjektiven und formellem Reflexrecht an einigen Beispielen erörtert werden, zumal er für die richterliche Praxis von allen hier in Frage kommenden die grösste Bedeutung hat.

Die Begründung eines subjektiven Rechts findet in der Regel nicht statt durch Rechtssätze, welche Principien für Erlassung künftiger oder Auslegung bestehender Gesetze enthalten[76]. So bergen Sätze wie die, welche die Rechtsgleichheit der Bürger proklamiren, das Verbot von Ausnahmegerichten statuiren, die Einführung der Civilehe oder eines Unterrichtsgesetzes verheissen, die Principien der Mündlichkeit und Oeffentlichkeit des Gerichtsverfahrens aussprechen, nur objektives, aber nicht subjektives Recht in sich. Wenn trotzdem nach dem positiven Rechte eines Staates dem Einzelnen ein Rechtsmittel zur Annullirung von Gesetzen und Anordnungen gegeben ist, die derartigen Verfassungsvorschriften widersprechen, so hat dies im Grunde den Charakter einer Popularklage; es wird hiedurch dem Individuum eine Fähigkeit beigelegt, welche in der Regel im modernen Staate den zur Wahrung der Rechtsordnung berufenen Staatsorganen zukommt. Ein Unicum in dieser Richtung ist die Praxis des schweizerischen Bundesgerichtes, welche aus dem in der Bundesverfassung ausgesprochenen Verbote der geistlichen Gerichtsbarkeit und den Bestimmungen der Kantonalverfassungen über die Organisation der Kantonalbehörden allgemeine Rechte der Schweizerbürger deducirt und demnach selbst Klagen

---

[76] Am weitesten unter allen Verfassungsurkunden geht in dieser Hinsicht die preussische. Ausser den Versprechungen der Einführung der Civilehe und eines Civilstandgesetzes (Art. 19) sowie eines Gesetzes über das ganze Unterrichtswesen (Art. 26) werden ein künftiges Gesetz über das Kirchenpatronat (Art. 17), die staatliche Aufsicht über die Schulen (Art. 23), die Zusicherung eines festen, den Lokal Verhältnissen angemessenen Einkommens an die Volksschnllehrer (Art. 25) in dem Titel: „Von den Rechten der Preussen" aufgezählt. Im Vergleich mit diesen Sätzen ist der entsprechende Titel des belgischen Vorbildes (titre II: Des Belges et de leurs droits Art. 4 — 24) viel gemässigter, juristisch correkter und vor Allem praktischer.

auf Nullifikation von Kantonsgesetzen annimmt. welche den erwähnten Rechtssätzen widersprechen[77].

Blosse Reflexwirkung ist ferner überall dort vorhanden, wo dem Einzelnen ausschliesslich im Gemeininteresse die Fähigkeit beigelegt wird, den Anstoss zu einer obrigkeitlichen Aktion zu setzen. So z. B. giebt es kein „Recht zur Anzeige strafbarer Handlungen“[78], indem dieses angebliche subjektive Recht nichts anderes ist, als ein Reflex der strafprocessualen Vorschrift, dass die Staatsanwaltschaft das Vorhandensein strafbarer Handlungen von Amtswegen zu untersuchen hat. Die Anzeige ist in diesem Falle Ursache amtlicher Untersuchung, nicht Ausübung eines Rechtes. Blosse Reflexwirkung ist gegeben, wenn nur im Gemeininteresse der Einzelne Objekt staatlicher Fürsorge wird. So ist der Anspruch auf Armenversorgung nach den Gesetzgebungen vieler Staaten einfach ein Reflex der betreffenden gesetzlichen Verpflichtungen des Staates oder der Communalverbände, ohne dass dem Versorgungsbedürftigen ein Forderungsrecht zustünde[79]. Einen ähnlichen Charakter hat der Anspruch des Soldaten auf Löhnung[80]. Diese Beispiele zeigen zugleich, wie weit das Ermessen des Gesetzgebers gehen kann, da er hier durch seine Anordnungen ohne Weiteres individualrechtliche Ansprüche schaffen könnte[81].

---

[77] Blumer-Morel, Handbuch des schweizerischen Bundesstaatsrechts III, S. 174, 180.

[78] Vgl. R.Str.Pr.O. § 158, Oesterr. Str.Pr.O. § 86.

[79] Reichsgesetz über den Unterstützungswohnsitz vom 6. Juni 1870 § 61, Preuss. Gesetz vom 8. März 1871 § 36, G. Meyer, Verwaltungsrecht I, S. 114, Löning, Verwaltungsrecht S. 699 f., v. Sarwey. Oeff. R. S. 533. Für Bayern vgl. Seydel, Bayer. Staatsr. V, S. 213. In Oesterreich hingegen ist zwar nach dem Heimatsgesetze vom 3. Dezember 1863 § 25 der Arme nicht berechtigt,.eine bestimmte Art der Unterstützung zu verlangen, er besitzt jedoch (§ 1) ausdrücklich einen Anspruch auf Armenversorgung gegen die Heimatsgemeinde, der im verwaltungsgerichtlichen Wege geltend gemacht werden kann.

[80] Vgl. Laband II, S. 649.

[81] Die Wandlung formellen Reflexrechtes in formellen Anspruch zeigen am deutlichsten die neueren Gesetze über Arbeiterfürsorge. Die Pflicht zur Unterstützung der erwerbsunfähigen Arbeiter bestand kraft der Armengesetze schon früher, ein Recht auf Unterstützung ist im deutschen Reiche erst durch die betreffenden socialpolitischen Gesetze geschaffen worden.

Blosse Reflexwirkung entsteht durch die Qualificirung staatlicher Aktionen als öffentlich vorzunehmender. Wenn die Oeffentlichkeit gewisser staatlicher Verhandlungen gesetzlich angeordnet ist, z. B. der Parlamentssitzungen oder der Gerichtsverhandlungen, so sind diese Anordnungen ausschliesslich im Gemeininteresse erlassen, was wohl keiner näheren Ausführung bedarf. Aus diesen Anordnungen erwächst gewissen Beamteten und Bediensteten die Pflicht, das Publikum in die für dasselbe bestimmten Räume des Parlaments- oder Gerichtsgebäudes zuzulassen. Daraus entsteht aber keineswegs für Jedermann ein Anspruch, den betreffenden Verhandlungen beizuwohnen[82]; ja nicht einmal eine grössere Anzahl erhält hiedurch die rechtliche Möglichkeit der Anwesenheit in den dem Publikum zugewiesenen Lokalitäten. Sind diese gefüllt, so ist dem Zwecke der Rechtsordnung derart Genüge gethan, dass alle anderen Personen faktisch und rechtlich von der Zuhörerschaft ausgeschlossen sind. Es ist aber in solchen Fällen dem Einzelnen auch kein Rechtsmittel gegen Verweigerung der Zulassung gegeben. Die Ausschliessung der Oeffentlichkeit oder bestimmter Personen kann daher niemals Verletzung subjektiven, sondern nur objektiven Rechtes sein und die Mittel zur Verhinderung oder Aufhebung widerrechtlicher Beschränkungen der Oeffentlichkeit sind ausschliesslich diejenigen, welche zur Aufhebung des Bruches objektiven Rechtes von der Rechtsordnung festgesetzt sind.

Blosse Reflexwirkungen sind ferner in der Regel die „Rechte" auf den Gebrauch öffentlicher Sachen und Anstalten. Die Oeffentlichkeit derartiger Objekte besteht in den Rechtssätzen, welche die Zulassung des Publikums zu ihrem Gebrauche gebieten[83]. Wenn eine neue Alpenstrasse vom Staate in Tirol

---

[82] Treffend die Entscheidung des Reichsgerichtes vom 21. März 1882. Reichsger. Entsch. in Strafsachen herausgeg. von den Mitgliedern der Reichsanwaltschaft II, S. 361.

[83] v. Sarwey, Oeff. R. S. 429 construirt in solchem Falle eine Verletzung des „Rechtes der Persönlichkeit" , d. h. eben keines individualisirten Rechtsanspruches. S. 501 behauptet er, dass eventuell ein öffentliches Vermögensrecht des Einzelnen vorliegen könne. Es fehlt indess hier stets die Lokalisirung des Anspruches in der individuellen Rechtssphäre. Der eventuelle Anspruch geht niemals auf ein Gewähren, sondern stets auf Aufhebung einer den Gebrauch der Sache hindernden Verfügung. Dieser Anspruch aber ist völlig gleichartig mit dem auf

oder der Schweiz gebaut wird, so erwächst daraus nicht sämmtlichen Engländern ein Recht auf Benutzung derselben, sondern es besteht nur die Pflicht des Eigenthümers dieser res publica, alle auf ihr Reisenden, sofern nicht völkerrechtliche oder polizeiliche Gründe Anderes gestatten, ungehindert passiren zu lassen. Ebensowenig haben alle Menschen ein Recht, die Museen in Berlin oder den Louvre in Paris zu besuchen, vielmehr sind diese Sammlungen Jedermann zugänglich, d. h. im öffentlichen Interesse hindert der Staat an gewissen Tagen und zu gewissen Stunden Niemand, diese Gebäude zu betreten und die in ihnen enthaltenen Kunstschätze zu betrachten.

Anders verhält es sich mit den öffentlichen Sachen und Anstalten, welche es in dem Sinne sind, dass sie durch Statuirung eines Contrahirungszwanges Jedermann zugänglich sind. Und zwar ist es für derartige Objekte gleichgiltig, ob sie dem Staate, Corporationen oder Privaten angehören (Posten, Telegraphen, Telephone, Eisenbahnen, Theater, öffentliche Lohnfuhrwerke u. s. w.). Bei diesen besteht die Oeffentlichkeit nur in der Verpflichtung, mit Jedermann unter bestimmten Bedingungen ihrem Inhalte nach im Vorhinein fixirte Rechtsgeschäfte abzusch Hessen, ans welchen Individualrechte auf ihre Benutzung streng privatrechtlichen Charakters entstehen. Es wäre aber ungereimt, ein öffentliches Recht des Einzelnen auf Contrahiren als Complement des Contrahirungszwanges anzunehmen. Die Contrahirungspflicht ist eine öffentlich-rechtliche, durch Gesetz begründete, besteht daher nur dem Staate gegenüber. Durch ihre Verletzung wird daher eine Rechtsnorm übertreten und der Verletzer macht sich, sofern er dolos oder culpos gehandelt hat, einer disciplinarisch, polizeilich oder criminell zu ahndenden rechtswidrigen Handlung schuldig. Sofern die rechtswidrige Verweigerung vermögensrechtliche Nachtheile für den Einzelnen im Gefolge hat, kann für ihn ein Schadenersatzanspruch begründet werden, allein die Deliktsobligation hat nicht nothwendigerweise ein privatrechtliches Verhältniss zur Voraussetzung. Durch Verletzung öffentlichen Rechtes können privatrechtliche Ansprüche entstehen.

Aufhebung ungesetzlicher Freiheitsbeschränkungen überhaupt. Dass durch ihn allein die Bethätigung der gesetzlichen Freiheit keine rechtliche Relevanz erhält, wird später nachgewiesen werden.

Ein individueller publicistischer Anspruch auf Benutzung öffentlicher Anstalten wird nur dann möglich sein, wenn der Staat individualisirende Bedingungen hiefür festsetzt, z. B. den Nachweis der Maturitätsprüfung für den Besuch einer Universität. Diese Fälle sind in anderem Zusammenhange zu betrachten.

Auch die Anerkennung einer Sache als einer dem internationalen Gebrauche kraft allgemeinen Völkerrechtes oder specieller Vereinbarungen offenstehenden begründet kein subjektives Recht der Staaten oder deren Angehörigen auf den Gebrauch, sondern enthält nur die Verpflichtung anderer Staaten, nicht zu hindern, gewähren zu lassen. Es giebt demnach kein Recht zur Beschiffung des offenen Meeres, sondern nur eine völkerrechtliche Verpflichtung der Staaten, kein Mitglied eines fremden Staates von dem Befahren des offenen Meeres, mit welchen Fahrzeugen auch immer, auszuschliessen[84]. Die Vereinbarungen über einen internationalen Strom gewähren nicht nach Art einer affirmativen Staatsservitut den Uferstaaten und Dritten das Recht der freien Schiffahrt auf fremdem Staatsgebiet, sondern fixiren nur das gemeinsame Verbot, dieser Schifffahrt Hindernisse zu bereiten[85]. Wird diesen Bestimmungen zuwider gehandelt, so liegt Verletzung des allgemeinen oder vereinbarten objektiven Völkerrechtes, nicht Verletzung eines Individualrechtes vor.

Aus den vorstehenden Erörterungen ergiebt sich die Unhaltbarkeit der Idee eines öffentlichen Sachenrechtes[86]. Wenn daher processnal die Eigenschaft einer Sache als einer öffentlichen strittig ist, so kann es sich niemals um die Constatirung eines öffentlichen Rechtes des Einzelnen, sondern stets nur um die Entscheidung einer Präjudicialfrage, um Constatirung einer öffentlich-rechtlichen Thatsache handeln. Auch wenn der Eigenthümer einer Sache wem immer gegenüber deren Qualität als

---

[84] Dass aus der Freiheit des Meeres kein subjektives Recht der Staaten sich ableiten lasse, hat in voller Schärfe erkannt nur Störk in Holtzendorffs Handbuch des Völkerrechts II, S. 486. Dass Zorn, Staatsrecht II, S. 534, 535 trotz seiner Leugnung des Völkerrechts subjektive Rechte aller Staaten über das Meer annimmt, ist zu verwundern.

[85] Juristisch correkt drückt sich die Wiener Congressakte über diesen Punkt aus: Art. CIX; „La navigation...... sera entièrement libre et ne pourra sous le rapport du commerce, être interdite à personne“.

[86] Seydel, Grnndzüge S. 41 ff.

einer öffentlichen bestreitet, handelt es sich niemals um Constatirung eines Rechtes, sondern stets nur um die einer Pflicht. Nur insofern der Staat ein Recht hat. Jedermanns öffentliche Pflichten zu fordern, könnte man auch hier ein subjektives Recht in Frage sehen. Selbst die Herrschaft des Staates über sein Gebiet hat keine privatrechtliche Analogie mit dem dominium, wenigstens nach ihrer staatsrechtlichen Seite hin. Sie besteht staatsrechtlich wesentlich in der Beherrschung der auf dem Gebiete befindlichen Personen, welche nicht Willkür, sondern gesetzliche Ordnung ist[87]. Sie enthält die Berechtigung, von allen durch das Gebiet zusammengefassten Personen, welchem Staate auch immer sie angehören mögen, Leistungen und Unterlassungen zu fordern, welche indirekt auch eine Aenderung in den Zuständen des Territoriums zur Folge haben können. Auch völkerrechtlich besteht die Gebietshoheit zunächst in der rein publicistischen Rechtsmacht der Ausschliessung fremder Staatsmacht und fremder Privatpersonen vom eigenen Territorium. Nur in der Möglichkeit der Cession und der Belastung des Territoriums mit Staatsservituten weist die Gebietshoheit eine gewisse Analogie mit dem Sachenrecht auf[88].

---

[87] Vgl. Rosin, Das Recht der öffentlichen Genossenschaft. S.46, G. Meyer, Staatsrecht S. 179.

[88] Nach Preuss, Gemeinde u. s. w. S. 406 soll die Gebietshoheit in der rechtlichen Fähigkeit der Gebietsveränderung liegen. Diese Fähigkeit ist aber nichts anderes als ein Specialfall staatlicher Dispositionsfähigkeit überhaupt, m. a. W. der Staatshoheit, zuhöchst der Souveränetät, welche Preuss so energisch leugnet, dabei gänzlich übersehend, dass „Hoheit“ und „supremitas“ dasselbe Wort sind und im Wesentlichen dieselbe Sache bedeuten. Nachweisbar hat sich der Begriff der Souveränetät ans dem der feudalen Gebietsherrschaft und der aus ihr entspringenden Gerichtsgewalt entwickelt, wie deutlich aus der in Frankreich berühmten, in Deutschland wenig gekannten Stelle des Beaumanoir, Contumes de Beauvoisis, ed. Beugnot II, p. 22 hervorgeht: „Force que noz parlons en cest livre, en plusors liex, du sovrain, et de ce qu'il pot et doit fere, li aucun pourroient entendre, porce que noz ne nommons ne duc ne conte, que ce fust du roy, mais en toz les liex que li rois n'est pas nonimes, noz entendons de cix qne tiennent en baronnie, *car fascuns barons est sovrains en sä baronnie. Voirs est que li rois est sovrains par desor tous,* et a, de son droit, le general garde de son roiame, par quoi il pot fere tex establissemens comme il li plest por le commun porfit, et ce qu'il estabiist, doit estre tenu. Et se n'i a nul si

Das Dasein formeller subjektiver öffentlicher Rechte, die nicht blos Reflexrechte sind, rechtfertigt sich, wie der Deutlichkeit wegen hier wiederholt werden soll, aus dem allgemeinen Gesichtspunkte, dass nicht alle Rechtssätze ausschliesslich im Gemeininteresse gegeben sind. Es giebt vielmehr ein sehr ausgedehntes Gebiet von Rechtsnormen, die den überwiegenden Zweck haben, individuellen Interessen zu dienen. Allerdings ist bei der Schöpfung aller Rechtsnormen nothwendig auch das Gemeininteresse betheiligt. Die Privatrechtssätze sind wesentlich im Interesse der Einzelpersönlichkeit gegeben, allein an der Art der Ordnung des Privatrechtes hat das Gemeininteresse einen sehr hohen Antheil.

Das formal juristische Kriterium, ob auf Grund des positiven Rechtes eine Norm bloss dem Gemein- oder auch dem individuellen Interesse zu dienen bestimmt ist, liegt darin, ob dem Individuum die Fähigkeit gegeben ist, Normen des öffentlichen Rechtes in seinem Interesse in Bewegung zu setzen oder nicht.

---

grant desous li qui ne puist estre trais en se cort par defaute de droit ou par faus jugement": Die landläufigen Darstellungen der Geschichte des Souveränetätsbegriffes pflegen mit Bodin zu beginnen, Gierke, Deutsches Genossenschaftsrecht III, § 11 hat in seiner gründlichen Weise den Zusammenhang zwischen der antiken Staatsanschanung und der mittelalterlichen Corporationstheorie einerseits, der modernen Sorveränetätslehre andererseits dargelegt. Eine abschliessende Geschichte dieser Lehre hätte jedoch die Entstehung der Staatsidee in England und Frankreich eingehend zu verfolgen. Sie würde ergeben, dass in diesen Ländern, wo im Gegensatz zu dem politisch unfähigen Italien und Deutschland der moderne Staat sich stetig fortschreitend und schliesslich vorbildlich entwickelte, die Gebietsherrschaft des Königs sich allnaälig umbildete zur Herrschaft über die Menschen, so dass das Gebiet zum Herrschaftsbereich wird. Ein so nebensächliches Moment wie die Fähigkeit zur Gebietsveränderung zum Essentiale des Staatsbegrifirs zu machen, und daher das unterscheidende Wesen des Staates in sein Verhältniss zum Territorium zu verlegen, heisst die Staatsidee nicht klären, sondern rückbilden. Welchen praktischen Werth diese Construktion hat, geht aus dem österreichischen Gemeinderecht hervor, in dem nach den meisten Gemeindeordnungen eine Vereinigung von Gemeinden und eine Aenderung ihrer Grenzen nur der Bewilligung des höheren Communalverbandes bedarf, während die staatliche Behörde nichts als ein Einspruchsrecht gegen die geplante Aenderung besitzt. Vgl. Manz'sche,Taschenausgabe der österr. Gesetze IX, 4. Aufl. S. 11 u. 13.

Diese Fähigkeit zu erklären ist die Theorie der Reflexwirkungen nicht in der Lage. Denn sowohl in Verbindung mit dem Privat- als mit dem öffentlichen Rechte giebt es eine grosse Zahl staatlicher Akte, die nur auf Verlangen der hieran interessirten Individuen und nur soweit, als sie es verlangen, vorgenommen werden dürfen. Der individuelle Wille ist in grösserem oder geringerem Masse die stetige Voraussetzung eines weiten Kreises staatlicher Thätigkeiten. Nicht nur der Anstoss zu solchen wird in derartigen Fällen von dem individuellen Willen gegeben, wie z B. bei der strafgerichtlichen Anzeige, sondern der ganze Verlauf der betreffenden staatlichen Funktion ist fortdauernd bis zu ihrem Ende durch den individuellen Willen bedingt[89]. Diese Erscheinung so auslegen, als ob in der entsprechenden Thätigkeit der Behörden auch nur die Vollziehung objektiver Rechtssätze vorläge, würde das subjektive Recht in seinem ganzen Umfang aus dem Kreis der rechtlich relevanten Begriffe ausscheiden. Derlei Kunststücke sind zwar dialektisch möglich, erweisen sich aber als wissenschaftlich werthlos, weil sie die Zweckbeziehung des Rechtes zu den menschlichen Interessen. deren Betrachtung stets mässigend auf den sonst ungezügelten Flug formalistischen Denkens wirken muss, gänzlich ausser Acht lassen. Ist auch der Zweck des Rechtes als dessen Schöpfer ausserhalb des Rechtes liegend, so ist er doch der nothwendige Regulator aller juristischen Construktion, welche sonst unfruchtbarer Scholastik anheimfällt.

Der hervorgehobene Unterschied ist überdies zweifellos ein formal-juristischer und muss deshalb unter jedem Gesichtspunkt auf die juristische Begriffsbildung einwirken. Verwischt man diesen Unterschied, erklärt man alles subjektive öffentliche Recht für einen blossen Reflex, dann vermag man die Frage nicht zu beantworten, warum dieser angebliche Reflex derart individualisirt sein kann, dass nur der conkret bestimmten Einzelperson Ansprüche zustehen. Warum kann nur der in seinem Anspruch Verletzte die Verwaltungsklage erheben, warum genügt nicht die Anzeige, warum ist die von einem Dritten erhobene Popularklage unzulässig? Woher die Verknüpfung von

---

[89] Treffend hat Merkel Enc. § 153 das Moment der individualisirten rechtlichen Macht als constitutives Merkmal des subjektiven Rechtes hervorgehoben.

objektivem Recht mit dem Einzelnen? Will der Verwaltungskläger Schutz seines Rechtes oder den des staatlichen? Gesunde juristische Erkenntniss kann nur die erste Alternative bejahen. Durch die Gewährung individueller Rechtsmittel wird öffentliches Recht in den Dienst des individuellen Interesses gestellt und damit erfährt der Rechtskreis des Individuums selbst eine Bereicherung.

Ist demnach individualisirter Anspruch von blossem Reflex objektiven Rechtes scharf zu trennen, so erhebt sich folgerichtig die Frage nach dem Adressaten des Anspruches. Wer ist das durch den individuellen Anspruch verpflichtete Subjekt? Die scheinbar einfache und doch eingehender Erklärung bedürftige Antwort lautet: der Staat.

Der Staat jedoch, wie später ausführlich dargelegt werden wird, tritt dem Einzelnen stets nur in der Gestalt competenzbegabter Organe gegenüber. Es giebt nun Organe und Funktionen, die ausschliesslich im Gemeininteresse zu sein und zu wirken bestimmt sind; diese können nicht durch individuelle Ansprüche verpflichtet werden. In erster Linie zählt hieher die Gesetzgebung[90], es sei denn, dass die gesetzgebenden Organe zu Funktionen nicht legislativer Natur competent sind. Anderen Organen liegt hingegen neben Anderem auch die Pflicht ob, im individuellen Interesse, zur Befriedigung individueller Ansprüche thätig zu werden.

Das sind namentlich die mit Befehls- und Entscheidungsgewalt ausgerüsteten Aemter, die Behörden; sie erscheinen in der weitaus grössten Zahl der Fälle als der unmittelbare Adressat des Anspruchs, obwohl auch Monarch und Kammern diese Stellung haben können. In der Regel aber ist der individuelle Anspruch gerichtet an eine bestimmte in einer Behörde dargestellte staatliche Competenz. Wie der Staat nur durch das Medium von Organen handeln kann, so kann er auch nur durch das Medium von Organen verpflichtet sein, daher kann der Anspruch nur gegen das Organ gerichtet sein, welches gemäss der Rechts-

---

[90] Dass Individualansprüche an die Gesetzgebung unmöglich sind, kann als communis opinio gelten. Vgl z. B. Stahl a. a. O. II. 2, S. 629, v. Gerber, Grundzüge S. 207. In neuester Zeit hat H e r n a t z i k, Grünhuts Zeitschrift XVIII, S. 157 das Dasein von Rechten gegenüber der Gesetzgebung angedeutet, ohne indess diese die bisherige staatsrechtliche Theorie umstossende These näher zu begründen.

ordnung gegebenen Falles zur Anspruchsbefriedigung kraft seiner Competenz verpflichtet ist.

Ein schwerer Irrthum aber wäre es, dies so aufzufassen, als ob die den staatlichen Organen subsistirenden Personen den Einzelnen zu irgend Etwas verpflichtet wären. Diese stehen vielmehr ausschliesslich zum Staate in öffentlich-rechtlichem Pflichtverhältniss. Der Richter hat nur kraft seiner Amtspflicht zu handeln. Wohl aber ist das Gericht, d. h. der im Gericht wollende und handelnde Staat verpflichtet, den Rechtsschutzanspruch des Einzelnen zu erfüllen.

VII. Das System der öffentlichen Rechte des Einzelnen

Jedes einzelne Privatrecht ist lösbar von der Person seines Trägers, ohne die Persönlichkeit selbst zu tangiren. Nicht der faktische Bestand an Rechten entscheidet über die Rechtsfähigkeit.

Allein die öffentlich-rechtliche Qualifikation ist nicht trennbar von der Person ihres Trägers, ohne diese Persönlichkeit selbst zu vermindern. Der Monarch, der der Krone entsagt hat, der Bürger, dem durch Verfassungsänderung sein Wahlrecht entzogen wurde, ist in seiner Rechtsfähigkeit selbst alterirt: es giebt nun eine Reihe von Handlungen die er mit Rechtswirksamkeit nicht mehr vornehmen kann. Der Kreis seines rechtlichen Könnens ist eingeschränkt worden, er hat eine capitis deminutio erlitten. Die Gliedstellung der Person selbst im Staate ist eine andere geworden, während aller Zuwachs und alle Minderung von Privatrechten, die Jemand erfährt, soferne nicht ausdrücklich öffentlich-rechtliche Wirkungen damit verknüpft sind, die Persönlichkeit nicht auszudehnen oder einzuschränken vermögen.

Daher ist die Persönlichkeit selbst iuris publici[91]. Nur als Staatsglied — im weitesten Sinne erkennt der moderne Staat jedem Menschen, der irgendwie seinem Herrschaftsbereiche verfällt diese Eigenschaft zu — ist der Mensch überhaupt Träger von Rechten. Das heisst eben nichts anderes als des Rechtsschut-

---

[91] Dieser Satz ist mehr oder minder klar in der neueren civilistischen Literatur anerkannt. Vgl. Unger, System I, §§ 25, 29, Brinz a. a. O. I, § 52, Dernburg a. a. O. § 49, am schärfsten S. 109. N. 5: „Die Rechtsfähigkeit ist iuris publici“.

zes theilhaftig sein. Ein Wesen wird zur Persönlichkeit, zum Rechtssubjekt erhoben in erster Linie dadurch, dass der Staat ihm die Fähigkeit zuerkennt, seinen Rechtsschutz wirksam anzurufen. Der Staat schafft daher die Persönlichkeit. Der Sklave war, ehe der Staat ihn befreite oder doch in beschränktem Sinne als mit Verfügungsgewalt über sein peculium ausgerüstet anerkannte, nicht Person, auch nicht in dem Sinne, dass sie ihm als nicht zur Anerkennung gekommene Qualität anhaftete. Als Mensch war er natürlich anerkannt. Dies äusserte sich aber nur darin, dass er zwar nicht Rechtssubjekt, wohl aber Pflichtsubjekt war[92]. Aus dem Wesen des Menschen ergiebt sich historisch und logisch als nothwendig nur die Pflicht, aber nicht das Recht gegen den Staat.

Da die Persönlichkeit iuris publici ist, so erhebt sich, wie im vorangehenden Kapitel dargethan, das ganze Privatrecht auf der Basis des öffentlichen. Ein in sich geschlossener Bau ist das ganze Rechtssystem und was der kritische Verstand sondert, ruht in der Wirklichkeit des Rechtslebens ungebrochen beisammen. Kein Privatrecht, das nicht eine bestimmte publicistische Qualifikation der Person zur Voraussetzung hätte. Kein Eigenthum ohne Eigenthumsfähigkeit, kein Vertrag ohne Verpflichtbarkeit; keine Ehe ohne connubium, kein Testament ohne testamenti factio. Diese Fähigkeiten, welche die Basis des privatrechtlichen Handelns sind, bedeuten aber nichts anderes, als dass einem Subjekte die Eigenschaft zugesprochen ist, dass in seinem Interesse mit rechtlicher Wirkung der Rechtsschutz des Staates in bestimmten Richtungen angerufen werden könne, dass der Staat verpflichtet sei, im individuellen Interesse der betreffenden Subjekte gewisse Handlungen vorzunehmen oder zu unterlassen.

Damit erledigt sich auch die vielumstrittene und nicht bloss einen Wortstreit bedeutende Frage, ob die Persönlichkeit ein Recht sei oder nicht[93]. Wer die erste Alternative bejaht, hat der

---

[92] Vgl. Bierling a. a. O. S. 124. Pernice, M. Ant. Labeo I, S. 127.

[93] Gegen die Rechte an der eigenen Person ist besonders scharf bekanntlich Unger I, § 60 aufgetreten. Die fortwährende Behauptung derartiger Rechte hat ihren Grund namentlich darin, dass die Existenz und gewisse Qualitäten des Menschen Objekt deliktischer Angriffe sein können. Allein Leben, Gesundheit, Freiheit, Ehre u. s. w. sind nicht Objekte, die der Mensch hat, sondern Eigenschaften, die sein conkretes Wesen ausmachen; sie fallen nicht unter die Kategorie des Habens,

Erkenntniss der Grundlage des ganzen Rechtssystems sich den Weg verschlossen. Die Persönlichkeit ist theoretisch eine das Individuum qualificirende Relation desselben zum Staate. Sie ist juristisch daher ein Zustand, ein Status[94], an den das einzelne Recht anknüpfen kann, der aber selbst nicht Recht ist.

Ein Recht hat man, Persönlichkeit ist man. Das Recht hat ein Haben, die Person ein Sein zum Inhalt.

Die Persönlichkeit des Individuums ist daher keine constante, sondern eine variable Grosse. Sie kann durch Gesetz oder einen anderen rechtsändernden Akt erweitert oder vermindert werden. Daher bezeichnet das Princip der Rechtsgleichheit, wie es moderne Verfassungen formuliren nicht die Garantie gleichen Rechtsbestandes, aber auch nicht die gleiche Rechtsfähigkeit, sondern nur dass unter gleichen objektiven und subjektiven Verhältnissen einem Individuum keine grössere Persönlichkeit zukomme als einem anderen. Alle socialen und politischen Kämpfe der neueren Zeit hatten die Vergrösserung der Persönlichkeit zum Inhalt. Dem Sklaven und Leibeigenen wurde sie gegeben, die der Unterthanen ist gewachsen, indem sie mit einer Summe von Fähigkeiten ausgestattet wurden, die ihnen bisher mangelten. Der Bürger des modernen Staates mit Wahlrecht, ungehinderter Erwerbs- und Besitzfähigkeit ist eine quantitativ von dem an die Scholle gebundenen, von der Theilnahme am Staate ausgeschlossenen Angehörigen des feudalen und absoluten Staates verschiedene Persönlichkeit.

Insofern das Individuum dem Staate unterworfen ist, ist seine Persönlichkeit ausgeschlossen. Soweit das befehlende und zwingende Staatsgebot reicht, hat das Individuum keine Fähigkeit, den Staat in seinem Interesse in Anspruch zu nehmen, dessen Thätigkeit zu seinen frei gewählten Zwecken zu verwenden.

---

sondern unter die des Seins. Das Subjekt kann sich selbst aber niemals Objekt werden. Gegenstand des rechtswidrigen Angriffes ist daher gegebenen Falles nicht ein Recht, sondern das Rechtssubjekt selbst. Die Rechtsordnung schützt erst in zweiter Linie Rechte, in erster Linie aber das, was Voraussetzung aller Rechte ist: den Träger des Rechtes in jenen Richtungen, die sein Wesen ausmachen.

[94] In dem Sinne, wie die spätere römische Jurisprudenz den status hominis auffaaste als »die einem bestimmten Menschen oder einer bestimmten Personenklasse zukommende Rechtsstellung«. Pernice, Labeo I, S. 96.

Soweit dieser Zustand reicht ist es nur Pflichtsubjekt, d. h. ausschliesslich Glied oder Werkzeug eines höheren Ganzen. Ein Staat der, mit einziger Ausnahme des Herrschers, aus nur Subjicirten bestünde, ist logisch möglich, wenn er auch nie Realität besessen hat, er wäre der Sklavenstaat mit einem einzigen Berechtigten an der Spitze, dem das Volk als absolut rechtlos, der Persönlichkeit bar gegenüberstünde. Wenn Hegel den Orient damit charakterisiren wollte, dass dort stets nur Einer frei gewesen sei[95], so ist diese Freiheit im Sinne der aktiven Theilnahme am Staatsleben zu verstehen. Die rechtliche Fähigkeit, den Richter anzurufen, ist auch in der ärgsten Despotie Vielen eigen und ihnen damit bereits mindestens beschränkte Persönlichkeit gegeben.

Der moderne Staat ist aber auf ganz anderer Grundlage errichtet. Was Aristoteles in tiefer Erkenntniss der wahren Satur des Staates gelehrt hat, dass in ihm die Herrschaft da sei im Interesse des Beherrschten, dass die Erfüllung der Staatsidee durch die conkrete staatliche Erscheinung abhänge von der Ausprägung dieser Richtung der Herrschaft, gleichviel wer und wie viele die Herrschaft besitzen, das hat in den Institutionen des modernen Staates seinen Ausdruck gefunden und findet ihn stets von Neuem in der von den Forderungen der Gesammtheit sowohl als einzelner nach grösserer Geltung ringenden Gesellschaftsklassen bestimmten Gesetzgebung und Verwaltung.

Die staatliche Herrschaft ist demnach eine Herrschaft über Freie, d. h. über Personen. Soweit der Staat die Persönlichkeit anerkennt, ist er selbst eingeschränkt. Und zwar ist die Einschränkung eine doppelte. Einmal zieht der Staat eine Grenzlinie zwischen sich und der subjicirten Persönlichkeit, er erkennt eine staatsfreie, d. h. seiner Herrschaft principiell entzogene Sphäre des Individuums an. Die Erkenntniss und ausdrückliche Anerkennung dieser Sphäre ist wesentlich ein Produkt der modernen Culturentwicklung. Im Alterthum ist sie schlechthin unerkannt geblieben, trotzdem sie auch im antiken Staate faktisch vorhanden war. Aber nicht nur negativ zur Abgrenzung seines Herrschaftsbereiches ist der Staat gekommen. Er hat, zum positiven Handeln im individuellen Interesse sich bestimmend, dem Einzelnen die rechtliche Fähigkeit anerschaffen. seine Thätigkeit in

---

[95] Vorlesungen über die Philosophie der Geschichte S. 23,

Anspruch zu nehmen, derart, dass er sich selbst durch seine Rechtsordnung verpflichtet hat, dem Einzelnen eine rechtliche Forderung auf eine dare facere praestare zuzuerkennen. Endlich gesteht der Staat, dessen Willen an dem menschlicher Individuen seine Substanz hat, einem kleineren oder grösseren Kreise von Individuen die Fähigkeit zu, in seinem — des Staates — Interesse thätig zu werden, derart, dass in ihrem Willen sich die Willensbildung des Staates vollzieht oder dass ihrem Willen überhaupt die Fähigkeit beigelegt wird, Funktionen zu vollziehen, die der Staat kraft seiner Rechtsordnung als ihm zugehörig erklärt hat.

Durch die Zugehörigkeit zum Staate, durch die Gliedstellung, welche der Mensch in ihm empfängt, wird er also nach verschiedenen Richtungen qualificirt. Die möglichen Relationen, in denen er zum Staate stehen kann, versetzen ihn in eine Reihe rechtlich relevanter Zustände. Die Ansprüche, die sich aus diesen Zuständen ergeben, sind das, was man als subjektive öffentliche Rechte bezeichnet. Sie bestehen demnach, wie schon früher dargethan, ausschliesslich aus Ansprüchen, die sich unmittelbar auf rechtliche Zustände gründen.

Kraft seiner Zugehörigkeit zum Staate ist also das Individuum in eine Mehrheit von Status Verhältnissen gesetzt.

Durch die die Basis aller staatlichen Wirksamkeit bildende Unterwerfung unter den Staat befindet sich der Einzelne im passiven Status, im status subiectionis, in dem die Selbstbestimmung und daher die Persönlichkeit ausgeschlossen ist. Absolute Persönlichkeit des Einzelnen, die an keinem Punkte zur principiellen Subjektion unter den Staatswillen verpflichtet wäre, ist eine mit dem Wesen des Staates unvereinbare Vorstellung, die nur in der naturrechtlichen Spekulation von der mythischen vorstaatlichen Persönlichkeit anzutreffen ist. Alle Persönlichkeit ist daher relativ, d. h. beschränkt. Und zwar selbst die des Staates. Zur Vollziehung bestimmter Zwecke berufen, ist er durch die ihm sittlich nothwendige Anerkennung der Persönlichkeit der ihm Eingegliederten in seiner Handlungsfähigkeit ebenfalls beschränkt; er erscheint durch seine Rechtsordnung selbst rechtlich verpflichtet.

Die Relation von Staat und Einzelpersönlichkeit ist derart, dass beide als complementare Grossen erscheinen. Mit dem Wachsthum der individuellen Persönlichkeit nimmt der passive

Status und damit das Machtgebiet des Staates ab. Die neuere politische Geschichte hat nicht zum Geringsten die stetige Vergrösserung der Einzelpersönlichkeit und damit die Einschränkung des Staates zum Inhalt. Ist die Leistungsfähigkeit des Staates heute eine unvergleichlich grössere als früher, so hat dies seinen Grund darin, dass der Staat der Gegenwart für die Verengerung seiner Sphäre sich nach anderer Richtung hin fortwährend entschädigt, indem er ein Gebiet nach dem anderen. von dem seine Herrschermacht bisher rechtlich ausgeschlossen war, durch Erzeugung neuer Pflichten der Subjicirten zum Objekt seiner Verwaltung macht.

Die Herrschaft des Staates ist sachlich begrenzte, im Gemeininteresse ausgeübte Herrschaft. Sie ist eine Herrschaft über nicht allseitig Subjicirte, d. h, über Freie. Dem Staatsmitgliede kommt daher ein Status zu, in dem er Herr ist, eine staatsfreie, das Imperium verneinende Sphäre. Es ist die des negativen Status, des status libertatis, in welcher die streng individuellen Zwecke durch die freie That des Individuums ihre Befriedigung finden.

Die gesammte Thätigkeit des Staates ist im Interesse der Beherrschten ausgeübt. Indem der Staat in Erfüllung seiner Aufgaben dem Einzelnen die rechtliche Fähigkeit zuerkennt, die Staatsmacht für sich in Anspruch zu nehmen, die staatlichen Institutionen zu benutzen, also dem Individuum positive Ansprüche gewährt, erkennt er ihm den positiven Status, den status civitatis zu, der als die Basis für die Gesammtheit staatlicher Leistungen im individuellen Interesse sich darstellt.

Die Thätigkeit des Staates ist nur durch individuelle That möglich. Indem der Staat dem Individuum die Fähigkeit zuerkennt, für den Staat thätig zu werden, versetzt er es in einen Zustandgesteigerter, qualificirter, aktiver Civität. Es ist der aktive Status, der Status aktiver Civität, in welchem der sich befindet, der die s. g. politischen Rechte im engeren Sinne auszuüben berechtigt ist.

In diesen vier Status: dem passiven, dem negativen, dem positiven, dem aktiven erschöpft sich die gliedliche Stellung des Individuums im Staate. Leistungen an den Staat, Freiheit vom Staat, Forderungen an den Staat, Leistungen für den Staat sind die Gesichtspunkte, unter welchen die öffentliche Rechtsstellung des Individuums begriffen sein will. Diese vier Status bilden eine aufsteigende Linie, indem das Individuum zuvörderst dem Staate Gehorsam leistend der Persönlichkeit bar erscheint, hierauf ihm eine selbständige, staatsfreie Sphäre zuerkannt wird, sodann der Staat selbst sich zu Leistungen an das Individuum verpflichtet, bis schliesslich der individuelle Wille an der staatlichen Herrschaftsübung Theil nimmt oder sogar als Träger des staatlichen Imperiums anerkannt wird.

In dieser verschiedenartigen Qualificirung des Individuums steht der Staat nicht isolirt da. Wo immer der Einzelne als Glied erscheint, als von einem höheren durch einen Gemeinzweck geschaffenen Ganzen gebunden, da empfängt er als nothwendige Wirkung seiner Mitgliedschaft eine eigenartige, in der Regel mehrfache Qualifikation seiner Individualität. Und zwar ist dies der Fall sowohl mit nichtorganisirten, als mit organisirten Verbänden. Mit nichtorganisirten, der juristischen Persönlichkeit ermangelnden: so vor Allem mit der Ehe und der Familie.

Die Ehe qualificirt die Individualität der Ehegatten in ihrem gegenseitigen Verhältniss, in minderem Umfange auch dritten Personen gegenüber. Sie gewährt ihnen für die Dauer der Ehe unlösbar mit ihrer Person verknüpfte rechtliche Fähigkeiten. Ebenso ist es mit dem Verhältniss von Eltern und Kindern. Ehemann, Ehefrau, Vater, Mutter, Sohn, Tochter sind Relationen der Persönlichkeit, welche diese selbst in bestimmten Richtungen ergreifen und für die Dauer der Relation deren Glieder unverzichtbar und unübertragbar qualificiren. Auch diese Relationen haben ein Sein, nicht ein Haben zu ihrem Inhalt. Man hat z. B. nicht die väterliche Gewalt als ein nach Art der Privatrechte von der Person in beliebigem Umfange lösbares Recht, sondern man ist Vater; die Disposition des Berechtigten vermag in der Regel an dieser Qualität nicht zu rütteln. Daraus erklärt sich die so oft ausgesprochene, aber selten begründete Behauptung, dass das Familienrecht, soweit es nicht Vermögensrecht ist, öffentliches Recht sei. An ihr ist nur soviel richtig, dass es sich hier nicht um Privatrecht im Sinne freier Disposition unterliegender Individualinteressen, sondern um einen in der Regel nicht willkürlich zu ändernden oder aufzulösenden rechtlichen Zustand, den status familiae, handelt. Das Familienrecht in dieser Einschränkung ist iuris publici in dem Sinne, dass die es beherrschenden Rechtssätze in überwiegender Zahl als ius cogens sich darstellen.

Als Institut des öffentlichen Rechtes im Sinne einer auf staatlichem Imperium beruhenden Institution könnte die Familie allerdings auch unter einem bestimmten Gesichtspunkte aufgefasst werden. Der Staat hat die Neuschöpfung seines Volkes. das sich aus sich heraus stets wieder erzeugt, sowie die Sorge für die erste Kindheit und einen Theil der Erziehung der heranwachsenden Jugend nicht nach Art Platonischer Vorschläge zu einer Aufgabe seiner Verwaltung gemacht, sondern der durch bindendes Recht in Schranken gehaltenen freien individuellen That überlassen, auf die körperliche und sittliche Ausgestaltung der Menschennatur bauend. Allein namentlich in der Erziehung der Nachkommen ist ein Moment des Handelns für die Gesammtheit vorhanden und in der Ausübung der dazu gehörenden Rechte und Pflichten mag immerhin der Einzelne auch als Vertreter der Gesammtheit sich betrachten, die sicherlich nicht nur in seinem individuellen Interesse ihn mit der Ausübung von Gewalt über andere Personen ausgestattet hat. Dass dem Staate die Funktionen des Familienhauptes nicht fremd sind, geht aus der Sorge für die des Familienbandes entbehrenden Kinder hervor, die heute einen anerkannten Theil der öffentlichen Verwaltung bildet. Dass das Pflegschaftswesen seiner Natur nach öffentliche Verwaltung ist und der Vormund oder Pfleger trotz der eigenthümlichen privatrechtlichen Beziehungen, die zwischen ihm und dem Mündel oder dem Pflegschaftsbefohlenen entstehen können, als Vertreter öffentlicher Fürsorge für den Handlungsunfähigen sich darstellt, ist für den Kenner der Struktur des Verwaltungsrechtes mit seinen ausgebildeten Rechtssätzen über Armen-, Arbeiterschutz- und Erziehungswesen keines Beweises bedürftig.

Es hat in der Geschichte der Culturvölker einmal eine Epoche gegeben, in welcher die Familie eine herrschaftliche Organisation darstellte, vielfach die damals noch unentwickelte Staatsgewalt ersetzend. Mit der Entwickelung des Staates hat ihr gegenüber überall ein Process der Aufsaugung des ihr oder vielmehr in der Regel dem Familienhaupte innewohnenden Imperiums stattgefunden, wie denn die Herrschergewalt des modernen Staates sich überhaupt zunächst als selbständige Gewalt nichtstaatlicher Verbände ausbildete, die dann von der wachsenden Staatsgewalt expropriirt wurden. Auch der heutigen Familie wohnt ein nunmehr vom Staate anerkanntes und gewährtes Rudiment der ehemaligen Herrschermacht in Form der elterlichen

Gewalt inne, die allerdings nur noch Spuren des Herrschaftscharakters an sich trägt, da sie sich, überdies zeitlich begrenzt, nur innerhalb sehr enger Grenzen selbst zu realisiren vermag. In wichtigen familienrechtlichen Beziehungen ist jedoch heute ein auf Uebertragung oder Belassung von Imperiuni beruhendes Element nicht mehr zu finden. Vor Allem in dem physischsittlichen Verhältniss der Ehegatten, wie es die Rechtsordnung der abendländischen Culturvölker anerkennt. Publicistische Eingriffe in die Ehe, wie in Sparta oder weitgehende Unterwerfung der Frau unter die Herrschaft des Mannes, wie bei den Völkern des Islams, widersprechen dem modernen sittlichen und damit dem Rechtsgefühle.

Aus der Gliedstellung in der Familie ergeben sich wie im Staate eine Zahl rechtlicher Zustände der Mitglieder. Es sind in ihr ein Zustand der Subjektion unter die Fanliliengewalt vorhanden, eine gewaltfreie Sphäre, Ansprüche an den Gewaltinhaber, eine Fähigkeit zur Theilnahme an der Ausübung oder zur Trägerschaft der Familiengewalt.

Aber nicht nur in der Familie und anderen unpersönlichen Verbänden, ebenso oder vielmehr in noch höherem Grade sind die aus der gliedlichen Stellung des Individuums sich ergebenden Qualifikationen desselben in jedem mit juristischer Persönlichkeit begabten Verbande vorhanden. Jeder Verband, am meisten aber der kraft constanter, einheitlichen Willen zu ihrer Realisirung heischender Zwecke zur Persönlichkeit erhobene qualificirt nothwendig seine Mitglieder. In jedem ist eine Verbandsgewalt vorhanden, der die Verbandsmitglieder innerhalb der Competenz des Verbandes subjicirt sind; jedem Mitgliede ist unausgesprochen eine verbandsfreie Sphäre gegeben, die mit Rücksicht auf die eng begrenzten Zwecke des Verbandes eine viel weitere ist, als die staatsfreie der Staatsglieder. Aus der Mitgliedschaft am Verbande ergiebt sich die rechtliche Fähigkeit, den Verband für die von ihm zu versorgenden individuellen Zwecke in Anspruch zu nehmen, die den wesentlichsten Inhalt der Vereinsmitgliedschaft für den Berechtigten bildet. Endlich qualificirt der Verein seine Mitglieder als Theilnehmer oder Träger seiner Willensbildung. Diese Mitgliedsrechte sind ebensowenig wandelbar oder von der Person des Verbandmitgliedes lösbar, ohne dessen gliedliche Stellung selbst zu alteriren, wie es die öffentlich-rechtlichen Zustände des Staatsgliedes sind. Das zeigt sich selbst bei Verbänden, deren rein privatrechtlicher Charakter streng ausgeprägt ist. Der Aktionär z. B. kann auf sein Stimmrecht in der Generalversammlung oder den Umfang desselben nicht schlechthin verzichten; nur durch Veräusserung von Aktien, also Veränderung seiner gliedlichen Stellung ist ihm eine Aenderung in dem Bestande seiner Mitgliedsrechte möglich.

Was von jedem einfachen Vereine gilt, hat selbstverständlich und womöglich noch in ausgeprägterer Form seine Geltung für die Kirche, die Gemeinde, den höheren Communalverband. Nach dem Vorangehenden ist eine nähere Ausführung darüber unnöthig. Die vier Arten rechtlicher Zustände der Mitglieder dieser Verbände ergeben sich mit Nothwendigkeit aus dem Charakter ihrer Institutionen. In ihnen ist der staatsähnliche Typus dieser-Relationen in noch höherem Grade ausgeprägt, als bei den nur beschränkte Zwecke verfolgenden gewillkürten Verbänden.

Hier aber erhebt sich eine Frage, die von grundlegender Bedeutung für die Erkenntniss des Systems öffentlicher Rechte überhaupt ist. Sind öffentliche Rechte nur diejenigen, welche aus der gliedlichen Stellung im Staate entspringen oder ergeben sich solche auch aus der Theilnahme an anderen Verbänden? Die letztere Alternative wird zu bejahen sein, wenn der Nachweis gelingt, dass es vom Staate unterschiedene Verbände des öffentlichen Rechtes giebt. Der öffentlich-rechtliche Verband qualificirt nothwendig seine Mitglieder in öffentlich-rechtlicher Weise.

Allein nur der öffentlich-rechtliche Verband, nicht jeder Verband schlechthin kann solche Qualifikation erzeugen. Die unleugbare Analogie, welche die Mitgliedschaft an allen Arten von Verbänden bis zum Staate hinauf bietet, legt den Gedanken nahe, die Rechtsstellung der Individuen in der Gesammtheit dieser Verbandspersönlichkeiten als eine ihrer juristischen Struktur nach einheitliche aufzufassen, und insofern hat der Gedanke, dem Privatrecht-ein Socialrecht entgegenzustellen, einige Berechtigung[96]. Es ist in der That ein tiefgreifender Unterschied

---

[96] Ihn hat namentlich Gierke in zahlreichen Stellen seiner Werke ausgeaprochen. Mit ihm stimmen überein Preuss, Gemeinde n. s. w. S. 236 ff. und Bernatzik, Archiv S. 211 ff., 233 ff. Indessen erkennt Gierke die Scheidung der Verbände in privat- und öffentlich-rechtliche an und sucht sie, Genossenschaftstheorie S. 155 ff. eingehend durchzuführen. Hingegen fassen das innere Recht der Verbande schlechthin als Theil des öffentlichen Rechtes auf v. Ihering, Der Zweck im Recht I, S. 303,

zwischen den Rechtsverhältnissen, in welchen die Einzelpersönlichkeiten zu einander stehen können, insoferne sie nicht als Angehörige eines höheren Ganzen in Betracht kommen und den rechtlichen, die Person ergreifenden Qualifikationen, die sich aus der Zugehörigkeit zu einem Verbande ergeben. Allein es heisst das Wesen des Privatrechtes doch viel zu eng auffassen, wenn man es beschränkt auf die von jeder direkten Beziehung auf irgend einen Verband losgelösten ökonomischen Verhältnisse. Zu der freien, lediglich individuellen Interessen dienenden That gehört auch die collektive durch das Mittel der Association sich äussernde. Die mannigfaltigen juristischen Gebilde der Gesellschaft, der gesammten Hand, sowie der Körperschaft, die von den Einzelnen zur Ergänzung ihrer isolirten Kräfte und Thaten, zur besseren, sichereren, umfassenderen Befriedigung ihrer Interessen geschaffen werden, fallen nicht aus dem Rahmen des Privatrechts heraus. Das Privatrecht umfasst eben alle Handlungen, quae ad utilitatem singulorum pertinent und in jeder Association ein Gebilde nicht privatrechtlicher Art mit einem Rechte höherer Ordnung sehen, heisst das Wesen der privaten Thätigkeit zu sehr unterschätzen, zumal auch in den Rechtsverhältnissen unverbundener Persönlichkeiten kraft der publicistischen Grundlage des Privatrechts stets ein öffentlich-rechtliches Moment enthalten ist. Privatrechte jeder Art sind nur zwischen Individuen möglich, die der Staat als seine Glieder im weitesten Sinne anerkennt, d. h. denen mindestens gewisse rechtliche Qualifikationen zugeschrieben werden müssen, sofern sie in den staatlichen Herrschaftsbereich kommen. So lange nicht dem Peregrinen commercium gegeben ward, gab es keine privatrechtlichen Beziehungen zwischen ihm und dem civis. Privatrecht ist nicht das Recht zwischen isolirten Menschen, sondern zwischen Zugehörigen zu einem mit Herrschermacht ausgerüsteten Gemeinwesen. Schon aus diesem Grunde ist eine absolute Gegenüberstellung von Privatrecht und Socialrecht unmöglich. Alles Privatrecht ist eben auch Socialrecht.

Ist das Verbandrecht daher dem Privatrechte principiell nicht entrückt, so ist hier das Problem gestellt, das Kriterium zu

---

Dantsche a. a. O. S. 40 ff., vgl. auch L. v. Stein, Die Lehre von der vollziehenden Gewalt 2. Aufl. III, S. (i, 105 ff. Der Gedanke eines Socialrechtes ausserdem bei G. Meyer, Staatsrecht S. 37.

finden, welches den öffentlich-rechtlichen Verband aus der Gesammtheit der Verbände heraushebt. Die Untersuchung über dieses sowie die Constatirung der öffentlichen Rechte, welche diesen Verbänden zukommen und denen, welche für die ihnen Eingegliederten aus ihnen entspringen, sind einem besonderen Kapitel vorbehalten. An dieser Stelle sei nur das Resultat für die Rechtsstellung des Individuums anticipirt, dass Mitgliedschaft an öffentlich-rechtlichem Verbande mittelbare publicistische Qualifikation und mittelbare publicistische Ansprüche erzeugt.

Besonderer Theil

Erster Abschnitt
Die Rechte des Einzelnen

VIII. Der negative Status (status libertatis)

Es ist bekannt, auf welche Weise seit der Bill of Rights und namentlich seit der amerikanischen Unabhängigkeitserklärung und den ersten Amendements der Unionsverfassung[97] die Erklärung und Garantirung gewisser „Menschen- und Bürgerrechte", allgemeiner, Grund- oder Freiheitsrechte als einer der wichtigsten Gegenstände constitutioneller Verfassungsgesetzgebung betrachtet wurde. Mit der Erklärung der Menschen- und Bürgerrechte durch die französische Constituante anhebend hat in ununterbrochener Reihenfolge eine europäische Verfassungsurkunde nach der anderen die Aufzählung eines Kataloges von derartigen Rechten vorgenommen. Die historische Ursache dieser Erscheinung ist nicht schwer darzulegen. Das Naturrecht hatte die kritische Frage aufgeworfen: Wie ist der Staat sittlich und rechtlich möglich, wodurch kann er sich rechtfertigen? Und zwar rechtfertigen vor dem Individuum, das dem naturrechtlichen Denken in scharfem Gegensatze zur antiken und mittelalterlichen Anschauung als das Ursprüngliche gilt, das durch freie Selbstbestimmung gemäss seinen Zwecken die staatliche Ordnung ans sich erzeugt. Vom Individuum geschaffen ist der Staat, wie alles Menschenwerk, ausschliesslich individueller

---

[97] Und — was weniger bekannt ist — seit der ersten Formulirung der Grundrechte in mehreren nordamerikanischen Gliedstaaten, so vor Allem in Virginia 1776. Vgl. Hough, American Constitutions II, p. 432W. Bancroft, Geschichte der amerikanischen Revolution. Deutsche von Kretzschmar V, S. 309 ff. Der ursprüngliche Text in französischer Uebersetzung auch in dem 1778 in der Schweiz erschienenen Recueil des lois constitutives des colonies angloises p. 265 ff. Zweifellos waren diese Formulirungen von dem grössten Einfluss auf die analoge Thätigkeit der französischen Constituante geworden, was für die unbefangene historisch-politische Kritik von der grössten Bedeutung ist.

Zwecke wegen da. Nur soweit die individuellen Zwecke es gestatten, ist die Einschränkung der natürlichen Freiheit gerechtfertigt und geboten, und diese Einschränkung selbst nur dazu da, um die Individualität in dem Genüsse des Restes der natürlichen Freiheit zu sichern, der nach Abzug des die Coexistenz der Individuen sichernden Zwanges übrig bleibt. Am klarsten hat Beccaria diesen Gedankengang ausgesprochen, wenn er erklärt, dass die Menschen im Staate nur einen Theil ihrer Freiheit opferten, um des anderen mit desto grösserer Sicherheit und Kühe sich zu erfreuen[98]. Deshalb sollten die Verfassungsurkunden in erster Linie eine strenge Scheidelinie zwischen dem ursprunglichen, dem Staatsmitgliede verbliebenen Freiheitsantheil und der Staatsmacht ziehen. Daher auch die eigenthümliche Erscheinung, dass die meisten Verfassungsurkunden die Fixirung der Grundrechte den Bestimmungen über die Organisation des Staates voranstellen.

Die einzelnen Grundrechte sind jedoch, wie auf den ersten Blick klar, nicht nach einem bestimmten System geordnet, sondern durch den Contrast mit der früheren Staatsordnung hervorgerufen. Trotzdem sie sich als das logische Produkt einer allgemeinen Lehre vom Menschen und Staat geben wollen, sind sie doch in ihrer conkreten legislatorischen Fassung nur historisch verständlich. Sie sind, wie allgemein bekannt, zuvörderst Negationen bisher in Kraft gewesener Beschränkungen. Weil es früher eine Censur gab, wurde Pressfreiheit, weil Gewissenszwang herrschte, Glaubensfreiheit proklamirt. Am klarsten tritt dies hervor in den Verfassungsgesetzen jener Staaten, in welchen bis zur Einführung der Verfassung specielle Beschränkungen der individuellen Freiheit herrschten, wo dann die Aufhebung gerade dieser eigentümlichen Restriktionen der Freiheit zu besonderen, anderswo natürlich nicht aufgezählten Nummern in dem Katalog der Grundrechte geführt haben. So sind in Oesterreich z. B. unter dem unmittelbaren Eindrucke der Aufhebung der Gutsunterthänigkeit und der damit verbundenen Fronden in der Verfassung vom 4. März 1849 die Freiheit von jedem Unterthänigkeits- und Hörigkeitsverband und in Consequenz der Abschaffung beschränkender Bestimmungen über den Erwerb von Immobilien für gewisse Kategorien von Unterthanen die unbeschränkte Er-

[98] Dei delitti e delle pene § II.

werbungsfähigkeit bezüglich solcher Objekte zu einem Bestandtheil der Grundrechte erhoben worden[99].

Der legislatorische Zweck dieser Aufzählung von Grundrechten war ein doppelter. Die individuelle Freiheit sollte durch sie in den angegebenen Richtungen geschützt werden sowohl gegenüber der Staatsverwaltung: dem richterlichen und namentlich dem polizeilichen Zwange, als auch gegenüber der Gesetzgebung. Es sollten Schranken nicht nur für die Staatsbehörden, sondern für den rechtssetzenden Staatswillen selbst durch sie geschaffen werden.

Diese beiden Zwecke wollen die betreffenden Verfassungsbestimmungen in zweifacher Weise verwirklichen: entweder indem sie das Verbot an die Gesetzgebung enthalten, in den angegebenen Richtungen beschränkende neue Bestimmungen einzuführen oder das Gebot an die gesetzgebenden Faktoren, bestimmte Principien einer künftigen Gesetzgebung zu Grunde zu legen. Dass ein solches Verbot kein absolutes ist und diesem widersprechende gesetzliche Anordnungen nur dort invalidirt werden können, wo Instanzen existiren, welche die Gesetze auf ihre Verfassungsmässigkeit zu prüfen berechtigt sind[100], dass sonst aber auch das im Widerspruch mit der Verfassungsnorm entstandene Gesetz volle formelle und materielle Gesetzeskraft besitzen kann, braucht an dieser Stelle nicht näher ausgeführt zu werden[101]. Ebenso, dass in der Regel keine Garantie gegeben ist dafür, dass ein legislatorisches Princip in der Gesetzgebung auch wirklich zur Anwendung gebracht werde. Die Interpretation derartiger Verfassungsbestimmungen ist dem Gesetzgeber selbst überlassen; daher das conkrete Gesetz, das von der Verfassungsnorm beherrscht zu werden bestimmt ist, zugleich eine authentische Interpretation dieser selbst darbietet.

In keinem Falle jedoch ist, wie schön früher erwähnt. dein Einzelnen ein wie immer gearteter Anspruch auf das Erlassen

---

[99] §§ 32, 30. Wörtlich damit übereinstimmend das heute geltende Staatsgrundgesetz über die allgem. Rechte der Staatsbürger Art. 6, 7. Aehnlich bayerische Verf. Tit. IV, § 6, Württemberg. Verf. l; und hessische Verf. Art. 25 u. 26. Vgl. auch den (aufgehobenen) Art. 42 der preussischen Verf.

[100] Wie die Unionsgerichte bezüglich aller nordamerikanischen, das schweizerische Bundesgericht bezüglich der Kantonsgesetze.

[101] Vgl. Jellinek, Gesetz und Verordn. S. 263.

eines Gesetzes, welchen Inhaltes auch immer, gegeben. Rechtsnormen können im individuellen Interesse statuiren, sie selbst werden stets im Gemeininteresse festgesetzt. Durch derartige Bestimmungen, wie überhaupt durch die ganze dem Gesetzgeber zugewendete Seite der „Freiheitsrechte" wird daher kein Individualrecht begründet. Dass auf Grund solcher Verfassungsnormen erlassene Gesetze dem individuellen Interesse zu Gute kommen, ist Reflexwirkung objektiven Rechtes. nicht Erfüllung eines subjektiven Anspruchs. Ebensowenig geht es aber an, aus solchen Normen einen unmittelbaren Anspruch der Einzelnen an Gericht und Verwaltung abzuleiten. Derartige Principien verlangen nämlich, sofern sie nicht blos abolirend wirken sollen, genauer legislatorischer, die Fülle des Lebens berücksichtigender Durchbildung. Sätze wie die, dass die Censur abgeschafft und die Glaubensfreiheit anerkannt ist, können sofort conkrete Gestalt gewinnen, da das durch Aufhebung der betreffenden bisher beschränkenden Normen erzielte Vacuum eben der vom Verfassungsgesetzgeber gewollte Zustand ist.

Ist hingegen ein positives Princip wie namentlich das der Rechtsgleichheit ausgesprochen worden, so verlangt die in ihm liegende Negirung rechtlicher Unterschiede conkrete Ausgestaltung durch den Gesetzgeber. Hier ist im Gegensatz zu den früher erwähnten Fällen ein Vacuum vorhanden, das der Gesetzgeber erst ausfüllen soll. Wird dennoch durch administrative oder gerichtliche Praxis in solchen Fällen bereits ein conkreter individueller Rechtsanspruch anerkannt, so tritt einfach der Verwaltungsbeamte oder Richter an Stelle des Gesetzgebers. d. h. er füllt nach Willkür den gesetzesleeren Raum aus. Denn die Mittel der Jurisprudenz und Rechtssprechung versagen völlig. um einem derartigen Vacuum einen schlechthin anzuerkennenden Inhalt zu geben. Nicht Gesetzesanwendung, sondern schöpferische That ist es, wenn der Gesetzgeber unter Beobachtung der Verfassungsnormen eine derselben im Einzelgesetze ausgestaltet. Was aber für den Gesetzgeber freie, rechtsschaffende That ist, das ist beim Richter verfassungswidrige Willkür. Der moderne Richter hat nicht die prätorischen Funktionen des emendare corrigere supplere, er ist nicht Schöpfer, sondern Bewahrer des geschaffenen Rechtes. Erklärt demnach der Richter sich zur Entscheidung individueller Beschwerden in solchen Fällen für competent, so setzt er sich an Stelle des Gesetzgebers.

Einen schlagenden Beleg hiefür bietet die Praxis des schweizerischen Bundesgerichtes, welche den Satz der Bundesverfassung, der die Gleichheit der Schweizerbürger vor dem Gesetze statuirt [102], als einen individuellen Anspruch begründend ansieht. Nach einem allgemeinen Princip, ja nur nach widerspruchsloser Anwendung bestimmter Regeln sucht man in den betreffenden Judikaten vergebens[103].

Ein anderes Beispiel derartiger lnconvenienz bietet die Rechtssprechung des Reichsgerichtes und die Praxis der Verwaltungsbehörden in Oesterreich dar. Art. 19 des Staatsgrundge-

---

[102] Art. 4.

[103] Bezeichnend sind namentlich die beiden einander widersprechenden Urtheile in Sachen des Anwalts Jäggi. Derselbe wurde wegen Injurien zu einer Gefängnissstrafe verurtheilt, weil gegen ihn als Falliten nach Solothurner Strafrecht Geldstrafe nicht verhängt werden konnte. Darin erblickte das Bundesgericht eine Verletzung der Rechtsgleichheit. Kurze Zeit nachher wurde dieselbe Person als nicht im Genusse der bürgerlichen Ehrenrechte stehend kraft § 60 der Solothurner Strafprocessordnung nicht zur Partei Vertretung vor Gericht zugelassen. Die gegen diese Verfügung erhobene Beschwerde wurde vom Bundesgericht abgewiesen mit folgender Motivirung: „Es liegt keineswegs in jeder Verschiedenheit in der rechtlichen Behandlung einzelner Klassen von Bürgern eine Ungleichheit vor dem Gesetze, sondern liegt eine verfassungsmässige Ungleichheit vor dem Gesetze nur dann vor, wenn ein Gesetz Rechtsverschiedenheiten an thatsächliche Verschiedenheiten knüpft, welche nach feststehenden Rechtsgrundsätzen (sic!) für die betreffende Rechtsfolge gar nicht in Betracht kommen können". Vgl. Entscheidungen des schweizerischen Bundesgerichtes N. F. VI, S. 332 u. 477. Interessant und originell ist auch das Urtheil in Sachen Sutter a. a. O. XIII, Nr. 20, S. 104 ff. Der Grosse Rath von Appenzell Inner-Rhoden hatte das Tanzen an Sonn- und Feiertagen durchweg verboten. Auf Vorstellung der Bergwirthe wurde aber das s. g. Alpstubeten gestattet. Hierauf Beschwerde der anderen Wirthe beim Bundesgericht, welches sie mit folgender klassischen Motivirung abwies: „Weder die Bundes- noch die Kantonsverfassung statuiren ein Grundrecht der Bürger, selbst zu tanzen oder Tanzvergnügungen bei sich abzuhalten. Die Gesetzgebung ist daher frei, in dieser Beziehung diejenigen Beschränkungen aufzustellen, welche landes-vaterlicher Fürsorge angemessen erscheinen mögen. Wenn dieselbe von diesen Beschränkungen zu Gunsten gewisser Festlichkeiten eine Ausnahme machen zu dürfen glaubt, so liegt hierin eine Verletzung des Grundsatzes der Gleichheit vor dem Gesetze gewiss nicht".

setzes über die allgemeinen Rechte der Staatsbürger vom 21. December 1867 erklärt: „Alle Volksstämme des Staates sind gleichberechtigt und jeder Volksstamm hat ein unverletzliches Recht auf Wahrung und Pflege seiner Nationalität und Sprache. Die Gleichberechtigung aller landesüblichen Sprachen in Schule, Amt und öffentlichem Leben wird vom Staate anerkannt". Dieser Artikel ist erstens ganz unjuristisch stilisirt. indem Volksstämmen, die keine Persönlichkeit besitzen und Sprachen, die niemals Rechtssubjekte werden können, „Rechte" zugesprochen werden. Sodann erfordern diese allgemeinen Bestimmungen einen conkreten Inhalt, der aus dem vagen Principe der Gleichberechtigung niemals abgeleitet werden kann. Eine Ausführungsgesetzgebung ist nothwendig, sowohl um die Rechtssubjekte zu bezeichnen, denen ein Anspruch auf diesem Gebiete zugesprochen werden soll, als auch um die nöthigen objektivrechtlichen auf die staatliche Organisation bezüglichen Bestimmungen in ihrer richterlichem und administrativem Ermessen unantastbar gegenüberstehenden Qualifikation zu kennzeichnen. Indem nun das österreichische Reichsgericht den Art. 19 als unmittelbar subjektive Rechtsansprüche der Staatsbürger begründend erklärte, hat es in seinen Judikaten der citirten Verfassungsnorm einen Inhalt gegeben, der de lege lata mit demselben Rechte durch abweichende oder gar entgegengesetzte Interpretation ersetzt werden könnte[104]. Die Verordnungen der Regierung, welche sich auf Art. 19 stützen, stehen in manchen Punkten auf einem principiell anderen Standpunkt als die Urtheile des Reichsgerichtes[105], sie können aber ebensowenig als gestattete und befriedigende Interpretation und Ausbildung der vagen Verfassungsnorm angesehen werden. Unter dem Gesichtspunkte unparteiischer juristischer Erkenntniss muss daher erklärt werden, dass der Art. 19 nur eine Anweisung de lege ferenda enthält, die also ausschliesslich an den Gesetzgeber gerichtet ist und auf gleicher Stufe steht mit anderen

[104] Vgl. z. B. Hye v. Gluneck, Sammlung der nach gepflogener öffentlicher Verhandlung geschöpften Erkenntnisse des k.k. österr. Reichsgerichtes III, Nr. 129, V, Nr. 203, VI, Nr. 257 u. 269.

[105] Namentlich Verordnung der Minister des Innern und der Justiz vom 19. April 1880 betreffend den Gebrauch der Landessprachen im Verkehr der Behörden in Böhmen und.Mähren mit den Parteien und autonomen Organen (L.G.B1. für Böhmen Nr. 14, für Mähren Nr. 15).

Bestimmungen der österreichischen Staatsgrundgesetze, wie z. B. die, dass die Verhandlungen vor dem erkennenden Richter in Civil- und Strafrechtsangelegenheiten mündlich und öffentlich sind, oder dass die Rechtspflege von der Verwaltung in allen Instanzen getrennt werde, aus denen, wie Niemand bezweifelt, kein Individualrecht abgeleitet werden kann[106]. Es mangelt in diesen Fällen vor Allem das rein individuelle Interesse, welches die Voraussetzung eines individualrechtlichen Anspruches bildet. Normen über den Gebrauch verschiedener Sprachen, über die Einrichtung öffentlicher Anstalten sind stets im Gemeininteresse zu erlassen und erst auf Grund bereits gesetzlich normirter Organisation kann, wiederum nur durch den Gesetzgeber, das durch die Wirksamkeit öffentlicher Institutionen berührte individuelle Interesse rechtlich anerkannt werden. Ueber dies hat der citirte Artikel auch materiell nicht die Absicht, blos der Normirung des negativen Status der österreichischen Staatsbürger zu dienen. Er enthält deutlich Verpflichtungen der Staatsgewalt zu einem positiven Handeln, welches kraft anderweitiger Bestimmungen nur auf dem Wege der Gesetzgebung näher determinirt werden kann. „Wahrung und Pflege" sind positive Staatsaufgaben; ein Individualrecht jedoch, dass der Staat seine Institutionen gemäss von ihm anerkannten Principien ausgestalte, lässt sich nicht construiren. Nur der Volksrepräsentation als dem verfassungsmässigen unmittelbaren Organ des Gemeininteresses steht es zu, kraft seiner Competenz dahin zielende Ansprüche an die Regierung zu stellen.

Trotzdem also die richterliche Zuerkennung eines Rechtsmittels nicht das absolute Kriterium für das Dasein eines individuellen Anspruches bildet, so ist andererseits die Scheidung von Reflex objektiven Rechtes und subjektiver individualisirter rechtlicher Forderung an den Staat auf diesem Gebiete ohne Gewährung richterlichen Schutzes für diese letztere kaum möglich. Dieser Schutz mangelte aber einer grossen Zahl derartiger „Rechte" vor der Einführung von Verfassungs- und Verwaltungsgerichtshöfen. Daher hat die von v. Gerber aufgestellte Behauptung, die Freiheitsrechte seien objektives Recht, Verbote an den Staat, nicht subjektives Recht, Gewährungen an das Indivi-

---

[106] Vgl. die Erkenntnisse des österr. Reichsgerichtes, Sammlung I, Nr. 13 und VIII, Nr. 373.

duum[107] für die Zeit, in welcher v. Gerber zuerst hervortrat, seine volle Berechtigung. Durch Creirung des schweizerischen Bundesgerichtes, des österreichischen Reichsgerichtes, der Verwaltungsgerichte in den verschiedenen deutschen Staaten und in Oesterreich ist aber das Individualinteresse, welches in den legislatorischen Formulirungen der Grundrechte verborgen lag, ausdrücklich anerkannt und geschützt worden. Dem ordentlichen Richter gegenüber war allerdings schon früher durch die Bestimmungen der Strafgesetze und Strafprocessordnungen dem status libertatis ein wirksamer Rechtsschutz ertheilt worden. Die betreffenden Verfassungsnormen, welche persönliche Freiheit, Hausrecht, Briefgeheimniss anerkennen, hatten aber in erster Linie Schutz gegen administrative Willkür im Auge und dieser war lange Zeit hindurch nur durch die Verwaltungsbeschwerde garantirt, einem Schutzmittel, dessen Dasein nicht mit Sicherheit die Scheidung von individual-rechtlichem und faktischem Interesse durchführen lässt.

Der negative Status wird nun keineswegs mit den im individuellen Interesse gesetzlich anerkannten Freiheiten erschöpft. Historische Thatsachen haben dazu geführt, gewisse markante Richtungen der freien Lebensbethätigung der Individuen ausdrücklich anzuerkennen. Sieht man aber schärfer zu, so entdeckt man leicht, dass noch eine fast unübersehbare Fülle ihrem juristischen Wesen nach den formulirten verfassungsmässigen Freiheiten gleichartige Richtungen des negativen Status existiren. Das „Recht", keine höhere, als die gesetzliche Steuer zu bezahlen, das „Recht", nach einem gewissen Alter nicht mehr zur Wehrpflicht herangezogen zu werden, das „Recht", unter gewissen Verhältnissen nicht mehr als Vormund oder als Geschworener fungiren zu müssen, ja wenn man will, das „Recht", alle privatrechtlich normirten Rechtsgeschäfte ungehindert vornehmen zu können, theilen die Natur der Grundrechte, ohne in deren Kataloge aufgenommen worden zu sein[108]. Alle Grundrechte

---

[107] Siehe oben S. 64, N. l. Ebenso Laband I, S. 141 f. und Seydel, Staatsrecht I, S. 571.

[108] Insoweit sind die Bemerkungen von Laband I, S. 142, Note l und Seydel a. a. O. ganz zutreffend. Nur ist das Resultat, hier seien keine subjektiven Rechte vorhanden, nicht erschöpfend. Aufgabe juristischer Analyse ist es, das Positive zu erkennen, das in der ausdrücklichen Normirung derartiger Freiheitsrechte vom Gesetzgeber bezweckt wur-

verlangen überdies nach einer gesetzlichen Regelung ihrer Ausübung. Eine Freiheit schlechthin, in irgend einem Punkte anerkannt, würde in ihren Consequenzen geeignet sein, den ganzen Staat zu zerstören. Es ist wiederum Sache des Gesetzgebers, mit Rücksicht auf die individuellen Verhältnisse eines jeden Staates diesen gesetzlichen Bestimmungen den conkreten Inhalt zu geben, für den eine allgemein giltige Formel sich nicht aufstellen lässt. Daher die eigenthümliche Erscheinung, dass ein und derselbe Gesetzestext in zwei verschiedenen Staaten einen ganz verschiedenen Inhalt für Gesetzgebung und Rechtssprechung gewinnen kann. Von hohem Interesse ist es, unter diesem Gesichtspunkte die gesetzliche Durchbildung verfassungsmässiger Freiheiten in der Schweiz einerseits, in grossen monarchischen Staaten wie in Preussen und Oesterreich andererseits, sowie die Rechtssprechung der betreffenden Gerichtshöfe des öffentlichen Rechtes mit einander zu vergleichen.

Sind aber alle diese Freiheiten nur innerhalb der gesetzlichen Schranken anerkannt und lässt sich für diese Gesetze ein allgemeines Princip nicht aufstellen, so müssen sie mit zwingender Nothwendigkeit zurückgeführt werden auf die eine allumfassende Formel: Das Individuum soll vom Staate zu keiner gesetzwidrigen Leistung herangezogen werden und hat demnach einen auf Anerkennung seiner Freiheit basirten Anspruch auf Unterlassung und Aufhebung der diese Norm überschreitenden obrigkeitlichen Befehle.

Alle Freiheit ist einfach Freiheit von gesetzwidrigein Zwange. Die Subjektion, der passive Status des Individuums ist ein gesetzlich begrenzter. Daher ist es juristisch nicht correkt, von Freiheitsrechten zu reden, es ist vielmehr nur die Freiheit im Singular vorhanden, die nur durch ihren Gegensatz gegen bestimmte ehemalige Einschränkungen mehr in politischer als in juristischer Hinsicht verschiedene individuell gefärbte Nuancen erhält. Aber der aus derartigen die Freiheit anerkennenden und normirenden Gesetzen entspringende individuelle Zustand ist ein

---

de. Die entgegengesetzte, in der neueren Literatur von G.Meyer, Staatarecht § 217 u. A. vertretene Ansicht, welche in herkömmlicher Weise in den Freiheitsrechten einzelne subjektiver Rechte oder doch wie Löning a. a. O. S. 12 das subjektive Recht der Freiheit erblickt, geht von jener unhaltbaren Theorie aus, wonach Qualitäten der Persönlichkeit zugleich Objekt ihrer Rechte sein können.

substantiell für alle Fälle durchaus einheitlicher. Auch umgekehrt lassen sich alle staatlichen Pflichten ohne Ausnahme zurückführen auf den allgemeinen Nenner der Gehorsamspflicht. Was immer für Befehle der Staat an das Individuum richtet, er kann stets nur den einen staatsbürgerlichen Gehorsam verlangen, der der Wehrpflicht, Steuerpflicht, Zeugenpflicht und wie alle die hunderte aus den Gesetzen sich ergebenden Pflichten heissen mögen, als juristisch durchaus homogene Substanz zu Grunde liegt. Unterwerfung und Freiheit von Unterwerfung sind die beiden einander ausschliessenden Möglichkeiten, die dem Staate bei jeder Normirung seiner Verhältnisse zu dem Subjicirten zur Verfügung stehen.

Prüft man nun diese Freiheit ihrer juristischen Seite nach, so ergiebt sich, dass sie identisch ist mit den für den Staat *rechtlich irrelevanten* Handlungen der Subjicirten. Wenn kraft der Pressfreiheit Jemand eine Druckschrift veröffentlicht, so ist das ein Vorgang, der als solcher, d. h. Abgesehen von den mit ihm etwa verknüpften Rechtsgeschäften, Niemandes, namentlich aber nicht des Staates Recht tangirt, der mit dem Genusse des eigenen Weines, dem Spazierengehen auf eigenem Grundstücke auf gleicher Linie steht. Ebenso die „Rechte" der freien Berufswahl, der freien religiösen Ueberzeugung u. s. w., die Niemandes Rechtssphäre verändern. Handlungen innerhalb dieses Freiheitsgebietes können allerdings rechtliche Relevanz erhalten, aber unter ganz anderen Gesichtspunkten und niemals dem Staate gegenüber. Der Abschluss eines Verlagsvertrages ist nicht Ausübung der Pressfreiheit und das Stimmrecht im Presbyterium nicht Ausübung der Religionsfreiheit. Auch die gesetzlichen Einschränkungen der Freiheitsrechte verleihen den betreffenden Handlungen nicht den Charakter rechtlicher Relevanz. Denn nicht daran, dass sie gethan oder unterlassen werden, sondern dass sie die gesetzlichen Grenzen nicht überschreiten, hat der Staat ein Interesse. So übt der Staat Lebensmittelpolizei aus, ohne dass dadurch der Genuss von Fleisch oder Wein den Eigenthümer dieser Objekte eine rechtlich relevante Handlung begehen liesse. Für die uns hier ausschliesslich interessirende staatsrechtliche Betrachtung kommt die individuelle Freiheit in der erörterten Richtung weder in ihrer Einschränkung durch ein Sollen noch in ihrer Beziehung zu einem Dürfen in Betracht; vielmehr ist es die Möglichkeit der Vornahme gewisser Kategorien von Handlungen in abstracto, welche kraft des negativen Status von jeder rechtlichen Relevanz gegenüber dem Staate ausgeschlossen ist. So z. B. bedeutet die Gestaltung des Confessionswechsels von Seiten des Staates weder, dass jeder Protestant ein existentes Recht hat, Katholik zu werden, noch dass er eine dahin zielende specielle Fähigkeit besitzt. Sie besagt einfach, dass der Staat den Akt des Confessionswechsels als eine für ihn indifferente Handlung erklärt.

Der negative Status ist nun dadurch geschützt, dass der Einzelne einen Anspruch auf seine *Anerkennung* hat und den Staatsbehörden jede Störung desselben, d. h. jede Auflegung eines nicht gesetzlich begründeten Befehles oder Zwanges verboten ist. Gleichwie dem dinglichen Rechte die negative Pflicht der eventuell mit dem Berechtigten in Berührung kommenden Personen entspricht, diesen nicht zu stören, so entspricht dein negativen Status die analoge Pflicht sämmtlicher mit dem Individuum in Verkehr tretenden Behörden. Es ist ein absoluter, von jeder Behörde zu respektirender Status, während die übrigen Status nur specielle Beziehungen der Einzelnen zu bestimmten Behörden zulassen. Das Gebot stets und nur gesetzmässig zu handeln, ergeht an alle Behörden, daher ist allen gegenüber die freie Bethätigung der Persönlichkeit geschützt. Durch den Anspruch des Individuums, die Anerkennung und demgemäss Unterlassung und Beseitigung von Störungen seines negativen Status verlangen zu können, wird er zu einem rechtlichen Status erhoben, sowie das dingliche Recht zu einem solchen wird durch den Anspruch des Berechtigten gegen Andere auf Nichtstörung.

Dieser Anspruch gehört wie jeder auf ein bestimmtes staatliches Verhalten zum positiven Status des Individuums. Kraft des positiven Status und der aus ihm entspringenden, im nächsten Kapitel näher zu erörternden Ansprüche erhält der negative Status seinen juristischen Charakter. Durch die Möglichkeit, rechtliche, im Individuum lokalisirte Ansprüche zu erzeugen.. unterscheidet sich der negative Status wesentlich von einer blossen Reflexwirkung objektiven Rechtes. Denn niemals kann ein durch Rechtsmittel zu verfolgender Anspruch blos Reflexrecht sein. Im Falle der Bestreitung oder der Störung des negativen Status nach einer bestimmten Richtung kann auf dem Wege der Rechtsbeschwerde die Anerkennung der Freiheit und die Aufhebung der störenden staatlichen Handlung verlangt werden; das

Individuum hat die Fähigkeit in seinem eigensten Interesse Normen der Rechtsordnung in Bewegung zu setzen und die Aktion einer Behörde herbeizuführen. Wäre nur objektives Recht hier vorhanden, so würde dem Individuum nur die Möglichkeit der Anzeige an die höhere Behörde oder die Verwaltungsbeschwerde offen stehen und alles Vorgehen der betreffenden Instanzen könnte nur ex officio stattfinden, wie denn. auch der individuelle Wille auf den Lauf des Verwaltungsverfahrens selbst im Falle der Zurückziehung der Beschwerde keinen Einfluss äussern könnte. Allerdings können auch beide Arten des Verfahrens, das officiose und das streitige neben einander in derselben Angelegenheit zur Anwendung kommen. So ist es Pflicht der Verwaltungsbehörde, wenn sie aus eigener Ueberzeugung die Rechtswidrigkeit eines Verwaltungsaktes erkennt, denselben aufzuheben und hierauf den gegebenen Falles beim Verwaltungsgericht Beschwerdeführenden klaglos zu stellen. Allein im Gegensatze hiezu äussert sich der individualrechtliche Charakter des durch ein Rechtsmittel geschützten Anspruches, dass es in das Belieben eines Individuums gestellt ist, jenes ganz oder theilweise zur Anwendung zu bringen. Kann aus dem Fehlen eines Rechtsmittels nicht der stringente Schluss auf das Fehlen eines subjektiv-rechtlichen Anspruches gezogen werden, so beweist doch umgekehrt das Dasein streng individualisirten, durch Gesetz gewährten Rechtsschutzes das Dasein individualisirter rechtlicher Fähigkeit.

Sieht man die verwaltungsrechtlichen Judikate auch nur flüchtig durch, so ergiebt sich sofort, dass ein grosser Theil derselben zurückzuführen ist auf die Entscheidung der einen Frage: hat Kläger sich im passiven oder negativen Status befunden, d. h. war das Recht des Staates gegebenen Falles sein Imperium geltend zu machen vorhanden oder nicht? Auch die strafrechtlichen Urtheile haben alle ausnahmslos zunächst die staatsrechtliche Frage zu entscheiden, ob dem Staate ein conkretes Recht auf Bestrafung zustehe und demgemäss der Angeklagte einem qualificirten Status der Subjektion verfalle. Denn alle Strafe ist staatsrechtlich eine Steigerung des Befehls- und Zwangsrechtes des Staates gegenüber dem Einzelnen, daher eine Minderung des negativen Status. Selbst in jedem — condemnatorischen oder absolutorischen — Civilurtheil ist auch ein Ausspruch über Freiheit und Subjektion des Beklagten vorhanden. Ueberdies wird aber noch über ein dare facere praestare an einen Dritten entschieden. Im condemnatorischen Strafurtheile ist schliesslich Art und Mass der Strafe als Folge der durch das Delikt erzeugten qualificirten Subjektion zu bestimmen. Das verwaltungsgerichtliche Endurtheil dieser Art jedoch kann ausschliesslich über Sein oder Nichtsein der Subjektionspflicht entscheiden. Was im Civil- oder Strafurtheil Voraussetzung, wird im verwaltungsgerichtlichen alleiniger Inhalt des Rechtsspruches.

Daher die Einförmigkeit eines grossen Theiles der Verwaltungsrechtssprechung im Vergleiche namentlich mit der civilrechtlichen. Im Gegensätze zu der Mannigfaltigkeit der Rechtsgeschäfte, welche der Civilrichter zu untersuchen hat. liegt dem. Verwaltungsrichter in den hier in Rede stehenden Fällen immer nur die Untersuchung einer einzigen Rechtsfigur ob: des Gehorsamsverhältnisses des Individuums zum Staate und seiner Grenzen.

Privilegirter negativer Status. Die mannigfaltigsten Ursachen können den Staat bestimmen, dem negativen Status im Gemeininteresse Schranken zu ziehen. Der Staat kann einzelne Aktionen oder gewisse Gattungen von Handlungen principiell verbieten, er kann durch machtversagende Rechtssätze der Persönlichkeit selbst Schranken setzen. Er kann ferner bestimmten Personen unter bestimmten Bedingungen Macht verleihen, die er sonst den übrigen grundsätzlich abspricht. Daraus ergeben sich eigenthümliche Verhältnisse, die im Folgenden. untersucht werden sollen.

1. Blosse Untersagung bestimmter Handlungen und einzelner Rechtsgeschäfte ist es, also keine Minderung des negativen Status selbst, wenn Sachen extra commercium erklärt. wenn bisher dem Publikum geöffnete Anstalten geschlossen werden u. s. w. Denn die Fähigkeit zur Vornahme der nur mit Rücksicht auf conkrete Objekte beschränkten Akte selbst ist in keiner Weise durch solche Verbote tangirt.

2. Eine Differenzirung innerhalb der Persönlichkeiten aber bedeutet es, wenn ganze Klassen von Personen principiell. von der Vornahme gewisser Kategorien von Rechtsgeschäften ausgeschlossen sind. Hiedurch wird die Fähigkeit zum rechtsgiltigen Handeln selbst für die Allgehörigen dieser Klasse beschränkt. Derlei Rechtssätze haben doppelte Wirkung: sie sind nach der einen Seite hin machtversagend, mindern daher die öffentlich-

rechtliche Stellung der durch sie in Nachtheil gesetzten Personen; sie können aber ebenso nach der anderen Seite hin als machtverleihend aufgefasst werden, begründen daher unter diesem Gesichtspunkt ein Privilegium der durch sie in Vortheil gesetzten Individuen, indem sie deren negativen Status zu einem weiteren im Vergleich mit dem der eingeschränkten Personen machen. Es wird von der Absicht des Gesetzgebers im conkreten Falle abhangen, ob Minderung oder Privilegirung die juristische Folge derartiger Rechtssätze sein soll. In allen Fällen, in denen die Versagung sich als eine Ausnahme vom gemeinen Recht darstellt, ist ausschliesslich Minderung ihr Zweck, was auch immer der Grund sei, aus dem die Minderung erfolgte. So war z. B. die Versagung der Fähigkeit der Erwerbung von Grundeigenthum an Juden eine Minderung der Persönlichkeit derselben, nicht Privilegirung der Christen, weil sie sich als eine Ausnahme von dem bereits anerkannten Principe der gleichen Eigenthumsfähigkeit der Staatsangehörigen darstellte. So bedeutet die Beschränkung der Handlungsfähigkeit der Frauen[109] und Militärpersonen[110] nicht Privilegirung der Männer und Nichtmilitärs, die Beschränkung der Testirfreiheit der Religiösen nicht Privilegirung Aller, die kein Ordensgelübde abgelegt haben, weil sie ausschliesslich als Minderungen des principiell jedem Individuum kraft der Rechtsordnung zukommenden negativen Status sich darstellen. Hingegen war zu der Zeit, wo es ein ständisch abgestuftes Recht gab, die Versagung der Erwerbsfähigkeit von Rittergütern an Nichtadelige eine Privilegirung der Adeligen, da nicht die Versagung an die Nichtadeligen, sondern die Machtverleihung an die Adeligen sich als Zweck derartiger Normen deutlich kundgab.

Der wichtigste Fall dieser Art aber sind die Vorzüge, welche den Staatsangehörigen vor den Fremden zustehen. Nicht Zurücksetzung der Fremden, sondern Privilegirung der Staatsangehörigen ist der Zweck der einschlägigen gesetzlichen Bestimmungen. Der Fremde hat nicht principiell die gleiche Rechtstellung wie der Einheimische. Wird sein Status nun als ein im Vergleich mit dem der Einheimischen geminderter normirt, so findet keine Abweichung vom gemeinen Recht zu seinen Ungunsten, sondern

---

[109] Entwurf des deutschen bürg. G.B. § 1277, Handels-G.B. Art. 7.

[110] Z. B. Reichsmilitärgesetz vom 2. Mai 1874, §§ 40, 43, 49, Abs. 2.

eine Privilegirung der Staatsangehörigen statt. Wenn daher die Fähigkeiten zu gewissen Berufen, zur Theilnahme an gewissen Vereinen, zum Erwerb gewisser Privatrechte an die Qualität der Person als Staatsangehöriger geknüpft sind, so erlangen die Einheimischen dadurch einen im Vergleich mit dem der Fremden privilegirten negativen Status. Allein diesen privilegirten Status als ein besonderes Recht der Staatsangehörigen aufzufassen, wäre ganz verfehlt. Durch den Ausschluss der Fremden werden die Qualifikationen der Persönlichkeit der Staatsangehörigen in keiner Weise in ihrer juristischen Natur irgendwie geändert. Die Privilegirung ist einfach Reflex objektiven Rechtes nicht selbst subjektives Recht[111]. Der Staatsangehörige erlangt durch derartige Rechtssätze kein wie immer geartetes Recht, den Ausschluss Fremder von den ihm vorbehaltenen Thätigkeiten zu verlangen. Nicht im individuellen, sondern im Gemeininteresse hat seine Privilegirung stattgefunden.

3. Wahrhaft individuelle Privilegirungen, also Erweiterungen des negativen Status können hervorgerufen werden durch *rechtsbegründende Verwaltungsakte*: Durch Erlaubnisse, welche ein Dürfen, durch Verleihungen, welche ein Können gewähren. Generelle Einschränkungen der individuellen Freiheit werden durch solche Akte für bestimmte Personen derart ausser Kraft gesetzt, dass entweder deren Handlungsfähigkeit principiell erweitert oder gewisse Aeusserungen der in thesi bereits bestehenden Freiheit, die aus polizeilichen Gründen verboten waren, als rechtmässig anerkannt werden. Zu den Erweiterungen der Handlungsfähigkeit selbst gehören alle Dispensationen, durch welche nichtige Handlungen zu rechtsbeständigen gemacht werden, ferner die Zulassung zu jenen Beraten, die nicht in der Ausübung natürlicher, sondern vom Staate gewährter Handlungsfreiheit bestehen, z. B. der Rechtsanwaltschaft. Zu den Erlaubnissen, welche einen privilegirten Status begründen, zählt das weite Gebiet der gewerblichen Personal- und Realconcessionen[112]. Im polizeilichen Interesse sind gewisse Gewerbe

---

[111] Treffend Laband l, S. 141.

[112] Ueber die verschiedenen Concessionstheorien vgl. Rehm, Die rechtliche Natur der Gewerbeconcession S. 9 ff. Mit der im Texte entwickelten im Princip übereinstimmend Laband I, S. 141 und 153, Seydel, Das Gewerbepolizeirecht nach der Reichsgewerbeordnung S. 69. Rehm sucht S. 17 ff. die Gewerbefreiheit als ein subjektives Recht des

nur auf Grund behördlicher Bewilligung auszuüben, sei es dass der Staat das Gewerbe möglich unschädlich oder möglich nützlich für das Gemeininteresse machen will. Ferner gehören hieher die Eisenbahnconcessionen, die Verleihung von Bergwerkeigenthum, die Erlaubnisse zum Jagen (Jagdkarten), zum Waffentragen (Waffenpässe), zum Bauen u. s. w.

Die behördliche „Concession“ dieser Art erweitert niemals die natürliche Handlungsfreiheit, sondern sie hebt nur für concrete Personen das Verbot auf, sie zu bethätigen[113]. Die Concession kann bedingt sein durch das Vorhandensein persönlicher Qualitäten (Staatsangehöriger) oder verknüpft sein mit der Innehabung einer Sache (als Eigenthümer, Besitzer, Pächter), daher sachlich gebunden. Zu dieser Kategorie zählen auch alle Fälle, in denen zur Ausübung eines Berufes ein öffentlicher Befähigungsnachweis erforderlich ist von den höheren Berufen der Aerzte, Geistlichen, Lehrer bis zu dem der Hufbeschlager, Lootsen und Hebammen. In all diesen Fällen wird ganz wie bei den allgemeinen Freiheitsrechten dem Individuum ein genereller Anspruch an die Staatsbehörden auf Nichthindern und im Falle der Verletzung dieses Anspruches die Legitimation zur Rechtsbeschwerde gegeben.

Einzelnen zn construiren. Die blosse Anerkennung natürlicher Freiheit erschöpfe sich in der Bethätigung des natürlichen Willens, das Recht Briefe zu schreiben oder Lieder zu singen, gewähre keinen Anspruch beim Briefschreiben oder Liedersingen von den Verwaltungsorganen nicht gestört zu werden. Die Unrichtigkeit dieser Behauptung liegt auf der Hand, wie z. B. Beschränkungen des Briefschreibens in polizeilicher Haft befindlicher Personen, ferner die Verbote des Singens gewisser Lieder oder auf offener Strasse, zur Nachtzeit u. s. w., die Gegenstand von Beschwerden und Klagen sein können, beweisen. Es giebt keine individuelle Thätigkeit, die nicht widerrechtlich gefordert werden könnte; alle rechtliche Irrelevanz ist nur relativ. Ferner verleihe die Gestattung des Gewerbebetriebes ein Dürfen auch Demjenigen, der von Natur nicht wollen könne. Auch ist das unrichtig. Staatliche Erlaubniss dieser Art schafft nur die Bedingung der Anerkennung privatrechtlicher Stellvertretung, nicht aber diese selbst, sie besagt nur, dass der Staat dem Vornehmen privatrechtlicher Geschäfte, welcher Art auch immer kein Hinderniss in den Weg lege.

[113] Treffend nennt sie O. Mayer a. a. O. S. 168 Polizeiverbote in Form des Erlaubnissvorbehaltes. Vgl. auch die zutreffenden Ausführungen von Rehm a. a. O. S. 28.

Eine Erweiterung der Privatrechtsfähigkeit wird jedoch durch derartige Concessionen nicht bewirkt. Die von Nichtconcessionirten vorgenommenen Rechtsgeschäfte sind nämlich, in der Regel wenigstens, nicht nichtig, sondern nur strafbar. Damit steht nicht im Widerspruch, dass unconcessionirte Arbeiten wegen ihres Gegensatzes zur öffentlichen Ordnung vernichtet werden können. Der concessionirte Gewerbeinhaber schliesst Rechtsgeschäfte ab nicht kraft seiner Concession, sondern kraft seiner unabhängig von der Concession bestehenden Handlungsfreiheit, deren Bethätigung zwar, aber nicht deren Dasein der staatlichen Erlaubniss unterstellt ist[114]. Mit der Concession allerdings kann verknüpft sein die Ertheilung weiter gehender Berechtigungen, so das Recht der Expropriation und die Monopolisirung des betreffenden Gewerbes. Diese Rechte sind jedoch nicht Rechtsfolgen der Erlaubnisse, sonderer anderer Verwaltungsakte, die allerdings ideell mit dem Erlaubnissakte verknüpft sein können.

Minderungen des negativen Status. Sie können aus den verschiedensten Gründen stattfinden. Einmal aus rechtspolizeilichen zum Schütze der in ihrem Status Geminderten oder aber zum Schütze Anderer. Zu den Fällen erster Art zählen die Einschränkungen der Handlungsfähigkeit der Frauen und Minderjährigen, zu den letzteren die Freiheitsbeschränkungen. welche als Straffolgen auftreten, ohne selbst Strafen zu sein: ferner die Beschränkungen der geschäftlichen Freiheit durch Monopolisirungen als Folge von Concessionen und Patentertheilungen. Jedoch gehören selbstverständlich nicht hieher die auf materiellen Gesetzen beruhenden allgemeinen Pflichten. sondern nur die an bestimmte Thatbestände geknüpften oder durch rechtsaufhebende Verwaltungsakte oder Urtheile geschaffenen.

Die zweite Hauptform der Statusminderung ist die Strafe. Sie kann bestehen in der Verpflichtung zu einer Leistung, welche die Handlungsfähigkeit selbst nicht tangirt: die Geldstrafe. In der Regel jedoch stellt sich die Strafe dar als Minderung eventuell sogar als Vernichtung der Persönlichkeit. Und zwar ist es in der Regel der negative Status, der einer Minderung unterzogen wird. Die Freiheitsbeschränkung, welche die am häufigsten auftretende Form der Strafe ist, stellt sich nach ihrer staatsrechtlichen

---

[114] Vgl. Rehm S. 65 ff.

Seite dar als ein Ausserkraftsetzen der Fähigkeit, die Normen des öffentlichen Rechtes zum Schutze des negativen Status, soweit er gemindert wurde in Bewegung zu setzen, als eine Aufhebung der staatlichen Verpflichtung, die Freiheitsstörung zu unterlassen, mit einem Worte, als Steigerung der Subjektion, des passiven Status.

Drittens entstehen Minderungen des negativen Status aus einem speciellen Subjektionsverhältnisse, in welches der Einzelne durch Gesetz, Rechtsgeschäft oder Delikt tritt. Der letztere Fall ist bereits im Vorangehenden erörtert worden; hinzuzufügen sind noch die Freiheitsbeschränkungen, welche gegen den Beschuldigten oder Angeklagten kraft der Strafprocessordnung verhängt werden können. Durch Gesetz wird für den Militärdienstpflichtigen, den Schöffen, den Geschworenen eine Minderung der Freiheit herbeigeführt und zwar nicht nur durch die Verpflichtung zur Leistung persönlicher Dienste, sondern auch zur Wahrung des Ansehens der staatliche Funktionen Versehenden und zu besserer Garantirung der Erfüllung ihrer Dienstpflicht[115]. Ganz dasselbe tritt aber auch bei den durch Rechtsgeschäft begründeten speciellen Subjektionsverhältnissen ein, also vornehmlich beim Staatsbeamten. Bei dem Beamten äussert das specielle Subjektionsverhältniss seine Wirkungen in der Richtung, dass im Interesse des Dienstes und der Standesehre sein rechtliches Dürfen Beschränkungen unterworfen ist. Das zeigt sich z. B. in Heiratbeschränkungen und in dem Verbot des Betreibens von Nebengewerben. Aus dem speciellen Gewaltverhältnisse erwirbt der Staat auch ein doppeltes Strafrecht. Sowohl die Verletzung des allgemeinen Subjektionsverhältnisses, welche ein Moment in dem Thatbestände aller Delikte bildet, als die Verletzung des auf speciellem Titel beruhenden Gewaltverhältnisses berechtigen den Staat zur Strafe. Und zwar laufen beide Strafberechtigungen neben einander her, eben weil sie auf verschiedenem Rechtsgrunde beruhen. Daher unterliegt der Untersuchungs- und Strafgefangene, aber auch der Studirende, der Rechtsanwalt, der Soldat, der Beamte nicht nur der allgemeinen Strafgewalt, sondern auch der Disciplinargewalt des Staates. Ist das specielle Subjektionsverhältniss nicht auf deliktischem Thatbestand gegründet, so kann die Disciplinarstrafe bis zur Lösung

---

[115] Für Geschworene und Schöffen R. Str. G.B. § § 138, 334.

des Verhältnisses selbst, zur Ausstossung aus dem speciellen Verbande gehen. Die Vernichtung des speciellen Subjektionsverhältnisses, gleichsam das Gegenstück der Todesstrafe, ist das schwerste Disciplinarmittel; sie bedeutet zugleich Herstellung des einfachen Subjektionsverhältnisses.

Dass der negative Status ein durchaus einheitlicher ist und nicht etwa aus einer gesonderten Anzahl von Rechten besteht, ergiebt sich deutlich aus der Art und Weise wie er Dritten, namentlich dem delinquirenden Beamten gegenüber geschützt ist. Der Dritte kann durch Delikt immer nur die Freiheit der Person tangiren. Hindert Jemand einen Anderen einen Zeitungsartikel zu schreiben, so hat er nicht dessen Recht auf Pressfreiheit, sondern seine Freiheit schlechthin verletzt. Ebenso ist die deliktische Verhinderung des Besuches einer Vereinsversammlung, eine gesetzwidrige Zwangstaufe, gewaltsame Störung der Ausübung eines Gewerbes nicht Verletzung der Vereinsrechte, der Glaubens- oder Gewerbefreiheit, sondern Verletzung der persönlichen Freiheit schlechthin, injuria oder crimen vis[116]. Nur wo die Verletzung der persönlichen Freiheit durch den Angriff auf ein ausserhalb der Person befindliches Rechtsgut derselben begangen wird, sind specielle Strafbestimmungen nothwendig, weil ein solcher Angriff durch die allgemeinen strafrechtlichen Schutzbestimmungen der persönlichen Freiheit nicht getroffen würde. Daher z. B. die speciellen Strafdrohungen gegen Hinderung des Gottesdienstes, Hausfriedensbruch und Verletzung des Briefgeheimnisses.

IX. Der positive Status (status civitatis)

Alles staatliche Handeln ist Handeln im Gemeininteresse. Das Gemeininteresse muss nicht, aber es kann mit dem individu-

---

[116] Sie würden daher einfach unter die allgemeinen Bestimmungen der §§ 239 und 240 des R.Str.G.B. und wenn von einem Beamten begangen unter § 341 fallen. Die einzelnen Freiheitsrechte werden als Objekt specieller Verbrechen in dem italienischen Strafgesetzbuch vom 30. Juni 1889, Art. 139 — 167 hingestellt, mit welchem Glück mag man daraus ersehen, dass Beleidigungen anerkannter Culte und Leichenschändung unter den Verbrechen gegen die Cultusfreiheit aufgezählt sind;.

ellen zusammenfallen. Insoweit das letztere stattfindet und diese Congruenz vom Staate anerkannt wird, gewährt er dem Einzelnen Ansprüche an seine Thätigkeit und stellt ihm Rechtsmittel zur Verfügung, um sie zu realisiren. Dadurch erhebt er das Individuum zum positiv berechtigten Staatsgliede, verleiht ihm den Status der Civität, der von dem blos negativen, das grosse Gebiet der für den Staat rechtlich indifferenten Handlungen umfassenden durchaus geschieden ist.

Auf dem weiten Felde der Fürsorge für die Gemeininteressen, in welcher eines jeden Staates Zweck gipfelt, tritt formell der Gegensatz von Reflexwirkung objektiven Rechtes und subjektivem Rechtsanspruch scharf hervor. Alles Handeln im Gemeininteresse mündet schliesslich in die Sorge für ungezählte Einzelinteressen ein. So kommt das Resultat staatlicher Fürsorge stets Individuen zu Gute, realisirt sich in der Erhaltung oder Förderung von Individuen. Die öffentliche Gesundheitspflege erhält oder fordert die Gesundheit einer unbegrenzten Zahl von Menschen, die Vorkehrungen der Sicherheitspolizei schützen das Eigenthum und Leben aller in ihrer Gesammtheit das Volk bildenden Einzelnen. Rechtlich geschützt ist aber hier nur das Gemeininteresse und zwar durch das Dasein objektiven, seine Förderung bezweckenden Rechtes, sodann durch alle Rechtsmittel, welche die Verwirklichung objektiven Rechtes garantiren. Das Einzelinteresse als solches hingegen ist in allen Fällen dieser Art nur faktischer Natur, rechtlich aber schutzlos, der Einzelne hat keinen Anspruch auf staatliche Thätigkeit. Nur um Berücksichtigung seiner faktischen Interessen kann er bitten, muss es aber der Erwägung der Staatsorgane anheimstellen, ob sie die Rücksicht auf das Einzelinteresse durch das Gemeininteresse im conkreten Falle geboten, oder doch mit ihm vereinbar finden.

Es lässt sich ein Staat denken, in welchem das Individualinteresse als solches gar nicht anerkannt ist, sondern nur als Bestandtheil des Gemeininteresses geschützt und gefördert wird.

In derartigem staatlichen Zustande würde es keinen Mitgliedsanspruch des Einzelnen auf positive Staatsleistungen geben, der Staat würde für ihn, aber nicht um seinetwillen handeln, aller Schutz und alle Förderung seiner Interessen wäre ausschliesslich Reflexwirkung. In einem solchen Staate allerdings wäre ein individueller Rechtskreis nicht vorhanden. Auch an Stelle der Privatrechte würden nur gemäss dem Gemeininteresse und daher nach behördlichem Ermessen zu schützende Individualinteressen treten. Das Strafrecht wäre das Vorbild nach dem alle übrigen Rechtsgebiete gestaltet wären. Das Strafrecht schützt im höchsten Grade das individuelle Recht, allein ein Recht des Einzelnen auf Verwirklichung der Strafgesetze existirt nicht, selbst nicht bei Antrags- und Privatdelikten. Der Polizeistaat des vorigen Jahrhunderts ist diesem Zustande auf dem Gebiete der Verwaltung nahe gekommen, indem er einerseits seine Pflicht zur Sorge für das Gemeinwohl im höchsten Grade anerkannte. andererseits dein Einzelnen keinen Rechtsanspruch an die Verwaltung zur Verwirklichung einer Forderung auf Concretisirung des Gemeinwohles im individuellen gewährte.

In vollem Umfange verwirklicht war jedoch dieser Zustand nirgends. Stets wurde, wenn auch in noch so bescheidenen Grenzen ein Gebiet anerkannt, auf welchem das Gemeininteresse gerade dadurch geschützt und gefördert wird, dass das Einzelinteresse formell zu einem rechtlichen erhoben wird. Namentlich auf dem Gebiete der Rechtspflege hat sich das am frühesten gezeigt. Individuelle Ansprüche an die Rechtspflege sind keinem Staate ganz unbekannt geblieben. Im Interesse unparteiischer, gerechter, den Thatbestand sorgsam erforschender Rechtspflege sind dem Angeklagten strafprocessuale Rechtsmittel gegeben; im Interesse der Wahrung der Grundlagen der heutigen Gesellschafts- und Wirtschaftsordnung ist im Civilprocesse dem individuellen Willen die Fähigkeit verliehen, die Thätigkeit des Richters und Urtheilsvollstreckers fortwährend seinen Interessen gemäss zu reguliren. Der moderne Staat hat in grossartiger Weise seine Verwaltung dem mit dem Gemeininteresse verknüpften Einzelinteresse zugewendet, diesem rechtliche Forderungen auf positive Leistungen zuerkennend.

Im Staate der ersten Art würde dem Einzelnen nur ein einziger Status, der passive zukommen, denn auch die Freiheit von staatlicher Leistung und die Theilnahme am Staate wären als des Rechtsanspruches und des Rechtsschutzes entbehrend faktischer, nicht rechtlicher Natur. Im Staate der zweiten Art hingegen ist erst die Mehrheit berechtigender Statusverhältnisse möglich. Kraft der Gewährung positiver Ansprüche an den Staat wird die Mitgliedschaft am Staate von einem reinen Pflichtverhältniss zu einem doppelten, zugleich berechtigenden und verpflichtenden Zustande. Dieser Zustand ist es, der als *Staatsangehörigkeit*,

Staatsbürgerschaft, Staatsbürgerrecht, nationalité bezeichnet wird.

Hier ist sofort zu bemerken, dass in dem Begriffe der Staatsangehörigen eine weitere und eine engere Bedeutung zu unterscheiden ist. Auch der blos kraft der Gebietshoheit dem Staate Verpflichtete ist im modernen Staate nicht blos subditus temporarius, auch ihm steht vorübergehend, in geringerem Umfange allerdings als den bleibenden Staatsmitgliedern, ein Mass rechtlicher Ansprüche an den Staat zu, er ist auch civis temporarius. Sogar der im Auslande befindliche Ausländer hat im Rechtsstreite inter cives et peregrinos und in anderen Fällen gewisse rechtlich normirte Ansprüche, derart, dass der moderne Staat Jedem, der irgendwie in sein Herrschaftsbereich tritt, eine gliedliche Stellung zuerkennt. Insofern hat der naturrechtliche Gedanke, der in der Formulirung von „Menschen- und Bürgerrechten zum legislatorischen Ausdruck gekommen ist, einebleibende Bedeutung für die Grundlagen der modernen Staatsordnung.

Den rechtlichen Inhalt der Mitgliedschaft am Staate zu definiren, ist oft versucht worden und stets misslungen. Namentlich vom Standpunkte der Rechtsvergleichung war es vergebliche Mühe, ein absolutes für alle Staaten passendes Kriterium zu finden. Nach einer die Fülle der hier vorhandenen Beziehungen ignorirenden dürftigen Schablone soll überall das Wohnrecht im Inlande den juristischen Kern der Staatsangehörigkeit bilden, wogegen die in manchen Staaten zu Recht bestehende Möglichkeit der Verbannung eine nicht wegzuläugnende Instanz bildet[117]. In der Wehrpflicht, in dem Anspruch auf völkerrechtlichen Schutz im Auslande haben Andere das entscheidende Merkmal der Staatsangehörigkeit gesucht, mit nicht besserem Erfolge[118]. In der Regel ist man bei dem Versuche einer allgemeinen, nicht nur ein specielles Merkmal hervorhebenden Definition der Staatsangehörigkeit nicht über eine leere

---

[117] Vgl. v. Martitz, Internationale Rechtshilfe in Strafsachen I, S. 14 ff. Dass umgekehrt Fremden ein Wohnrecht zustehen kann Störk Handb. d. Völkerr. II, S. 645 ff.

[119]v. Martitz, Das Recht der Staatsangehörigkeit im internationalen Verkehr, Hirths Annalen 1875, S. 798 ff. v. Martitz selbst sucht allerdings S. 805 einen typischen Inhalt der Staatsangehörigkeit festzustellen.

Umschreibung des Thatbestandes hinausgekommen, dass der Staatsangehörige dem Staate angehört. Mit scharfem Blicke hat endlich Seydel die Unmöglichkeit eines derartigen Beginnens erkennend erklärt: den rechtlichen Inhalt der Staatsangehörigkeit erschöpfend zu bestimmen, würde eine Rundreise durch das ganze Staatsrecht voraussetzen[119]. Er besteht in der Summe von Pflichten und Ansprüchen, welche der Einzelne auf Grund der Gesetze gegenüber dem Staate hat. Dieser Inhalt ist, wie hinzugefügt werden muss, nicht einmal ein nur einigermassen constanter, da er sich fast mit jedem neuen Gesetz verändert.

Der Grund dieser Erscheinung liegt in der nicht erkannten oder doch juristisch nicht gewürdigten Thatsache, dass zwar der Inhalt von Rechten, nicht aber der von Zuständen allseitig begrifflich bestimmt werden kann. Der rechtliche Zustand bedeutet ein dauerndes, kraft juristischer Anschauungsweise hypostasirtes Verhältniss, ein Sein im juristischen Sinne. Nun lässt sich zwar ein Thun, niemals aber ein Sein, als die Substanz einer unbestimmten Zahl von Vorgängen, in befriedigender Weise definiren. Die zum Sein verdichtete Relation zwischen Individuum und Staat bleibt nämlich als solche ganz unverändert. welchen conkreten Inhalt man ihr auch setzen möge. Sollten z. B. die rechtlichen Ansprüche der deutschen Reichsangehörigen an das Reich noch so sehr reducirt oder erweitert werden, die Relation „Deutscher“ würde als solche bestehen bleiben, bereit jeden wechselnden Inhalt in sich aufzunehmen.

Ein Status lässt sich daher niemals inhaltlich definiren, weil er als eine feste Relation ganz unabhängig von einzelnen aus ihm entspringenden Rechten und Pflichten ist. Das einzelne Rechtsgeschäft kann nur innerhalb bestimmter Grenzen modificirt werden, bei deren Ueberschreitung es seinen Charakter ändert. Der Werkvertrag kann sich beim Ueberschreiten gewisser Grenzen in Kauf verwandeln, das Depositum in Darlehen übergehen. Allein der familienrechtliche Status des Vaters hat die grösste Dehnbarkeit des Inhalts, ob in ihm nun das ius vitae ac necis enthalten ist, oder ob er dem Majorennen gegenüber fast gänzlich der rechtlichen Bedeutung entbehrt.

Lässt die Staatsangehörigkeit sich daher nur als dauernde, von der Thatsache des Aufenthaltes auf dem Staatsgebiete unab-

---

[119] Bayer. Staatsrecht I, S. 558.

hängige Zugehörigkeit zu einem Staate umschreiben, aber nicht definiren, so liegt in dieser Zugehörigkeit ein Doppeltes: ein dauerndes Pflicht- und Rechtsverhältniss. Subjektion und Civität sind in ihr nothwendig verbunden. Und zwar ist das Verhältniss der Subjektion das Primäre[120]. Nur dadurch dass das Ganze den Einzelnen dauernd bindet wird er zu einem Gliede desselben. Der Versuch der französischen Constituante, die Mitgliedschaft am Staate als ein in erster Linie den Einzelnen berechtigendes Verhältniss zu normiren, scheitert an der Erkenntniss der Natur des Staates.

Der dem Individuum zu Gute kommende Inhalt der Staatsangehörigkeit zerfällt in Reflexwirkung objektiven Rechtes und rechtliche Ansprüche. Die ganze im Gemeininteresse geübte staatliche Thätigkeit, soweit sie dem Individuum Vortheile bringt, zählt zu den Reflexwirkungen[121]. Die materielle Grenze zu erforschen, welche Reflex-Wirkung von der Möglichkeit rechtlichen Anspruches trennt, ist nach den vorangegangenen Ausführungen Sache einer de lege ferenda zu führenden Untersuchung, die Erhebung eines materiell anzuerkennenden Anspruches zu einem formell existirenden Sache der Gesetzgebung. Die strikte formelle Scheidung aber zwischen Reflex und Anspruch kann nur statthaben auf Grund des Kriteriums ob dem Einzelnen ein Rechtsmittel zur Realisirung seiner Forderung an den Staat gegeben ist oder nicht. Wo das nicht der Fall ist, da wird materieller und formeller Anspruch sich nicht decken.

Ein wichtiges Beispiel solchen materiellen Anspruches, der aber formell sich nur als Reflex darstellt, ist das „Recht auf völ-

---

[120] Vgl. v. Gerber, Grundzüge S. 43 ff. und S. 221 ff.

[121] Daher lässt sich ein allgemeines „Recht, an den Wohlthaten des staatlichen Gemeinwesens theilzunehmen“ (La band I, S. 144) nicht construiren. Dieses angebliche Recht ist ausschliesslich Reflex staatlicher Pflicht; es giebt nur einen positiven Rechtsanspruch des Einzelnen auf staatliche Leistungen im individuellen Interesse, die keineswegs den Charakter einer Wohlthat aufweisen. Auch das „Wohnrecht“ ist kein subjektives Recht, sondern nichts als eine Funktion des negativen Status, es besteht einfach indem Anspruch, nicht ausgewiesen und nicht am Wiedereintritt in das Staatsgebiet gehindert zu werden. Wenn Laband I, S. 144 ein solches Recht statuirt und ihm S. 145 sogar ein Recht auf Nichtauslieferung an die Seite stellt, so muss ihm selbst seine Polemik gegen die Freiheitsrechte entgegengehalten werden.

kerrechtlichen Schutz im Auslande"[122]. Der im Auslande befindliche Inländer soll und kann vom Heimatstaate geschützt werden, allein ein formell rechtlicher Anspruch auf diesen Schutz steht ihm trotz allfälliger gesetzlicher Versicherungen so lange nicht zu, als ihm nicht Rechtsmittel zu seiner Realisirung gegeben sind. Es besteht daher die Verpflichtung der den Staat repräsentirenden Organe, völkerrechtlichen Schutz zu ertheilen. nicht der realisirbare Anspruch des Einzelnen, ihn zu fordern. Ist doch nicht einmal Einwilligung des Verletzten nothwendige Voraussetzung dieser Art staatlicher Verwaltungsthätigkeit. Aehnlich verhält es sich mit den „Rechten", welche vertragsmässig fremden Unterthanen eingeräumt sind. Das zur Forderung derselben berechtigte Subjekt ist nicht der Einzelne, sondern sein Heimatstaat. Nur wo ausdrücklich ein individuelles Beschwerderecht wegen Verletzung von Staats vertragen anerkannt ist, wie im schweizerischen Bundesstaatsrecht[123], verwandelt sich die Reflexwirkring objektiven Rechtes, die aus dem als Staatsgesetz publicirten Vertrage sich ergiebt, in formellen Rechtsanspruch[124].

---

[122] Ein solches wird von der überwiegenden Zahl der Staatsrechtslehrer namentlich im Hinblick auf den Schlusssatz des Art. 3 der Reichsverfassung angenommen. Dagegen treffend Seydel, Bayer. Staatsrecht I, S. 570, Note 2. Ihm tritt entgegen Laband I, S. 143, Note 2, indem er zwar zugiebt, dass das Recht auf Schutz „nur der Reflex der staatlichen Pflicht des Reiches zum Schutz seiner Angehörigen" sei, andererseits jedoch behauptet, dass durch die Gewährung des Schutzes dem Einzelnen keine Gnade, keine Gefälligkeit erwiesen, sondern sein Recht gethan werde — ein Widerspruch, nach dessen Lösung man vergebens sucht.

[123] Bundesverfassung vom 29. Mai 1874, Art. 113, Nr. 3.

[124] Vgl. hiezu Blumer-Morel a. a. O. III, S. 175 ff. In Staaten mit Verwaltungsgerichten werden vollkommene Individualansprüche aus Staatsverträgen insoweit existiren, als sie sich zur Austragung im verwaltungsgerichtlichen Wege eignen, unvollkommene, insofern sie nur durch Verwaltungsbeschwerde geschützt sind. Wo aber beide Rechtsmittel versagen, ist ein Individualanspruch im formellen Sinne nicht vorhanden. Daher ist es unrichtig, wenn Laband I, S. 144, Note 1 aus dem Niederlassungsvertrag des deutschen Reiches mit der Schweiz vom 27. April 1876, R.G.B1. 1877, S. 3 ein gegenseitig vereinbartes Wohnrecht der Staatsangehörigen deducirt, wie Art. 7 des Vertrages deutlich zeigt, mit dem zusammengehalten der individualrechtliche Charakter der im Art. 1 erwähnten „Rechte" nicht bestehen kann. Noch

Fasst man die formell anerkannten individualisirten rechtlichen Ansprüche, welche aus dem positiven Status entspringen, in eine gemeinsame Formel zusammen, so ergiebt sie für den Einzelnen die rechtlich geschützte Fähigkeit, positive Leistungen vom Staate zu verlangen, für den Staat die rechtliche Verpflichtung, im Einzelinteresse thätig zu werden. Dadurch wird der positive Status zum geraden Widerspiel des negativen. Handelt es sich im Streitfalle hier immer um die eine Frage: Ist das Individuum subjicirt oder nicht, so ist dort über die Freiheit des Staates zu entscheiden. Vom Standpunkte des Staates aus gesehen zeigen daher die endgiltigen Entscheidungen von Rechtsstreitigkeiten der ersten Art denselben inhaltlich dürftigen Charakter, wie die über den negativen Status des Individuums. Für den Staat kann das Urtheil im letzten Falle nur lauten: er habe das Recht zu einem Akt des Imperiums gehabt oder nicht, im ersten hingegen, er habe die Pflicht, dem individuellen Begehren zu willfahren oder nicht.

Für das Individuum allerdings ist eine reichere Fülle des Rechtsinhaltes im positiven als im negativen Status enthalten. Da ein positives Thun des Staates den Inhalt derartiger Ansprüche bildet, so ist Alles, was Objekt staatlichen dare facere praestare ist, mögliches Objekt individueller Forderung. Wie nach Form und Inhalt die privatrechtlichen Obligationen sich gliedern, so auch die öffentlich-rechtlichen des Staates. Es ist aber keineswegs der Reichthum privatrechtlicher Rechtsgeschäfte irgendwie mit dem der staatlichen Obligationen zu vergleichen. Vielmehr sind die staatlichen Leistungen im rechtlich anerkannten Individualinteresse einfach identisch mit den Kategorien der richterlichen und Verwaltungsakte überhaupt. Man kann die staatlichen Obligationen daher eintheilen in Ansprüche auf Leistungen des Gerichtes und der Verwaltung. Die einzelnen richterlichen Akte: Feststellungen, Beurkundungen, Urtheile, Befehle können Objekt eines bestimmten individuellen Anspruches werden. Ebenso die auf Constatirung und Beurkundung rechtlicher Zustände und Verhältnisse gerichtete Verwaltungsthätigkeit, die Erlaubnisse

---

deutlicher der neue Vertrag vom 31. Mai 1890, R.G.Bl. S. 131, Art. 4. Vgl. auch Langhard, Das Recht der politischen Fremdenallsweisung S. 104 ff. Gegen einen Ausweisungsbefehl ist nur eine Bitte, aber keine wie immer geartete Rechtsbeschwerde zulässig.

und Gewährungen, welche den Gegenstand rechtsbegründender Verwaltungsakte bilden, endlich die Aufhebung oder Reformation erlassener Verfügungen, welche widerrechtlich die Persönlichkeit tangiren. Hingegen ist eine Eintheilung der Ansprüche aus dem positiven Status nach dem möglichen Inhalt der staatlichen Verfügungen juristisch unerspriesslich. Wenn man Ansprüche auf Benutzung öffentlicher Anstalten oder öffentlichen Gutes, öffentliche Vermögensrechte, Ansprüche auf Befriedigung idealer Interessen u. s. w. unterschieden hat, so hat man dabei nicht beachtet, dass rechtlich alle diese Ansprüche ausschliesslich auf die conkrete staatliche Aktion gehen, daher juristische Unterschiede nur in den Formen zu finden sind. welche diese annehmen kann.

Eine eigenthümliche Form staatlicher Willensäusserung, die, von der grössten praktischen Bedeutung, in erster Linie Inhalt eines individuellen Anspruches sein kann, ist die *Anerkennung*, die als solche in der staatsrechtlichen Literatur noch nicht untersucht worden ist. Anerkennung ist die Willenserklärung, kraft welcher ein streitiges oder bestreitbares Verhältniss oder eine derartige Thatsache von der zur Bestreitung berechtigten Person als zu Recht bestehend deklarirt wird. Sie unterscheidet sich von der Feststellung also dadurch, dass diese nicht nur von dem eventuell zum Rechtsstreite Legitimirten, sondern auch von einem Dritten erfolgen kann. Anerkennung ist ein allgemeines Rechtsinstitut, das im Privatrecht, im Process- und Völkerrecht auch seine Stelle findet. Hier ist nur ihre staatsrechtliche Bedeutung zu untersuchen.

Ein grosser Theil der öffentlich-rechtlichen Ansprüche geht nämlich ausschliesslich auf Anerkennung von Seiten des Staates.

Alle öffentlich-rechtlichen Ansprüche der Einzelnen ruhen auf Qualifikationen der Persönlichkeit, auf rechtlich-relevanten Zuständen. Zustände jedoch können nicht geleistet werden, sie sind kein Inhalt eines dare facere praestare, sondern einer Anerkennung. Im Streite um subiectio oder libertas handelt es sich immer um Anerkennung oder Nichtanerkennung des negativen Status selbst in seinen conkreten Grenzen, ebenso ist es mit Staatsangehörigkeit, Wahlfähigkeit, Abgeordnetenqualität, kurz all den principiellen Eigenschaften der Fall, aus denen erst Ansprüche des Einzelnen an den Staat entstehen. Auf Anerkennung geht somit der unmittelbarste Anspruch, der sich aus der öffentlich-rechtlichen Stellung der Persönlichkeit überhaupt ergiebt. Ja er ist nothwendig in jedem wie immer gearteten Ansprüche an den Staat stillschweigend enthalten. Denn das Subjekt des stets öffentlich-rechtlichen Richterspruches und das, gegen welches der Anspruch gerichtet ist, ist in diesem Falle ein- und dasselbe — der Staat. Jede Zuerkennung eines dare facere praestare des Staates an den Einzelnen bedeutet daher auch zugleich Anerkennung des darauf zielenden Anspruches durch den Staat. Theoretisch würde es genügen, die staatliche Anerkennung des Ansprüches im Urtheile zu fixiren, da principiell die materielle Rechtskraft des verwaltungsgerichtlichen Urtheils alle staatlichen Organe bindet, jedes daher nach allgemeinen Rechtsgrundsätzen verpflichtet wäre, seine angefochtene Entscheidung in der fraglichen Sache dem ergangenen Urtheile gemäss zu reformiren. Die dem Rechte entsprechende Entscheidung müsste sich als selbstverständliche Consequenz der Anerkennung der Ansprüche darstellen, als Reflexwirkung, welche durch das objektive Recht mit Nothwendigkeit hervorgerufen wird. Da aber blosse Rechtssätze keine genügende Garantie für die Verwirklichung des Rechtes sind, so hat man den Gerichten des öffentlichen Rechtes cassatorische und reformatorische Macht eingeräumt. Denn die tägliche Erfahrung lehrt, dass Staatswille und persönlicher Wille der Träger von Beamtungen leicht zu Divergenzen geneigt sind. Einen trefflichen Beleg hiefür bietet die Rechtsprechung des österreichischen Reichsgerichtes, welches in jenen Fällen, wo es über behauptete Verletzungen der Staatsbürger in den ihnen, „durch die Verfassung gewährleisteten politischen Rechten" judicirt[125], im Urtheil einfach constatirt, ob durch die angefochtene behördliche Entscheidung eine Rechtsverletzung stattgefunden habe oder nicht[126]. Die reichsgerichtliche Beschwerde ist auch formell in diesen Fällen reine Anerkennungsbeschwerde. In der Praxis sind jedoch Fälle vorgekommen, in welchen die letztentscheidenden Verwaltungsbehörden die aus dem die Verletzung individueller Ansprüche constatirenden reichsgerichtlichen Urtheile sich ergebende Gonsequenz durch Reformation ihrer Entscheidung nicht gezogen haben.

---

[125] Oesterr. Staatsgrundgesetz über das Reichsgericht Art. 3, lit. b.
[126] Gesetz vom 18. April 1869, Nr. 44 R.G.B1. § 35.

Der bedeutsamste gleichsam aus dem Centrum des positiven Status entspringende Anspruch ist der auf Rechtsschutz, den man direkt als das wesentliche Merkmal der Persönlichkeit überhaupt bezeichnen kann. Dass er publicistischer Natur sei, wurde bereits früher dargelegt. Unter dem mächtigen Einflusse römischrechtlicher Anschauungen wurde bis in die neueste Zeit die privatrechtliche Klage als wesentlichste Funktion des Privatrechtes selbst aufgefasst. Aber wenn auch historisch die Scheidung der einzelnen Privatrechtsverhältnisse sich aus der prätorischen Formel entwickelte, so gilt auch für das klassische Recht, was für jede Rechtsordnung gilt, dass Recht und Anspruch auf Rechtsschutz zweierlei sind und der letztere rein publicistisch ist.

Wir haben im Privatrechte das rechtliche Dürfen von dem rechtlichen Können geschieden. Aus jenem entspringt der privatrechtliche Anspruch auf Erfüllen. Leisten, Dulden, Unterterlassen an den Anderen. Dieses aber fällt in der Civilrechtspflege zusammen mit dem Anspruch an den Staat auf Rechtsschutzgewährung[127].

---

[127] Die Existenz des publicistischen Rechtsschutzanspruches ist in der staatsrechtlichen Literatur seit Langem behauptet worden (z. B. von H. A. Zachariä a. a. O. I, § 90), namentlich im Zusammenhange mit dem in der Regel grundgesetzlich normirten Satze, dass Niemand seinem ordentlichen Richter entzogen werden solle. In seiner Eigenart klar dargelegt wurde er aber erst von der neueren Theorie des Civilprocesses, welche seit Bülow, Die Lehre von den Processeinreden und Processvoraussetzungen (1868) die publicistische Seite des Processes eingehend zu untersuchen anfieng. Der publicistische Rechtsschutzauspruch ist später juristisch formulirt worden von Degenkolb, Einlassungszwang und Urtheilsnorm S. 26 ff., dem sich im Wesentlichen Plósz, Beiträge zur Theorie der Klagerechte S. 103 ff. angeschlossen hat. Ferner hat Sohm, Der Begriff des Forderugsrechtes, Grünhuts Zeitschr. IV, S. 468 den Satz aufgestellt, dass das Klagerechte nicht Entfaltung des materiellen Rechtes, nicht in dem Privatrecht enthalten sei. Im Gegensatz zu seiner früheren Ansicht hat Wach, Der Feststellungsanspruch S. 22 ff. den publicistischen Charakter des Rechtsschutzanspruches sorgfältig nachgewiesen. Endlich hat Laband II, S. 338 ff. diese Literatur abschliessend und zusammenfassend das Wesen des Rechtsschutzanspruches in ganz vorzüglicher und überzeugender Weise erörtert. Der Widerspruch, welcher von Kohler, a. a. O. S. 13 ff. und im Gegensatze zu Wachs Feststellungsanspruch von Fischer, Ztschr. f. Civ.Pr. X, S 428 ff. und Hellmann, Jahrb. f. Dogm. XXXt, S.

Dieser publicistische Rechtsschutzanspruch entspringt nicht aus dem privatrechtlichen. Seine Quelle ist die Persönlichkeit selbst. Das Vorhandensein eines rechtlich anerkannten Dürfens ist der Anlass für den Staat, seiner Schutzpflicht zu genügen. Die Schutzpflicht selbst aber ist für ihn begründet durch die Anerkennung der Persönlichkeit des Subjicirten. Der Process ist seiner staatsrechtlichen Seite nach das Verfahren, durch welches der Staat auf Antrag des Rechtsschutz Heischenden constatirt, ob ein Anlass zur Ausübung seiner Schutzpflicht vorliege, ob demnach der an ihn erhobene Anspruch gerechtfertigt sei oder nicht. Das Urtheil ist der Akt, durch welchen der Staat einerseits rechtlich relevante Verhältnisse oder Thatsachen feststellt, andererseits auf Grundlage dieser Feststellung Dasein und Mass seiner Schutzpflicht für den conkreten Fall constatirt und schliesslich durch entsprechende Befehle diese Pflicht erfüllt.

Der Zweck des Rechtsschutzanspruches geht aber weit hinaus über den Schutz privatrechtlicher Ansprüche. Er existirt zunächst auch zum Schutze rechtlich-relevanter Zustände und Verhältnisse, die als solche nicht Inhalt eines Rechtes sein können[128]. Der Feststellungsallspruch zeigt die innere Unabhängigkeit der Ansprüche an die Civilrechtspflege von dem Dasein eines Rechtes. Der negative Feststellungsanspruch ist lediglich ein Rechtsmittel, um auf privatrechtlichem Gebiete den negativen Status zu schützen. Der Rechtsschutzanspruch dient ferner im Straf- und Verwaltungsrechte dem Schutze der publicistischen, aus öffentlichen Statusverhältnissen entspringenden An-

79 ff. erhoben wurde, basirt hauptsächlich auf dem Mangel eindringender Untersuchungen über das Wesen des öffentlichrechtlichen Anspruches überhaupt, dessen Existenz von diesen Schriftstellern entweder einfach geläugnet oder doch bezweifelt wird. Allerdings hat auch Wach Recht und Anspruch nicht genügend geschieden, indem er den Anspruch auch an den Processgegner gerichtet sein lässt, vgl. v. Schrutka - Rechtenstamm, Grünhuts Zeitschr. XVI, S. 617, Oetker, Konkursrechtl. Grundbegriffe I, S. 42.

[128] Auch die Möglichkeit, grundlose Klage zu erheben, zeigt immerhin die Unabhängigkeit der Ansprüche an die Rechtspflege von dem Dasein des Rechtes. Diese Möglichkeit dem Rechtsschutzanspruch entgegenzustellen, wie Laband II, S. 339, Note 1 thut, ist unrichtig. Sie entspringt vielmehr aus ihm und beweist gerade, dass das Individuum ihn nicht nur gebrauchen, sondern sogar missbrauchen kann.

sprüche. Die dem Beschuldigten, Angeklagten und Verurtheilten zustehenden Rechtsmittel, die Verwaltungsklage sind, Formen des Rechtsschutzanspruches auf publicistischem Gebiete.

Das privatrechtliche Dürfen, die verschiedenen privat- und öffentlich-rechtlichen Zustände und Thatsachen schaffen also keineswegs den Rechtsschutzanspruch, vielmehr empfangen sie von ihm ihre Gewähr und damit ihr volles, unbestrittenes Dasein. Er steht in innigster Zweckbeziehung zu rechtlichen Ansprüchen anderer Art, sowie rechtlichen Zuständen und Thatsachen, ohne mit diesen irgendwie in eine Einheit zu verschmelzen. Er ist das äusserste Minimum publicistischen Anspruches; in den Staat, so dass durch seine Gewährung die Persönlichkeit constituirt ist. Das tritt am deutlichsten hervor bei den juristischen Personen, die als Träger von Rechten in erster Linie durch Anerkennung ihrer Processfähigkeit erscheinen.

Der Rechtsschutzanspruch besteht nun allemal in der rechtlich gewährten Fähigkeit, Normen des öffentlichen Rechtes in individuellem Interesse in Bewegung zu setzen. Er besteht nicht in einem Anspruch an den Richter, denn dieser hat als Staatsorgan ausschliesslich staatlichen Befehlen zu folgen, sondern in einem Anspruche an den Staat selbst, dahin gehend, dass dieser die Vornahme richterlicher Akte an den Antrag des Individuums knüpfe. Demnach ist der Richter durch Rechtssatz angewiesen, auf den individuellen Anstoss hin in der processmässigen Weise thätig zu werden.

Näher specialisirt sich der Anspruch auf Vornahme richterlicher Handlungen den einzelnen Stadien des Processes entsprechend in die Ansprüche auf Constatirung des Thatbestandes — des Rechtes oder rechtlich relevanten Verhältnisses —, auf richterliche Entscheidung und auf staatlichen Befehl zur Erfüllung oder Anerkennung. Ebenso tritt der Rechtsschutzanspruch hervor in den Bitten an die höheren Gerichte um Ueberprüfung, Reformation oder Cassation des Urtheils der unteren Instanzen[129].

Die specielle Gestaltung des Rechtsschutzes aber, so auch die Grenzen, innerhalb deren er Inhalt individuellen Anspruches sein kann, wird stets darnach ausfallen, inwieweit der Staat an

---

[129] Jeder conkrete Anspruch muss auf eine individualisirte Leistung gehen. Daher können jeweilig nur individualisirte Rechtspflegeakte seinen Inhalt bilden.

dem Rechtsfalle selbst betheiligt erscheint. Leitender Gesichtspunkt hiebei ist die Rücksicht auf das öffentliche Interesse. Nur soweit es hinter das private zurücktritt ist der Zweck des Processes Erfüllung individuellen Rechtsschutzanspruches. Ueberwiegt hingegen das öffentliche Interesse, dann ist der Process wesentlich nur zur Constatirung und Realisirung staatlichen Rechtes da. Behördliche Handlungen können zwar da unter dem Gesichtspunkte des Gemeininteresses gefordert werden, die Einzelnen empfangen aber derartige Aktionen niemals als Erfüllung eines Anspruchs. Die zu Gunsten des Angeklagten oder Verurtheilten eingeleitete Aktion des Staatsanwalts ist ein klassisches Beispiel rechtlichen Reflexes, denn der Staatsanwalt vertritt nur das Gemeininteresse der gerechten Anwendung der Strafgesetze. Nur insoweit individuelle rechtliche Interessen in Frage kommen, kennt daher der Strafprocess auch Individualansprüche. Deshalb sind die Rechtsmittel, die dem Angeklagten oder Verurtheilten zu Gebote stehen, Specialisirungen des Rechtsschutzanspruches, welche diesen Personen vorzugsweise, wenn auch nicht ausschliesslich, wegen des individuellen Interesses auf möglich eingeschränkte Anwendung des Strafgesetzes verliehen sind.

Eine zweite wesentliche Funktion des Rechtsschutzanspruches liegt in seiner Beziehung zum negativen Status. Aus der Persönlichkeit entspringend, führt er in seinen Zwecken auf die Persönlichkeit zurück. Was der negative Feststellungsanspruch verfolgt und das absolutorische Urtheil constatirt, dem dient ein grosser Theil der Rechtsmittel im Civil-, Straf- und Verwaltungsprocess. Einrede, Berufung, Revisionsbegehren u. s. w. sind für den Beklagten und Angeklagten auch Mittel, um die Anerkennung der Freiheit von conkretem staatlichen Gebote zu erlangen. Dahin zielt auch die ganze Stellung der Privatpartei ebenso im Verwaltungsprocess der den öffentlichen Anspruch negierenden. Wie der Rechtsschutzanspruch daher einerseits den positiven Status erzeugt, so ist er andererseits zwar nicht Erzeuger, aber Gewähr der Anerkennung der ganzen vom Staatsgebiete freien Privatsphäre und des gesammten Privatrechts.

Der zweite Hauptanspruch, der dem positiven Status entspringt, ist der auf Interessenbefriedigung durch staatliche Verwaltungsthätigkeit. Die Verwaltung ist in einer grossen Zahl von Fällen verpflichtet, im individuellen Interesse Akte vorzunehmen, derart, dass dem Individuum vom Staate selbst ein Anspruch auf sie zugebilligt wird. Er wird namentlich — obwohl nicht ausschliesslich — dann zu statuiren sein, wenn die Vornahme eines Verwaltungsaktes abhängig gemacht wird von der Erhebung des Anspruches selbst. In solchen Fällen wird die Verwaltung erst thätig, wenn ein individuelles Begehren sie in Bewegung setzt. Der Anspruch auf Ausstellung öffentlicher Urkunden, auf Ertheilung der Entlassung aus dem Staatsverbande nach erfüllter Wehrpflicht, auf Zulassung zum Besuche höherer Lehranstalten, auf Ablegung von Prüfungen, auf Ertheilung von Consensen und Concessionen nach Erfüllung der gesetzlich vorgeschriebenen Bedingungen sind Beispiele hievon. In dem Anspruche auf den betreffenden Verwaltungsakt erschöpft sich sein ganzer rechtlicher Inhalt. Er ist wie jeder publicistische Anspruch gegen den Staat, formell aber an die zur Gewährung des Anspruches verpflichtete Behörde gerichtet, im Falle der Ablehnung durch diese an die höhere Administrativbehörde, damit sie ihn kraft ihres Aufsichtsrechtes der Erfüllung zuführe. Die Thätigkeit der Verwaltungsbehörde ist in solchen Fällen eine wesentlich feststellende. Sind die durch das Gesetz geforderten Umstände im conkreten Falle vorhanden, so hat sie den Anspruch anzuerkennen. Die Beschwerde gegen eine abweisende Entscheidung der unteren Behörden ist Anerkennungsbeschwerde.

Die Verwaltungsbeschwerde, soferne sie die Verpflichtung der administrativen Aufsichtsinstanz zur Untersuchung und Prüfung einer individualrechtliche Interessen berührenden Verfügung im Gefolge hat, erfüllt dieselben Funktionen, wie der Rechtsschutzanspruch oder ergänzt sie wenigstens; sie ist ein wenn auch unvollkommenes Mittel des Rechtsschutzes[130]. Vollkommener Rechtschutz wird dem Individualanspruch auf Verwaltungsthätigkeit gewährt durch die Verwaltungsklage; ohne sie findet der betreffende Anspruch seine Garantie nur in dem rechtlich normal gestimmten Willen der Verwaltungsbehör-

---

[130] Vgl. v. Gerber, Grundzüge S. 208, Löning, Verwaltungsrecht S.794, Bernatzik, Rechtsprechung und materielle Rechtskraft S. 63 ff., württemb. Verf. §§ 36, 37, sächsische Verf. § 36. Detaillirte Ausbildung hat dieses Rechtsmittel erfahren in Baden durch die landesherrliche Verordnung vom 31. August 1884, das Verfahren in Verwaltungssachen betreffend 111, §§ 28 — 42.

den[131]. Materiell aber gehört die Entscheidung über Verwaltungsbeschwerden, welche allerdings den zweifachen Charakter von Anzeigen und Rechtsmitteln haben können, in das Gebiet der Rechtsprechung.

Der Gegensatz zwischen materiellem und formellem, zwischen de lege ferenda anzuerkennendem und de lege lata anerkanntem Anspruch wird am klarsten, wenn man die Entwickelung der Verwaltungsgerichtsbarkeit verfolgt. So lange Rechtsfragen nur innerhalb der Verwaltung entschieden wurden, mangelte dem individuellen Anspruche die volle rechtliche Garantie, so dass im Collisionsfalle das Einzelinteresse dem Gemeininteresse weichen musste. Erst durch Zuerkennung formeller Rechtsmittel gegen obrigkeitliche Verfügungen ist dem durch die Verwaltung grundsätzlich zu schirmenden Gemeininteresse das Einzelinteresse als rechtlich geschützt derart zur Seite gestellt worden, dass im Collisionsfalle nicht die Stärke des Interesses sondern die des rechtlichen Anspruches entscheidet.

Dass materielle Verwaltung nicht nur von den Verwaltungsbehörden geübt wird, braucht an dieser Stelle nicht näher ausgeführt zu werden[132]. Daher ist ein individueller Anspruch auf Verwaltungsthätigkeit auch gegen die Gerichte gegeben. Er ist dann regelmässig durch dieselbe Organisation geschützt, wie der Rechtsschutzanspruch selbst. Trotzdem scheidet er sich scharf in seinem Wesen von letzterem. Nicht auf ein Constatiren, Judiciren, einen Executionsbefehl, sondern auf eine anders geartete Leistung des Gerichtes: auf ein Beurkunden, Aufbewahren, Sicherstellen u. s. w. ist er gerichtet.

Rechtliche Interessen sind nicht die einzigen, welche eine Berücksichtigung von Seiten des Staates verlangen, ihnen steht eine unübersehbare Reihe *faktischer* Interessen zur Seite. Diese faktischen Interessen können bestehen in der Herbeiführung oder Unterlassung staatlicher Verwaltungsakte zu Gunsten einer oder mehrerer Personen, in der Aenderung existirender oder der Einführung neuer staatlicher Institutionen. Auch zu ihrer Geltend-

[131] Beziehungsweise in den Einrichtungen, welche diese rechtlich normale Stimmung garantiren sollen, wie z. B. Gewährung eines speciellen an die Kammern gerichteten Petitionsrechtes in Sachsen, Verf. § 36, Absatz 2.

[132] Vgl. Jellinek, Gesetz und Verordn. S. 222 ff.

machung ist ein unmittelbar aus der Persönlichkeit entspringender Anspruch gegeben. Es ist das Recht der Bitte im weitesten Umfange, welches das Petitionsrecht und den Anspruch auf Berücksichtigung faktischer Interessen der Individuen in sich schliesst. Das Recht der Bitte oder vielmehr der Anspruch auf Erwägung der Bitte besteht darin. dass jedes staatliche Organ verpflichtet ist, in seine Competenz fallende Bitten der Unterthanen anzunehmen und zu erledigen. An den Monarchen gerichtet wird die Bitte in vielen Fällen zum Gnadengesuch, an das Parlament in der Regel zur Petition[133], an die Behörden zum Gesuche oder zur Beschwerde. In jenen Fällen nämlich, in welchen um die Abstellung von Uebelständen, um die Aufhebung interessenschädigender Verfügungen gebeten wird, nimmt die Bitte den Charakter der Beschwerde an, welche aber scharf von der Rechtsbeschwerde einerseits, der Verwaltungsbeschwerde zum Zwecke rechtlicher Anspruchsbefriedigung andererseits zu trennen und wohl am besten als *Interessenbeschwerde* zu bezeichnen ist. In welcher Form die Erledigung der Bitte erfolgt, ist nicht immer rechtlich vorgeschrieben. Allein ein formeller Anspruch auf Erledigung und Antwort ergiebt sich aus der Natur der Sache. Und wenn Verwaltungsbehörden diesem Anspruch nicht immer genügen, so liegt in derartigen Unterlassungen immerhin eine Verletzung des Einzelnen. Was für den Richter gilt, dass er unter allen Umständen der Partei antworten muss, sei es auch durch Abweisung der Klage a limine, hat principielle Geltung für alle Behörden[134].

Ein Rechtsanspruch auf Gewährung der Bitte ist aber natürlich dem blos faktischen Interessenten nicht gegeben. Allein trotzdem ist rechtlich die Entscheidung über sie nicht in das freie Belieben des betreffenden Staatsorganes gestellt. An alle Träger staatlicher Organschaft ergeht das rechtliche Gebot pflichtmässigen Handelns im Gemeininteresse[135]. Sofern aber das Gemeininteresse die Berücksichtigung des Einzelinteresses fordert oder auch nur ermöglicht, besteht die allerdings nur von ethi-

---

[133] Majestätsgesuch und Petition können allerdings auch den Charakter ausserordentlicher Beschwerden haben.

[134] Die Verpflichtung zur Antwort ist auch in den gesetzlichen Normen über die Verwaltungabeschwerde ausdrücklich ausgesprochen.

[135] Bernatzik, Rechtapr. und mat. Rechtskraft S. 46 und Grünhuts Zeitschr. XVIII, S. 156.

schen Garantien umgebene Pflicht, das faktische Einzelinteresse zu berücksichtigen. Andererseits steht dem Individuum der Anspruch zu auf Versorgung und Förderung aller seiner mit Hilfe staatlicher That zu erfüllenden Interessen, insoweit das Gemeininteresse es gestattet. In diese Formel kann der wesentliche Inhalt der Mitgliedschaft am modernen Staate zusammengefasst werden.

Ihn zu realisiren sind die drei in ihrer Wurzel zusammentreffenden Ansprüche gegeben: der Rechtsschutz-, der Interessenbefriedigungs- und der Interessenberücksichtigungsanspruch. Ist der Rechtsschutzanspruch das abstrakte Minimum publicistischer Ausstattung der Persönlichkeit, so ist sie namentlich in dem modernen Staate überall auch noch mit den beiden anderen Ansprüchen begabt. Nur durch den Inhalt dessen, worauf diese Ansprüche gehen, nicht aber in der Zahl und dem Masse dieser Ansprüche ist heute ein Unterschied unter den Personen denkbar. Als conkretes Minimum des positiven Status kommen sie aber nothwendigerweise Jedem zu; ihr Verlust würde dem bürgerlichen Tode, dem Erlöschen der Persönlichkeit gleichkommen. Auch nur in der Art und Weise der Realisirbarkeit, des Umfanges, welcher jedem von ihnen gegeben wird, ist ein Unterschied zwischen den einzelnen Staaten sowohl als auch zwischen den einzelnen Entwickelungsstufen eines jeden Staates selbst vorhanden. Die principielle Struktur dieser Aeusserungen der Persönlichkeit ist aber überall dieselbe. Sie gehört zu dem Typischen, das bei aller historischen und lokalen Besonderung kraft der typischen Elemente menschlicher Verhältnisse den staatlichen Institutionen innewohnt. Der Staat hat nicht zu allen Zeiten dem Menschen schlechthin Persönlichkeit gegeben. Sobald er aber irgend Jemanden eine Persönlichkeit zuerkannte, konnte er es nur dadurch thun, dass er ihm jene drei Ansprüche, wenn auch namentlich die beiden letzten in noch so rudimentärer Form gewährte.

Ausser diesen formell absolut gleichen Elementen des positiven Status lassen sich jedoch eine Fülle von variabeln unterscheiden. Sowie nämlich der Inhalt des Status mit jedem Wechsel der Gesetzgebung sich ändert, so sind andererseits auf Grund der bestehenden Rechtsordnung die tiefgreifendsten individuellen Unterschiede möglich. Durch speciellen Erwerbungsakt, durch staatliche Verleihung, überhaupt durch rechtsbegründende Verwaltungsakte jeder Art, durch Zugehörigkeit zu einem bestimmten Berufe u. s. w. kann einer Person ein reicheres Mass von Ansprüchen auf conkrete staatliche Anerkennung und Leistung zukommen. Hieher gehören z. B. auch alle durch staatliche Prüfungen erworbenen aktiven Qualifikationen (Zulassung zum Universitätsstudium auf Grund des Maturitätszeugnisses, zur ärztlichen Praxis auf Grund des Staatsexamens u. s. w.), ferner die besonderen Ansprüche auf staatliche Leistungen, welche aus dem aktiven Status entspringen, die im Zusammenhang mit diesem zu behandeln sind. Auch die positiven Ansprüche an öffentlich-rechtliche Verbände, die alle indirekt staatsrechtlicher Natur sind, zählen hieher. Einen geordneten systematischen Ueberblick über all diese möglichen Einzelansprüche zu geben, ist kaum durchzuführen, ein solcher hätte auch keinen grösseren wissenschaftlichen Werth als etwa die Aufzählung aller möglichen Objekte eines Kaufes oder eines Depositums. Es genügt die Feststellung der Principien, um den zu beurtheilenden Einzelfall in seiner öffentlich-rechtlichen Natur zu erkennen.

So stuft sich denn der positive Status seinem Inhalte nach mannigfaltig ab von dem jeder Persönlichkeit als solcher zustehendem Anspruchsquantum angefangen zu dem die Voraussetzung gesteigerter Ansprüche auf Grund umfassenderer Subjektion bildenden Verhältnisse der Staatsangehörigkeit und innerhalb desselben zu privilegirten, die Grundlagen spezieller Ansprüche constituirenden Qualifikationen[136]. Andererseits kann das inhaltliche Minimum der der Persönlichkeit als solcher zustehenden Einzelansprüche gemindert werden in Form der Strafe. Auch als Folge eines bevorzugten aktiven Status ist als Correlat der höheren Qualifikation Minderung positiver Einze-

---

[136] Für die in diesem Kapitel erörterten Ansprüche fehlt es an einer allgemein anerkannten Bezeichnung. Häufig werden sie nach französischem Vorbild „bürgerliche Rechte" genannt (z. B. von H. Schulze, Preussisches Staatsrecht 2. Aufl. I, S. 366, Ulbrich, Lehrbuch des österr. Staatsrechts § 31). Diese Bezeichnung ist aber ganz irreführend, einmal wegen der Identität von bürgerlichem und Civilrecht, sodann weil Staatsbürgerschaft nicht die Voraussetzung eines grossen Theiles dieser Ansprüche bildet. Auch der französische Begriff der „droits civils" leidet an weitgehendster Unklarheit. Im Grunde bezeichnet er nur den Gegensatz zu den „droits politiques". Vgl. Block, a. a. O.

lansprüche möglich. Jede aus welchem Grunde immer erfolgende Einschränkung der freien Bewegung der Persönlichkeit hat nämlich die nothwendige Folge, dass in der Richtung der Minderung der Rechts- und Interessenanspruch ihre Kraft versagen, indem das von ihnen geschützte Gebiet ein geringeres geworden ist.

Auch die formellen Ansprüche aber können in ihrer concreten Ausgestaltung mannigfaltige Modifikationen erleiden. Durch Einsetzung von Special- und Ausnahmegerichten kann der Rechtsschutzanspruch Einzelner und ganzer Klassen von der Regel abweichend bestimmt werden. Kraft besonderer Verhältnisse kann für gewisse Kategorien von Personen dem Anspruch auf Interessenbefriedigring und Interessenberücksichtigung ein breiterer Inhalt gewährt werden[137].

Auf Grund der vorangegangenen Untersuchungen wird es nun auch klar, welchen positiven Inhalt das Princip der Rechtsgleichheit de lege lata hat. Privatrechtlich kann es niemals bedeuten die Gleichheit des positiven Rechtsbestandes, sondern nur die Zuerkennung gleicher Fähigkeiten Privatrechte zu erwerben an Alle, allerdings auch das nur als allgemeine, in den conkreten Rechtssystemen manche Ausnahme zulassende Regel, von denen einige in der Natur der Sache begründet sind. Diese Gleichheit der Fähigkeiten ist aber nichts anderes als Zuerkennung des gleichen publicistischen Rechtsschutzanspruches an Alle. Aber auch die Zuerkennung eines gleichen Masses materieller publicistischer Ansprüche ist nicht Inhalt der gesetzlich anerkannten Rechtsgleichheit, wie bereits früher dargelegt wurde. Das wird an dieser Stelle aber noch klarer, wenn man die mannigfachen Abstufungen überblickt, die im Masse und Umfang der Ansprüche, namentlich der an die Verwaltung stattfinden können. Auch hier besteht die Gleichheit nur in der gleichen Zuerkennung der Ansprüche auf Rechts und Interessenschutz, sowie auf mögliche Berücksichtigung des individuellen Interesses durch den Staat. In dieser Anspruchsgleichheit liegt die einzige positiv-rechtliche Funktion der Rechtsgleichheit, die aber überhaupt auch nur als eine Regel mit Ausnahmen gelten kann.

---

[137] Man denke vor Allem an die zahlreichen Ansprüche, welche für Mitglieder bestimmter Berufe durch die neueren socialpolitischen Gesetze geschaffen worden sind.

Die Rechtsgleichheit liegt daher wesentlich in der, wenigstens principiellen, Gleichheit des positiven Status. Ausserdem enthält sie die allgemeine Verpflichtung des Staates, Gleiches mit gleichem Masse zu messen, sowohl in Gesetzgebung, als in Gericht und Verwaltung. Die Gleichheit in allen ihren Formen kann aber niemals Inhalt eines individuellen Anspruches werden. Sie ist objektives Recht und ihre Wirkung auf individuelle Rechtssphären ist reine Reflexwirkung.

X. Der aktive Status (Status der aktiven Civität)

I. Allgemeine Erörterungen

Staatlicher Wille ist menschlicher Wille. Die staatliche Willensbildung muss faktisch oder rechtlich bestimmten menschlichen Individuen in ihrer Eigenschaft als Staatsorganen zufallen. Der letztere Fall ist der normale und der einzige, der eine Erörterung unter juristischen Gesichtspunkten zulässt.

Rechtssätze müssen bestimmen, welche Personen und unter welchen Bedingungen sie die staatliche Willensbildung auszuüben oder an ihr theilzunehmen haben. Diese Rechtssätze sind im eminent staatlichen Interesse gegeben, eine Beziehung auf individuelles Interesse scheint ihnen auf den ersten Blick nicht einzuwohnen. Dass ein König, ein Präsident, ein Parlament da sei und staatliche Funktionen versorge, ist jedem individuellen Interesse entrückt. Anderenfalls müsste man den selbstverständlichen Satz, dass die Organe um des Staates willen da sind, in sein Gegentheil verkehren.

Verhält es sich aber so, dann scheint ein Anspruch auf Theilnahme am Staate, ein Anspruch auf staatliche Organschaft ausgeschlossen. Die Existenz dessen, was man im engeren Sinne als politische Rechte[138] zu bezeichnen pflegt, wäre juristisch un-

[138] Die Terminologie ist in diesem Punkte schwankend wie in der ganzen Materie. Häufig werden auch unter politischen Rechten die subjektiven öffentlichen Rechte schlechthin verstanden, was übrigens etymologisch correkt ist. Das österreichische Reichsgericht, welches über Beschwerden der Staatsbürger wegen Verletzung der ihnen „durch die Verfassung gewährleisteten politischen Rechte" judicirt, hat fast alle Freiheitsrechte und einige andere verfassungsmässige Ansprüche

möglich. Alles, was dem populären Denken als Individualrecht auf diesem Gebiete sich darstellt, wäre Reflex objektiven Rechtes, nicht subjektives Recht. Für das Wahlrecht hat *Laband* ausdrücklich diese Consequenz gezogen, sie jedoch nicht überzeugend zu begründen vermocht[139]. Alle Argumente, die er gegen die individualrechtliche Natur des Wahlrechtes geltend macht. treffen auch gegen unbezweifelte Privatrechte zu. So z. B. würden sie ihre Spitze auch gegen den Inhaber eines Rundreisebillets kehren, der doch ein nicht anfechtbares subjektives Forderungsrecht gegen eine oder mehrere Bahnverwaltungen besitzt[140]. Was *Labands* Behauptung anbelangt, dass das Wahlrecht kein ius quaesitum sei, sondern allen Wandlungen der Gesetzgebung folge, so theilt es diese Eigenschaft mit allen Ansprüchen auf staatliche Organstellung überhaupt[141]. Dass gewisse Hinderungen des Wahlrechtes nicht widerrechtlich sind, beweist nichts gegen den subjektiven Anspruch, der im Wahlrechte liegt, indem jene mindestens in gleichem Masse auch dem Gemeininteresse widersprechen, welches die Theilnahme sämmtlicher Wahlberechtigten an der Wahl wenigstens als ideales Ziel fordert[142].

(z. B. den auf den gesetzmässigen Richter) neben den parlamentarischen und Gemeinde-Wahlrechten unter diesen Begriff subsumirt.

[139] I, S. 308, 309 in schroffem, von ihm selbst bemerkten, aber nicht behobenen Widerspruch zu seinen Ausführungen (vgl. den Hinweis Note 2). Die Argumente, die er in Form von Consequenzen aus der Reflexnatur des Wahlrechtes für sein Dogma aufstellt, bestehen darin, dass es kein ins quaesitum sei, nicht zum Gegenstand einer Privatverfügung gemacht werden könne, daher unübertragbar, unveräusserlich, unvererblich sei, dass kein Anspruch auf Beseitigung von Hindernissen der Stimmabgabe bestehe.

[140] Ebenso würde der von Laband so richtiggezeichnete Rechtsschutzanspruch nicht subjektiv-rechtlicher Natur sein, sowie auch jeder individualisirte Anspruch an die Verwaltung blosser Reflex wäre.

[141] v. Gerber, Grundzüge S. 41.

[142] Aus der Reflexnatur des Wahlrechts ergiebt sich für Laband I, S. 309, dass der Dienstbote, Arbeiter, Geschäftsgehilfe, Beamte nicht berechtigt seien, einen Urlaub zu verlangen, um zu wählen; ebensowenig könne der Untersuchungs- oder Strafgefangene verlangen, in das Wahllokal geführt zu werden. Aber genau dasselbe gilt von einer grossen Zahl von Privatrechten solcher Personen; dem Dienstboten, der Eigenthümer eines Bauerngutes ist, wird doch nicht vom Staate das

Allein der so naheliegende Gedanke, dass die Rechte auf Theilnahme am Staate im Kerne sich nur als Reflex objektiven Rechtes darstellen, verschwindet sofort, wenn wir der Sache tiefer auf den Grund gehen. Die Gewährung derartiger Reflexrechte ist gar nicht möglich, ohne die individuelle Persönlichkeit in eigenthümlicher Weise zu qualificiren. Sie sind nur denkbar dadurch, dass dem Individuum ausserhalb seiner natürlichen Freiheit liegende Fähigkeiten gegeben werden, auf Grund deren erst die Ausübung der politischen Rechte statthaben kann.

Indem der Einzelne staatliche Funktionen ausübt, wird er zum Staatsorgan, hat als solches keine selbständigen Rechte, sondern staatliche Competenzen. Nicht die individuelle Persönlichkeit des Monarchen, sondern der König ist es, der im Rechtssinne regiert. Ebenso ist es aber auch mit dem Wähler, der als Mitglied des Wahlcollegiums an der staatlichen Funktion der Bildung der Wahlkammern betheiligt, nicht als selbständige Individualität, sondern als Staatsorgan handelt[143]. Wählen ist eine staatliche Funktion, deren Subjekt niemals der Einzelne als solcher sein kann. Der ganze Vorgang der Wahl ist ausschliesslich durch objektives Recht geregelt, aus dem für Niemand ein subjektives Recht sich ableitet, so wenig es Ausübung eines subjektiven Rechtes ist, wenn ein Richter im Richtercollegium seine Stimme abgiebt.

An diesem Punkte aber erhebt sich die Frage: Wie gewinnt der Staat die physischen Willen, in denen seine Willensbildung sich vollzieht? Die Antwort hierauf kann nur zwei Möglichkeiten umfassen: entweder durch Verpflichtung oder durch Berechtigung. Entweder kann eine durch Gesetz oder speciellen Verpflichtungsgrund geschaffene Dienstpflicht dem Staate individuelle Willensmacht zuführen, oder der Staat kann durch Zutheilung bestimmter Fähigkeiten an den Einzelnen diesen in den Stand setzen, im öffentlichen Interesse thätig zu werden.

Die Fälle der ersten Art brauchen an dieser Stelle nur berührt zu werden. Wehrpflicht, Geschworenen-, Schöffenpflicht verschaffen dem Staate Dienstleistungen, die er als seine eigenen

---

Recht ertheilt, zur Ausübung seines Eigenthums den Dienst beliebig einzustellen!

[143] Richtig erkannt von Merkel, Jur. Encykl. § 438. Vgl. auch Gierke, Genossenschaftstheorie S. 707 ff., Bernatzik, Archiv S. 310, Note 319.

Aktionen sich aneignet. Auf Reihendienst und der Verpflichtung zur Annahme von Wahlämtern kann die Organisation der staatliche Funktionen versehenden Gemeinde beruhen. Durch Dienstvertrag kann ein specielles Gewaltverhältniss des Staates begründet werden, das in seinen Wirkungen für den Staatswillen der gesetzlichen Dienstpflicht gleichkommt. In allen diesen Fällen entsteht und besteht eine auf dem Individuum ruhende Pflicht, als Staatsorgan thätig zu werden.

In den Fällen der zweiten Art jedoch theilt der Staat dem Individuum eine mit dessen Person verknüpfte Fähigkeit zu, als Staatsorgan handeln zu können. Die Sphäre des Individuums wird nicht durch eine Pflicht beschränkt, sondern vielmehr seine rechtliche Handlungsfähigkeit erweitert. M. a. W. dem Individuum wächst ein neuer Status zu. Es ist der Status der *aktiven Civität*, in Kürze der *aktive Status*. Er unterscheidet sich vom status civitatis erheblich dadurch. dass nicht Ansprüche an den Staat seinen unmittelbaren Inhalt bilden, sondern dass der Einzelne mögliches Objekt einer staatlichen Aktion ist, wodurch er der staatlichen Organisation als Glied eingefügt wird. Er ist das gerade Gegenstück des negativen Status. Kraft dieses ist der Einzelne vom Staate befreit, kraft jenes für den Staat thätig. Dadurch nähert er sich dem passiven Status, von dem er aber wieder toto coelo dadurch geschieden ist, dass nicht Unterwerfung unter einen höheren Willen, sondern Bildung dieses höheren Willens selbst sein letztes Ziel ist. Ferner entspringen aus dem passiven Status niemals Ansprüche an den Staat, während der in Frage stehende Status die rechtliche Grundlage einer ganzen Reihe wichtiger individueller Forderungen an den Staat bildet.

Dass aber diese persönliche Qualifikation nicht blosser Reflex objektiver Rechtssätze sein kann, ergiebt sich aus Folgendem. Wenn der Staat den Einzelnen kraft seines Imperiums sich dienstbar macht, so spielt der Wille des Subjicirten hierbei keine Rolle. Ganz anders in den Fällen, wo die Ausübung öffentlicher Funktionen dem Einzelnen freigestellt ist. Hier ist die Erfüllung der für das Gemeinwesen nothwendigen Funktionen durch den Willen des Individuums nur dann garantirt, wenn das Thätigwerden im Gemeininteresse zugleich auch ein individuelles Interesse befriedigt. Nur wo der Staat ein derartiges Individualinteresse in hohem Grade voraussetzt, kann er vom Zwang zur Ausübung der betreffenden Funktionen absehen[144].

Am klarsten und stärksten tritt dieses Individualinteresse beim Monarchenrecht hervor. Daher herrscht in der staatsrechtlichen Literatur nicht der geringste Zweifel, dass der Monarch einen Anspruch auf seine Stellung habe, welcher ihm als Individuum, nicht etwa als Staatsorgan zusteht. Was für den Monarchen gilt, hat selbstverständlich auch seine Geltung für das souveräne Organ der Demokratie, indem die Einzelnen, welche das Volk bilden, einen rechtlichen Anspruch auf Theilnahme an der Organschaft der höchsten Gewalt besitzen. Aber auch für die Wahlrechte in den Staaten mit Repräsentativverfassungen gilt das Angeführte. Um den einander tausendfältig widerstreitenden Individualinteressen ein Organ zu verschaffen, das diese Interessen zu einer idealen Einheit versöhnt und damit zum rechtlichen Ausdruck des Gemeininteresses wird, ist in den continentalen Staaten die parlamentarische Institution entstanden. Die „Gesellschaft" im Sinne *Mohls*, *Steins* und *Gneists* ist es, welche die Wahlkammern ernennt, m. a. W. die Gesammtheit der durch zahlreiche partikulare, oft einander entgegengesetzte Interessen mit einander verbundenen und einander gegenüberstehenden Einzelnen, welche identisch mit dem Volke ist. Wenn nicht das mächtigste individuelle Interesse hinter den Wahlrechten stünde, dann wäre nicht einzusehen, warum in den Staaten, welche das allgemeine Wahlrecht nicht kennen, eine so tiefe Bewegung zu seinen Gunsten durch die bisher ausgeschlossenen Volksklassen geht. Hat doch in richtiger Erkenntniss der Betheiligung der Individualinteressen an der Bildung des Gemeinwillens bereits die erste Erklärung der Menschen- und Bürgerrechte die Wahl- und Stimmrechte als deren integrirenden Bestandtheil proklamirt[145]. Auch der antike Begriff der Freiheit, welcher in der Antheilnahme am Staate bestand, ging aus von dem Gedanken, dass das individuelle Interesse mit dem Gemeininteresse dadurch dauernd verknüpft sei, dass es sich in der Bildung des letzteren aktiv bet-

[144] Dass auch parlamentarische Wahlen durch Strafbestimmungen gegen Nichtausübung des Wahlrechts geschützt sein können, zeigt z. B. das bayerische Wahlgesetz vom 21. März 1881 Art. 21 und die badische Wahlordnung in der Fassung vom 25. August 1876 § 57 (Störk, Handbuch der deutschen Verfassungen S. 95 u. 234).

[145] Art. 6.

hätigen könne. Wenn *Rousseau* in seinem contrat social die Lehre von der volonté générale aufstellt, welche die harmonische innere Einheit sämmtlicher individueller Willen ist und als frei nur den bezeichnet, der ausschliesslich unter der Herrschaft des Allgemeinwillens steht, in welchem ja der Einzelwille als mitwirkendes Element aufgehoben ist[146]. so hat er in moderner Form dem antiken Gedanken Ausdruck gegeben, demzufolge Mitglied des Staates nur der war, der seinen individuellen Willen in die Wagschale der Gemeininteressen werfen konnte.

Abgesehen von dem Einflusse, welcher jedem an dem öffentlichen Leben rechtlich betheiligten Individuum an der Bildung des Gemeinwillens eingeräumt ist, kommt das individuelle Interesse auch noch mächtig zur Geltung in dem höheren Masse socialer Ehre und Werthschätzung, welche die am Staate Theilnehmenden besitzen, im höchsten Grade beim Monarchen, in abgestufter Weise aber bei Jedem sich zeigend, dem „politische Rechte" gebühren. Es ist daher aus verschiedenen Gründen — in der Regel wenigstens — ein tiefes individuelles Interesse vorhanden, für das Gemeininteresse thätig zu werden.

Wohl zu unterscheiden von den individualisirten Ansprüchen sind die *passiven Qualifikationen*, die dem Einzelnen zukommen. Durch diese wird Jemand nicht unmittelbar mit einem Anspruche an den Staat ausgerüstet, sondern ihm nur eine Fähigkeit beigelegt, kraft deren er mögliches Subjekt eines Anspruches wird. Zu dieser abstrakten Fähigkeit muss ein specieller Erwerbungsakt des in ihr sich einwurzelnden Anspruches hinzukommen, um *aktive Qualifikation* hervorzurufen. Passive Qualifikationen sind ausschliesslich Reflex von Rechtssätzen, die in dieser Eigenschaft zu keiner wie immer gearteten Handlung berechtigen. Solcher Art sind die Wählbarkeit und die Aemterfähigkeit; aus ihnen allein erwächst nicht der geringste Anspruch, der eines rechtlichen Schutzes fähig wäre. Sie sind nicht in der individuellen Sphäre lokalisirt, sondern nur der Widerschein der Normen, die die Qualitäten bestimmen, die Jemand besitzen muss, um staatliches Organ zu werden[147]. Für den noch nicht

---

[146] Du contrat social l. I, ch. VI.

[147] So gewährt die in vielen Verfassungen ausgesprochene Aemterfähigkeit des Staatsbürgers keinen wie immer gearteten positiven An-

Gewählten und noch nicht Beamteten ist. das ohne Weiteres klar. Aber auch wenn der bereits Gewählte oder Ernannte mangels passiver Qualifikation in seiner aktiven Qualität bestritten wird, erlangt er in dem dadurch hervorgerufenen Verfahren nicht ohne Weiteres die Stellung eines Processsubjektes. Vielmehr ist hier das staatliche Recht derart tangirt, dass ex officio die vom objektiven Rechte geforderte Qualifikation des Individuums untersucht werden muss, die sich auch dadurch klar als eine objektivrechtliche Bedingung der giltigen Vornahme gewisser staatlicher Akte erweist. Die passiven Qualifikationen sind im Grunde negativer Natur, indem ihr Dasein für sich keinen Anspruch an den Staat gewährt und sie daher dem Staate nur die Ausgeschlossenen bezeichnen, nicht aber die Berufenen individuell kenntlich machen. Wo ein streng individualisirter Anspruch auf Berufung besteht, ist aktive Qualifikation vorhanden. Das Kirchenrecht bezeichnet in treffendster Weise passiv Qualificirte als personae idoneae[148].

Aktive Qualifikation, daher Vorhandensein eines besonderen Status ist gegeben bei allen individualisirten Ansprüchen auf Organschaft. Die Mitglieder der Dynastie, die Agnaten einer mit „erblicher" Kammermitgliedschaft ausgerüsteten standesherrlichen Familie. die Besitzer von Gutsbezirken haben einen rechtlichen Anspruch auf die Krone, die Kammermitgliedschaft, die Ausübung polizeilicher Funktionen. Ebenso ist es mit der von einer persona idonea erworbenen Organschaft der Fall. Der Beamte und das Kammermitglied haben individualisirte rechtliche Ansprüche, die der rechtlichen Anerkennung des individuellen Interesses an der Existenz derartiger Qualifikationen entspringen. Beim Gewählten z. B. ist in noch höherem Masse als beim Wähler das individuelle Interesse vorhanden, im Gemeininteresse thätig zu werden. Er hat daher ebenso einen individuellen Anspruch auf Organschaft wie der Monarch. Dem Beamten steht zwar kein derartiges Recht zu. Er hat kein Recht auf das Amt, kein „ius ad rem", wohl aber auf das ihn qualificirende Verhältniss der Beamtung, wenigstens da, wo eine gesetzliche Dienst-

---

spruch. Gute Ausführungen in den Entscheidungsgründen zu Nr. 165 des österr. Reichsgerichtes, Hye, Sammlung IV, S. 768.

[148] c. 29 X. de praeb. et dign. III, 5. Vgl. auch Hinschius, Kirchenrecht der Katholiken und Protestanten II, S. 476.

pragmatik existirt, die den Beamten vor willkürlicher Ausstossung aus dem Beamtenstande oder Minderung seiner Stellung schützt[149].

Analysirt man nun den Anspruch auf Organschaft eingehend, so ergiebt sich, dass er principiell überall den gleichen Inhalt hat: Anerkennung der betreffenden Personen als staatlicher Organe und Zulassung derselben zu den gesetzlich normirten Funktionen. Da aus der Anerkennung für den Staat ipso iure die Verpflichtung auf Zulassung folgt, so ist der rechtliche Anspruch auf Organschaft im Grunde ein Anspruch auf Anerkennung und zwar auf Anerkennung eines Status. Der Anspruch geht niemals auf die Ausübung bestimmter Funktionen, die stets nur im staatlichen Interesse erfolgen, deren Subjekt daher ausschliesslich der Staat ist, sondern nur auf das Verhältniss der Organschaft, dessen Inhalt keine Beziehung auf das individuelle Interesse besitzt. Daher ist die staatliche Competenz niemals Inhalt eines Individualrechtes des Monarchen, noch die parlamentarische des Parlamentsmitgliedes. Nur soweit dem Einzelnen Rechtsmacht gegeben ist, um ungehindert seine organschaftliche Thätigkeit als solche ausüben zu können, wird diese, obwohl ebenfalls im Gemeininteresse statuirt, unter die individuellen Ansprüche der Einzelnen fallen, die aber alle auf den gemeinsamen Nenner der Anerkennung zurückzuführen sind.

Die eigenthümliche und nicht leicht zu entwirrende Verbindung, in welcher bei den politischen Rechten Individual- und Gemeininteresse stehen, hat *Bernatzik* zu einer eigenartigen Lösung des Problems geführt, in erster Linie bezüglich des Monarchenrechtes und des (an anderer Stelle zu erörternden) Rechtes der Gemeinden[150], denen er aber in folgerichtiger Erkenntniss die übrigen politischen Rechte gleichstellt. Die deutschrechtliche Lehre vom getheilten Eigenthum giebt ihm das Paradigma, nach welchem das Verhältniss von Staat und nichtstaatlicher Persönlichkeit bei dem in Frage stehenden Probleme zu construiren sei.

Aber weder in ihrer Beschränkung auf das Monarchenrecht, noch in ihrer Ausdehnung auf sämmtliche unmittelbare Staatsorgane kann die Lösung, welche *Bernatzik* der vorliegenden Frage giebt, als befriedigend angesehen werden. Beim getheilten Ei-

---

[149] Vgl. z. B. Reichsbeamtengesetz § 61 ff.

[150] Archiv f. off. R. V, S. 297 ff.

genthum gehen die beiden Berechtigungen in idem, bei dem Staate und den individuellen Trägern seiner Organe auf Verschiedenes. Der Monarch hat, wie *Bernatzik* richtig hervorhebt, ein Recht auf Organstellung[151], aber nur auf dieses ist sein Anspruch gerichtet; der Inhalt der Organbefugnisse jedoch, die staatlichen Competenzen, sind niemals „eigenes Recht“ des Monarchen. Darin, dass er in der Organstellung selbst die individuelle Persönlichkeit des Monarchen noch fortdauernd, ihn als einen Zwitter von Person und Nichtperson in der Organstellung sich denkt, liegt der Fehler seiner Construktion. Dieser hängt aber zusammen mit seinem später als irrig nachzuweisenden Versuche, durch die Begriffe des eigenen und fremden Rechtes das Problem des Verhältnisses von Organwillen und Staatswillen zu lösen[152]. Da er das „eigene“ Recht des Monarchen auf Organstellung seinen theoretischen Prämissen gemäss aus dem Staate nicht ableiten kann, so wird es ihm in trotz aller Proteste dennoch vorgenommener bedenklicher Anlehnung an wissenschaftlich längst überwundene Ideen zu einer Art von Privatrecht, von dem man nicht weiss, woher es stammt[153]. Diese Construktion hätte aber zur Voraussetzung, dass der Staat und seine Ordnung nicht nur um der Volksgemeinschaft, sondern auch um des Einzelnen willen da sei, der an seiner Spitze steht[154] eine Ansicht,

---

[151] a. a. O. S. 299.
[152] Vgl unten Kap. XIII.
[153] a. a. O. S. 301.
[154] Darauf läuft doch schliesslich die Annahme einer Interessenidentität hinaus, wie sie hier Bernatzik statuiren will. Eine solche ist aber schon aus dem Grunde unmöglich, weil die Interessen eines staatlichen Gemeinwesens mit denen eines Individuums gar nicht zusammenfallen können. Diese sind stets, wenn sie auch noch so weit gehen, zeitlich und inhaltlich beschränkt, während das unsterbliche Gemeinwesen gemäss seinem Berufe für die Gesammtheit menschlicher Gemeinzwecke zu wirken, eine inhaltlich nicht zu begrenzende Interessenfülle hat. Vielmehr als Identität ist hier eine Differenz der Individual- und der Gemeininteressen gegeben. Das rechtliche Interesse einer bestimmten Person, Monarch zu sein, kann niemals auch rechtliches Interesse des Staates sein. Der Staat hat kein Recht auf eine bestimmte Herrscherperson. sonst wäre ja eine Thronentsagung kraft einseitigen Willens des Monarchen unmöglich. Ebensowenig ist das Interesse des Staates an der verfassungsmässigen Ausübung der Staatsgewalt zugleich ein rechtliches Interesse des Monarchen. Vielmehr begründet jenes staatli-

die in voller Schärfe in unserem Jahrhundert nur Ludwig von *Haller* vertreten hat. Mit der nach schwerem Kampfe zur Anerkennung gelangten modernen Staatsidee ist diese aber ganz unvereinbar.

Den Weg zur richtigen Erkenntniss hat aber bereits vor vierzig Jahren v. *Gerber* in seiner Abhandlung über öffentliche Rechte beschritten[155]. Die Theorie des deutschen Staatsrechts stand damals noch vielfach unter dem Einflüsse kritiklos acceptirter Reminiscenzen des Territorialstaates der alten Reichszeit, wonach die Staatsgewalt ein Accessorium der territorialen Landeshoheit war. Der Gedanke einer Art dinglicher Berechtigung der Person des Landesherrn an der Staatsgewalt war von dem unentwickelten staatsrechtlichen Denken der Reichspublicistik und bei den ungeklärten Verhältnissen des zerfallenden Reiches noch nicht grundsätzlich verworfen worden[156]. Der Widerspruch, den *Maurenbrechers* ganz privatrechtliche Construktion des Monarchenrechtes erregte, bahnte durch die Darlegungen *Albrechts*[157] und *Stahls*[158] die Erfassung der rein publicistischen

---

che Interesse Pflichten des Monarchen. Man kann doch nicht im Ernste behaupten, dass die verfassungsmässige Beschränkung des Monarchen sein Interesse und demgemäss sein Recht sei.

[155] S. 51 ff.

[156] Obwohl auch damals bereits, wie Bernatzik, Archiv S.246 hervorhebt, der Gedanke der gliedlichen Stellung des Monarchen durchzubrechen beginnt. Vgl. Bezüglich der Vorläufer Albrechts die Literaturnachweise bei Maurenbrecher. Die regierenden deutschen Fürsten und die Souveränetät S.4 ff. S 59 ff. (namentlich Majer und Posse).

[157] Göttinger gelehrte Anzeigen a. a. O., namentlich die von Bernatzik Archiv S. 246, Note 224 in extenso wiedergegebene Stelle, in welcher der Gedanke der juristischen Persönlichkeit des Staates und der Unpersönlichkeit des zum Staatsorgan gewordenen Individuums in grösster Klarheit ausgeführt wird. Bernatzik behauptet, Besseres sei über die Natur des Gemeinwesens und des Staates insbesondere nie geschrieben worden. Ich stimme diesem Ausspruch vollkommen bei. Nur scheinen mir Bernatziks selbständige Ausführungen sich mit diesem Lobe nicht zu vertragen.

[158] Recension von Maurenbrecher, Die deutschen Fürsten in Richters Kritischen Jahrbüchern für R.W. V, S. 118 über den Begriff des Trägers der Staatsgewalt: „Durch den Ausdruck ‚Träger' ist offenbar nicht gesagt, dass der Fürst eine Macht oder gar eine Majestät ausübe, wel-

Natur des Monarchenrechtes an. allein erst v. *Gerber* hat in voller Klarheit die monarchische Competenz und den Anspruch auf Geltung als Monarch geschieden und letzteren als ein in der Stellung der Monarchenpersönlichkeit als Staatsmitgliedes begründetes Individualrecht erklärt, das aber seinem ganzen Wesen nach als öffentliches Recht sich darbietet[159]. Diese Erkenntniss ist fortzuentwickeln, nicht rückzubilden.

Macht man sich von der unhaltbaren Vorstellung eines Rechtes an der Staatsgewalt los, so ist der Rechtsinhalt der unmittelbaren, nicht abgeleiteten, aus der aktiven Civität fliessenden Ansprüche leicht zu erkennen. Der Einzelne hat kraft des letzteren Status einen Anspruch auf Organschaft, d. h. auf Anerkennung seiner Individualität als Trägers staatlicher Competenzen. Nur darauf aber geht der individuelle Anspruch. Die Ausübung der staatlichen Funktion selbst, wiederholen wir, ist nicht mehr Inhalt individueller Berechtigung und kann es nicht sein. Denn als Staatsorgan ermangelt die physische Individualität der Persönlichkeit. Sie ist Glied eines höheren Ganzen geworden und die diesem Gliede weiterhin subsistirende Einzelpersönlichkeit kann nur den Anspruch haben, als Glied des Ganzen zu gelten. Die Person des Monarchen hat nur den Anspruch auf Anerkennung ihres Status, d. h. auf Geltung ihrer Individualität als obersten Staatsorganes[160]. Die Staatsgewalt selbst hingegen wird nur vom Staate, beziehentlich von den ihm eingegliederten Personen ausgeübt. „Dieses Willensrecht des Monarchen ist nicht ein Recht der individuellen menschlichen Persönlichkeit, sondern ist durch den institutionellen Charakter der monarchischen Organschaft gebunden“[161]. und ebenso verhält es sich mit allen anderen aktiven Qualifikationen.

---

che dem Staate unterschieden von ihm zukomme, sondern dass er eben an der göttlich verordneten Anstalt das Glied ist, welches selbst und ohne allen Einfluss der übrigen der Sitz der Vollkommenheit und Majestät ist“, ferner Philosophie des Rechts II, 2, § 71: „Es ist nicht darauf abgesehen, dass am Fürsten eine menschliche Persönlichkeit über den Staat herrsche, sondern dass der Staat im Fürsten persönlich werde“.

[159] Ueber öffentl. Rechte S. 63 ff.

[160] Dieser Anspruch geht also auf ein Sein, nicht auf ein Haben, auf eine Qualifikation der Persönlichkeit, nicht auf ein Objekt.

[161] v. Gerber, Grundzüge S. 79.

II. Die einzelnen aktiven Qualifikationen (Die politischen Rechte).

1. Das Monarchenrecht.

In ihm sind zwei getrennte Ansprüche zu unterscheiden: Der Anspruch auf Erwerbung der Krone und der Anspruch des Erwerbers. Beide beruhen auf der persönlichen Qualifikation, welche in der (heute mit Ausnahme Bulgariens einzig existirenden) Erbmonarchie kraft Verfassungsrechtes einem durch Familienbande verbundenen engen Kreise von Personen zukommt. Die successionsfähigen Mitglieder der Dynastie haben einen eigenartigen, höchst privileghten Status. Und zwar ist der Anspruch auf Erwerb der Krone ein aus aktiver Qualifikation fliessender. Denn nicht eines besonderen Creationsaktes bedarf es, um den potentiellen Anspruch aktuell werden zu lassen, vielmehr tritt er stets ipso iure ein. Dieser Anspruch ist jedoch rein publicistischer Natur. Es widerspricht dem modernen Staatsgedanken durchaus, das Recht der „Anwärter“ auf die Krone nach Art der Successionsberechtigung in ein Lehen zu construiren und es ist bezeichnend für die fortschreitende Erkenntniss der Staatsidee, dass jene Ansicht, welche noch von *Stahl*[162], *Zöpfl*[163], *Zachariä*[164] und selbst von *Gerber*[165] entschieden vertreten wurde, von den Neueren gänzlich aufgegeben ist. Die wichtige Consequenz aus dieser Thatsache besteht darin, dass kein erworbenes Recht der „Anwärter“ vorhanden ist, eine Thronfolgeänderung daher einfach in den verfassungsmässigen Formen sich vollzieht, eine Zustimmung der Agnaten also, wofern nicht ausdrücklich das Gegentheil verfassungsmässig festgestellt ist, rechtlich nicht nothwendig, ja sogar belanglos ist[166].

Der kraft der Successionsordnung zur Trägerschaft der Krone Berufene hat in erster Linie den Grundanspruch auf Anerken-

---

[162] Philosophie des Rechts II, 2, S. 240.

[163] Grundsätze des gemeinen deutschen Staatsrechts 5. Aufl. I. S. 590.

[164] a. a. O. I, S. 342.

[165] Grundzüge S. 92, Note 7.

Diese Consequenz ist zuerst gezogen worden im englischen Staatsrecht, Fischel, Die Verfassung Englands 2. Aufl. S. 119. In Deutschland war Mohl der erste, der, Württemb. Staatsrecht I, S. 434 f. die rein publicistische Natur der Thronfolgeordnung erkannte. Heute wird sie von der herrschenden Lehre vertreten. Vgl. G. Meyer, Staatsrecht S. 212 und die daselbst Note 3 angeführten Schriftsteller.

nung seiner physischen Individualität als Trägers der obersten Organschaft des Staates[167]. Alle Thronstreitigkeiten sind Streitigkeiten um staatliche Anerkennung. Aber auch der unbestrittene Monarch hat fortwährend den Anspruch, als solcher anerkannt zu werden. In diesem Anspruch aber erschöpft sich das Recht an der Krone. Wenn auch die Individualität des Monarchen in allen Regierungsakten in specifischer Weise hervortritt, so kann doch diese historische Bedeutung der

[167] Die Scheidung zwischen dem Individuum als Substrat der Organschaft und der Organcompetenz selbst wird selten trotz principieller Erkenntniss der Natur des Monarchenrechtes festgehalten. In der Regel findet wieder ein Rückfall in die Theorie vom Monarchen als Subjekt der Staatsgewalt selbst statt. So H. Schulze, Deutsches Staatsrecht l, § 82, Preuss. Staatsr. 2. Aufl. I, § 47, G. M e y e r, Staatsr. S. 206 und derselbe, Der Antheil der Reichsorgane an der Reichsgesetzgebung S. 16, wo zwischen Träger der Staatsgewalt und Organ des Staates unterschieden wird, während doch unter dem „Träger“ nur ein besonders geartetes Organ verstanden werden kann, nämlich jenes, welches die ihm zustehende Gewalt nicht im Auftrag oder als Repräsentant ausübt. Dass die Anhänger der Herrschertheorie auf diesem Standpunkt stehen, ist natürlich; da sie die Persönlichkeit des Staates leugnen, gerathen sie wenigstens nicht in den Widerspruch, dasselbe Recht zwei verschiedenen Subjekten zuzuschreiben. Die richtige Lösung hat aber ebenfalls v. Gerber zuerst formulirt, indem er sagt: „Man unterscheide also den Inhalt des Monarchenrechts als Institution und das Recht auf Innehabung des Monarchenrechts; nur das letztere ist ein sich unmittelbar an die Persönlichkeit anschliessendes Recht“. Grundzüge S. 79, Note 4. Ferner charakterisirt er S. 87 das Monarchenrecht als das Recht, Monarch zu sein, ebenso Gesammelte juristische Abhahdlungen 1I, S. 455. Auch Gareis, Allgemeines Staatsrecht bei Marquardsen, S. 36 spricht von der „Eigenschaft, Staatshaupt zu sein.“ Gierke, Labands Staatsr. und die deutsche Rechtswissensch., Schmolers Jahrbuch VII, S. 40 scheidet zwischen dem Recht des Monarchen auf die Stelle des Staatshauptes und der Organschaft selbst und fasst ersteres als ein potenzirtes Staatsbürgerrecht auf. Durch den unklaren, widerspruchsvollen Begriff der Organpersölichkeit jedoch, den er S. 47 entwickelt, steht seine Auffassung hinter Gerberschen ah Prägnanz und Deutlichkeit zurück. An Gierke schliesst sich an Seidler, Die Immunität der Mitglieder der Vertretungskörper nach österreichschem Recht S. 71, nachdem er jedoch S. 69 den Begriff der Organpersönlichkeit abgelehnt hat.

Persönlichkeit vom Rechte nicht erfasst werden[168]. Rechtlich ist der Monarch souveränes Organ des Staates, in keiner Hinsicht jedoch Subjekt der staatlichen Rechte. Die Regierungsrechte des Monarchen sind daher nichts als die dem souveränen Staatsorgane zustehende staatliche Competenz. Ein Streit über ihren Umfang ist nur als Competenzstreit, nicht als ein Streit um subjektive Rechte denkbar.

Das Monarchenrecht als Recht des Regierenden zeigt nun die scheinbare Eigenthümlichkeit, dass es das einzige öffentliche Recht ist, das ohne den Willen seines Trägers einer Aenderung nicht unterzogen werden kann[169]. Zwar kann auch die Stellung des Parlamentes ohne dessen Zustimmung nicht geändert werden. Allein nur für die Stellung des Parlamentes als Ganzen trifft dies zu. Hingegen ist eine Aenderung in der individuellen Berechtigung seiner Mitglieder kraft des Majoritätsprincipes einer dissentirenden Minorität gegenüber möglich und thatsächlich vorgekommen. Soweit diese Behauptungen sich auf die Organstellung von Monarch und Parlament beziehen, kann von einer Rechtsänderung überhaupt nicht gesprochen werden. Es kann sich stets nur um eine neue Competenzvertheilung handeln, die als solche objektives, nicht subjektives Recht ändert. Steht hingegen eine Aenderung der persönlichen Berechtigung des Monarchen in Frage, so hat allerdings kraft der physischen Coincidenz stets der monarchische Organwille über die künftige Stellung des diesem subsistirenden Individuums zu entscheiden. Das folgt aus der physischen Identität des Willens des souveränen Staatsorgans mit dem der Herrscherperson. Allein das Monarchenrecht wird dadurch in keiner Weise zu einem

[168] Hier ist einer jener Punkte, an welchen deutlich die Beschränktheit juristischer Erkenntnis und das Bewusstsein klar wird, dass das Leben des Staates durch juristische Betrachtung allein nicht begriffen werden kann. Alles Leben ist unmittelbare Wirkung individuell-conkreter Kräfte, die mit abstrakten Begriffen, als welche die Werkzeuge der Jurisprudenz sind, nicht völlig erfasst werden können. Es steht mit dem Monarchen übrigens nicht anders wie mit dem Parlament, den Ministern, den Beamten, deren individuelle politische Wirksamkeit mit juristischen Schablonen nicht zu begreifen ist.

[169] Das wird häufig als eines seiner Kriterien hingestellt z. B. von Zachariä a. a. O. I, S. 85.

wohlerworbenen Privatrecht. Es ist wie alles öffentliche Recht durch den Staat verliehen und wie alles öffentliche Recht ausschliesslich dem rechtsändernden Willen des Staates unterworfen. Nicht mit Einwilligung der Herrscherperson, sondern durch den einseitigen Willen des hiezu competenten Monarchen als Staatsorganes findet in den verfassungsmässigen Formen eine Aenderung in der Rechtsstellung des ersteren statt.

Diese auf Grund der Anerkennung der aktiven Qualifikation des Herrschers sich ergebende Rechtsstellung seiner Person äussert sich in einer Reihe rechtlicher Ansprüche, durch welche der erhöhte Gesammtstatus desselben seinen Ausdruck findet. In erster Linie die Unverantwortlichkeit des Monarchen, also die denkbar höchste Steigerung seines negativen Status, aus der für ihn der Anspruch auf Unterlassung jeder wie immer gearteten, gegen seine Person gerichteten Aktion eines Staatsorganes (Gericht, Parlament) folgt, ein Anspruch, der in der Regel durch das objektive Recht selbst sich realisirt, obwohl immerhin die subjektive Geltendmachung desselben juristisch möglich ist. Sodann die *Ehrenrechte* des Monarchen. Diese bilden, soweit sie überhaupt individualrechtlicher Natur sind, einen höchst privilegirten negativen Status, indem gewisse Handlungen nur vom Monarchen vorgenommen werden können. Dahin gehört das Halten eines Hofstaates[170] und die Führung auszeichnender Titel und Insignien. Unter anderem Gesichtspunkte erscheinen aber diese Rechte zugleich als staatliche, auf der individuellen Herrscherpersönlichkeit ruhende Pflichten. Das staatliche Interesse ist an der äusseren Würde der Krone und der Führung der entsprechenden Titel des Monarchen wesentlich betheiligt, was bei der völkerrechtlichen Geltung der monarchischen Titulaturen hervortritt. Deshalb ist die Frage aufzuwerfen, ob die in Rede stehenden Ansprüche nicht Reflexrechte sind. Allein gegen diese Qualität spricht der Umstand, dass ein wesentliches individuelles Interesse des Monarchen an der Ausübung der erwähnten Befugnisse unzweifelhaft ist. Individuelles Recht und staatliche Pflicht

---

[170] Das aber hausgesetzlich oder kraft Erlaubniss des Monarchen auch anderen Gliedern der Dynastie zukommt. Ganz richtig hebt Seydel, Bayr. Staatsr. I, S. 360 hervor, dass öffentlich-rechtlicher Natur nur der staatliche Schutz sei, welcher die vom Monarchen für den Glanz des Hofes getroffenen Einrichtungen umgiebt (R.Str.G.B. § 380).

sind hier in eigenthümlicher Weise mit einander verbunden. Der König hat einerseits das Recht, den Majestätstitel zu führen, und kann auf ihn andererseits, so lange er die Krone trägt, nicht verzichten.

Ein grosser Theil dessen aber, was herkömmlich unter der Kategorie der Ehrenrechte aufgezählt zu werden pflegt, ist einfach Reflex bestimmter Gehorsamspflichten der Unterthanen. Dahin gehört z. B. das „Recht" auf Fürbitte im Kirchengebete, auf Landestrauer und die höchsten militärischen Ehrenbezeugungen[171]. Ebensowenig aber lässt sich ein Rechtsanspruch auf erhöhten Rechtsschutz[172] behaupten, vielmehr bezeichnen die hieher gehörigen Rechtssätze durch strenge Sanktionen garantirte Rechtspflichten der Unterthanen, die wie alle Sätze des Strafrechtes bestimmt sind. ein für die Gesammtheit werthvolles Gut zu erhalten[173].

Individualrechtlich hingegen und zugleich — selbstverständlich — auf der Basis des Staatsinteresses gegeben sind die pekuniären Ansprüche an den Staat. Im Gemeininteresse der Er-

---

[171] Diese „Rechte" schleppen sich kritiklos von einem System des Staatsrechts in das andere fort. Namentlich das „Recht" auf Landestrauer ist ein juristisches Unicum, da erst der defunctus in die Lage kommt, es auszuüben.

[172] Unter die Rubrik der Majestatsrechte wird der Rechtsschutz des Monarchen nebst seiner Unverantwortlichkeit und Unverletzlichkeit gestellt von Bluntschli, Allg. Staatsrecht, 5. Aufl., S. 189, Gareis, a. a. O. S. 48, Ulbrich, Lehrbuch des österr. Staatsrechts § 52.

[173] Dass die herkömmlich unter den persönlichen Majestätsrechten aufgezählte s. g. Ehrenhoheit ihrem Wesen nach ein Regierungsrecht sei, lehrt überzeugend Seydel, B.St.K. I, S. 357 N, l, ferner Bornhak a. a. O. 3. 468. Alle vom Monarchen verliehenen Auszeichnungen sind doch staatliche, nicht personliche, was in manchen Verfassungen ausdrücklich erwähnt ist (z. II. Oesterr. Staatsgrundgesetz über die Ausübung der Regierungs- und Vollzugsgewalt Art. 4: der Kaiser verleiht Titel, Orden und sonstige staatliche Auszeichnungen). Dass man die Ehrenhoheit nicht als Regierungsrecht bezeichnet, hat seinen Grund darin, dass in vielen Staaten gewohnheitsrechtlich die auszeichnenden Akte nicht contrasignirt werden. Allein auch die Notwendigkeit der Contrasignatur kann gesetzlich ausgesprochen werden, so in Ungarn, Gesetz-Artikel III vom Jahre 1847/48 § 7 (G. Steinbach, die ungarischen Verfassungsgesetze S. 11).

haltung der Würde und des Ansehens der Krone sind ihrem Träger öffentlich-rechtliche Ansprüche an den Staat auf die Civilliste, Hofstaats-, Krondotation gegeben. Allein nur das „dass", nicht das „wie'' und das „wie viel" wird durch das Gemeininteresse bestimmt. Diese nähere Normirung erfolgt vielmehr im Individualinteresse des Trägers der Krone. Die Frage nach der Natur dieses Anspruches kann praktische Bedeutung gewinnen. Willkürliche parlamentarische Abstriche an der gesetzlich fixirten Civilliste im Wege der Budgetvotirung würden für den Monarchen alle Ansprüche an den Staat entstehen lassen, die mit der Verletzung individueller Vermögensrechte privat- oder öffentlich-rechtlicher Natur verknüpft sind.

2. Das Recht des Regenten.

Regent ist der verfassungsmässige *Repräsentant* des Monarchen[174]. Der staatsrechtlich so wichtige Begriff des Repräsentanten ist in vollem Umfange bisher noch nicht erkannt worden. Die Untersuchungen über ihn haben sich hauptsächlich auf die parlamentarische Repräsentation beschränkt. Repräsentant ist aber Jeder, dessen Wille verfassungsmässig als Wille sei es direkt des Staates, sei es eines einzelnen Organs zu gelten hat. Repräsentirt wird daher das Staatsganze durch ein Staatsglied, die Organschaft des willensunfähigen Organträgers durch einen Willensfähigen. Repräsentation ist selbst ein organschaftliches Verhältniss, keine Stellvertretung. Vertreten wird stets ein Subjekt durch ein anderes. Hingegen ist der Wille des Repräsentanten der Wille des Repräsentirten selbst. So liegt der Volksrepräsentation der Gedanke zu Grunde, dass das als Einheit

---

[174] In der Regel wird die Regentschaft definirt als Ausübung der Staatsgewalt in fremdem Namen, vgl. statt Aller G. Meyer Staatsr. S. 229, Preuss. Verf. Art. 58. Diese Ansicht hängt eng zusammen mit der oben abgelehnten, dass der Monarch auch in seiner Organthätigkeit als individuelles Subjekt zu denken sei. Der Regent übt aber nicht die Rechte des verhinderten Herrscherindividuums, sondern die staatliche Competenz des Monarchen aus, deren Subjekt einzig und allein der Staat ist. Daher kommen die Behauptungen v. Gerbers, Grundzüge S. 105, die Regentschaft sei eine unvollkommene Art der Thronfolge, und Schulze's Preuss, St.R. I, S. 213, der Monarch sei interimistisches Staatsoberhaupt trotz der inneren Widersprüche, die sie bergen, der Wahrheit dennoch näher.

gedachte Volk seinen Willen an dem des Parlamentes habe. Dieses repräsentirte Volk hat aber ohne die Repräsentation überhaupt keinen Willen.

Der Regent repräsentirt nun den aus irgend einem Grunde willensunfähigen Monarchen. Sein Wille ist daher verfassungsmässig innerhalb eventueller Rechtsschranken als Monarchenwille anzusehen, genau in derselben Weise, in welcher der Wille der Kammern Volkswille ist. Die Funktion des Regenten ist staatliche Funktion und als solche nicht Gegenstand individueller Berechtigung. Wohl aber hat der gesetzlich zur Regentschaft Berufene einen Anspruch auf Anerkennung als Regent, in derselben Weise wie der Monarch, sowie auch die anderen rechtlichen Ansprüche, die aus der Regentschaft fliessen, ganz den monarchischen Ansprüchen analog sind.

3. Das Recht der republikanischen Staatshäupter und Richter.

Der rechtliche Charakter republikanischer Staatshäupter ist eingehender juristischer Untersuchung noch nicht unterzogen worden[175]. Gewöhnlich werden sie unter dem Einflusse antiker Vorstellungen und der naturrechtlichen Lehre von der Volkssouveränetät als Magistrate, Mandatare oder Beamte bezeichnet[176]. Damit verbindet sich eine ganz schiefe Vorstellung. Der Beamte leitet seine Organstellung niemals unmittelbar aus der Verfassung, sondern stets aus einem ihm gewordenen Auftrag des Dienstherrn ab. Ein solcher mit selbständigem Willen begabter Dienstherr war jedoch nur in der unmittelbaren Demokratie vorhanden, wie in den antiken Staaten: heute aber nicht einmal mehr

---

[175] In der deutschen Literatur sind Bemerkungen über sie meist nur in Werken über allgemeines Staatsrecht zu finden, so z. B. bei Bluntschli a. a, O. S. 171 ff., Gareis a. a. O. S. 35 ff.

[176] Als Mandatare werden sie namentlich in der völkerrechtlichen Literatur bezeichnet, z. B. von Hartmann, Institutionen des praktischen Völkerrechts in Friedenszeiten § 30, Rivier, Lehrbuch des Völkerrechts S. 242. Behörden werden die obersten Vollziehungscollegien in den Verfassungen der Schweizer Eidgenossenschaft und ihrer Kantone genannt. Bei Block Dictionnaire général de la politique v° president wird dieser als suprême magistrat definirt.

in den Schweizer Kantonen[177]. In der regelmässigen Form der heutigen Demokratie jedoch, der repräsentativen, ist das Volk als solches willensunfähig, kann daher nicht Dienstherr sein. Republikanische Staatshäupter in dieser Staatsform sind Repräsentanten. In den repräsentativen Demokratien der Gegenwart ist die Volksrepräsentation nicht Repräsentation der ganzen potentiell als dem Volke zustehend gedachten Gewalt. Die „exekutive Gewalt", die leitende Thätigkeit findet im Präsidenten der Republik, im Bundesrathe der Schweiz, ihre Repräsentation. Klar und deutlich hat die Verfassung der nordamerikanischen Union der Gleichartigkeit des Verhältnisses von Congress und Präsidenten zum amerikanischen Volke Ausdruck gegeben[178]. Und ebenso wird in der Schweizer Bundesverfassung der Bundesrath als die oberste vollziehende und leitende Behörde der *Eidgenossenschaft* bezeichnet[179]. Die Präsidenten von Frankreich und den Vereinigten Staaten sowie der Bundesrath der Schweiz vollziehen ihre Funktionen nicht kraft eines Auftrages der sie Creirenden[180]. Vielmehr stehen sie dein Nationalcongress. den Elektoren, der Bundesversammlung genau so gegenüber, wie die

[177] Selbst in den Kantonen mit Landgemeinden sind letztere nur als Wahl- und Gesetzgebungsorgane thätig.

[178] Constitution of the United States Art. I, sect. l: All legislative powers herein granted shall be vested in a Congress of the United States.... Art. II, sect. l: The executive power shall be vested in a president of the United States. Pomeroy, An introduction to the constitutional law of the U. St. 7th ed. § 631: „The president is an independent coordinate department of Government" Rüttimann, Nordamerik. Bundesstaats. I, S. 256: „Der Präsident übt die vollziehende Gewalt aus. Dabei ist er dem Congresse weder untergeordnet, noch verantwortlich." Vgl. auch v. Holst, Staatsrecht der Ver. Staaten von Amerika bei Marquardsen, S. 46 ff.

[179] Bundesverfassung Art. 95.

[180] Für Frankreich ist das scharf hervorgehoben von Lefevre, Étude sur les lois constitutionelles de 1875, der, p. 67 vom Präsidenten sagt. „une fois élu par les deux Chambres il acquiert une situation qui ne leur est plus subordonnée, qui ne souffre point révocation. Son pouvoir est distinct, indépendent, comme celui d'un roi ou du Président de 1848, qui n'émanait pas de l'Assemblée."

Gewählten der Wählerschaft[181]. Sie vollziehen ihre Funktionen nicht kraft eines Auftrages, sondern kraft der Verfassung, welche diesen auf die vorgeschriebene Weise bestellten Organen unmittelbar den Kreis ihrer Rechte und Pflichten anweist. Diese Staatshäupter sind daher unmittelbare Organe, d. h. sie leiten ihre Organstellung nicht von einem anderen Organe ab. Sie sind aber zum Unterschiede von den Monarchen nicht die obersten Staatsorgane. Bereits das gesetzgebende Organ ist kraft des Umfanges seiner Competenz als ein höheres Organ der repräsentativen Demokratie[182] anzusehen.

Gegen diese Auflassung kann nicht auf die Verantwortlichkeit republikanischer Staatshäupter hingewiesen werden. Diese ist keineswegs unvereinbar mit der Qualität als unmittelbare, sondern nur eine Instanz gegen die Zuerkennung des Charakters als höchster Organe. Summa sedes a nemine iudicatur. Was für das höchste Staatsorgan gilt, hat aber nicht für andere unmittelbare Organe Geltung. Das zeigt sich deutlich beim Parlamente, das als Ganzes allerdings nicht verantwortlich ist, weil überhaupt eine Verantwortlichkeit sich niemals auf das Staatsorgan als solches bezieht, dessen einzelne Mitglieder jedoch selbst in der repräsentativen Demokratie einer Verantwortlichkeit, und zwar nicht nur einer parlamentarischen unterliegen[183]. Auch kann aus dem Klagerecht der Parlamente gegen die republikanischen Staatshäupter nicht auf ihre Unterordnung unter jene geschlossen

---

[181] Ihr Verhältniss zu den betreffenden Wahlcollegien ist juristisch dasselbe, wie das des römisch-deutschen Kaisers zu den Kurfürsten,des Papstes zu den Kardinalen, des Bischofs zum Domkapitel.

[182] Vgl. Jellinek, Gesetz u. Verordn. S. 209.

[183] Schweizerisches Bundesgesetz über die Verantwortlichkeit_der eidgenössischen Behörden und Beamten vom 9. Dezember 1850; Art. 1, 17, 20 — 25 enthalten Bestimmungen über die Bestrafung von Verbrechen und Vergehen, welche Mitglieder der Bundesversammlung in ihrer amtlichen Stellung verübt haben, Wolf, Die Schweizerische Bundesgesetzgebung I, S. 29 ff. In der Union kann kraft der Verfassung Art. I, sect. V, 2 jedes Haus des Kongresses seine Mitglieder bei „disorderly behaviour“ mit Zweidrittelmajorität ausstossen.

werden[184]. Ist doch auch in der Monarchie der Minister dem Parlamente verantwortlich, ohne ihm untergeben zu sein. Die Parlamente in der repräsentativen Demokratie haben daher gegenüber dem Staatshaupte gleichsam maior potestas, aber kein Imperium.

Republikanische Staatshäupter nun sind auf Grund ihrer Bestellung aktiv qualificirt, sie erwerben dadurch gleich dem monarchischen Staatshaupte einen Anspruch auf Anerkennung ihrer Qualität als Repräsentanten des ihnen verfassungsmässig zugewiesenen Antheils der Staatsgewalt[185]. Mit dem durch die Be-

---

[184] Ja nicht einmal auf ihre Verantwortlichkeit gegenüber dem Parlamente. Nach heutigem französischem Staatsrecht ist der Präsident überhaupt principiell unverantwortlich — den einzigen Fall des Hochverrats ausgenommen —, während die Minister für alle Regierungsakte haften. (Loi constitutionelle du 25. février 1845 relative à l'Organisation des pouvoirs publics Art. 5). Vgl. auch Lefevre l. c. p. 68, Lebon a. a. O. S. 45. Selbst der amerikanische Kongress kann keine Rechenschaft vom Präsidenten fordern, dessen Botschaften keineswegs den Charakter von Rechenschaftsberichten über seine Regierungsthätigkeit tragen. Der Kongress kann nach dem dort adoptirten Principe der Gewaltentheilung keine Resolutionen mit bindender Kraft für den Präsidenten fassen. Nur durch impeachment kann vor dem Senate als Gerichtshof die Verantwortlichkeit des Präsidenten geltend gemacht werden. Vgl.Pomeroy l. c. § 641, Rüttimann, a. a. O. l, S. 177.

[185] Sie unterscheiden sich also vom Monarchen in seiner heutigen Rechtsstellung dadurch, l) dass sie nicht die obersten Organe der Staatsgewalt, sondern Repräsentanten dieses obersten Organes — des Volkes — sind, welches unrepräsentirt entweder gar nicht oder nur ausnahmsweise (Initiative, Referendum, Plebiscit), sich bethätigen kann, 2) dass sie dieses oberste Organ nicht nach allen Richtungen, sondern wesentlich mit Beschränkung auf die Regierung („vollziehende Gewalt"), also mit principiell beschränkter Competenz repräsentiren, 3) dass ihnen keine positive Mitwirkung an der Ausübung der formellen Gesetzgebung zusteht, 4) dass ihnen die absolute Unverantwortlichkeit mangelt, 5) dass sie durch Wahl auf kurze Regierungsdauer bestellt werden. Dass politisch mannigfache Zwischenstufen vom Präsidenten zum Monarchen im Sinne des monarchischen Princips führen, braucht kaum erwähnt zu werden. Alle Verfassungen, welche die Nation als den Sitz der Souveränetät bezeichnen (z. B. Belgien, Spanien, Griechenland), schreiben dem Monarchen nur den Charakter eines Repräsentanten zu, dessen Competenz überdies gegenüber der Gesetzgebung

stellung erworbenen Anspruch auf Anerkennung verknüpft sind ferner eine Reihe von Privilegien, die individualrechtliche Ansprüche an den Staat begründen. Es sind dies namentlich strafrechtliche und strafprocessuale Privilegien, die eine Erweiterung des negativen Status dieser Personen in sich schliessen[186]. Als Staatsorgane sind sie ferner durch objektives Recht in erhöhtem Masse in ihrer leiblichen und moralischen Integrität geschützt, woraus sich analoge Rechtswirkungen für sie ergeben, wie für den Monarchen. Ferner stehen ihnen individualrechtliche Ansprüche auf Geld- und andere Leistungen ökonomischer Natur zu. Sie sind, wie alle Ansprüche dieser Art, nicht auf eine Gegenleistung des Staates für die Organthätigkeit der betreffenden Personen, sondern auf eine durch Gesetz fixirte, der öffentlichen Bedeutung des betreffenden Organs angepasste Alimentation dessen gerichtet, der seine Persönlichkeit dem Staate hingiebt.

Ganz wie mit den Staatshäuptern verhält es sich auch mit den Richtern in der repräsentativen Demokratie, die gemäss dem dort adoptirten Principe der formellen Gewaltentheilung die dem Volke zustehende richterliche Gevalt repräsentiren sollen[187].

---

wesentlich eingeschränkt sein (Norwegen) und der sogar für verantwortlich erklärt werden kann (zweites französisches Kaiserreich).

[186] Wie z. B. die erwähnte Bestimmung der französischen Verfassung, wonach der Präsident nur wegen Hochverraths und nur auf Anklage der Deputirtenkammer vom Senat gerichtet werden kann, womit jede strafrechtliche Judicatur der ordentlichen Gerichte über ihn ausgeschlossen ist. Vgl. ferner für die Schweiz Bundesgesetz vom 23. Dezember 1851 Art. l, Bundesgesetz vom 9. Dezember 1850 Art. 18.

[187] In den Vereinigten Staaten ist dies ausdrücklich ausgesprochen, Const. Art. III. sect. I, 4. Die auf Lebenszeit (during good behaviour) ernannten Richter sind vom Präsidenten und Congress ganz unabhängig und nur auf impeachment kraft Urtheils des Senates entlassbar, vgl. Rüttimann, a. a. O. I, S. 260 f, 329 ff. In der Schweiz ist die Geschäftsführung des Bundesgerichtes zwar der Oberaufsicht der Bundesversammlung unterstellt (Bundesverf. Art. 85, Z. 11), allein trotzdem sind die Bundesrichter der Bundesversammlung nicht subordinirt, diese ist nicht ihr Dienstherr, wie etwa der Bundesrath der Dienstherr der von ihm angestellten Beamten ist. Letztere sind kraft Art. 37 des Gesetzes vom 9. Dezember 1850 bei Nachlässigkeit und Pflichtversäumniss der Disciplinargewalt des Bundesrathes unterworfen. Nach Art. 23 1it. c des citirten Gesetzes kann die Bundesversammlung zwar Mahnungen an die fehlbaren Richter erlassen, aber nur wenn ein Amtsdelikt vor-

Auch sie haben daher kraft ihrer Bestellung ein Recht auf Anerkennung als richterliche Organe im Gegensatze zur Monarchie[188].

4. Das Wahlrecht.

Wählen im staatsrechtlichen Sinne ist Ernennung eines Staatsorganes, im weitesten Sinne des Organes irgend eines Gemeinwesens durch eine Mehrheit von physischen Einzelwillen, aus welchen durch Rechtsvorschriften ein einheitlicher Wille gebildet wird. Schon die Ernennung durch eine collegiale Behörde kann daher als Wahl bezeichnet werden (was in der Schweiz z. B. thatsächlich der Fall ist). Jede Bestellung eines Staatsorganes aber, daher auch jeder Antheil an einer staatlichen Wahl ist Ausübung einer staatlichen Funktion, daher selbst Organthätigkeit. Die Wahlhandlung selbst kann daher niemals Inhalt eines individuellen Rechtes sein, vielmehr ist der Wähler selbst im Wahlakte als Theilorgan, als Mitglied des von sämmtlichen Wählern des betreffenden Wahlkreises oder Wahlkörpers gebildeten Wahlcollegiums zu betrachten. Der Berechtigte wird im Augenblick der Wahl staatlicher Funktionär, um sofort nach Ausübung dieser Funktion in den Stand des Privaten zurückzukehren[189]. So verschieden der Antheil des Einzelnen an dem

---

liegt (in welchen Fällen sie das Anklagemonopol besitzt), nicht bei blossen Ordnungswidrigkeiten.

[188] In der Monarchie ist der Monarch zwar Dienstherr der Richter, denen darum, wie später dargelegt werden wird, der Anspruch auf das Amt mangelt, sie unterscheiden sich aber von anderen Beamten darin, dass sie innerhalb ihrer dienstlichen Sphäre — soweit die Rechtsprechung reicht — zugleich Repräsentanten des Monarchen sind. Die principiell allseitige Competenz des Monarchen ist hier derart eingeschränkt, dass er auf dem Gebiete der Rechtsprechung den rechtlich relevanten Staatswillen verfassungsmässig gar nicht äussern kann. Daher wird in seinem Namen Recht gesprochen, aber nicht auf seine Anweisung. Juristisch ist das Verhältniss des rechtsprechenden Richters zum Monarchen dasselbe, wie das des Regenten zum verhinderten Monarchen, des Abgeordneten zu den Wählern u. s. w. Allein da, wo die Rechtsprechung aufhört, ist der Richter als Beamter der Dienstherrlichkeit des Monarchen unterworfen, wodurch er sich wesentlich von reinen Repräsentationsorganen unterscheidet.

[189] Das hat Rousseau, l. c. 1 III, ch. XV zuerst mit scharfem Blick erkannt.

Wahlresultate sein mag, so ist doch sein Wille ein Element in der Bildung eines staatlichen Willensaktes. Die parlamentarische Wahl ist in den Staaten mit Repräsentativverfassung der einzige Akt, in welchem das Volk, aber nicht als Einheit, sondern nur als Summe sämmtlicher Wahlcollegien seinen Willen zu bethätigen vermag.

Das Wahlrecht besteht daher, so paradox dies klingen mag, keineswegs in dem Recht zu wählen. Das Subjekt dieses Rechtes wie das jeder staatlichen Ernennung ist ausschliesslich der Staat und nur Reflexwirkung ist es, wenn der Einzelne als solcher ein derartiges Recht zu besitzen scheint. Allein weit gefehlt wäre es, den Rechtssätzen über die Wahlen die Begründung jedes individualrechtlichen Anspruches abzusprechen. Jede Reklamation bezüglich des Wahlrechtes, jede verwaltungsgerichtliche Beschwerde wegen dessen Schmälerung wäre ausgeschlossen, Nur um Verletzungen objektiven Rechtes zu saniren, konnten in officiosem Verfahren die Staatsbehörden Berichtigungen und Aufhebungen vorgenommener Entscheidungen und Verfügungen in Wahlsachen eintreten lassen. Es ist allerdings denkbar, dass in einem Staate das individuelle Interesse an dem Wahlrechte keine rechtliche Berücksichtigung findet, allein in der heutigen Staatenwelt ist das nirgends der Fall, sondern dem Individuum überall ein mehr oder minder ausgebildeter Schutz seiner hier in Frage kommenden Interessen gewährt[190].

Dieses Interesse geht aber auf *Anerkennung* des Einzelnen in seiner Eigenschaft als Wähler, als Träger eines aktiven Status. Diese Anerkennung bezieht sich in erster Linie auf den Anspruch. in die Wählerlisten eingetragen und zur Wahlhandlung zugelassen zu werden, ferner auf Unterlassung aller staatlichen Handlungen, welche die Möglichkeit hindern, das vom Gesetze gewollte Mass der Antheilnahme des Einzelnen an der Organbil-

---

[190] Am ausgiebigsten in Oesterreich, wo das Reichsgericht über Beschwerden wegen Nichteintragung in die Wahllisten nach Erschöpfung des administrativen Instanzenzuges judicirt (vgL die bei Hye, Sammlung VIII. S. LIII angeführten Erkenntnisse) und in Baden, wo kraft Gesetzes vom 14. Juni 1884 § 3[18] der Verwaltungsgerichtshof auf Klagen gegen Entscheidungen der Verwaltungsbehörden bei Ernennung der Wahlmänner für die Wahlen der zweiten, sowie über die Stimmberechtigung bei Wahlen zur ersten Kammer in erster und letzter Instanz erkennt.

dung zur Geltung zu bringen. Also namentlich Nichteintragung (beziehentlich Streichung) Wahlberechtigter in die Wahllisten und Nichtzulassung derselben zur Wahlhandlung[191]. Denn es ist ganz gleichwerthig, ob Jemand von der Wahlhandlung selbst widerrechtlich ausgeschlossen, oder ob er durch Nichtberechtigte an der Möglichkeit gehindert wird. seinen Willen als Wähler zu bethätigen. Ferner unrichtige Stimmenzählung, Zuerkennung der Eigenschaft des Gewählten an eine disqualificirte Person. Niemals kann aber der individuelle Anspruch dahin gehen, dass eine bestimmte Person als gewählt zu betrachten sei[192]. Denn ein individueller Anspruch auf die Abgeordneteneigenschaft eines Anderen lässt sich juristisch gar nicht denken. Der Gewählte ist durch kein wie immer geartetes Rechtsband mit dem Wähler verbunden, er repräsentirt den *einzelnen* Wähler nicht. Er ist Staatsorgan und die Qualität als solches kann immer nur die hiezu berufene Person selbst, niemals ein Anderer in Anspruch nehmen.

An der Einhaltung der auf Anerkennung des Wahlrechtes sich beziehenden Bestimmungen ist aber das Gemeininteresse in demselben Masse betheiligt, wie das individuelle, wenn auch sein Objekt ein anderes ist. Der Einzelne will in seiner Eigenschaft als Wahlberechtigter anerkannt werden, der Staat die Vollziehung der Wahl gemäss den Rechtsnormen, welche die ordnungsmässige Wahl durch die Wahlberechtigten fordern. Der Anspruch des Einzelnen hat seine Geltung als Wahlorgan, der des Staates die gesetzmässige Thätigkeit der Wahlorgane zum Inhalt. Daher kann derselbe Fall, unter verschiedenen Gesichtspunkten betrachtet, verschiedenen Instanzen zur Cognition zugewiesen werden. Die gesetzwidrig vollzogene Wahl, die sich als Verletzung subjektiver Ansprüche darstellt, ist nothwendigerweise zugleich Verletzung objektiven Rechtes und zwar eines ius

---

[191] Vgl. Erkenntniss des oest. Reichsgerichtes vom 21. April 1881, Hye, Sammlung Nr. 234, Oest. Reichsrathswahlordnung vom 2. April 1873 §26: „Reclamationen gegen die Wählerliste können von den Wahlberechtigten des betreffenden Wahlkörpers wegen Aufnahme von Nichtwahlberechtigten oder Weglassung von Wahlberechtigten.... eingebracht werden". Bayerisches Wahlgesetz Art. 7, hiezu Seydel, Staatsr. 11, S. 140, sächsisches Wahlgesetz vom 3. Dezember 1868 § 26 Vgl. auch Radnitzky, Die Parteiwillkür im öffentl. Recht S. 33.

[192] Wie ihn v. Sarwey, Oeff. Recht S. 485 construiren will.

cogens. Da die individuelle Berechtigung die Voraussetzung der organschaftlichen Thätigkeit der Wähler ist, so ist die über die Giltigkeit der Wahl — das Recht des Staates — entscheidende Instanz an die präjudicielle Entscheidung der über das Recht der Wähler judicirenden gebunden, nicht umgekehrt[193]. Beide Entscheidungen müssen übrigens nicht in einem inneren Zusammenhange stehen, da sie auf Verschiedenes gehen. Es kann anerkannt werden, dass individuelle Wahlberechtigung verletzt und die Wahl dennoch giltig sei, sofern nur constatirt ist, dass die Verletzung der individuellen Ansprüche keinen Einfluss auf das Wahlresultat haben konnte[194].

In den Staaten, in welchen die Wahlprüfungen ausschliesslich den parlamentarischen Collegien selbst zustehen, tragen die betreffenden Entscheidungen vielfach den zwiefachen Charakter der Cognition über individuelles und staatliches Recht[195]. Daher haben auch die Wahlanfechtungen oft den doppelten Charakter von Beschwerden und Anzeigen[196]. Eine klare Scheidung des objektiv Getrennten ist da schwer möglich. Um theoretisch sowohl als auch gesetzgebungspolitisch diese praktisch so wichtige Sonderung vorzunehmen, wird man den Charakter des Wahlrechtes bei anderen Wahlen öffentlich-rechtlicher Natur untersuchen müssen, welches einen ergiebigeren richterlichen Schutz gefunden hat, als es bisher dem parlamentarischen Wahlrechte aus politischen Gründen in vielen Staaten zu Theil wurde. Denselben juristischen Charakter wie die Wahlrechte zum Parlamente besitzen nämlich die zur Gemeindevertretung und der

---

[193] Daher z. B. in Oesterreich das Abgeordnetenhaus des Reichsrathes und die Landtage an die Entscheidungen des Reichsgerichtes, vgl. die treffenden Ausführungen von Bernatzik, Rechtsprechung und materielle Rechtskraft S. 263 ff.

[194] Vgl. Seydel, Hirths Annalen 1880 S. 393, St.R. II, S. 169 ff.

[195] Näher gefasst haben sie stets den Charakter von Präjudicialentscheidungen, sie können daher nur constatiren, ob die Person, deren Wahl angefochten ist, die Qualität als Gewählter erlangt habe oder nicht, also nicht etwa einen Anderen einberufen.

[196] Von Beschwerden, insoweit Hinderungen der Ausübung des Wahlrechtes vorlagen. Allerdings „kommt die Prüfung der Wahlberechtigung nur als Bestandtheil der Wahllegitimation in Frage“, Seydel, St.R. I, S. 172. Diese Entscheidung ist aber selbstverständlich für die Behörde bindend.

anderer öffentlich-rechtlicher Verbände. Diese aber haben in vielen Staaten mit Verwaltungsgerichtsbarkeit einen ausgiebigen richterlichen Schutz erhalten. Der Inhalt der auf sie bezüglichen Urtheile geht überall dahin, dass dem Einzelnen die Bedingungen zu gewähren sind, unter welchen er in der vom Gesetze gewollten Weise mitbestimmend an der Wahl theilnehmen kann [197]. Ob hingegen die Thätigkeit der Wähler als Organe der betreffenden öffentlich-rechtlichen Verbände dem objektiven Rechte entsprechend ausgeübt worden sei und ob andererseits den Gewählten der neue Status zuwachse, darüber haben die staatlichen Aufsichtsbehörden, meistens in Form von Bestätigung oder Nichtbestätigung der Wahlen — die allerdings auch noch anderen Zwecken dienen können — zu entscheiden.

Der individuelle Anspruch hingegen geht nur auf Verschaffung, beziehentlich Gewährung der *rechtlichen* Möglichkeit der Wahl, nicht der faktischen. Wenn andere nichtstaatliche Verpflichtungen die Theilnahme an der Wahl hindern oder vis maior sie unmöglich macht, so tangirt dies die staatlichen Pflichten gegen die Wähler nicht. Nur wenn eine staatliche Pflicht selbst die Theilnahme am Wahlakt hindert, kann die Frage des Verhältnisses des Wahlrechtes zu jener aufgeworfen werden, also z. B. ob Beamte einen Urlaub zur Theilnähme an der Wahl beanspruchen können. Die Entscheidung wird nach der Richtung ausfallen müssen, dass die Pflicht dein Rechte vorangeht. Dass die Wahlen von der grösstmöglichen Zahl der Berechtigten vollzogen werden, ist sicherlich ein staatliches Interesse, allein die Ausübung des Wahlrechtes wird nach dem geltenden Rechte als Recht betrachtet, das daher staatlichen Pflichten, sofern nicht ausdrücklich anderes festgesetzt ist. zu weichen hat[198].

Die aus der Wahlfähigkeit sich ergebenden Ansprüche können aus verschiedenen Gründen zeitweilig ruhen, derart, dass nur

---

[197] Vgl. die Bestimmungen der bayerischen und preussischen Gesetzgebung bei v. Sarwey, Oeff. Recht S. 489 f. In Oesterreich ist durch § 2 des Gesetzes betreffend die Errichtung eines Verwaltungsgerichtshofes vom 22. Oktober 1875 dem Wahlrechte zur Gemeinde- und Bezirksvertretung richterlicher Schutz gewährt. Für Preussen zahlreiche Entscheidungen über das Wahlrecht zur Provinz-, Kreis- und Gemeindevertretung bei Parey, Die Rechtsgrundsätze des königl. preussischen Oberverwaltungsgerichtes S. l ff., 12 ff., 159 ff. u. s. w.

[198] Wo Wahlpflicht existirt, tritt das ganz deutlich zu Tage.

ihre reine Potenz zurückbleibt, die keinen Anlass sich zu bethätigen findet. Daher unterscheidet *Seydel* mit vollem Rechte die Wahlfähigkeit von der Wahlberechtigung[199], dem Rechte (oder genauer der Fähigkeit), an einer bestimmten Wahl theilzunehmen. Die abstrakte Wahlfähigkeit ist passive Qualifikation, d. h. der Inbegriff der vom objektiveil Rechte geforderten Eigenschaften, auf Grund deren die Zuerkennung der individualrechtlichen, aktiv qualificirenden Wahlberechtigung möglich wird.

Wie jeder zur staatlichen Organschaft berufenen Persönlichkeit steht auch dem Wahlberechtigten (dem Wähler, wie er in der Regel ungenau bezeichnet wird) ein erhöhter strafrechtlicher Schutz zur Seite, der aber wie alles Strafrecht nicht subjektives Recht der Einzelpersönlichkeit gewährt, sondern im Gemeininteresse die Freiheit der Wahl zu sichern bestimmt ist[200]. Ferner kann eine Erweiterung des negativen Status mit der Wahl verbunden sein, wie denn in vielen Staaten das Individuum sonst einschränkende Bestimmungen über Vereine und Versammlungen für die Wahlberechtigten aufgehoben sind [201].

Nicht zum Schutze des individuellen Wahlrechtes, sondern des staatlichen Interesses an der Wahl sind die Bestimmungen mehrerer Wahlordnungen, wonach gegen gesetzwidrige Vollziehung oder Unterlassung von Eintragungen in die Wählerlisten „Jedermann“ ein Einspruchsrecht zugestanden wird[202]. Ein derartiges Einspruchsrecht ist nichts als ein Anzeigerecht wegen Verletzung objektiven Rechtes. daher nicht selbst subjektiver Rechtsanspruch, sondern Reflexrecht[203]. Anders in den Staaten, wo nur dem „Betheiligten“ oder dem betreffenden Wahlcollegium Angehörigen ein Reklamationsrecht eingeräumt ist. Obwohl hier, wie bei allem öffentlichen Recht, die Fixirung des Anspru-

---

199 St.R. II, S. 129.

200 R.St G.B. § 107.

201 Reichswahlgesetz vom 31. Mai 1869 § 17, oest. Gesetz vom 15. Nov. 1867 über das Versammlungsrecht. § 4.

202 Reichswahlgesetz § 7. Vgl. hiezu Laband I, S. 299, 300, preussische Verordnung über die Ausführung der Wahl der Abgeordneten zur zweiten Kammer vom 30. Mai 1849 § 15, württembergisches Wahlgesetz vom 26. März 1868 Art. 8, badische Wahlordnung § 44.

203 Das geht schon daraus hervor, dass es auch von Nichtwählern und sogar gegen den Willen der Uebergangenen geübt werden kann, Laband I, S. 300.

ches auch im staatlichen Interesse erfolgte, ist dennoch die Gewährung des Rechtsschutzes an den individuellen Rechtsanspruch das überwiegende legislatorische Motiv gewesen[204]. In den vorerwähnten Wahlordnungen ist übrigens in dem allgemeinen Anzeigerecht das individuelle Einspruchsrecht latent vorhanden. Würden z. B. im Deutschen Reiche und in Preussen richterliche Behörden über die Berechtigung von Reklamationen in letzter Instanz zu entscheiden haben, wie in Oesterreich und Baden, so könnte zweifellos nur „dem Betheiligten" die aktive Beschwerdelegitimation und Parteienrolle zugestanden werden, während blosse Anzeigen im officiosen Verfahren zu erledigen wären.

Dass de lege ferenda das innerlich Geschiedene überall auch äusserlich zu trennen sei, bedarf kaum einer näheren Ausführung. Es haben viel unbedeutendere Individualansprüche in neuester Zeit den richterlichen Schutz gefunden, es ist daher nicht abzusehen, warum eine Ausnahme zu Ungunsten des parlamentarischen Wahlrechtes stattfinden soll. Wenn andere Wahlrechte der verwaltungsgerichtlichen Judicatur unterstellt sind, so werden auf die Dauer politische Rücksichten den Richter von der Beurtheilung von Streitigkeiten über das Recht der Wähler nicht ausschliessen können[205].

Was im Vorangehenden vom parlamentarischen Wahlrechte gesagt wurde, gilt in angemessener Weise auch von den Wahlen zur Vertretung öffentlich-rechtlicher Verbände, sowie in staatliche Organe, an deren Bildung den Individuen ein Antheil eingeräumt ist (Wahlen in die verschiedenen höheren und niederen Gemeindeverbände, in kirchliche und Schulbehörden, in die Vertretung von Armen-, Wegbau-, Deichverbänden, von Advo-

---

[204] Allerdings gewährt das blosse Verwaltungsverfahren keinen „Rechtsschutz im eigentlichen Sinne", wie Seydel, St.R. II, S. 141 ausführt. Allein der betreffende Akt der Gemeindebehörden, Wahlcommissionen u. s. w. ist nicht, wie Seydel behauptet, Verwaltungsverfügung, sondern Entscheidung, daher materielle Rechtsprechung.

[205] Vgl. meine Schrift: Ein Verfassungsgerichtshof für Oesterreich S. 10 ff. und mein Gutachten in den Verhandlungen des XIX. deutschen Juristentages II, S. 121 ff., ferner das Gutachten von Seydel ebendaselbst I, S. 130 ff. und Jaques, Die Wahlprüfung in den modernen Staaten S. 17 ff.

katen-, Notaren-, Handelskammern u. s. w.). Eine nähere Untersuchung der einzelnen Klassen dieser Wahlberechtigungen könnte nur bereits Gesagtes zu Tage fördern. Von dem diesen Berechtigungen zur Seite stehenden, im Vergleiche mit dem den parlamentarischen Wahlrechten gewährten in der Regel höheren Rechtsschutz, der sie klar zu individuellen Ansprüchen ausprägt, ist auch bereits das Nöthige bemerkt worden.

5. Das Recht des Gewählten.

Der Wähler erwirbt alle seine Ansprüche unmittelbar durch Gesetz, indem dieses entweder bestimmten Individuen Wahlfähigkeit und Wahlrecht direkt beilegt oder sie als Consequenz gewisser Eigenschaften oder Rechte des Einzelnen fixirt. Der Gewählte hingegen erwirbt sein Recht nicht unmittelbar ex lege, sondern aus einer auf sein Individuum gerichteten staatlichen Aktion, der Wahl, welche, wie bereits erwähnt, der in der Ernennung zum Ausdrucke kommenden Verfügung analog ist. Das ist bereits mit den Wahlmännern bei indirekten Wahlen der Fall. Sie bilden eine Mittelstufe zwischen Wählern und Gewählten, den Charakter beider in sich vereinigend. Was aber zuvörderst die in Kammern Gewählten anbelangt, so sind sie zweifellos Staatsorgane, Mitglieder eines staatlichen Collegiums[206]. Die Theilnahme an den Funktionen des letzteren üben sie daher nicht als ihr Recht, sondern als staatliche Organthätigkeit aus. Wie in den bereits erörterten Fällen ist bei ihnen ein Anspruch auf Organschaft, näher ein Anspruch auf Mitgliedschaft an der betreffenden Kammer zu constatiren. Dieses Recht stellt sich juristisch ebenfalls dar als ein auf Grund ihrer aktiven, durch die Wahl erworbenen Qualifikation sich ergebender Anspruch auf Aner-

[206] Die Anschauung, dass die Kammern Staatsorgane sind, ist seit der scharfen Betonung, welche sie durch v. Gerber, Grundzüge §§ 24, 39 gefunden hat, die herrschende geworden, wenn gleich sie häufig nicht consequent durchgeführt wird. Selbst die Anhänger der Herrscher theorie theilen sie, vgl. Seydel, St.R. II, S. 3, 5, Bornhak a. a. O. I, S. 860 ff. Allerdings ergiebt sich ihnen gemäss ihrer Grundanschauung die nothwendige Consequenz, dass die Kammern ein Organ des Königs seien, was Bornhak ausdrücklich auszusprechen den Muth hat — ohne indess zu rügen, dass man vorderhand in der officiellen Sprache den Begriff der königlich preussischen Landtagsmitglieder noch nicht kennt.

kennung ihrer Individualität als Trägers staatlicher Organschaft. Und dieser Anspruch hat überall ein Forum für seine Geltendmachung gefunden, welches allerdings nur in wenigen Staaten bisher nach Art eines Gerichtes organisirt wurde. In den meisten Staaten nämlich urtheilen die Kammern selbst über die Qualifikation ihrer gewählten Mitglieder. Welche Inconvenienzen damit verbunden sind, habe ich an anderer Stelle eingehend ausgeführt[207].

Die Wahlprüfungen, wie sie heute in den meisten Staaten stattfinden, schliessen ein Doppeltes in sich. Einmal die Anerkennung und Beurkundung, dass die Wahl dem objektiven Recht entsprechend erfolgt sei und sodann die Anerkennung der Gewählten in ihrer Eigenschaft als Kammermitglieder. Wo Wahlprüfungsgerichtshöfe eingeführt sind, theilt sich auch äusserlich diese Competenz, indem über die vom objektiven Rechte geforderte Ordnungsmässigkeit der vollzogenen Wahl die verificirende Kammer, über das Recht der Gewählten der Wahlgerichtshof zu entscheiden hat. Die Kammern haben daher direkt ausschliesslich über die Verletzung objektiven Rechtes, die Gerichtshöfe hingegen direkt über subjektives Recht zu entscheiden. Wird eine Wahl wegen Verletzung objektiven Rechtes cassirt, so liegt hierin natürlich auch eine Entscheidung über subjektives Recht. Allein diese wird nur mittelbar, nur als Reflex der Prüfung des Wahlaktes und Wahlresultates an der Hand der Rechtsnormen gefällt. So kann z. B. in England das Haus der Gemeinen eine Wahl. gegen welche beim Wahlgerichtshof kein Protest eingelaufen ist, cassiren, wenn es sich herausstellt. dass der Gewählte zur Zeit der Wahl noch nicht die Wählbarkeit besass[208]. Der Wahlgerichtshof wird indirekt auch über das Recht der Wahlfähigen und die Qualifikationen der Wähler judiciren, aber nur insofern, als sie für die Entscheidung über das Recht der Gewählten präjudiciell sind.

Ein Parteiverfahren jedoch ist für die Urtheilsfällung eines Wahlgerichtshofes nicht unbedingte Voraussetzung. Auf Anzeige in Form der Wahlproteste wird er officios, die Inquisitionsmaxime anwendend, den Thatbestand zu erforschen haben. was natürlich keineswegs die Rechtsprechung über subjektive An-

---

[207] Ein Vervassungsgerichtshof S. 10 ff.

[208] Jaques a. a. O. S. 31, 32.

sprüche ausschliesst, wie denn auch im Strafprocesse das Gericht nicht nur über den staatlichen Anspruch auf Strafe, sondern auch über den entgegengesetzten des Individuums auf Freiheit von dem conkreten Strafgesetze sein Urtheil fällt. Denselben juristischen Charakter wie die Ehenichtigkeitsklage durch die Staatsanwaltschaft würde es haben, wenn die Regierung die Qualität des Gewählten beim Gerichte bestreiten könnte. Subjektives Recht würde da im öffentlichen Interesse angefochten.

Der Anspruch auf Anerkennung ist aber der einzige individuelle, der sich für den Gewählten unmittelbar aus dieser Eigenschaft ergiebt. Die s. g. Mitgliedsrechte der Abgeordneten sind nicht individuelle Ansprüche, sondern Competenzen staatlicher Organe. Die Sätze, welche sich auf Abstimmung, Theilnahme an den Sitzungen, Antragstellung, Interpellation, Bestellung des Präsidiums, des Bureaus, der Ausschüsse und Abtheilungen der Kammern beziehen, sind Bestandtheile der Normen über staatliche Organisation. Sie haben genau denselben Charakter, wie die Normen der Processordnungen, welche die Befugnisse der Vorsitzenden bei Leitung öffentlicher Gerichtsverhandlung oder das Verfahren bei der Urtheilsberathung regeln. Ihre Verletzung wäre daher nicht Verletzung eines subjektiven Rechtes, sondern Bruch einer Rechtsnorm, Verletzung des Staates in seiner Ordnung, nicht Verletzung eines Individuums. Einem grossenTheile der Bestimmungen der parlamentarischen Geschäftsordnung mangelt aber überhaupt der juristische Charakter. Die Festsetzungen über Form der Anträge, Reihenfolge der Redner, Sitzungsprotokolle, Modus der Abstimmungen (Aufstehen von den Sitzen, itio in partes, Händemehr u. s. w.) haben nicht den Zweck, Competenzen gegen einander abzugrenzen, sondern für die passendste Erledigung der parlamentarischen Geschäfte zu sorgen. Sie haben den Charakter von Verwaltungsverordnungen, ähnlich den der Publikation nicht bedürftigen Reglements der Verwaltungsbehörden. Sie erzeugen auch nicht „statutarisches Recht“ zwischen den Mitgliedern[209], denn parlamentarische Kammern sind keine Corporationen.

Das Kammermitglied ist gleich jedem staatlichen Organ in seinen amtlichen Funktionen mit einem erhöhten strafrechtlichen Schutz umgeben, der als solcher nicht Inhalt eines individuellen

---

[209] Laband I, S. 320.

Anspruches sein kann[210]. Aber auch im Vergleiche mit anderen Staatsorganen ist dem Parlamentsmitgliede eine andere Ausnahmestellung gewährt. Ihm kommen Privilegien zu, welche theils Straflosigkeit wegen gewisser Handlungen, theils erschwerende Bedingungen für die Verhängung einer Verwahrungs-, Untersuchungs-, Straf- oder Schuldhaft in sich schliessen[211]. In der Literatur ist es strittig, ob diese s. g. Immunität persönliches Recht der Kammermitglieder oder nur Bestimmung objektiven Rechtes, Bestandtheil der Straf- und Processgesetze sei. Für die letztere Ansicht wird angeführt, dass die Tendenz dieser Vorschriften in ihrem Endziele nicht dahin gehe, den Kammermitgliedern eine Rechtswohlthat zu erweisen, sondern die ungestörte Thätigkeit eines für das Verfassungsleben des Staates so wichtigen Organes, wie es das Parlament ist, zu sichern[212].

Allein diese Vorschriften bezwecken ebenso, der Person des Gewählten die Möglichkeit zu gewähren, sich als Staatsorgan frei zu bethätigen. Verhaftet und bestraft werden kann niemals das Staatsorgan, sondern immer nur der Einzelne. Derartige Bestimmungen tendiren daher nothwendig auch auf das individuelle Interesse. So hat sich auch die monarchische Unverantwortlichkeit als ein im Staatsinteresse festgesetzter individueller Anspruch dargestellt. Die juristische Lösung der Streitfrage ergiebt sich aber einfach durch Anwendung der bereits gefundenen Principien. Ein „Recht" auf Nichtverhaftung, Nichtbestrafung u. s. w. giebt es nicht. Darauf gerichtete Rechtssätze schränken aber nothwendig die Staatsmacht zu Gunsten bestimmter Individuen ein. Dadurch wird die Möglichkeit freier Bethätigung dieser Personen erweitert, mit anderen Worten, ihr negativer Status erfährt eine Ausdehnung. Daraus erwächst aber dem Einzelnen ein Anspruch auf Anerkennung dieser Statuserweiterung und damit auf Aufhebung der ihn etwa verletzenden staatlichen Verfügungen. In der Anerkennung dieses Anspruches liegt der praktische Kern der richtigen Auffassung. Wären die

[210] R.Str.G.B. § 105, 106.

[211] Vgl. für Deutschland und Oesterreich Schleiden, Die Disciplinar- und Strafgewalt parlamentarischer Versammlungen über ihre Mitglieder I, S. 47 ff., II, S. 10 ff., Seidler a. a. O. S. 53 ff.

[212] Letztere Ansicht wird namentlich vertreten von Laband I, S. 330; gegen dessen Beweisführung gut Bornhak a. a. O. S. 396, N. 2 und Seidler a. a. O. S. 87, N. 2.

strafrechtlichen Privilegien ausschliesslich objektives Recht, dann wäre jedes individuelle Rechtsmittel zu ihrer Geltendmachung ausgeschlossen[213]. Kaum der Erwähnung bedarf es, dass Verletzungen der Befreiungen als Verletzungen objektiven Rechtes auch ohne Wissen und Willen des unmittelbar Verletzten alle Rechtsfolgen nach sich ziehen können, welche die Consequenzen competenzwidriger Organhandlungen sind.

Auch eine Steigerung des positiven Status der Parlamentsmitglieder kann statthaben. Das ist namentlich der Fall, wenn sie Taggelder und Reisekostenentschädigung beziehen. Dass derderartigen Festsetzungen trotz ihrer Statuirung im Gemeininteresse (welches unter anderen Gesichtspunkten in mehreren Staaten zu entgegengesetzter Fixirung geführt hat) die Berücksichtigung individueller Verhältnisse und daher Statuirung eines Individualanspruchs innewohnt, kann wohl nicht bezweifelt werden. Und gerade der Anspruch auf diese Bezüge zeigt, wie wenig ein solcher von angeblich dem subjektiven Rechte nothwendig inhärirenden Merkmalen abhängt. Er ist als ex lege begründet ex lege ohne Entschädigung aufhebbar oder veränderlich, ist nach vielen Gesetzgebungen unverzichtbar, derart, dass sich der Bezug zugleich als Recht und als Pflicht darstellt[214]. Privatrechtlich findet dieses Verhältniss an dem Contrahirungszwang der öffentlichen Verkehrsanstalten eine entfernte Analogie. Juristisch ist die Zahlung der Taggelder eine öffentlich-rechtliche Alimentation der Abgeordneten, die der Reisekosten eine gesetzlich geregelte Ersatzleistung. Die Unverzichtbarkeit aber hat mit der juristischen Natur des Anspruches nichts zu thun, sondern ist aus politischen Gründen verfügt: Vermeidung von Wahlbeeinflussung durch Versprechen der Verzichtleistung von Seiten der Candidaten, des socialen Drukkes, der durch Verzicht der reichen Abgeordneten die unbemittelten zu gleicher Handlungsweise drängen könnte u. s. w.

Der Abgeordnete ist aber nicht nur höher berechtigt, sondern auch andererseits stärker verpflichtet und deshalb einer speciellen Gewalt unterworfen. Er unterliegt nämlich der

---

[213] Ueber die Möglichkeit gerichtlicher Geltendmachung dieser Ansprüche für Oesterreich vgl. Seidler a. a. O, S. 87 f.

[214] Z. B. Preussen, Verf. Art. 85, Oesterreich, Gesetz vom 7. Juni 1801, R.G.B. Nr. 63, Art, IV.

disciplinarischen Strafgewalt des Hauses, dem er angehört. Die Disciplinargewalt ist zum Theil ein Ersatz für die Exemtion der Abgeordneten von der Strafgewalt der ordentlichen Gerichte, zum Theil jedoch ein selbständiger Ausfluss der Gewalt, welcher der Träger einer jeden Organschaft mit Ausnahme des Souveräns unterworfen ist. Diese Gewalt, in den einzelnen Staaten verschiedenartig ausgestaltet, kann bis zur Ausstossung des rechtswidrig Handelnden aus der Kammer gehen. Diese Erscheinung ist zugleich eine treffende Widerlegung der Behauptung, dass der Abgeordnete dem Staate juristisch zu nichts verpflichtet sei[215].

Nichtverpflichtet ist der Einzelne zur Annahme der Abgeordnetenqualität, sowenig Jemand zum Eintritt in den Staatsdienst verpflichtet ist. Nichtverpflichtet ist er ferner zur Beibehaltung der Eigenschaft eines Gewählten, sowenig Jemand verhindert werden kann, aus dem Staatsdienste auszutreten. Allein durch Annahme der Wahl übernimmt der Einzelne ebenso Amtspflichten wie der Beamte[216]. Ein nur berechtigter Organträger ist überhaupt ein Unding. Jede Person, die staatliche Funktionen übernimmt, ist durch diesen Akt nothwendigerweise dem Staate verpflichtet; negirt man diesen Satz, so kommt man zu der staatswidrigen Lehre vom princeps legibus solutus. Die Competenz unmittelbarer Staatsorgane pflegt in der Form berechtigender Rechtssätze ausgedrückt zu werden. Für die dem Staatsorgan subsistirende Person jedoch haben sie den Charakter berechtigender Pflichten. Die Verpflichtung zum Besuch der Sitzungen, zum Abgeben der Stimme ist in vielen Verfassungen und parlamentarischen Geschäftsordnungen auch in der Form einer sol-

---

[215] Laband I, S. 221, 222. Als Grund seiner Behauptung führt Laband an, dass der einzelne Abgeordnete nicht Staatsorgan sei, sondern nur der Reichstag. Allein der Reichstagswille wird juristisch aus dem Willen der einzelnen Abgeordneten gebildet, diese sind daher Theilorgane des Reichstagscollegiums. Staatsorgan ist eben Jeder, dessen Wille kraft Rechtssatzes an der Bildung des Staatswillens betheiligt ist. Allerdings vermisst man bei Laband eine genaue Fixirung dieses hochwichtigen staatsrechtlichen Grundbegriffes.

[216] Seydel, St.R. II, S. 187, Radnitzky a. a. O. S. 28.

chen ausgesprochen[217]. Wäre das Kammermitglied nur berechtigt, so hatte das Verfassungsgelöbniss keinen Sinn[218].

Die Mitglieder parlamentarischer Collegien stehen in keinem Dienst-, sondern in dem Pflichtverhältniss der Organschaft zum Staate, unter dem das Dienstverhältniss als der engere Begriff befasst ist. Disciplinargewalt entspringt nun keineswegs blos der Dienstgewalt, sondern jedem speciellen, nicht blos auf dem allgemeinen Imperium des Staates ruhenden Gewaltverhältnisse. Dass auch ohne Dienstverhältniss verpflichtete Staatsorgane existiren können, haben bereits die römischen Magistrate gezeigt, die Aemter hatten, ohne Beamte im modernen Sinne zu sein, das zeigen heute die unmittelbaren republikanischen Repräsentanten der vollziehenden Gewalt, deren Stellung nicht auf einem Dienstverhältnisse beruht. Am klarsten zeigt sich das aber bei den von diesen Repräsentanten angestellten Beamten in den Schweizer Kantonen, wo das lebenslängliche Berufsbeamtenthum in der Regel verfassungsmässig geradezu ausgeschlossen ist, der Beamte nicht zunächst in ein Staatsdienerverhältniss tritt, sondern direkt, oft sogar durch Volkswahl, in ein bestimmtes Amt berufen wird und nichts destoweniger einer Disciplinargewalt unterstellt ist[219].

---

[217] Daher auch die Verpflichtung, im Falle des Wegbleibens von den Sitzungen um Urlaub nachzusuchen, G. Meyer, Staatsr. S. 274, 376. Für die Mitglieder des deutschen Reichstages ist diese Pflicht (Geschäftsordnung des Reichstages § 61) allerdings lex imperfecta. Dass auch hiefür strenge Sanktionen möglich sind, beweist das Gesetz über die Geschäftsordnung des oesterr. Reichsrathes vom 12. Mai 1873 § 4, dem zufolge ein Mitglied des Abgeordnetenhauses, das die vorgeschriebene Angelobung nicht leistet oder durch acht Tage entweder den Eintritt verzögert oder ohne Urlaub oder über die Zeit des Urlaubes von den Sitzungen des Hauses ausbleibt und der Aufforderung des Präsidenten, binnen vierzehn Tagen zu erscheinen oder seine Abwesenheit zu rechtfertigen, nicht Folge leistet, als ausgetreten zu betrachten ist.

[218] Dieses regelmässig vorgeschriebene Gelöbniss besteht nicht für die Mitglieder des deutschen Reichstages, ohne dass daraus ein Schluss auf mindere Pflichten gezogen werden könnte, da der Reichstag doch auf den gleichen Rechtsgedanken aufgebaut ist, wie die deutschen Landtage.

[219] So wählt z. B. im Kanton Solothurn das Volk gemäss der Verfassung vom 12. Dezember 1875 eine Reihe von Beamten, welche der Disciplinargewalt des Regierungs- und Kantonsrathes unterstellt sind.

Tritt das Pflicht- und Gewaltverhältniss, dem das gewählte Kammermitglied unterworfen ist, auch nicht in allen Parlamenten und den Kammern aller Parlamente in gleicher Weise hervor, so ist es nichts destoweniger überall vorhanden und mittelst juristischer Analyse klar zu erkennen.

6. Das Recht nichtgewählter Parlamentsmitglieder.

Die Mitgliedschaft an einer Kammer kann ausser auf Wahl auch beruhen auf Gesetz und Ernennung. Kraft Gesetzes wird in der Regel die Mitgliedschaft als eine legale Folge einer anderweitigen Eigenschaft bestimmter Personen erklärt. Die Ernennung trifft individuell bezeichnete Personen oder verfügt überdies, dass die künftige Mitgliedschaft gewisser Personen von familienrechtlichen Thatsachen derart abhängig sei, dass deren Eintritt die Mitgliedschaft ipso iure nach sich ziehe. In letzterem Falle spricht man von erblichen Kammermitgliedern. Allein die Kammermitgliedschaft als solche ist so wenig erblich wie die Krone. Vielmehr geht nach einer durch privatrechtliche Bestimmungen normirten Weise die Organschaft auf einen anderen physischen Träger über. Die erbliche Kammermitgliedschaft ist daher kein Recht einer Familie, sondern stets eine Eigenschaft einer individuell bestimmten, durch Zugehörigkeit zu einer Familie passiv und aktiv qualificirten Person. Juristisch steht dieser Fall ganz gleich anderen, in denen vom Eigenthum eines Grundstückes, eines gewissen Vermögens, Ausübung eines bestimmten Berufes oder anderen privatrechtlichen Voraussetzungen der Erwerb des Wahlrechtes abhängig gemacht wird.

Der Anspruch der kraft Gesetz, Ernennung oder Familienangehörigkeit berufenen Kammermitglieder unterscheidet sich in nichts von dem der Gewählten, sofern nicht ausdrücklich verfassungsmässige Ausnahmen gemacht worden sind[220]. Sie haben daher ebenfalls den Anspruch als Volksrepräsentanten zu gelten, wie die gewählten Kammermitglieder. Auch besteht zwischen den Ernannten und dem sie creirenden Monarchen kein anderes juristisches Band, als wie zwischen den Gewählten und den Wählern, d. h. sie üben ihre Funktionen ganz unabhängig vom Monarchen aus. Daher ist die Ansicht, ein vom Monarchen er-

---

[220] v. Gerber, Grundzüge S. 130, N. 9, H. Schulze, Deutsches St.R. 1, S. 458.

nanntes Kammermitglied könne, wenn nicht ausdrücklich das Gegentheil gesetzlich statuirt ist, nur mit Genehmigung des Monarchen aus der Kammer freiwillig ausscheiden, eine falsche [221]. Sowenig der auf seine Abgeordnetenqualität verzichtende Gewählte der Zustimmung der Wählerschaft zum Verzichte bedarf, so wenig das resignirende ernannte Mitglied der des Ernennenden. Resignirt eine mit „erblicher“ Mitgliedschaft ausgestattete Person (z. B. um sich in die zweite Kammer wählen zu lassen), so lebt diese Mitgliedschaft erst wieder auf, wenn aus dem Kreise der betreffenden Familie eine neue persona idonea vorhanden ist[222].

7. Die Stimm- und Wahlrechte in der unmittelbaren Demokratie.

---

[221] Von ihr ging die Matrikelkommission des preussischen Herrenhauses in ihrem Berichte vom 6. Februar 1860 aus. Zustimmend G. Meyer St.R. S. 252, für Württemberg Mohl, Württemb. Staatsrecht I, S. 546, für Oesterreich Ulbrich, Oesterr. St R. S. 369. Das Hauptargument dieser Schriftsteller, dass die betreffenden Gesetze das Recht der Niederlegung nicht erwähnen, ist unstichhaltig. Mit demselben Argumente kann man auch die Zulässigkeit des Thronverzichtes durch den blossen Willen des Monarchen bestreiten, weil auch von ihm in den Verfassungen nicht die Rede zu sein pflegt. Der richtigen Ansicht pflichten bei H. Schulze, Deutsches St.R. I, S, 405, Bornhak, Preuss. St.R. I, S. 377 f., Seydel, Bayer. St.R. II, S. 114, v. Sarwey, Württemb. St.R. II, S. 165.

[222] Negirt man die Verzichtmöglichkeit für derartige Mitglieder, so wären sie die einzigen Personen, für welche die Beibehaltung einer Organstellung absolute Pflicht wäre. Der Monarch, der Abgeordnete, der Beamte könnten unter Erfüllung der gesetzlichen Bedingungen ihrer Organqualität sich entkleiden; selbst bei den persönlich berufenen Herrenhausmitgliedern wird von den in der vorigen Note erwähnten Schriftstellern nur die Möglichkeit einseitigen Verzichtes geleugnet. Eine derartige Anomalie liesse sich aber in keiner Weise juristisch begründen. Eine eigenthümliche Lösung hat die Frage in Ungarn gefunden, indem dort die Mitgliedschaft der in das Abgeordnetenhaus gewählten Oberhausmitglieder, und zwar auch der erblichen, während der Dauer des Abgeordnetenmandates ruht, während lebenslängliche Mitglieder zum rechtsgiltigen gänzlichen Verzicht königlicher Acceptierung bedürfen, Ges. Art. VII v. J. 1885 §§ 10, 12. Damit ist wenigstens der praktisch wichtigste Fall legislatorisch befriedigend geordnet.

Institutionen der unmittelbaren Demokratie sind in der heutigen europäischen Staatenwelt in der Initiative und dem sog. fakultativen Referendum der schweizerischen Bundesverfassung[223], dann in der Theilnahme der Schweizerbürger an der Beschliessung von Verfassungsänderungen vorhanden[224], ferner in fast allen schweizerischen Kantonen sei es durch die Institution der Landgemeinde oder durch Initiative und Referendum sowie grösseren oder geringeren Antheil an der Behördenernennung[225]. Hier hat der Einzelne einen Anspruch als Theilorgan der Staatsgewalt zu gelten. Und zwar sind diese Ansprüche unter ausgiebigeren richterlichen Schutz gestellt als die analogen des Wahlrechtes und des Rechtes der Gewählten in den meisten Repräsentativ Verfassungen, indem das Bundesgericht zur Urtheilfällung über dieselben — die eidgenössischen Wahlen ausgenommen — competent ist. In vielen Fällen jedoch handelt es sich nur scheinbar um Ansprüche der Einzelnen, in Wahrheit vielmehr um eine in den Formen der Rechtsprechung geübte Controle der gesetzlichen kantonalen Organisation[226] oder um Competenzconflikte zweier Staatsorgane. So z. B. wenn einerseits das Volk, andererseits ein Kantonalrath die Ernennung eines Beamten oder die Entscheidung einer Angelegenheit für sich in Anspruch nehmen. Dass jeder Einzelne der Volksgesammtheit zur Processführung aktiv legitimirt erscheint, beweist, dass ihm implicite eine Vertretungsbefugniss der Gesammtheit zusteht, wie es sich übrigens in der absoluten Demokratie aus der Natur der Sache ergiebt.

8. Die Ansprüche aus staatlichen Beamtungen.

---

[223] Bundesverf. Art. 89.

[224] Bundesverf. Art. 120, 121 in der Fassung vom 21. Juli 1891

[225] Vgl. den Ueberblick bei v. Orelli, St.R. der Schweiz. Eidgenossenschaft bei Marquardsen S. 101 ff. Neuere Verfassungsänderungen haben diese Rechte in manchen Kantonen noch erweitert. Die Institution des Referendums bei Verfassungsänderungen auch in den nordamerikanischen Gliedstaaten, z. B. New-York, Const. Art. 13.

[226] Bundesverf. Art. 5,113 [3], Blumer-Morel a. a. O. III, S. 174. Das Bundesgericht hat mit Entscheidung vom 25. Oktober 1884 in Sachen Schmidlin und Genossen erklärt, dass jeder Kantonsbürger ein Recht auf verfassungsmässige Zusammensetzung der Kantonsbehörden habe. Entscheidungen X, S. 510.

I. *Die Ansprüche der Staatsdiener.* Der Begriff des Staatsamtes im weitesten Sinne als einer abgegrenzten staatlichen Competenz fällt seiner subjektiven Seite nach mit dem des Staatsorganes schlechthin zusammen. In diesem Umfange wird aber der Terminus Staatsamt selten gebraucht. In der Regel bezeichnet es einen Kreis staatlicher Geschäfte. die nicht der formellen Gesetzgebung angehören, also verwaltender und richterlicher Natur sind. Die Träger des Amtes in diesem Sinne sind Personen, welche kraft eines auf sie gerichteten individuellen staatlichen Aktes, einem anderen Organe dienstlich untergeordnet zur Organschaft berufen sind. Nach dem Rechtsgrunde, auf dem der Berufungsakt ruht, scheiden sich die Beamtungen ihrer juristischen Seite nach. Zunächst sind an dieser Stelle die öffentlich-rechtlichen Ansprüche jener Personen zu erörtern, welche kraft öffentlich-rechtlichen Subjektionsvertrages dem Staate zu Diensten verpflichtet sind, der Staatsdiener.

Ein rechtlicher Anspruch auf Beamtung ist im modernen Staate Niemand gegeben. Indem die Verfassungsgesetze die gleiche Aemterfähigkeit aller Staatsbürger anerkennen, setzen sie nur eine passive, keine aktive Qualifikation fest[227]. Erst auf Grund jener kann der Einzelne mit dem Staate den Dienstvertrag abschliessen; ein irgendwie gearteter Contrahirungszwang jedoch existirt für den Staat nicht. Selbst dann nicht, wenn durch Gesetz gewisse Aemter besonders qualificirten Personen vorbehalten sind. Wenn das Gesetz für einen grossen Theil der Aemter einen besonderen auf Grund einer staatlichen Prüfung erworbenen Befähigungsnachweis heischt, so erwirbt der eine Staatsprüfung mit günstigem Erfolge Ablegende ebenfalls keinen wie immer gearteten Anspruch auf das Amt. Auch wenn gewisse Dienstposten ausdrücklich einer bestimmten Kategorie von Personen vorbehalten sind, erwächst der einzelnen Person durch die betreffenden gesetzlichen Normirungen kein rechtlicher Anspruch dieser Art[228]. Es ist vielmehr in solchen Fällen einfach die

---

227 Dieses Princip ist näher besehen rein negativer Natur, indem es nichts anderes erklärt, als dass irgend welche andere Qualifikationen als die gesetzlichen, von Jedermann erwerblichen für die Beamtung nicht existiren.

228 Ueber solche angebliche „persönliche Berechtigungen" vgl. für Preussen v. Rönne, Preuss. St.R. 4. Aufl. III, 1. S. 451 ff., für das Reich § 77 des Reichsges. vom 27. Juni 1871 betreffend die Pensionirung und

passive Qualifikation zum Beamten auf einen engeren Kreis von Personen eingeschränkt.

Durch den Dienstvertrag jedoch wird der Beamte aktiv qualificirt. Diese Qualifikation unterscheidet sich aber principiell von den bisher erörterten. Der Beamte hat nicht einen Anspruch auf das Amt wie der Gewählte auf Zulassung zu den Funktionen eines Kammermitgliedes[229]. Die Uebertragung amtlicher Funktionen auf ihn ist stets ein einseitiger, den Beamten verpflichtender, aber nicht berechtigender Verwaltungsakt. Das gilt für alle Beamten, auch die richterlichen. Die Unabsetzbarkeit und Unversetzbarkeit der Richter sind ausschliesslich im Interesse der Unabhängigkeit der Rechtspflege von ungehörigen Einflüssen der Regierung statuirt. Würde ein Richter trotzdem abgesetzt, so könnte er nicht auf Amovirung seines Amtsnachfolgers, auf Wiedereinsetzung in das Amt klagen. Nicht er, sondern die zur Sanirung des Bruches objektiven Rechtes berufenen Faktoren hätten die Aufhebung oder andersartige Reparation der betreffenden verfassungswidrigen Vorgänge zu verlangen und zu veranlassen. Ebensowenig hat das Mitglied eines Collegialgerichtes, das seiner Ansicht nach nicht genügend beschäftigt ist, einen Anspruch auf Zutheilung von Akten oder Untersuchungen. Es lässt sich auch kein rechtlich anerkennbares Interesse nachweisen, das das beamtete Subjekt an der Ausübung des conkreten

---

Versorgung der Militärpersonen R.G.B. S. 275 und R.G. vom 4. April 1874 R.G.B. S. 25, ferner Bundesrathsbeschlüsse vom 7. und 21. März 1882 Reichscentralblatt S. 123 und für Oesterreich das Gesetz vom 19. April 1872 R.G.B. Nr. 60.

[229] Ein Recht auf Ausübung amtlicher Funktionen wurde häufig angenommen, vgl. die Citate bei Laband I, S. 473 N. l. Gierke über Labands Staatsrecht a. a. O. S. 45, 46 will ein solches construiren, indem er es (S. 46 N. l) mit dem Wahlrecht und dem Regierungsrecht des Monarchen in Parallele stellt, dabei den tiefen Unterschied in der juristischen Grundlage der Beamtenstellung und der unmittelbarer Staatsorgane nicht beachtend. G. Meyer, St.R. S. 438 Note 2 schreibt den Beamten, die ohne ihre Zustimmung nicht entlassen werden können, ein Recht auf das Amt zu, O. Mayer, Archiv f. off. R. III, S. 85 stellt den Anspruch des Beamten auf das Amt auf gleiche Linie mit dem Rechte auf Gehalt und Rang, indem er auf das an der Amtsführung hängende interesse der Ehre und Macht hinweist. Dieses Interesse ist aber als rechtliches nicht zu construiren, der Schutz desselben ist reine Reflex-Wirkung.

Amtes als solchen haben könnte. Derartige Interessen konnten im feudalen Staate und in dem mit käuflichen Aemtern entstehen, also in jenen Staatsbildungen, welche im Widerspruch mit der Idee des öffentlichen Rechts, staatliche Hoheit zum Accessorium privater Berechtigung machten. Für den heutigen Staat lässt sich ein nicht blos faktisches Individualinteresse Regierungsrath in X oder Amtsrichter in Y zu sein nicht einmal in der Phantasie als rechtlich möglich construiren.

Im Beamtenverhältnisse sind jedoch kraft der Resultate der Untersuchungen *Labands* zwei völlig getrennte Elemente zu unterscheiden: die Schaffung des Staatsdienstverhältnisses und die Uebeitragung des Amtes auf den Staatsdiener[230]. Letztere ist ein einseitiger staatlicher Hoheitsakt, der den Beamten nur verpflichtet und nur indirekt die Voraussetzung von Rechtserwerb durch denselben sein kann. Der Staatsdienervertrag hingegen verleiht in Hinsicht auf solche Hoheitsakte zunächst dem Einzelnen nur eine erhöhte passive Qualifikation, die ihn zum möglichen Objekt, staatlicher Willensakte macht, die auf die Schaffung conkreter Beamtung gerichtet sind.

Die durch den Dienstvertrag begründete aktive Qualifikation besteht aber darin, dass der Staatsdiener den Anspruch erwirbt, als solcher zu gelten, d. h. vom Staate anerkannt zu werden. Nicht Beamter, wohl aber Staatsdiener zu sein, ist ein individuelles Interesse von höchster Bedeutung. Dieser Anspruch ist ganz unabhängig von dem Amte, das der Staatsdiener bekleidet und existirt auch für den, der noch kein Amt besitzt oder zur Disposition gestellt ist. Es besteht daher ein individueller Anspruch auf Anerkennung der durch die Anstellung erworbenen Qualität als Staatsdiener, ein Anspruch, der durch die Beamtengesetze, bei Richtern sogar durch Verfassungsvorschriften geschützt ist. Während bei unmittelbaren Staatsorganen der Anspruch auf die Organschaft selbst geht, geht der Anspruch bei den Staatsdienern nur dahin, in der von ihnen erworbenen erhöhten passiven Qualifikation zur Organschaft anerkannt zu werden und zwar deshalb, weil mit ihr bereits eine Anzahl an-

---

[230] S. 404 ff. Trotz der von Rehm, die rechtliche Natur des deutschen Staatsdienstes, Hirths Annalen 1884 S. 652 ff., 679 ff. angeführten Vorgänger Labands hat erst dieser die angeführte Theorie eingehend juristisch begründet.

derweitiger Ansprüche verbunden ist. Nicht ein Recht auf das Amt, sondern auf die Aufrechterhaltung des Dienstverhältnisses ist der Inhalt des Rechtsanspruches des Staatsdieners an den Staat. Er hat sein Vorbild an dem Verhältniss des Clerikers zur Kirche, indem die Ordination dem Presbyter den unentziehbaren Anspruch gewährt, als solcher zu gelten, hingegen keinen Anspruch auf missio in sich schliesst, für welche sie indess die passive Qualifikation bildet. Der nicht beamtete Staatsdiener findet an dem Cleriker ohne iurisdictio sein kirchenrechtliches Gegenstück.

Das Staatsdienerverhältniss alterirt wie jede individuelle Beziehung staatlicher Organschaft den negativen und positiven Status des Berechtigten. Beide werden sowohl nach gewissen Richtungen hin erweitert als nach anderen hin eingeschränkt, was schon früher angedeutet wurde. In Form Reflexes objektiven Rechtes wird den Beamten ferner erhöhter strafrechtlicher Schutz zu Theil[231]. Sie haben den zweifellos publicistischen Anspruch auf Rang und Titel ihres Amtes. Eigenthümlicher Art sind die ökonomischen Ansprüche, die sie an den Staat zu richten haben. Ueber ihre Natur sind die Ansichten sehr getheilt und bedeutende Autoritäten stellen sie unter die Kategorie privatrechtlicher Ansprüche[232], wozu für das deutsche Reich und seine Gliedstaaten der Umstand beiträgt, dass sie der Rechtsprechung der Givilgerichte unterliegen[233], was nicht überall der Fall ist.

---

[231] Herkömmlich wird dieser strafrechtliche Schutz unter den „Rechten" der Beamten aufgezählt. Selbst Laband I, S. 473 folgt dieser unjuristischen Tradition.

[232] Vgl. die Zusammenstellung bei Rehm, Hirths Annalen 1885 S. 143 ff. und Rehm selbst S. 194 ff., ferner G. Meyer, St.R. S. 416, dagegen Laband I, S. 490 ff., Seydel, St.R. III, S. 327, 416, Wach, Civilprocessrecht I, S. 95 ff. Meves in Holtzendorffs Rechtslexikon s. v. Gehaltsallsprüche II, S. 32 ff., Löning, Verwaltungsrecht S. 131. Die Ausführungen Bornhaks a. a. O. II, S. 72, wonach der Beamte vernögensrechtliche Ansprüche an den Staat überhaupt nicht habe, sondern nur ein Gnadenbrod vom Staat empfange, sind einer ernstlichen Widerlegung nicht werth. Sie zeigen aber, zu welchen Verkehrtheiten man auf Grund einer principiellen Leugnung von Ansprüchen des öffentlichen Rechtes gelangt.

[233] Dass dies für die Natur dieser Ansprüche ganz unwesentlich ist. führt treffend aus Wach, Civilprocessrecht I, S. 96, 97.

Die richtige Entscheidung muss aber dahin lauten, dass diese Ansprüche öffentlich-rechtlicher Art sind. Sie sind dies, weil sie auf öffentlich-rechtlichem Grunde ruhen und in erster Linie öffentlich-rechtliche Zwecke verfolgen. Die im staatlichen Interesse gelegene standesmässigre Sustenirung des Beamten ist der leitende Gesichtspunkt bei Festsetzung seiner Gehalts- und Pensionsansprüche an den Staat. Treffend sind sie daher als ein Anspruch auf standesgemässe Alimentation bezeichnet worden[234]. Die entgegengesetzte Ansicht, welche, obschon den öffentlich-rechtlichen Charakter der Gehaltsforderungen anerkennend, die Leistungen des Staates an den Beamten als Gegenleistung für dessen Dienst auffasst[235], ist nicht haltbar. Denn es giebt Staatsämter, für welche Gegenleistung nicht existirt, trotzdem das geleistete Arbeitsquantum und die Hingebung der ganzen Individualität bei ihnen nicht geringer ist als bei besoldeten Aemtern; auch hat andererseits der nicht beamtete Staatsdiener häufig einen Gehaltsanspruch. Endlich ist bei Festsetzung der Besoldungen die Qualität und Quantität der geleisteten Dienste gar nicht massgebend. Man kann doch nicht im Ernste behaupten, dass der Oberlandesgerichtsrath Dienste verrichte, die an sich einer grösseren Gegenleistung würdig seien, als die des Amtsrichters oder dass der Präsident einer Behörde dem Staate wichtigere Dienste leiste als seine Räthe. In der Aufstellung der Gehaltsstufen der Beamten ist vielmehr der Gedanke der Gegenleistung von anderen, rein öffentlich-rechtlichen Gesichtspunkten weit überwogen worden. Allerdings sind in untergeordneter Weise auch privatrechtliche Momente in der Gewährung eines Gehaltes thätig, allein nach bereits dargelegten Grundsätzen muss der Gesammtcharakter nach dem am meisten hervortretenden Elemente erkannt werden.

Als Anspruch des öffentlichen Rechtes unterliegt der Gehaltsanspruch ausschliesslich den öffentlich-rechtlichen Specialnormen, die für ihn aufgestellt worden sind, er ist ein Anspruch sui generis. Auch die anderen ökonomischen Ansprüche der Beamten an den Staat sind öffentlich-rechtlicher Natur, so der auf Umzugskosten, Taggelder, Fuhrkosten, Funktionszulagen u. s. w. Auch diese Ansprüche sind durch öffentlich-rechtliche Spe-

---

[234] Laband I, S. 478, v. Ihering, Zweck im Recht I, S. 200 ff. u. A.
[235] Seydel, St.R. III, S. 41.5 ff.

cialnormen geregelt, welche aus Gründen des öffentlichen Interesses von den analogen des Privatrechts vielfach abweichen. Auch sie haben bis zu einem gewissen Grade den Charakter von Alimentationsansprüchen. Specielle Leistungen des Staates hingegen an den Beamten, denen die Absicht der Gegenleistung für besondere Dienste zu Grunde liegt, wie z. B. Remunerationen, werden vom Staate einseitig gewährt, können aber nicht gefordert werden. Der öffentlich-rechtliche Charakter des Gehaltsanspruches ist auch dann vorhanden, wenn ihm vertragsähnliche Verabredungen vorangehen, auf deren Basis von der gesetzlichen Norm abweichende Bestimmungen geschaffen werden. In solchen Fällen individualisirt sich das Gemeininteresse, um eine conkrete, für den Staat besonders wichtige Person für den Staatsdienst zu gewinnen oder zu erhalten. Allerdings spielt das Privatinteresse des Einzelnen in solchen Fällen auch eine Rolle. Indess muss das Interesse des Staates als das überwiegende bezeichnet werden, wenn es ihn sogar zu einer Abweichung von gesetzlichen Normen veranlasst.

II. *Die Ansprüche der staatlichen Ehrenbeamten.* Personen, welche staatliche Aemter nicht kraft eines der Beamtung vorangehenden speciellen, in der Regel dauernden Dienstverhältnisses versehen, heissen Ehrenbeamte[236]. Diese stehen zwar auch in einem Dienstverhältnisse zum Staate, das aber einen anderen Rechtsgrund hat, als einen Staatsdienstvertrag. Sie werden in der Regel bestellt durch Wahl, sei es von Organen der Communalverbände, sei es anderer öffentlich-rechtlicher Verbände oder wie die zu wählenden Mitglieder des Reichsversicherungsamtes und der Gewerbegerichte, von den Berufsgenossen. In solchen Fällen ist das Recht der Amtsübertragung kraft Gesetzes vom Staate auf andere Personen übergegangen, welche in dieser Richtung selbst als staatliches Organ fungiren. Die so creirten

---

[236] Völlig zutreffend ist die terminologische Scheidung welche Rehm Annalen 1885 S. 80, 81 zwischen Staatsdienern und Staatsbeamten vornimmt. Staatsdiener ist Jeder, der einen öffentlich - rechtlichen Dienstvertrag abgeschlossen hat, Staatsbeamter Jeder, der ein Staatsamt bekleidet. Der Ehrenbeamte ist Staatsbeamter, aber nicht Staatsdiener. Der Begriff des Ehrenbeamten ist um so mehr in die staatsrechtliche Terminologie aufzunehmen, als die Reichsgesetze an zahlreichen Stellen von Ehrenämtern reden und derart damit eine feste Vorstellung verbinden.

Beamten werden nicht auf Grund eines speciellen Gewaltsverhältnisses mit einem beliebigen Amte versehen, sondern sie werden unmittelbar in ein bestimmtes Amt berufen. Derartige Beamte sind aktiv qualificirte, d. h. sie erwerben durch die Wahl, beziehungsweise die staatliche Bestätigung einen Anspruch auf Organstellung, der dem Anspruch der gewählten Parlamentsmitglieder analog ist. Das vom preussischen Provincialausschuss gewählte Mitglied des Provincial- oder Bezirksrathes hat einen Anspruch an den Staat auf Geltung als Mitglied dieser Behörden, welcher dem Oberpräsidenten oder Regierungspräsidenten nicht zukommt. Auch sie aber haben aus den oben erörterten Gründen kein Recht auf das Amt, das niemals Inhalt eines Individualanspruchs sein kann. Die praktische Bedeutung ihres Anspruches zeigt sich darin, dass sie nur in der Behörde, für welche sie gewählt worden sind, verwendet werden können und müssen, dass jede Versetzung und Beförderung durch den Staat für sie ausgeschlossen ist. Ganz wie mit den gewählten Ehrenbeamten verhält es sich mit den ernannten[237].

Ehrenbeamte können kraft freien Willens oder kraft Dienstpflicht in ihr Amt berufen werden. In beiden Fällen jedoch dekken sich die beiden Akte, welche im Staatsdienerverhältnisse auseinanderfallen: Begründung des Dienstverhältnisses und Uebertragung des Amtes, vollkommen.

III. *Die Anspüche der Dienstpflichtigen.* Nicht nur Dienstpflicht zum Zwecke der Besetzung von Ehrenämtern statuirt der Staat, sondern auch Dienstzwang, wie vor Allem die Wehrpflicht zeigt[238]. Alle Fälle der gesetzlichen Dienstpflicht haben aber gemeinsame an dieser Stelle zu erörternde Merkmale. Stets ist nämlich auch bei ihnen zu unterscheiden passive Qalifikation, kraft deren der Einzelne mögliches Objekt einer staatlichen Aktion wird, und aktive, kraft deren er durch einen individuellen Berufungsakt in ein specielles Pflichtverhältniss zum Staate

---

[237] Ueber sonstige Rechte der Ehrenbeamten Löning a. a. O. S. 139 f.

[238] Der Unterschied zwischen Dienstpflicht mit und ohne Dienstzwang besteht darin, dass erstere auf einer lex plus quam perfecta, letztere auf einer lex minus quam perfecta beruht. Dem Ehrenamt kraft Dienstpflicht kann man sich — bei Strafe — entziehen, dem auf Dienstzwang beruhenden Amte nicht. Vgl. auch Löning a. a. O. S. 138 Note 1.

tritt[239]. Passive Qualifikation, die Fähigkeit der Berufung zu derartigen Diensten, kann ihrer Natur nach niemals individuelle Ansprüche verleihen[240], sie ist einfach Reflexwirkung. Hingegen können aus der aktiven Qualifikation Ansprüche an den Staat entspringen, obwohl es der Staat auch einfach bei der Geltendmachung der Pflicht bewenden lassen kann. Solche Ansprüche sind die der Soldaten auf Alimentirung, der Schöffen und Geschworenen auf Vergütung der Reisekosten[241]. Den kraft Dienstpflicht — durch Wahl oder Ernennung— in ein Ehrenamt Berufenen stehen dieselben Ansprüche zu, wie den freiwillig ein solches Amt Uebernehmenden.

Die gesetzliche Dienstpflicht kann ferner kraft positiver Vorschrift den negativen und positiven Status der sie Erfüllenden alteriren[242].

IV. *Die Ansprüche der im privatrechtlicen Dienstverhältnisse Stehenden.* Der Staat kann sich gleich dem Privaten Arbeitskräfte durch die Rechtsform der Dienstmiethe verschaffen. Derartige Personen werden durch den Vertrag auch der Disciplinargewalt des Staates unterstellt. Andererseits können ihnen einseitig öffentlich-rechtliche Ansprüche gewährt werden, so z. B. der auf Führung eines Titels und Anrechnung der im privatrechtlichen Dienstverhältniss zugebrachten Dienstjahre bei Uebertritt in den öffentlichen Staatsdienst.

---

[239] Für den Militärdienst hat Laband II, S. 623 in voller Klarheit Wehr-, Militär- und Dienstpflicht unterschieden.

[240] Der Irrthum, die passive Qualifikation zum Geschworenen- und Schöffendienst als politisches Recht zu bezeichnen, findet sich häufig, z. B, bei H. Schulze, Deutsches St.R. I, S. 364, Ulbrich, Oesterr. St.R. S. 87. Zu diesem Irrthum mag beitragen, dass das R.St. G.B. §§ 31, 34 diese Fähigkeiten unter den strafrechtlicher Minderung unterliegenden Ehrenrechten aufzählt.

[241] Ueber die Reflexnatur der Ansprüche der Soldaten, über ihr Verhältniss zur Wehrpflicht vortrefflich Laband II, S. 648, dass auch der Gerichtsdienst principiell unentgeltlich sei, derselbe II, S. 444.

[242] Die Specialnormen für die Mitglieder des Heeres bei Mandry, Der civilrechtliche Inhalt der Reichsgesetze S. 80 ff', und bei Laband II, S. 717 ff. Bei den zum aktiven Heere und zur Marine gehörigen Personen ist sogar eine Minderung des aktiven Status vorhanden, indem ihre parlamentarischen Wahlrechte ruhen.

9. Die Ansprüche der Reprasentanten und Beamten öffentlich-rechtlicher Verbände.

Oeffentlich-rechtliche Verbände gualificiren kraft ihrer Eigenschaft als Träger staatlichen Imperiums und staatlicher Organschaft ihre eigenen Organe als öffentliche. Diese zerfallen in Repräsentanten und Beamte[243]. Die unmittelbaren Verbandsorgane (z. B. Gemeindevertretung, Gemeindeausschuss, Bürgermeister) haben im Verbande dieselbe Stellung wie Volksvertretung und Exekutive in der repräsentativen Demokratie. Das Dienstverhältniss im öffentlich-rechtlichen Verbande hingegen ist ganz dem staatlichen der Berufsbeamten analog, sofern nicht auch hieher gehörige Aemter durch Freiwillige oder gesetzlich Dienstpflichtige als Ehrenämter versehen werden.

Kraft der eigenthümlichen Verbindung, in welcher in den deutschen Staaten Staats- und Communalverwaltung stehen, erlangen die unmittelbaren Gemeindeorgane, soweit sie staatliches Imperium zu üben oder überhaupt direkte staatliche Aufgaben zu erfüllen verpflichtet sind, den Charakter mittelbarer Staatsbeamten, die der staatlichen Disciplinargewalt unterstehen, und zwar sind sie dem Staate zu gesetzlichen Diensten verpflichtet, ihre Dienstpflicht gegen den Staat ist rechtliche, von ihrem Willen unabhängige Folge ihrer communalen Organschaft.

III. Rechtliche Rückwirkung des aktiven Status auf Dritte.

Aus dem aktiven Status einer Person können sich kraft Gesetzes eigenthümliche Wirkungen auf Dritte ergeben. Es kann diesen eine Stellung angewiesen werden, kraft deren sie an der erhöhten Ehre theilnehmen, die principiell nur dem Staatsorgane zukommt, andererseits aber auch einen, von der Norm abweichenden negativen und positiven Status erhalten. Dies ist na-

---

[243] Der Gegensatz von unmittelbaren Gemeindeorganen und Gemeindebeamten ist von vielen Schriftstellern richtig hervorgehoben worden, z. B. von Gierke, Genossenschaftsrecht I, S. 732 ff., Löning a. a. O. S. 164 f., Jolly in v. Stengels Wörterbuch des Verwaltungsrechts s. v. Gemeindeorgane I, S. 518 ff. Bei Anderen jedoch tritt, diese Scheidung nicht oder nicht scharf hervor, weil die verwaltenden und vollziehenden Gemeindeorgane den Charakter mittelbarer Staatsbeamten haben, so dass sie dem höheren Begriff der Beamten eingereiht werden. Das ist z. B. der Fall bei G. Meyer, St.R. S. 318.

mentlich der Fall bei den Mitgliedern der regierenden Familien. Die erhöhte Ehre, die ihnen zukommt, entspringt keineswegs einer Eventualberechtigung an der Krone, denn auch die nicht zur Thronfolge qualificirten Familienmitglieder nehmen an ihnen Theil — die Gemahlin des Monarchen sogar in höherem Grade als die Successionsfähigen. Vielmehr sind es die familienrechtlichen Beziehungen eines Kreises von Personen zum Monarchen, die ihnen eine höhere staatliche Ehre, die grundsätzlich von staatlicher Organschaft abhängt, gegeben haben. Ein erhöhter Rechtsschutz steht ihnen zur Seite, wie Organträgern, trotzdem ihnen diese Qualität nicht zukommt. Allerdings kann den männlichen grossjährigen Mitgliedern der Familie ein privilegirter aktiver Status eingeräumt sein in der Form der Mitgliedschaft an der ersten Kammer und der Ansprüche auf Führung der Regentschaft. In den Staaten, welche Fortbildung der Hausgesetzgebung an die Zustimmung der Agnaten knüpfen, handeln diese gegebenen Falles nicht als Privatpersonen, sondern als Organe einer staatlichen Specialgesetzgebung. Derartige Agnatenrechte sind daher ihrem Wesen nach nicht Privatrechte, sondern organschaftliche Thätigkeiten, zu denen sich ihre Träger ähnlich verhalten wie die mit erblicher Kammermitgliedschaft ausgerüsteten Personen zu den ihnen zukommenden legislatotorischen Funktionen.

Endlich haben sie oft ökonomische Ansprüche an den Staat, welche in ihrer heutigen Ausgestaltung ähnlichen Motiven ihr Dasein verdanken wie die Festsetzung einer Revenue für den Herrscher. Trotz der in ihnen enthaltenen Berücksichtigung des privaten Interesses ist doch das öffentlich-rechtliche bei ihrer Statuirung das überwiegende gewesen, sodass sie den publicistischen zugezählt werden müssen. Ebenfalls in der Rücksicht auf die Stellung der Krone wurzelt die Einschränkung der Mitglieder der Dynastie in ihrem negativen Status, die in den hausgesetzlichen Bestimmungen über Ebenburt, Missheirat, Erforderniss des Consenses des Monarchen zu Akten, die sonst der freien Privatdisposition unterliegen würden, zum Ausdruck kommt.

Aehnlicher juristischer Natur wie das erörterte Verhältniss ist die Theilnahme der Familienmitglieder und des Gefolges der

Gesandten an der auf völkerrechtlichem Grunde ruhenden, dem Organe des fremden Staates zukommenden Exterritorialität[244].

Ein anderes Beispiel der Wirkung des aktiven Status auf Dritte sind die aus dem Staatsdienerverhältniss fliessenden Ansprüche der Hinterbliebenen der Beamten auf ökonomische Leistungen des Staates. Sie erscheinen allerdings heute bereits als ein Glied in der Kette von Massregeln, welche der Staat in Erfüllung publicistischer Pflicht zum Schütze Unversorgter ergreift. Die Reliktenansprüche an die Unfallsversicherungsgenossenschaften, die durch das Reichsgesetz vom 28. Februar 1888 begründeten Unterstützungsansprüche von Familien in den Dienst eingetretener Mannschaften bezeichnen Schritte zu dem grossartigen Ziele einer öffentlichrechtlichen Versorgung von hilfsbedürftigen, des Ernährers entbehrenden Familiengliedern, in erster Linie der Wittwen und Waisen, welches sich das deutsche Reich, allen Staaten der Culturwelt vorauschreitend, gesteckt hat.

IV. Rudimente des aktiven Status.

Kraft historischer Continuität sind in der Mehrzahl der europäischen, namentlich aber in den ehemals zum deutschen Bunde gehörigen Staaten, individuelle Berechtigungen gewisser Klassen von Staatsangehörigen vorhanden, welche aus einem vormals existirenden, nunmehr erloschenen Organverhältnisse abgeleitet sind. Hier besteht in der Regel nicht mehr der Anspruch auf Organschaft, sondern nur auf Anerkennung der höheren, aus der Organschaft fliessenden Ehre, sowie auf bestimmte Befreiungen von gesetzlichen Leistungen, so dass ein privilegirter positiver und negativer Status die Folgen derartiger Verhältnisse sind. Sie seien im Folgenden betrachtet.

1) In erster Linie treten uns hier entgegen die Rechte der Standesherren und ihrer Familien, die ihnen gemäss Art. XIV der deutschen Bundesakte zugestanden worden sind. Ihre Berechtigung ruht auf der ehemaligen reichsstaatsrechtlichen Stellung solcher Familien, namentlich der Organqualität ihrer Häupter. Diesen kommt heute vielfach ein Anspruch auf Sitz in der ersten Kammer zu, welcher jedoch überall auf Verfassungssatz ruht,

---

[244] R.Ger. Verf.G. § 19.

der heute allein einen privilegirten aktiven Status verleihen kann. Ansprüche auf andere organschaftliche Stellung sind durch die neuere Reichsgesetzgebung definitiv beseitigt worden. Nur in der diesen Familien zukommenden Autonomie ist ein dem aktiven Status angehöriges Recht noch vorhanden, indem die principiell nur vom Gesetzgeber besessene Befugniss, Abweichungen vom gemeinen Rechte zu statuiren, der hochadeligen Familie zusteht, die dadurch zu einem mit öffentlich-rechtlicher Gewalt ausgerüsteten Verbande wird. Der Inhalt der autonomen Festsetzungen ist wesentlich privatrechtlichen Charakters. Auch das Recht der Ebenburt und Missheirat ist in erster Linie ein privatfürstenrechtliches und nur indirekt von öffentlich-rechtlicher Bedeutung, wenigstens nach heutigem Staatsrechte, unter dessen Gesichtspunkte mancher öffentlich-rechtliche Anspruch einer früheren Epoche nur mehr als privatrechtlicher aufgefasst werden kann. Privilegirungen des negativen Status sind noch in manchen Exemtionen von staatsbürgerlichen Pflichten vorhanden[245]. Für die einzelnen Mitglieder der standesherrlichen Familien ist daher als öffentlich-rechtlicher Anspruch kraft Geburtsrecht heute nur der auf gewisse titulare Auszeichnungen geblieben, die in erster Linie dem Familienhaupte zustehen, ferner in dem Anspruch auf Anerkennung des Sonderrechtes der Familie. Diese Ansprüche enthalten in sich eine Privilegirung des negativen Status, indem diesen Personen erlaubt, was anderen verboten ist, andererseits eine Erhöhung ihres positiven Status, indem sie die Anerkennung der ihnen zustehenden Auszeichnungen und Sonderrechte vom Staate fordern können.

2) Aehnlicher Art, aber eingeschränkter sind die Ansprüche, die aus dem Titularadel fliessen, dessen höhere sociale Ehre auf der historischen Erinnerung an den privilegirten aktiven Status beruht, deren Ausdruck der ursprünglich überall ein Amt oder doch eine besondere staatliche Qualifikation bezeichnende Adelstitel war, wie es heute noch bei den nicht blos von der gesellschaftlichen Sitte (titles by courtesy) eingeführten englischen Adelstiteln der Fall ist. Der Adel ist heute in der Regel juristisch nichts weiter als eine „erbliche Titularauszeichnung"[246], die in-

[245] Befreiungen von der Militärpflicht, Steuerprivilegien. Vgl. den Ueberblick bei G. Meyer, St.K. S. 680 f.
[246] H. Schulze, Deutsches St.R. T, S. 397.

dess hie und da noch bestimmte rechtliche Qualifikation verleiht[247]. Er bedeutet aber, rechtshistorisch betrachtet, ein Rudiment ehemaliger mit Amt oder Geburtsstand verknüpfter Rechte, deren sociale Bedeutung die rechtliche weit übertrifft. Kraft der privatrechtlichen Art, mit der im späteren Mittelalter publicistische Berechtigung umgeformt wurde, haftet dem Geburtsadel auch eine privatrechtliche Seite an, welche sich in der Vererblichkeit und dem Uebergang auf die Ehefrau zeigt, sowie in dem privaten Untersagungsrecht, welches den Mitgliedern einer adeligen Familie gegen jeden widerrechtlich den ihr gebührenden Adelstitel Führenden zukommt.

3) Klar mit modernen staatlichen Institutionen zusammenhängend sind die Verleihungen staatlicher Amtstitel oder diesen ähnelnde an Private. Als Auszeichnung soll damit ein Stück der höheren, der Person des Staatsorgans zukommenden Ehre an nicht im Staatsdienstverhältnisse Stehende verliehen werden. Auch Beamte selbst, können zur Auszeichnung den Titel eines höheren Amtes erlangen, sowie ihnen nach Versetzung in den Ruhestand, nach manchen Gesetzen überhaupt nach ehrenvoller Entlassung, ihr letzter Amtstitel verbleibt. Der juristische Inhalt solcher Rudimente aktiver Civität sind dieselben, wie beim Adel, nur dass ihre rein publicistische Natur kräftiger hervortritt, sie daher stets an individuell bestimmten Personen haften[248].

4) Ganz eigengeartet sind die staatlichen Ordensverleihungen. Die zuerst für Soldaten, später auch für Andere gestifteten Verdienstorden sind Institutionen, die geschichtlich mit den Ritterorden und den aus diesen hervorgegangenen Hofehrenorden zusammenhängen. Ihrer Idee nach sollen sie Verdienste um das Gemeininteresse, welches stets auf den Staat tendirt, belohnen. Es soll demnach bei ihrer Verleihung ein Handeln für das staatliche Interesse bei dem Auszuzeichnenden vorausgesetzt werden, d. h. ein Analogen organschaftlicher Thätigkeit, eine Funktion als staatliches Quasiorgan, wenn dieser Ausdruck gestattet ist. Der Anspruch auf höhere Ehre, welcher dem Ausgezeichneten

---

[247] Sitz in der ersten Kammer (Preussen, Württemberg, Hessen), Qualifikation zur Berufung in dieselbe als erbliches Mitglied (Oesterreich), Wahlrecht in die erste Kammer oder den Landtag (Baden, Hessen, Tirol u. a. w.).

[248] Auch die Titel fiktiver Aemter werden verliehen, aber auch sie sollen dem Beliehenen die sociale Amtsehre gewähren.

zukommt, ist daher ebenfalls ein Rudiment organschaftlicher Individualberechtigung. Auch dieser Anspruch geht zunächst auf staatliche Anerkennung, während andererseits das Tragen des Ordens eine dem negativen Status zuwachsende Handlung ist [249].

Aus der Verleihung des Ordens können sich für den Ausgezeichneten noch andere positive Ansprüche ergeben, wie namentlich der Anspruch auf Verleihung oder Anerkennung eines Adelstitels, der allerdings als höchstpersönlich durch den Monarchen zu erfüllen, eines richterlichen Schutzes nicht fähig ist. Anders hingegen steht es mit den aus der Verleihung mancher Orden entspringenden Forderungen auf Bezug einer Rente. Diese trägt den Charakter eines Ehrensoldes für öffentliche Leistungen an sich. Aus einem öffentlich-rechtlichen Anspruch entspringend, ist sie selbst öffentlich-rechtlicher Natur. Sie ähnelt den Pensionen der Staatsbeamten, die ebenfalls nach Entstehung und Zweck publicistischer Natur sind.

Die Begründung derartiger rudimentärer Statusverhältnisse erfolgt durch einseitigen staatlichen Akt, welcher aber in seiner Rechtswirksamkeit durch Ablehnung der Auszuzeichnenden invalidirt werden kann. Da diese Verhältnisse den Einzelnen zu nichts verpflichten, bedürfen sie keines Vertrages zu ihrer Entstehung, denn nur zur Einschränkung, nicht zur Erweiterung der individuellen Freiheit praeter legem bedarf der Staat des Consenses des Einzelnen. Daher wird auch die Annahme präsumirt, was von Bedeutung ist für den Fall, dass selbst wenn der Tod des Auszuzeichnenden vor der Kenntniss der erfolgten Verleihung eintrat. den Hinterbliebenen daraus eventuelle Ansprüche erwachsen können[250].

V. Aktiver Status und Staatsangehörigkeit.

Während der negative und positive Status in gewissem Umfange von der Staatsangehörigkeit unabhängig sind, setzt der aktive Status in der Regel Zugehörigkeit zum Staate als erstes

[249] R.Str.G.B. § 360^8.

[250] Man denke an militärische Orden, die für tapferes Verhalten vor dem Feinde verliehen werden.

Erforderniss passiver Qualifikation voraus. Allerdings finden auch von dieser Regel Ausnahmen statt, wie andererseits oft nicht einmal das Verhältniss der Staatsangehörigkeit genügt, sondern längere Innehabung dieses Status gefordert wird, manchmal sogar Erwerb durch Geburt[251]. Für Naturalisirte wird überdies in einzelnen Staaten der Status aktiver Civität durch einen besonderen Verleihungsakt begründet[252]. Für die Erwerbung der Rudimente des aktiven Status wird Staatsangehörigkeit in der Regel nicht gefordert. Als Complement hiezu besteht jedoch das Recht des Heimatstaates, die social immerhin nicht bedeutungslosen Auszeichnungen des fremden Staates zu bestätigen oder auch ihre Annahme zu verbieten[253].

Zweiter Abschnitt
Die Rechte des Staates und der Verbände

XI. Die öffentlichen Rechte des Staates

Betrachtet man den Staat isolirt, d. h. weder als in Beziehung zu seinesgleichen, noch zu ihm untergeordneten Persönlichkeiten stehend, so sind auf seine Thätigkeit die Kategorien von Recht und Unrecht nicht anwendbar. Alles Recht ist Beziehung von Persönlichkeiten. Der von diesen Beziehungen losgelöst gedachte Staat ist zur Erfüllung seiner Zwecke handelnde Macht, die als solche ethisch und politisch, aber nicht rechtlich qualificirt werden kann. Daher ist das Verhältniss des Staates zu seinen Organen als ein Verhältniss innerhalb des Staates an sich kein Rechtsverhältniss. Nur insofern die Beziehungen des Staates zu seinen Organen zugleich eine Beziehung zu einer ausserhalb seiner Organisation stehenden Person, sei es auch der des physischen Organträgers selbst in sich schliessen, erlangen diese Beziehungen den Charakter von rechtlichen, durch Rechtssätze zu beherrschenden. So ist z. B. die Errichtung eines neuen Am-

---

[251] Letzterer in den Vereinigten Staaten für den Präsidenten und Vicepräsidenten der Union, Const. of the V. St. Art. I, sect. 1, 5.

[252] Belgien und Italien, vgl. Störk in Holtzendorffs Handbuch des Völkerrechts II, S. 618 f.

[253] Letzteres für Repräsentanten, Beamte und Soldaten der schweizerischen Eidgenossenschaft, Bundesverf. Art. 12.

tes, sofern dadurch weder neue Competenzen geschaffen, noch die financielle Leistuugspflicht der Unterthanen berührt werden, ein Akt, der isolirt betrachtet, ebenso eine rechtlich indifferente Handlung darstellt, wie individuelle Akte, die in keiner Beziehung zu der Rechtssphäre anderer Personen stehen. Alle Verhältnisse hingegen, in welchen der Staat direkt oder indirekt erlaubend, befehlend, gewährend und versagend in die Rechtssphäre der ihm Subjicirten eingreift, stellen sich als Rechtsverhältnisse dar.

Betrachtet man den Staat als ausserhalb des Rechtes oder über ihm stehend, dann giebt es nicht nur kein öffentliches Recht des Einzelnen, das nur durch die Beziehungen zweier *Rechtssubjekte*: Staat und Individuum möglich ist, dann giebt es auch kein Privatrecht, welches, wie früher gezeigt wurde, nur auf der Basis des öffentlichen Rechtes möglich ist und von ihr losgelöst jeden positiv-rechtlichen Charakter einbüsst. Der Staat, an sich betrachtet Macht, wird durch Anerkennung der Person der Subjicirten zur rechtlich beschränkten Macht. Dadurch erlangt aber die durch seine Rechtsordnung fixirte und begrenzte Macht den Charakter der Rechtsmacht, seine Interessen den Charakter rechtlicher Interessen. Zu diesen Interessen zählt in erster Linie die Aufrechterhaltung und Fortbildung der Rechtsordnung. Sein eigenes Interesse verwirklichend, also seine Zwecke erfüllend, setzt sich der Staat als rechtlich beschränkte Persönlichkeit. Während das Recht der individuellen Persönlichkeit gegenüber sich wesentlich schöpferisch verhält, verfährt es der Staatspersönlichkeit gegenüber wesentlich einschränkend. Von Natur aus Alles könnend, was seiner Macht zugänglich ist, kann der Staat von Rechtswegen nur das, wozu ihn die Rechtsordnung autorisirt, darf er nur das, was sein gesetzlich gebundener Wille ihm gestattet. Kraft der ihm durch seine Rechtsordnung auferlegten Beschränkungen wird er im Rechtssinne Träger von Rechten und Pflichten gegen den Subjicirten.

Nur indem der Staat sich als rechtlich beschränkt auffasst, wird er zum Rechtssubjekt. Ein handelndes Wesen, das gar nicht Träger von Pflichten ist, ist Machtsubjekt, nicht Rechtssubjekt. Im Begriffe des Rechtes ist bereits der der Beschränkung enthalten.

Nur durch Anerkennung staatlicher Rechtspflichten durch den Staat selbst ist subjektives öffentliches Recht, wie des Staates, so des Subjicirten möglich. Durch das Dasein staatlicher Pflichten ist erst das Dasein individueller Rechtsansprüche gegeben. Und zwar entstehen diese Ansprüche überwiegend durch einseitigen Staatsakt: Gesetz, Verordnung oder Verfügung. Während im Privatrechte einseitige Verpflichtung des Berechtigten durch einen legalen Willensakt von seiner Seite die seltene Ausnahme bildet, ist die einseitige Verpflichtung, die Selbstverpflichtung beim Staate die Regel[254].

Den Gedanken staatlicher Selbstverpflichtung als Grund staatlicher Gebundenheit habe ich wiederholt ausgeführt[255]. Von Seiten der Gegner ist auch nicht der geringste befriedigende Versuch gemacht worden, das Problem zu lösen, weshalb der Staat an seine in legaler Form einseitig abgegebene Willenserklärung rechtlich gebunden bleibt. Und doch kann, wer diese Frage nicht zu beantworten vermag, keinen Anspruch erheben, das Dasein des Gesetzesrechts überhaupt zu begreifen. Die Opposition gegen den Gedanken der Selbstverpflichtung rührt vornehmlich daher, dass eingehende Untersuchung des Pflichtbegriffes in der modernen juristischen Literatur gänzlich fehlt. In der Regel wird nämlich übersehen, dass der Begriff der Pflicht nicht auf das Rechtsgebiet beschränkt ist, dass die Ethik und die sociale Sitte des Pflichtbegriffes in demselben Masse bedürfen wie das Recht, ja dass der Pflichtbegriff in erster Linie ein sittlicher ist. Hat man den Gedanken der sittlichen Autonomie in seiner ganzen Tiefe erfasst, dann erkennt man auch die Flachheit der Ansichten, welche die Rechtspflicht nur als Diktat einer höheren Macht begreifen können.

Allseitige Untersuchung des Pflichtbegriffes führt auch zur Einsicht in die Unhaltbarkeit der naturrechtlichen Lehre, dass Recht und Pflicht unter allen Umständen Correlata seien, demnach jede Pflicht ein subjektives Recht begründe. Der Gegensatz von Liebes- und Zwangspflichten, in welchem von Thomasius bis Kant und darüber hinaus das deutsche Naturrecht den Unterschied von Moral und Recht zu erblicken glaubte, indem aus den Rechtspflichten ein mit Zwang zu verwirklichendes Forderungsrecht irgend welcher Personen entspringe, den Liebespflichten

---

[254] Vgl das folgende Kapitel.

[255] Die rechtliche Natur der Staatenverträge S. 9 ff., Die Lehre von den Staatenverbindungen S. 34, Gesetz und Verordnung S. 198 ff.

jedoch keine Rechtsforderung entspreche, ist in dieser Ausdehnung nicht haltbar. Keine Pflicht existirt um ihrer selbst willen, sondern jede ist zum Schutz oder zur Erreichung eines nicht blos im egoistischen Interesse geheischten Gutes da. Die Rechtspflicht, indem sie Rechtsgüter schützt, schützt auch den subjektiven Werth, der diesen Gütern zukommt, das Interesse. Allein das durch die Pflicht geschützte Interesse ist nicht nothwendig ein individuelles und es lassen sich Fälle aufweisen, in welchen das Gemeininteresse durch eine Pflicht des Gemeinwesens selbst geschützt ist. Hier wird nun häufig der Interessenschutz nicht so weit gehen können, um auch eine rechtliche Forderung irgend einer Person und demgemäss ein subjektives Recht zu constituiren. Es ist logisch und faktisch unmöglich, dass aus den Pflichten der obersten Staatsorgane gegen den Staat selbst irgend Jemandem ein subjektives Recht entspränge. Setzt die Verfassung Pflichten des Monarchen fest, so erwächst daraus Niemand ein Recht. Nicht den Unterthanen, denn ihnen werden diese Pflichten nicht gezollt, aber auch nicht dem Staate, der ausserhalb seiner Organe kein rechtliches Dasein führt und dem in solchem Falle daher das Organ mangelt, durch welches er als berechtigte Persönlichkeit zur Existenz kommen könnte. Ebenso steht es mit den Pflichten anderer unmittelbarer Staatsorgane, wie vor Allem der Kammern, die Niemand ein Recht gewähren, trotzdem sie im Gemeininteresse constituirt sind. Daher sind alle auf die Funktionen unmittelbarer Staatsorgane bezüglichen Pflichten in legibus imperfectis normirt. Der die Kammern nicht in verfassungsmässiger Frist zusammenberufende Monarch, das gesetzliche Ausgaben verweigernde Parlament handeln verfassungs-, also pflichtwidrig. Allein es sind nicht subjektive Rechte einer dem Staate gegenüber selbständigen Person dadurch verletzt, sondern Competenzen zum Schaden anderer Organe nicht eingehalten oder überschritten worden. Weder Kläger noch Richter sind hier denkbar. So beruht die Staatsordnung selbst auf Pflichten, die Niemand berechtigen.

Wo immer jedoch der Staat der individuellen Persönlichkeit. sei es auch dem Träger eines seiner Organe verpflichtend entgegentreten kann, da erwächst ihm aus der Pflicht ein von jener zu verwirklichender Rechtsanspruch. Und zwar geht dieser Anspruch in erster Linie auf Gehorsam[256]. Kraft des Unterworfenseins unter die Staatsmacht und kraft der Einschränkung der Staatsmacht auf rechtlich fixirte Forderungen ist der Einzelne dem Staate rechtlich unterworfen. Das potentiell allseitige Subjektionsverhältniss ist aktuell stets rechtlich beschränkte Subjektion, die für den Staat begrenzte Ansprüche auf Leisten, Dulden und Unterlassen der Unterthanen zum Inhalt hat[257]. In dem so begründeten passiven Status des Subjicirten ist dieser Pflicht-, nicht Rechtssubjekt. Die Gehorsamspflicht ist aber wie schon erwähnt, der gemeinsame Nenner, auf den alle Pflichten gegen den Staat zurückgeführt werden können. Vielfach wird noch eine besondere Treuverpflichtung gegen den Staat angenommen. Sie hat aber gar keinen selbständigen juristischen Inhalt. Entweder ist nämlich das kraft der Treue zu Unternehmende oder zu Lassende geboten, dann fällt es auch unter die Gehorsamspflicht, oder es ist nicht durch staatliche Norm geboten, dann ist solches juristische opus supererogationis vom ethischen, aber nicht mehr vom staatsrechtlichen Standpunkte aus zu fassen[258]. Im blossen Gehorsam allerdings erschöpft sich nicht das ganze Verhältniss des Einzelnen zum Staate. Dies in seiner Totalität zu erfassen ist die Jurisprudenz aber gar nicht im Stande. Ist doch der Patriotismus das Lebenselement eines jeden gesunden Staates; in welche kahle juristische Formel liesse sich aber der pressen?

Eine eigenthümliche Specialisirung des Gehorsamsanspruches des Staates ist der Anspruch auf Anerkennung seiner obrigkeitlichen Akte. Dieser Anspruch bildet die Basis für das

---

[256] Löning a. a. O. S. 34, Binding, Die Normen und ihre Uebertretung, 2. Aufl. I, S. 423 ff.

[257] Daher erzeugt ein grosser Theil der Rechtsordnung zugleich subjektive Ansprüche des Staates an die Beherrschten, die aus seiner Eigenschaft als rechtsetzende Macht entspringen. An dieser Stelle zeigt sich, dass objektives und subjektives Recht keine absoluten Gegensätze sind, sondern ineinander übergehen.

[258] Dass die Gehorsamspflicht die einzige juristisch messbare sei, hat zuerst nachgewiesen Ehrenberg, Commendation und Huldigung nach fränkischem Recht S. 112 ff. Vgl. ferner derselbe, Die Treue als Rechtspflicht, Deutsche Rundschau X, 7, S. 51, G. Meyer, St.R. S. 666, Seydel. St.R. III, S. 387. Die Anhänger der Lehre einer besonderen Treuverpflichtung vermögen keine einzige juristische Consequenz derselben anzuführen, die nicht aus der Gehorsamspflicht folgen würde.

aktuelle Dasein der speciellen Gehorsamspflicht, ja es giebt Fälle, wo er als selbständiger Anspruch hervortritt, der sich nicht an das gehorchende, sondern an das sich sittlich frei entschliessende Individuum richtet.

Selbst wenn der Staat sich nämlich nicht mit einem direkten Gebot an den Einzelnen wendet, ist dieser verpflichtet. gewissen staatlichen Funktionen Anerkennung zu. leisten. Das zeigt sich namentlich bei Vorgängen, welche die staatliche Organisation betreffen. Der Monarch, der bei einem Thronwechsel kraft der Successionsordnung die Krone erhält, ist von Jedermann als solcher anzuerkennen, ebenso der neugewählte Präsident der Republik, die Kammern, wenn sie gesetzlich constituirt sind, die Beamten innerhalb ihrer gesetzlichen Competenz. Ferner ist jeder Staatswillensakt: Gesetz, Verordnung, Urtheil, Verfügung als solcher anzuerkennen. Erst auf Grund dieser Anerkennung erhebt sich die weitere Pflicht, dem anerkannten Staatsorgan innerhalb seiner Competenz Gehorsam zu leisten, es zu respektiren, den anerkannten Staatswillensakt zu erfüllen. Daher kann dem von der incompetenten Behörde erlassenen Befehle der Gehorsam unter Umständen verweigert werden, daher die Möglichkeit der Anfechtung staatlicher Akte wegen mangelnder Competenz der sie Erlassenden oder wegen Nichtbeachtung verfassungs- oder gesetzmässiger Formen.

Klar tritt dieser Anspruch als selbständiger die Grundlage der rechtlichen Thätigkeit des Staates bildender hervor in zwei Fällen: im Innern nach einer Staatsumwälzung, indem die Anerkennung der neuen Herrschaftsform die nothwendige Bedingung ihrer Funktion überhaupt ist, nach Aussen, indem wie der Staat selbst so auch seine mit Repräsentationsbefugniss ausgestatteten Organe der Anerkennung bedürfen, um an dem völkerrechtlichen Verkehre theilnehmen zu können. Da keine Ordnung sich ausschliesslich durch Zwang verwirklicht, sondern irgendwo ein Punkt sein muss, durch den sie auf der freien Anerkennung der Staatsgenossen ruht, so ist Anerkennung die wesentliche Grundlage der Rechtsordnung in ihrer conkreten Ausgestaltung[259]. Die

[259] Die Art der Anerkennung kann gemäss dem individuellen Volks und Staatscharakter die verschiedensten Formen annehmen von trägem oder furchtsamem Nichtwidersprechen bis zur aktiven Billigung durch

einmal anerkannte, also rechtlich bestehende Ordnung fordert nun aber unausgesetzt von Jedem Anerkennung und auf Grund derselben die einzelnen Pflichten. Das ist der wahre Kern der naturrechtlichen Staatstheorie, welche die Schaffung des Staates selbst in Willensakte der Einzelnen auflöste. Sie irrte darin, dass sie kraft ihres falschen Ausgangspunktes weit über das Ziel schiessend, die Staatsordnung selbst zum Geschöpf der Einzelwillen machte. Dass die unabhängig vom Einzelwillen existirende Ordnung stets als solche von den Einzelnen anzuerkennen sei, das ist die wahre Beziehung, in der der Einzelwille unaufhörlich zum Gemeinwillen steht[260].

Aus der Anerkennung und dem Gehorsam der Subjicirten schöpft der Staat all seine Macht. Allein mit dem Anspruch auf sie ist die Zahl der öffentlichen Rechte des Staates noch nicht erschöpft. Nicht nur einschränkend durch Gebot und Verbot, auch rechtserweiternd durch Erlaubniss und Gewährung kann der Staat dem Einzelnen gegenübertreten. Wie die Schöpfung objektiven, so ist auch die subjektiven Rechtes rechtliches Können des Staates. Auf dem Wege der Rechtssetzung kann er generell oder individuell neues Recht der Subjicirten schaffen. Durch rechtsbegründende Verwaltungsakte kann er individuelles Recht und publicistischen Rechtsanspruch constituiren, kann Verbände als Persönlichkeiten anerkennen; ferner kann er auf ihm zustehende Rechte verzichten. Kraft der innigen Verbindung von Gebot und Gewährung zeigt sich auch in allen diesen Fällen die befehlende, Gehorsam heischende Macht des Staates darin, dass der rechtsschaffende Akt in sich auch das Gebot seiner Anerkennung an alle Anderen enthält.

Die Ausübung staatlicher Rechte unterscheidet sich wesentlich von der der Rechte Privater. Während das Privatrecht und auch der öffentlich-rechtliche Individualanspruch ausschliesslich nach dem Belieben des Individuums ausgeübt werden können, ist das öffentliche Recht des Staates, welcher Art auch immer, ausschliesslich im Gemeininteresse da. Selbst wenn der Staat

---

Volksabstimmungen, Ueber Anerkennung als Quelle der Verbindlichkeit der Rechtsordnung Bierling a. a. O. I, S. 134 ff.

[260] Selbst ein so energischer Gegner der naturrechtlichen Staatslehre wie Stahl hat a. a. O. II, 2, § 107 erkannt, dass der Staat „auf dem sittlich - intellektuellen Bewusstsein der Nation“ ruhe und dass er die freie That des Volkes sein soll.

daher principiell die Freiheit hat, von dem Gehorsam der Subjicirten in bestimmten Fällen Gebrauch zu machen oder nicht, oder wenn er die rechtliche Macht hat, rechtsbegründend aufzutreten, so darf er dieses Recht und diese Macht doch keineswegs nach willkürlichem Belieben ausüben. Indem der Staat seine eigene Existenz als im Dienste des Gemeininteresses stehend anerkennt, setzt er sich die oberste Regel seines Handelns, in der Rechts- und Sittengebot zusammentreffen: Richte jeden Deiner Akte so ein, wie es dem Gemeininteresse am Besten entspricht. Um dieser seiner höchsten Pflicht willen besitzt er alle seine Rechte[261]: auf ihr gründet sich der sittliche Anspruch des Staates, der dem rechtlichen zu Grunde liegt. Das ist die Wahrheit der oft ausgesprochenen These, dass öffentliches Recht öffentliche Pflicht sei. Sie gilt als ethisch-juristische Norm für den Staat und jedes seiner Organe bezüglich aller Competenzen. Daher gilt sie auch für den rechtsbegründenden Staat. Auch der im Individualinteresse vorgenommene Verwaltungsakt soll nur stattfinden, wenn das Gemeininteresse ihn gestattet, muss stattfinden, wenn dieses ihn erheischt. Die Förderung bestehender und Constituirung neuer Individualinteressen folgt als Pflicht ebenfalls aus dem erwähnten obersten Principe. Da grösstmögliche, d. h. mit dem Gesammtwohl möglich verträgliche Ausbildung und Gewährleistung der Individualität zu den wichtigsten Gemeinzwecken zählt, ist die hierauf gerichtete staatliche Thätigkeit ebenfalls eine im Gemeininteresse geübte[262].

Ist daher durch ausdrückliche Vorschrift oder die Natur der Sache freies Handeln des Staates, beziehentlich seiner Organe normirt, so kann das nur bedeuten, dass dieses Handeln inhaltlich nicht durch eine bindende Vorschrift, sondern durch die das im conkreten Falle Zweckmässige selbständig findende Erkenntniss des Staatsorganes bestimmt sei. Wäre es überhaupt denkbar, zur Erreichung dieses Zweckes Normen aufzustellen, so müsste es geschehen, ja man kann sogar behaupten, dass die ganze Rechtsordnung für den Staat nur den Inhalt habe, seine zweck-

---

[261] Denn kraft der Erkenntniss dieser Pflicht erfolgt seine Selbstbeschränkung, seine Wandlung vom Machtsubjekt zum Rechtssubjekt.

[262] Vgl. oben S. 125 Note 3, ferner Tezner, Zur Lehre von dem freien Ermessen der Verwaltungsbehörden als Grund der Unzuständigkeit der Verwaltungsgerichte (1888), S. 11 ff.

mässige Thätigkeit in einer die Erwägung des Zweckmassigen ersparenden Weise zu bestimmen, derart, dass nur da, wo die wechselnden momentanen Ziele und die sich stets ändernden Bedingungen der Aktion die Aufstellung von Regeln unmöglich machen, das freie Ermessen einzutreten habe, das die jedem Einzelfalle innewohnende Norm findet. Daher tritt auch bereits im Beginne des Nachdenkens über den Staat die entgegengesetzte Forderung auf, dass das Gesetz ganz zu verschwinden und der Herrscher die jedem zu erledigenden Einzelfalle innewohnende Norm zu finden und zur Erscheinung zu bringen habe[263]. Auch die Erkenntniss der Wahrheit, dass die oberste Herrscherpflicht Handeln im Gemeininteresse sei, ist in voller Schärfe bereits dem Aristoteles aufgegangen, wenn er die in jeder Staatsform in einem gewissen Grade frei zu übende Herrschaft dann für gut erklärt, wenn sie im Interesse der Beherrschten, d. h. im Gemeininteresse, ausgeübt wird[264].

Daher ist die administration discrétionnaire der Franzosen, das „freie Ermessen“ der deutschen und österreichischen Verwaltungsbehörden u. A. von der ausschliesslichen Norm der Gemeinzwecke beherrschte pflichtgemässe That, der gegenüber das individuelle Recht nur insoweit in Betracht kommt, als seine Berücksichtigung und Anerkennung mit der Erreichung des im conkreten Falle dem Staate vorgeschriebenen Zieles erreichbar ist. Die Betonung des Gemeininteresses schliesst die Erfüllung individueller Ansprüche durch den Staat nicht aus, sie mindert nur die rechtliche Forderung ihrer Realisirbarkeit im Falle der Collision mit dem Gemeininteresse. Dadurch stellen sich die individuelle Ansprüche verheissenden Normen, wie alle Normen, als Regeln mit Ausnahmen dar. Nur müssen, falls nicht der individuelle Anspruch selbst jeder Garantie bar erscheinen soll, die Grenzen dieser Ausnahmen so scharf als möglich gezogen und die unparteiische Entscheidung über diese Grenzen selbst gewährt sein.

Gegen die hier constatirte Pflicht zweckmässigen Handelns könnte eingewendet werden, dass sie nur ethischer, nicht auch juristischer Natur sei. Allein ihr Charakter als Rechtspflicht ergiebt sich daraus, dass der Staat sie den ihm Dienstpflichtigen

---

263 Plato, Politicus XXXIll, p. 294.

264 Pol. III, 9.

ausdrücklich vorschreiben kann. Des Staates Beste wahrzunehmen in allen amtlichen Handlungen ist eine allgemeine Pflicht aller Staatsbeamten[265]. Sie wird in der Regel im Disciplinarwege geltend gemacht. Am schärfsten tritt sie im Kriege hervor, wo ihre Unterlassung von Seiten des Soldaten unter Umständen als ein mit schwerster Strafe zu ahndendes Verbrechen sich darstellen kann. Die anglo-amerikanische Praxis des impeachement lässt dieses zu, auch wenn der Beamte nur die „utility" in seiner amtlichen Thätigkeit nicht berücksichtigt hat, und ebenso kennt die badische Verfassung die Ministeranklage wegen schwerer Gefährdung der Sicherheit und Wohlfahrt des Staates[266]. Nur für die Träger jener unmittelbaren Staatsorgane, bei denen juristische Verantwortlichkeit ausgeschlossen ist, kann die Verpflichtung zu zweckmässigem Handeln lediglich eine lex imperfecta bedeuten.

Die dem Individuum zu Gute kommende staatliche Thätigkeit kann dessen rechtliche Interessensphäre erweitern, sei es mit, sei es ohne Gewährung eines Anspruches. Im letzteren Falle, sei es dass die Erweiterung beabsichtigt wurde oder nicht, empfängt der Einzelne lediglich den Reflex staatlicher Aktion. Das formelle Kriterium, ob der Staat solchen Falles sein Recht übt oder das des Einzelnen erfüllt, liegt, wie bereits eingehend dargelegt wurde, im Mangel oder Dasein eines individuellen Anspruches. Das materielle Kriterium liegt aber in dem Umstände, ob Gemein- und Individualinteresse sich decken, mag dies nun positiv-rechtlich anerkannt sein oder nicht. Diese Frage ist allerdings wie jede, die den Boden des formellen Rechtes verlässt, oft sehr schwer zu entscheiden, sie muss aber aufgeworfen werden, weil sie de lege ferenda für die Abgrenzung staatlichen und individuellen Rechtes von der grössten Bedeutung ist.

---

[265] Fälschlich wird sie unter die des juristischen Charakters entbehrende Treupflicht des Beamten subsumirt, z. B. von Laband I, S. 438, H. Schulze, Deutsches St.R. I, S. 327. Gesetzlich wird diese Beamtenpflicht normirt durch die Bestimmung, das Amt „gewissenhaft wahrzunehmen". Reichsbeamtengesetz § 10, Badisches Beamtengesetz vom 24. Juli 1888 § 8.

[266] § 67a (Art. 2 des Gesetzes vom 20. Februar 1868). Ob derartige Festsetzungen de lege ferenda zu billigen seien, ist hier nicht zu untersuchen. Jedenfalls zeugt ihre Möglichkeit und ihr Dasein von der Existenz einer durch sie zu garantirenden Rechtspflicht.

XII. Die rechtsbegründenden staatlichen Akte

Oeffentliche Rechtsansprüche werden in erster Linie begründet durch materielles Gesetz. Eine nähere Erörterung dieser Form staatlicher Willensäusserung ist an dieser Stelle nicht nöthig. Hingegen ist es von Bedeutung, die anderen auf Rechtsbegründung gerichteten staatlichen Akte eingehend zu untersuchen.

Es giebt keine specifisch privat- und öffentlich-rechtlichen Kategorien von Rechtsformen, vielmehr wird das ganze Rechtsgebiet von ein und denselben Arten von Ursachen rechtlicher Wirkungen beherrscht. Namentlich zwei umfassende Typen sind hervorzuheben. Entweder wird rechtliche Wirkung erzeugt durch einseitige oder durch übereinstimmende Willenserklärung. Im ersten Falle ist eine Verfügung, im zweiten entweder eine Vereinbarung oder ein Vertrag vorhanden.

Die Verfügung überwiegt im öffentlichen Rechte, weil sie die Form ist, in welcher das Imperium sich äussert. Sie ist aber auch dem Privatrechte eigenthümlich, wie die Verfügungen auf den Todesfall, die verbietenden und gewährenden Anordnungen des Eigenthümers, die Befehle des Dienstgebers, zu denen er kraft der Dienstmiethe berechtigt ist, beweisen. Die übereinstimmende Willenserklärung überwiegt im Privatrecht, allein sie spielt auch ihre Rolle im öffentlichen Rechte. Und zwar hier in erster Linie als *Vereinbarung*. Vereinbarung ist die Erzeugung einer einheitlichen, rechtlich relevanten Willenserklärung aus mehreren individuellen Willensaktionen, seien sie nun die selbständiger Personen oder von Organen eines Gemeinwesens; *Vertrag* hingegen ist eine Verabredung mehrerer Personen über Vollziehen und Empfangen von Leistungen. Vereinbarung ist Willenseinigung zum Zweck der Befriedigung gemeinsamer, Vertrag Willenseinigung zum Zweck der Befriedigung entgegengesetzter oder doch nicht congruirender Interessen.

Die Vereinbarung tritt überall dort auf, wo mehrere Willen getrennt nicht die rechtliche Macht haben, einen bestimmten rechtlich relevanten Willensakt hervorzurufen. Daher ist sie auch die Form, in welcher aus dem Zusammenwirken mehrerer staatlicher Organe, deren keines für sich im gegebenen Falle mit definitiver staatlicher Willensmacht ausgerüstet ist, der entscheidende staatliche Willensakt entsteht. Alle Zustimmungen, Mitwirkungen, alles Handeln im Einvernehmen mit Anderen, welches die staatliche Willensbildung so vielfach beherrscht, ist nichts anderes als Vereinbarung. Darum werden Gesetze zwischen Krone und Parlament vereinbart, die Beschlüsse der staatlichen Collegien (Kammern, Richtercollegien u. s. w.) sind Vereinbarungen, eine von mehreren Ministern zu erlassende Verordnung oder Verfügung beruht auf Vereinbarung, ebenso der von einer Behörde ausgehende Willensakt, der zu seiner Perfektion der Zustimmung einer anderen bedarf. Dass in all diesen Fällen die Kategorie des Vertrages unanwendbar ist, erfordert kaum einen Beweis. Der Vertrag setzt selbständige, von einander unabhängige Personen voraus, welche Qualität den Staatsorganen als solchen mangelt. Aber auch im Resultat unterscheiden sich die angeführten Fälle von Verträgen. Der Vertrag schafft niemals einen einheitlichen, von dem der Contrahenten unterschiedenen Willen, sondern ist der in idem placitum zusammentreffende Wille der Contrahenten selbst. Der vereinbarte staatliche Willensakt ist aber wie jede selbständige, definitive Willenserklärung eines Staatsorganes einheitlicher Wille des Staates selbst, der auch den an seiner Bildung betheiligten Organen als ein sie bindender Willensakt entgegentritt. Er bleibt Staatswille selbst dann, wenn ein grundsätzlicher Wandel in der staatlichen Organisation derart eingetreten ist, dass die an seiner Bildung betheiligten Staatsorgane durch solche einer anderen Gattung angehörige ersetzt werden.

Vereinbarungen sind ferner die zahlreichen Abkommen, welche von öffentlich-rechtlichen Körperschaften auf Grund der Gesetze geschlossen werden können. Vereinbarung kann die Grundlage bilden für eine Fusionirung von Gemeinden, ist die normale Bedingung einer Vereinigung von Gemeinden zu Weg-, Schul- und anderen Verwaltungsverbänden. Vereinbarungen können von Gemeinden zur Errichtung von Gewerbegerichten oder zur Durchführung gemeinsamer Krankenversicherung, von Ortskrankenkassen zur Schaffung von Kassenverbänden, von Berufsgenossenschaften zum Zwecke ihrer Vereinigung geschlossen werden. Als Princip lässt sich der Satz aufstellen, dass überall, wo der Staat eine Pflicht öffentlich-rechtlicher Körperschaften constatirt, die Art und Weise der Pflichterfüllung aber bis zu einem gewissen Grade den Verpflichteten freistellt, ein derartiges Blankett auch durch übereinstimmende auf gemeinsame Rechtswirkungen gerichtete Willenserklärung einer Vielheit von Verbänden ausgefüllt werden kann. Selbst Einzelne können durch Vereinbarungen ihren öffentlichen Pflichten genügen, wie z. B. die freiwillige Errichtung von Berufsgenossenschaften zum Zwecke der Unfallversicherung beweist.

Die Vereinbarung zeigt ihre grosse Bedeutung ferner im *Völkerrecht*. Da ein Gesetzgeber über den Staaten nicht existirt, so kann ein die Staatengemeinschaft bindendes Recht, sofern es nicht auf Gewohnheit beruht, nur durch gemeinsame, auf eine identische Willenserklärung gerichtete Verabredung entstehen. Da die Staatengemeinschaft nicht organisirt ist, so entsteht durch Vereinbarung zwar kein einheitlicher, aber ein gemeinsamer Wille, dessen Inhalt den einzelnen Staaten nun als ein sie bindender Rechtssatz entgegentritt. So ist der Satz: Die Kaperei ist und bleibt abgeschafft, nicht durch Vertrag, sondern durch Vereinbarung entstanden, er ist nicht im individuellen, daher wechselnden Interesse eines oder des anderen Staates auf Grund einer Gegenleistung verabredet worden, sondern im stetigen Interesse der Staatengemeinschaft entstanden und daher, was von keiner Vertragsbestimmung sensu stricto behauptet werden kann, ein Satz des objektiven Völkerrechts, dessen Aufhebung nicht Losung eines Vertrages, sondern Lockerung des völkerrechtlichen Bandes, Rückfall in Barbarei wäre. Die Vereinbarung ist daher auf völkerrechtlichem Gebiete Quelle objektiven Rechtes[267]. Aber ihre Bedeutung erstreckt sich noch weiter. Auch die völkerrechtlichen Staatenverbindungen beruhen nicht auf Vertrag, sondern auf Vereinbarung, woraus sich auch die Erscheinung erklärt, dass das Bundesrecht, trotzdem es nicht einer höheren Gewalt entspringt, den Bundesgliedern nach Art eines objektiven Rechtes entgegentritt[268].

Die Vereinbarung hat ihre Stätte auch im Privatrecht. Auch hier sind auf die Erzeugung eines gemeinsamen Willens gerich-

---

[267] Dass durch gegenseitige Willensübereinstimmung unabhängiger Staaten objektives Recht geschaffen werden könne, ist in der völkerrechtlichen Theorie seit jeher behauptet worden. Indem man aber diese Vereinbarungen mit den Verträgen identificirte, fehlte jedes Kriterium, um die Schöpfung eines ius supra partes von der eines ius inter partes zu sondern. Merkel, Jur. Encykl. § 121 nennt Vereinbarungen als Rechtsquelle, um sie sofort als Verträge zu bezeichnen.

[268] Vgl. unten Kap. XIX. Das gilt auch von dem Rechte der internationalen Verwaltungsvereine.

tete Willenserklärungen möglich. Die Akte, auf denen die Verfassungen der Corporatiönen beruhen, sind in der Regel als Vereinbarungen zu bezeichnen[269]. Die Corporationsbeschlüsse selbst, das Zusammenwirken der einzelnen Corporationsorgane ist nicht Vertrag, sondern Vereinbarung und zwar aus denselben Gründen, aus denen im Staate übereinstimmende Willenserklärungen staatlicher Organe nicht Vertragscharakter haben können. Die Beschlüsse der Generalversammlung der Aktiengesellschaft, des collegialischen Vorstandes eines Vereines u. s. w. sind Vereinbarungen, welche einen Willen erzeugen, der von dem Wollen der an seiner Bildung Betheiligten verschieden ist. Auch die Beschlüsse der keine Persönlichkeit besitzenden „Majoritätsverbände“[270] sind Vereinbarungen, nicht Verträge der Theilnehmer. Daher ist ferner die Vereinbarung die Form, in welcher die gemeinsamen Willensäusserungen der in einem Verhältnisse zur gesammten Hand Stehenden zum Ausdruck kommen. Die gemeinsamen Aktionen der Theilnehmer einer offenen Handelsgesellschaft, von Miteigenthümern, Mitvormündern, der Eltern, des Familienrathes sind Resultate von Vereinbarungen. Durch sie werden nicht gegenseitige Rechte und Pflichten geschaffen, sondern gemeinsame Bestimmungen über ein Objekt, eine Aktion, ein Verhältniss getroffen, die entweder gar keine Beziehungen zu ihren Urhebern übrig lassen (Mitvormünder, Vereinbarung der Eltern über die Confession der Kinder aus gemischten Ehen) oder deren Verbindlichkeit nicht auf der Vereinbarung selbst, sondern auf dem das Gemeinschaftsverhältniss constituirenden Akte beruht.

Dass Vertrag und Vereinbarung trotz gemeinsamer Merkmale, die sie beide dem höheren Begriff der Willenseinigung unterordnen, geschiedene juristische Kategorien sind, ist in neuerer Zeit bereits öfter geahnt und angedeutet worden[271]. In voller

---

[269] Gierke, Genossenschaftstheorie S. 133 f. energisch gegen die Vertragsnatur der Gründungshandlung einer Körperschaft, die er als „einseitigen Gesamtakt“ bezeichnet. Ferner Karlowa, Grünhuts Zeitschr. XV, S. 406 ff., Bernatzik, Archiv f. off. R. V, S. 250.

[270] Bekker, Zeitschr. f. Handelsrecht XVII, S. 394, namentlich aber Goldschmidt, ebendaselbst XXXV, S. 864 ff. und Bernatzik, Archiv S. 226.

[271] Ich selbst kann auf meine Ausführungen, Lehre von den Staatenverbindungen S. 107 ff. hinweisen.

Schärfe jedoch hat diesen Gegensatz *Binding* aufgedeckt, zunächst für das öffentliche Recht[272]. Seine Ausführungen haben die Bedeutung, eine wichtige juristische Kategorie zum klaren Bewusstsein gebracht zu haben. Ihren Werth für die gesammte Jurisprudenz haben wir in den vorangehenden Zeilen angedeutet. Sie eingehend zu prüfen, wäre die Aufgabe einer dankenswerthen, zur Klarstellung der juristischen Grundbegriffe nothwendigen Untersuchung, deren praktische Bedeutung um so grösser ist, als einerseits heute noch Vieles der Vereinbarung Zugehörige dem Vertrage zugewiesen und daher unrichtig beurtheilt wird, andererseits nun ein fester Typus gewonnen ist zur Erklärung bedeutsamer Erscheinungen des Rechtslebens, die einer befriedigenden Erkenntniss bisher entrückt waren.

Ist die Verfügung die überwiegende Kategorie des öffentlichen Rechtes und die Vereinbarung eine gleichmässig öffentliches und Privatrecht durchziehende Rechtsform, so ist der *Vertrag* überwiegend dem Privatrecht eigenthümlich. Allein als universelle Rechtsform ist er auch im öffentlichen Recht zu finden. Der Vertrag setzt stets zwei von einander unabhängige Willen voraus, welche sich kraft der Normen des objektiven Rechts durch gegenseitige Erklärung rechtlich binden. Wie die Personen beschaffen sind und zu welchen Zwecken sie sich binden, ist dabei ganz gleichgiltig. Daher tritt der Vertrag als normale Rechtsform für den Staat dort ein, wo er gleichartigen seinem Imperium nicht unterworfenen staatlichen Persönlichkeiten entgegentritt: im Völkerrecht. Aber auch dem Staatsrecht ist er nicht fremd. Der Staat verschafft sich allerdings in der Regel Leistungen kraft seines Imperiums; allein dieses hat seine Schranken. Durch Anerkennung eines negativen Status des Subjicirten giebt es nothwendig ein Gebiete auf welchem Staat und Einzelpersönlichkeit auf Grund der bestehenden Rechtsordnung von einander unabhängig sind. Will der Staat ohne Aenderung der bestehenden Ordnung den negativen Status des Individuums sich dienstbar machen, so ist der Vertrag für ihn die einzige rechtliche Möglichkeit, es zu thun.

Allgemein anerkannt ist dies für das Privatrecht. Allein nichts ist irriger als der Glaube, Staat und Fiscus seien zwei geschiedene Persönlichkeiten. Der Staat als Vermögenssubjekt ist

---

[272] Die Gründung des norddeutschen Bundes S. 69, 70.

Fiscus, gleichgiltig ob nach seiner privat- oder staatsrechtlichen Seite. Durch Anwendung namentlich des materiellen Kriteriums des öffentlichen Rechts wird im conkreten Fall erkannt, ob für den Fiscus ein öffentlich-rechtlicher Akt oder ein Geschäft des Privatrechtes vorliegt. Allein der Satz, dass alle Persönlichkeit einheitlich und iuris publici ist, wird in vollem Umfange auch auf den Staat anzuwenden sein.

Im öffentlichen Rechte wird der Vertrag zwischen Staat und Individuum die nothwendige Form der Begründung von Verhältnissen abgeben müssen, die auf Grund der geltenden Rechtsordnung durch einen einseitigen staatlichen Willensakt nicht entstehen können. Das ist der Fall bei der Naturalisation und der Begründung des Staatsdienstverhältnisses, aber nicht minder bei der Begründung anderer Organverhältnisse: Mitgliedschaft an einer Kammer, Präsidentschaft einer Republik, Einsetzung einer neuen Dynastie. Hier werden überall nämlich nicht nur Rechte, sondern auch Pflichten übertragen, ein blos berechtigtes oder bevorrechtetes Staatsmitglied oder Staatsorgan ist wie bereits dargelegt ein Unding. Jede neue Pflicht des Einzelnen gegen den Staat beruht aber auf gesteigerter Subjektion. Derartige Subjektion kann sich gründen auf Gesetz. Dann ist rechtlich eine allgemeine Dienstpflicht gegeben. Wo sie nicht vorhanden ist, ist der Vertrag der einzig mögliche Weg, derartige Subjektion rechtlich zu begründen. Das folgt einfach aus der Anerkennung des status libertatis durch den Staat, auf dessen Boden Staat und Individuum ganz unabhängig von einander und daher als einander gleichartig dastehen. Der Einwand der Ungleichartigkeit von Staat und Individuum[273] ist daher durchaus verfehlt; er wäre stichhaltig, wenn die Subjektion des Individuums auf Grund der geltenden Rechtsordnung eine allseitige, die Freiheit von der Subjektion nur auf beliebigen Widerruf gestattet wäre, gleichsam als eine Art staatsrechtlichen Precariums. Die auf diese Anschauung basirte Construktion ist demnach unhaltbar. Sie besteht darin, dass man bei der Naturalisation und der Anstellung der Staatsdiener annimmt, die Einwilligung der Einzubürgernden oder zu Ernennenden sei Bedingung der Giltigkeit des betreffen-

---

[273] G. Meyer, Staatarecht S. 415 und die daselbst in Note 17 angeführten Schriftsteller, welche wesentlich in Opposition gegen die Ausführungen Labands ihre Ansichten entwickeln.

den Aktes, der aber seiner Essenz nach einseitiger Staatsakt bleibe[274], so dass die Erfüllung der Bedingung seine rechtliche Wirkung nicht erzeugt, sondern nur nicht hindert. Allein einseitiger, den negativen Status einschränkender Staatsakt ist und bleibt Akt des Imperiums, setzt daher die principielle Verpflichtung des Einzelnen bereits voraus, wie z. B. die Pflicht der Vormundschaftsführung principiell auch für den besteht, der ein Recht der Ablehnung besitzt[275]. Acceptirt daher ein zum Beamten Ernannter nicht, so ist nicht ein an sich giltiger Akt des Imperiums deficiente conditione vereitelt, sondern von Anfang an gar keiner zu Stande gekommen[276]. Manche Erscheinungen, wie z. B. die. dass in einigen Staaten die Ernennung der Staatsdiener vom Tage der Vollziehung, nicht von dem der Aushändigung der Bestellungsurkunde wirkt, lassen sich ohne Schwierigkeit vom Standpunkte der Vertragstheorie erklären, da die Rückziehung der Giltigkeit von Rechtsgeschäften auf einen ihrem Abschlüsse vorhergehenden Termin im Rechtsleben keine Seltenheit ist.

Ein wichtiger rechtspolitischer Grund, in all den erwähnten Fällen die betreffenden Rechtsverhältnisse nicht durch Imperium, sondern durch Vertrag begründen zu lassen, liegt darin, dass es sich um die Begründung von Pflichten handelt, die auf einer ethischen Basis ruhen, welche vom Staate nicht vorausgesetzt werden kann, vielmehr nur in der freien Ueberzeugung des Individuums von ihrem Dasein ihre Bewährung erhält. Treue und Hingebung, welche in allen auf öffentlich-rechtlichen Verträgen gegründeten Verhältnissen die unentbehrliche sittliche Grundlage bilden, lassen sich nicht erzwingen. Sie können versprochen, aber nicht commandirt werden. Manche Verfassungen haben das Recht der freien Berufswahl als einen integrirenden Bestandtheil des negativen Status anerkannt und damit jeden Zweifel an der Unmöglichkeit, das Staatsdienerverhältniss auf einseitigen Staatsakt zu gründen, für die betreffenden Staaten behoben. An-

---

[274] O. Mayer, Archiv f. off. R. III, S. 42.

[275] Entwurf e. B.G.B. § 1639: Jeder Deutsche ist verpflichtet, die Vormundschaft, zu welcher er von dem Vormundschaftsgerichte ausgewählt ist, zu übernehmen, es sei denn, dass er unfähig ist, Vormund zu sein, oder dass er zur Ablehnung berechtigt ist. Vgl. hiezu § 1644.

[276] Entgegengesetzter Ansicht in Beziehung auf Naturalisationen O. Mayer, Archiv S. 47 Note 66, ohne nähere Begründung.

fang, Dauer und Ende des Staatsdienerverhältnisses ist zweifellos auch in den Willen des Beamten gestellt[277].

Derartige Verträge sind aber reine Subjektionsverträge[278]. d. h. sie realisiren sich durch die freiwillige Unterwerfung des Individuums unter Normen des objektiven Rechtes. Daher ist die Gehorsamspflicht des Naturalisirten genau dieselbe wie die des Eingeborenen. Durch den Staatsdienervertrag erwirbt der Staat das Recht, ein Individuum für seine organschaftliche Thätigkeit zu verwenden, daher ist die Uebertragung amtlicher Funktionen an den Staatsdiener stets ein einseitiger Akt. Trotzdem die Anstellung äusserlich sich gewöhnlich als einheitlicher Akt darstellt, sind in ihr nothwendig die zwei geschiedenen Elemente: Staatsdienervertrag und Uebertragung eines Amtes, Anstellung und Ernennung zu unterscheiden. Am klarsten wird dieser Unterschied bei der Beförderung, die stets einseitiger Staatsakt ist, daher, wenn nicht ausdrücklich das Gegentheil festgesetzt ist, auch gegen den Willen des zu Befördernden erfolgen kann. In ihr kommt das zweite Element, der einseitige Hoheitsakt zur selbständigen Erscheinung. Aber auch die Ansprüche der Naturalisirten und der Beamten an den Staat beruhen nicht auf dem Vertrage, der durch die vollzogene Subjektion erfüllt ist, sondern auf dem einseitigen Willen des Staates, wie alle Ansprüche des

---

[277] Laband I, S. 501 f., Rehm, Hirths Annalen 1885 S. 204, Seydel, St.R. III, S. 332, O. Mayer, Archiv S. 72 ff. Negirt wird der Anspruch auf Entlassung von Loening a. a. O. S. 134 Note l. Die Unrichtigkeit der letzteren Anschauung ergiebt sich schon aus der Unmöglichkeit, den Beamten im Dienstverhältnisse festzuhalten. Dem consequent die Dienstpflicht weigernden Beamten gegenüber gäbe es als ultima ratio eben nur die disciplinarische Entlassung. Selbst bei Ehrenämtern statuirt der Staat in der Regel höchstens Dienstpflicht, aber nicht Dienstzwang, vgl. oben S. 175 Note 2.

[278] Schmithenner, Grundlinien des allgemeinen oder idealen Staatsrechts S. 509 und namentlich Laband I, S. 412 *S.* O. Mayer, Archiv S. 43 nennt diesen Vertrag keinen rechten, weil der Wille des Privaten nicht Miterzeuger der Rechtswirkungen des darauf gegründeten Verhältnisses sei. Aber die Subjektion wird sicherlich durch den Willen des sich Unterwerfenden mitbegründet. Was aus dieser Subjektion folgt, ist allerdings einseitig durch den Staat festgestellt, weil eben durch die vollzogene Subjektion der Vertrag erfüllt ist.

öffentlichen Rechtes[279]. Der Unterwerfungsvertrag ist streng einseitiger Vertrag; staatliche Gegenleistungen brauchen daher nicht nothwendig einzutreten[280]. Damit findet auch die vielumstrittene Frage, ob der Beamte seine vermögensrechtlichen Ansprüche an den Staat ex lege oder ex pacto erwerbe, ihre Lösung. Sie sind durch einseitigen Willen des Staates gewährt. Klar zeigt sich das wiederum bei der Beförderung, mit welcher Besoldung oder Erhöhung der Besoldung verbunden ist. Hiezu kommt noch, dass Gehaltsänderungen durch Gesetz erfolgen, also ohne Zustimmung der Beamten. Ein Vertrag als Grundlage der vermögensrechtlichen Ansprüche der Beamten existirt demnach nicht; kein öffentlich-rechtlicher aus den angeführten Gründen, kein privatrechtlicher, weil diese Ansprüche. wie oben dargelegt, privatrechtlichen Charakter nicht besitzen. Auch die Versorgungsansprüche der Hinterbliebenen der Beamten sind ex lege begründet, nicht etwa Folgen eines Vertrages zu Gunsten Dritter.

Nur die Eingehung, nicht die Auflösung eines Subjektionsverhältnisses beruht aber auf Vertrag[281]. Es besteht eine Pflicht des Staates, den nicht mehr Wehrpflichtigen und sonstiger Verbindlichkeit gegen ihn Ledigen auswandern zu lassen, den Beamten auf seinen Wunsch nach Erfüllung der gesetzlichen Bedingungen seines Amtes zu entheben. Indem der Staatsangehörige oder Beamte seine Entlassung fordert, handelt er daher nicht anders, als Jeder, der einen Anspruch auf behördliche Aktion hat, er macht von seinem positiven Status Gebrauch. Insoweit bei der Ausbürgerung eine derartige Pflicht in einem Staate nicht besteht, ist Gewährung der Entlassung ein Akt diskretionärer Verwaltung, aber nicht Abschluss eines Vertrages.

Man hat aus der Form der Anstellung einen Beweis für die strenge Einseitigkeit der Beamtenanstellung finden wollen, dabei aber gänzlich übersehen, dass Eisenbahngesellschaften, Creditinstitute, Standesherren u. s. w. ihre Beamten genau in derselben Form ernennen, wie der Staat die seinigen. Auch in der Wirkung

---

[279] Anders Laband I, S. 472, der die Pflicht des Staates zur Gewährung der Ansprüche der Beamten aus dem Vertrage entstehen lässt.
[280] Laband I, S. 408 ff.
[281] Wie Laband I, S. 164 von der Entlassung aus dem Staatsverbande behauptet.

ist das Beamtenverhältniss grösserer wirthschaftlicher und Verkehrsinstitute durchaus gleichartig dem der Staatsbeamten. Sie haben in der Regel eine genau ausgearbeitete Dienstpragmatik, die vermögensrechtlichen Ansprüche ihrer Beamten auf Gehalt, Pension, Ersatz von Dienstauslagen u. s. w. sind durch Statut geregelt. Auch gewisse Ehrenrechte, z. B. das Führen eines bestimmten Titels sind kraft normativer körperschaftlicher Festsetzung dem Beamten gewährt. Der Unterschied beider Verhältnisse liegt lediglich in ihren Zwecken und sodann in den Privilegien, welche der Staat seinen Beamten zuwendet. Der Privatbeamte hat ebensowenig ein Recht auf das Amt, wie der öffentliche. Dass der Dienst als solcher niemals ein Recht, sondern stets nur eine Pflicht der Dienstleistenden ist, gehört zu den juristischen Thatsachen, die durch alle Dienstverhältnisse hindurchgehen. Schon bei der einfachen Dienstmiethe hat der Dienstnehmer nie ein Recht auf bestimmte Dienste.

Auch die Disciplinargewalt des Staates über seine Beamten ist nicht eine ausschliesslich dem Staatsrecht angehörige Erscheinung. Denn Disciplinargewalt ist nicht Herrschergewalt, sie ist, nicht Ausübung von Imperium[282], selbst wenn sie durch Imperium begründet wird. Die gesteigerte Gehorsamspflicht des Staatsbeamten hat eine ganz andere Basis, als die des Staatsbürgers. Es unterliegt nämlich keinem Zweifel, dass jeder Private

---

[282] Die Disciplinargewalt wurde bis zu den Untersuchungen Labands, St.R. l. Aufl. S. 447 ff. trotz mancher Ansätze zur Erkenntniss ihres inneren Wesens als ein Specialfall der staatlichen Strafgewalt angesehen. Laband hat zuerst in voller Klarheit ihre Eigenart als Folge der Dienstgewalt nachgewiesen. Seine Auffassung der Disciplinargewalt jedoch als Ersatz der Contraktsklage auf Leistung ist schon deshalb nicht haltbar, weil Disciplinargewalt auch in solchen Gewaltverhältnissen besteht, die der Staat durch sein Imperium begründet. Unter Labands Einfluss haben Viele die Differenz zwischen allgemeiner Straf- und Disciplinargewalt verfolgt mit Resultaten, die verschiedene Nuancen aufweisen. Vgl. u. A. Binding, Normen 2. Aufl. I, S. 501 u. Handbuch des deutschen Strafrechts I, S. 796 ff., v. Liszt, in Holtzendorffs Rechtslexicon s. v. Ordnungs- und Disciplinarstrafe 3. Aufl. II, S. 966 u. Lehrbuch des deutschen Strafrechts 4. Aufl. S. 156, 253, Merke l, Lehrbuch des deutschen Strafrechts S. 46 f. Die an der alten Theorie Festhaltenden vermögen eine ganze Reihe von Erscheinungen des Disciplinarstrafrechts nicht zu erklären, die namentlich Laband J, S. 462 ff. hervorgehoben hat.

Anderen Befehle zu ertheilen vermag, die diese zu befolgen rechtlich verpflichtet sind. Der Dienstbote ist kraft der Gesindeordnung dem Dienstherrn, der Arbeiter kraft der Gewerbeordnung dem Arbeitsgeber[283], der Handlungsgehilfe kraft des Handelsrechts dem Principal Gehorsam schuldig[284]. Wird doch von einem Lohnsklaventhum gesprochen und behauptet, der Lohnvertrag sei in Wahrheit ein Unterwerfungsvertrag! Wie dem auch sei, ich bin berechtigt, meinein Bediensteten, meinem Arbeiter, meinem Handlungsgehilfen Befehle zu ertheilen, denen er zu gehorchen rechtlich verpflichtet ist. Es scheint in diesen Fällen ein Herrschaftsverhältniss vorzuliegen, das durch eigene Macht des Befehlenden sich realisirt. Denn dem Befehlenden steht hier ein ganz anderes Rechtsmittel zu Gebote, als bei den obligatorischen Verhältnissen anderer Art. Ueberall in den angegebenen Fällen ist nämlich eine gewisse Disciplinargewalt vorhanden. Um die Ordnung aufrecht zu erhalten kann der Dienstherr Verweise ertheilen, und andere Strafen festsetzen (z. B. bei Uebertretung der Arbeitsordnung)[285]. Bei fortdauerndem Ungehorsam und Pflichtversäumniss kann er das Dienstverhältniss selbst als gelöst erklären, er kann den Pflichtwidrigen aus dem Hause, der Fabrik, dem Geschäfte ausstossen.

Allein zur Herrschaft fehlt trotzdem in diesen Fällen ein wichtiges Moment. Der Dienstgeber kann verweisen und strafen, so lange der Dienstnehmer es sich gefallen lässt. Will dieser jedoch, sei es mit, sei es ohne Rechtsgrund das Dienstverhältniss lösen, so hat der Dienstgeber keine, eigene Macht, ihn zurückzuhalten. Nur der Staat kann durch seinen Spruch und seine Gewalt dies thun, wie z. B. beim Lehrling und Schiffsmann[286]. Aus dem Dienstverhältniss ausstossen kann der Dienstherr, im Dienstverhältniss festhalten nur der Staat.

Hier zeigt sich nun das wesentliche Kriterium der Herrschergewalt von anderen Gewaltverhältnissen. Jede Gewalt, die nicht Herrschergewalt ist, ist bedingte und zeitlich begrenzte Gewalt. Entweder ist ihr ein dies gesetzt oder sie ist bedingt durch den Willen des Unterworfenen. Dieser kann, insofern

---

[283] Reichsgewerbeordnung §§ 121, 134.
[284] Handelsgesetzbuch Art. 64, Nr. 3.
[285] R.G.O. § 134b.
[286] R G.O. § 130, R.Seemannsordn. §§ 54, 55.

nämlich der Staat nicht zur Vertragserfüllung zwingt, was heute nur mehr ausnahmsweise der Fall ist, jederzeit seine Freiheit durch seinen Entschluss wiedererlangen, sei es auch durch Bruch der ihm obliegenden Rechtspflicht. Daraus kann unter Umständen ein anderes obligatorisches Verhältniss zwischen ihm und dem früheren Dienstherrn entstehen, allein das Dienstverhältniss selbst ist dann wider den Willen des Dienstherrn unwiderbringlich gelöst.

Der Staat als Herrscher aber hat unbedingte Gewalt, ihm steht kraft seines Imperiums das unbedingte und nur durch ihn selbst beschränkbare Recht zu. Erfüllung nicht nur zu fordern, sondern auch sich zu verschaffen. In dieser Verstrickung des Unterthans durch den Staatswillen, in der Möglichkeit dieser nur durch die Staatsgewalt selbst lösbaren Verpflichtung zur Erfüllung zeigt sich das Imperium in seiner ganzen Majestät. Jeder Gewalt kann ich mich entziehen, nur der Herrschergewalt nicht.

Man muss daher wohl unterscheiden zwischen Gewalt- und Herrschaftsverhältnissen. Nicht jede Gewalt ist Herrschergewalt. Herrschergewalt ist vielmehr qualificirte Gewalt.

Es wäre sehr dankenswerth, wenn einmal die verschiedenen Gewaltverhältnisse, nicht wie es die Regel ist, nur kurz angedeutet sondern zusammenhängend untersucht würden. Nicht nur die bereits erörterten Fälle zählen hieher. Auch der Rechtsanwalt, der Notar, der Reisende, der einen Eisenbahnwaggon betritt, der Börsenbesucher, der Theilnehmer an einer öffentlichen Versammlung, der Student, der sich an einer Universität inscribiren lässt, sie alle begeben sich in Verhältnisse, die, so sehr sie auch von einander abweichen mögen, doch das gemeinsam haben, dass sie Gewaltverhältnisse der angegebenen Art sind. In ihnen allen ist nämlich ein Disciplinarrecht gegen den in einem derartigen Verhältnisse Befindlichen gegeben, in ihnen allen ist Ausstossung aus dem Verhältnisse das schwerste disciplinare Strafmittel, in ihnen allen giebt es keinen Zwang gegen das Individuum zur Fortsetzung des Verhältnisses, in ihnen allen kann mit Dereliktion aller Ansprüche oder mit Schaffung einer neuen Obligation der Einzelne aus dem Verbande austreten. Damit findet auch die Eigenart des Disciplinarstrafrechts seine Erklärung; es entspringt einem Gewaltverhältnisse, das nicht Herrschaft ist[287]. Daher können Communalverbände, Kirchen, Vereine, Anstalten und schliesslich auch der Einzelne ein Disciplinarrecht besitzen. Disciplinargewalt ist nie Herrschergewalt, denn Ausstossung ist das höchste Disciplinarmittel[288].

---

[287] Nicht nach ihren Zwecken können die verschiedenen Arten des Strafrechts mit Sicherheit gesondert werden, ueber die Strafzwecke wird niemals Einigung herrschen und mit Recht hat H.Seuffertin in v.Stengels Wörterbuch des deutschen Verwaltungsrechts I, S. 48 ausgeführt, dass es von der Acceptirung der absoluten oder relativen Strafrechtstheorie abhänge, ob man das Disciplinarstrafrecht als Unterart des allgemeinen oder als selbständiges Genus erfasse. Eine juristische Eintheilung kann nur nach dem Rechtsgrunde der staatlichen Strafbefugnisse gewonnen werden. Da ergiebt sich denn ein Strafrecht, das aus dem Imperium des Staates und ein solches, das aus einfachen Gewaltverhältnissen entspringt. Diese können ruhen auf privatrechtlichem Vertrag oder einer durch öffentlich-rechtlichen Vertrag gewonnenen speciellen Subjektion, aber auch auf gesetzlicher Pflicht: der Staat kann sein Imperium zur Schöpfung einfacher Gewaltverhältnisse verwenden. Das Kriterium, ob ein solches vorliege, ist in dem Mangel eines Erfüllungszwanges gegeben. Die gesetzliche Dienstpflicht in der Gemeinde ist solcher Art. Wo aber ein gesteigertes Subjektionsverhältniss als Herrschaftsverhältniss erscheint, da ist auch Erfüllungszwang vorhanden und trotz mancher äusserer Aehnlichkeiten bringen derartige Erscheinungen niemals ein Disciplinarrecht hervor. Der Soldat, der Strafgefangene, der Zeuge können ihrem speciellen Verhältnisse zum Staate entspringenden Ordnungsstrafen unterliegen, die den Polizeistrafen des allgemeinen Strafrechts verwandt und wie diese zu seiner Ergänzung bestimmt sind. Die staatliche Strafgewalt zerfällt demnach 1) in die aus dem allgemeinen Imperium des Staates entspringende, 2) in die aus speciellen Herrschafts- und 3) in die aus einfachen Gewaltverhältnissen hervorgehende. Das Züchtigungsrecht des Vaters, Lehrers, Lehrherrn hingegen ist nicht strafrechtlicher, sondern pädagogischer Natur, was schon daraus erhellt, dass es in der Regel nur gegen Strafunfähige oder doch beschränkt Straffällige geübt wird. Es befasst überdies Erfüllungszwang in sich, der niemals Strafe ist. Das nähere Verhältniss und den Gegensatz des auf der Herrschaft und des auf der einfachen Gewalt beruhenden Strafrechts eingehend auseinanderzusetzen, würde die Grenzen dieses Buches überschreiten.

[288] Die staatliche Disciplinargewalt ist aber stets öffentliche Gewalt, nicht etwa privatrechtliche, wie Heffter im Neuen Archiv für Kriminalrecht 1832 S. 177 sie nennt, denn sie wird geübt kraft öffentlichen Rechtes und im Gemeininteresse. Die innere Gleichartigkeit aller einfachen Gewaltverhältnisse hindert den Staat nicht, die seinigen herauszu-

Daher kann auch der Staat neben seinen Herrschaftsverhältnissen Gewaltverhältnisse begründen. Das Beamtenverhältniss ist ein derartiges einfaches Gewaltverhältniss. Der Staat übt Gewalt über seine Beamten aus, aber er beherrscht sie (in dieser Eigenschaft) nicht. Würde er über sie herrschen, so müsste es einen Erfüllungszwang für die Amtspflicht geben.

Nun wird es klar, dass der Vertrag des öffentlichen Rechtes überall dort eintreten muss, wo der Staat nicht aus seinem Imperium resultirende Gewaltverhältnisse begründet. Daher beruht z. B. auch der Eintritt in eine höhere Lehranstalt, welcher den Studierenden einer bestimmten Disciplin unterwirft, auf einem Vertrage, ebenso der Eintritt in eine öffentliche Heilanstalt (Spital, Gebärhaus), der oft mit weitgehenden Beschränkungen der persönlichen Freiheit verbunden ist.

Kein Vertrag hingegen, sondern einseitiger Staatshoheitsakt liegt überall da vor, wo der Staat principiell ein gesetzliches Recht hat, bestimmte rechtserzeugende oder rechtsaufhebende Akte gegenüber dem Individuum vorzunehmen und die Vornahme gebunden ist an das vorhergehende Ansuchen oder die Zustimmung des Einzelnen. Sowenig die Zustimmung des Vaters, Vormunds, Curators einen Vertrag mit dem Kind, Mündel, Curanden bedeutet, sowenig die Erbserklärung ein Vertrag mit dem Testator ist, sowenig ist auch im öffentlichen Rechte jede äusserliche Willensübereinstimmung als Vertrag aufzufassen. Kein Vertrag ist die Genehmigung einer Bitte, kein Vertrag die behördliche Gewährung oder Erlaubniss (Concession, Dispensation), kein Vertrag die Erweiterung oder Erhöhung eines individuellen Status. Wenn der Staat eine Auszeichnung verleiht, so steht dem Ausgezeichneten die Ablehnung frei, allein die Auszeichnung selbst ist einseitiger Staatsakt, denn keinerlei Gewalt- oder Subjektionsverhältniss wird hiedurch begründet. Die spontan von staatlicher Seite erfolgenden rechtsbegründenden Akte, sodann das ganze Thätigwerden der Gerichte und der Verwaltung auf Grund eines individuellen Antrags ist nicht Vertragserfüllung, weil keinerlei neues Gewaltverhältniss hiedurch begründet wird. In diesen Fällen ist vielmehr das in Frage kom-

---

heben aus der privatrechtlichen Sphäre und zu öffentlich-rechtlichen umzugestalten, wie er es mit dem ganzen ursprünglich privatrechtlich gefärbten Beamtenrecht gethan hat.

mende staatliche Imperium principiell auch seiner individuellen Richtung nach bereits anerkannt, es handelt sich nur darum, es unter gewissen Bedingungen existent werden zu lassen. Den Anstoss zu einer bestimmten staatlichen Thätigkeit geben, oder eine solche in ihren Wirkungen nicht hindern, heisst nicht einen Vertrag abschliessen. Am allerwenigsten zweifelhaft kann das Nichtvorhandensein eines Vertrages werden, wenn die Zustimmung eines Beamten zu seiner Versetzung, z. B. eines Richters, gesetzlich nothwendig ist. Denn nicht um individuellen Rechtserwerb, sondern um den Schutz objektiven Rechtes, im angeführten Falle der Unabhängigkeit des Richterstandes handelt es sich. Ganz anders hingegen steht es mit der Zustimmung eines Zeugen zum Erscheinen vor dem ausländischen Richter. Hier wird dem fremden Staate eine Pflicht geleistet, die er durch sein Imperium sich nicht verschaffen kann, daher freie Willenseinigung zur Voraussetzung hat[289].

Das leitende Princip für die Abgrenzung von Staatshoheitsakt und Vertrag liegt also darin, dass überall, wo ein Verwaltungsakt dem Staate kein neues Recht zuführt, er auf der normalen staatlichen Competenz beruht und daher seinem Wesen nach Verfügung ist, dort jedoch, wo der Staat neues Recht erwirbt, sei es einfache oder qualificirte Gewalt, ein Vertrag des öffentlichen Rechtes vorliegt. Die Unterscheidung hat zwar vorwiegend theoretisches Interesse, hängt aber innig zusammen mit der Gesammtanschauung, die man vom Staate hat.

Es gab einmal eine Zeit, in der der Vertrag eine viel grössere Rolle im öffentlichen Rechte spielte als heute, selbst ganz abgesehen von dem vertragsmässigen Ursprung der feudalen Rechte.

Die Ausübung der Staatshoheit selbst stellte sich nämlich vielfach als bedingt durch einen privatrechtlich gefärbten Vertrag zwischen Individuum und Staat dar. Noch sind ausnahmsweise Rudimente aus jener Zeit, in veränderter Form allerdings, im modernen Rechte nachzuweisen. Die Gebühren sind deutliches Zeugniss hievon. Diese Art von Abgaben beruht auf dem privatrechtlichen Gedanken von Leistung und Gegenleistung. Je mehr aber die Ungleichartigkeit beider ins Bewusstsein tritt, de-

[289] Ueber derartige Fälle vgl. Lammasch, Auslieferungspflicht und Asylrecht S. 862.

sto schärfer nimmt die Leistung des Privaten einen öffentlich-rechtlichen Charakter an. Allein auch heute noch besteht der Gegensatz von öffentlich-rechtlichen und privatrechtlichen Gebühren. Das feste Kriterium zwischen beiden liegt darin, ob der Staat die der Gebühr unterworfenen Akte ausschliesslich im Gemeininteresse oder auch in Erwerbsabsicht vornimmt[290].

Je weiter die Erkenntniss der überragenden Natur des Staates schreitet, desto mehr tritt der Vertragscharakter der Verwaltungsakte zurück; sie werden zu eventuell durch die Zustimmung derjenigen, an welche sie gerichtet sind, bedingten Verfügungen. Von grösster rechtsgeschichtlicher Bedeutung ist dieser Uebergang. Denn durch ihn ist der Rechtscharakter vieler individueller Forderungen an Justiz und Verwaltung erst entstanden. Weil es im werdenden Staate der Neuzeit einmal vertragsmässig festgesetzte, den privatrechtlichen zum Verwechseln ähnliche Ansprüche der Einzelnen an den Staat gab, darum sind sie im modernen Staate als integrirende Funktionen des positiven Status anerkannt worden. Ueberblickt man diese Entwickelung, dann wird es klar, warum es so schwer ist, gerade hier die Trennung von Privat- und öffentlichem Rechte durchzuführen, so dass sich in vielen Fällen für die Einordnung in die eine oder die andere Kategorie Gründe gleichen Gewichtes anführen lassen. So hat denn der Gesetzgeber die Wahl durch processuale Vorschriften im concreten Falle die eine oder andere Ansicht zur formell giltigen zu erheben. Wie weit hiebei gegangen werden kann, zeigen jene von der französischen Staatsverwaltung abgeschlossenen contrats administratifs, die als im Gemeininteresse contrahirt, der Rechtsprechung der ordentlichen Gerichte entzogen und der

---

[290] G. Meyer, Verwaltungsrecht II, S. 186 stellt als Kriterium staats- und privatrechtlicher Gebühr den Umstand auf, ob die Zahlung der Gebühr auf Gesetz oder Vertrag beruhe. Bestehe ein Zwang zur Benutzung der Anstalt, so sei die Gebühr jedenfalls staatsrechtlicher Natur. Demgemäss sei das Elementarschulgeld eine staatsrechtliche Gebühr. Wie steht es aber mit dem Schulgeld für höhere Schulen? Löning a. a. O. S. 760 Note 6 erklärt es in der That für eine privatrechtliche Leistung. Es ist aber ein tiefgreifender juristischer Unterschied zwischen einem Gymnasium und beispielsweise einer Staatseisenbahn, der auch auf den Charakter der Benutzung beider Anstalten Einfluss hat. Man kann doch nicht im Ernst behaupten, dass der höhere Unterricht nur das ökonomische Aequivalent des Schulgeldes sei.

Verwaltungsgerichtsbarkeit zugewiesen erscheinen[291]. Auf dem Gebiete des staatlichen Transportwesens werden die hiebei vorfallenden Rechtsgeschäfte mit dem Publikum zwar in der Regel noch als privatrechtliche Verträge angesehen. Schon ist es aber zweifelhaft geworden, ob der Staat in Ausübung derartiger Thätigkeit, namentlich als Inhaber der Postanstalt, Kaufmann ist, oder auch hier als Verwalter der Gemeininteressen und demoremäss als Subjekt der öffentlichen Rechte handelt[292]. Die Ausbildung eines Specialrechtes auf diesen Gebieten hat unzweifelhaft die Tendenz, diese zweiseitigen Rechtsgeschäfte zu verwandeln in einseitige, bedingte Verwaltungsakte. Würde eine allgemeine Verpflichtung zur Dienstleistung als Beamter rechtlich fixirt werden, dann wäre selbst bei Anerkennung eines Rechtes der Ablehnung die Anstellung unzweifelhaft als reiner Verwaltungsakt zu betrachten. Ebenso wenn überall die in mehreren Staaten herrschende Gesetzesbestimmung acceptirt würde, dass Naturalisationen nur durch Gesetz, also einseitigen Staatsakt (lex specialis) erfolgen können.

Die Linie, welche vom zweiseitigen Vertrage zum einseitigen an die Einwilligung des zu Verpflichtenden oder zu Berechtigenden gebundenen Verwaltungsakte führt, lässt sich nicht nur beim Staate verfolgen. Je ökonomisch mächtiger eine Persönlichkeit ist, deren Zweck in der Versorgung bestimmter social wichtiger Angelegenheiten besteht, desto mehr ist ihr gegenüber die Freiheit des Individuums beschränkt. Trotzdem mit den Eisenbahnen Transportverträge und mit den Versicherungsgesellschaften Versicherungsverträge geschlossen werden, trotzdem der Eintritt in eine Corporation in der Regel auf Vertrag beruht, so ist doch die Freiheit im Contrahiren für das Individuum nur eine geringe, indem der Inhalt des Vertrages durch Statut oder

---

[291] O. M a y e r, Archiv S. 20 ff.

[292] Vgl. hierüber Goldschmidt, Handelsrecht, 2. Aufl. l, S. 488 ff., Zorn a. a. O. II, S. 14, v. Kirchenheim in Holtzendorffs Rechtslexicon III, l. S. 119 ff. u. A., welche die öffentlich-rechtliche Natur der Postverwaltungsakte behaupten und Laband II, S. 51 ff., der in geistvoller Begründung die einzelnen Postgeschäfte für das geltende Recht als privatrechtliche nachweist. Die praktische Bedeutung des Gegensatzes ist aber in Folge der umfassenden Specialgesetzgebung für den Postbetrieb bereits sehr gering geworden, wie auch aus den Ausführungen Labands II, S. 54 Note hervorgeht.

körperschaftliches Reglement derart festgesetzt ist, dass Verabredungen über viele Hauptpunkte ganz ausgeschlossen sind. Ist in diesen Fällen die Ungleichartigkeit von Gesammt- und Einzelperson indess noch nicht so weitgehend, um die Anwendbarkeit des Vertragsbegriffes auszuschliessen, so ändert sich die Sache, wenn wir den Blick auf jene Körperschaften und Anstalten werfen, die nicht nur einer ungezählten Summe von Einzelinteressen, sondern vor Allem den Gemeininteressen zu dienen bestimmt sind. Dass die Gemeinden niederer und höherer Ordnung dem Individuum in derselben Weise gegenüberstehen wie der Staat, bedarf keiner näheren Ausführung. Aber auch die Kirchen und Religionsgesellschaften verhalten sich in dieser Weise zum Individuum. Dass der Eintritt in eine Kirche sich auf Vertrag gründe, die Taufe einen Vertrag, sei es mit den Eltern des Kindes, sei es mit dem Convertirenden zur Voraussetzung habe, dass in der katholischen Kirche die Spendung der Sakramente überhaupt auf einem Vertrag beruhe, dass speciell der den ordo Empfangende vorerst einen Vertrag mit der Kirche abgeschlossen habe, widerspricht dem juristischen Gefühle, da die kirchlichen Heilsmittel, wenn sie auch nicht dem Widerstrebenden ertheilt werden sollen, trotz der Einwilligung des sie Empfangenden, für ihn nur die Gewähr einer Gnade bedeuten. Die Theorie von dem streng einseitigen den Staatsdienst begründenden Verwaltungsakte könnte scheinbar ihre stärkste Stütze finden an der Analogie der Begründung des geistlichen Standes durch einseitigen, mit Zustimmung des zu Weihenden vorgenommenen Gnadenakt der Kirche. Aber gerade in diesem Punkte zeigt sich der Unterschied von Staat und Kirche. Nicht eine unauslöschlichen Charakter zeigende Gnade, sondern ein lösbares Rechtsverhältniss ist es, das den Beamten mit dem Staate verbindet.

Eine schwierige Frage erhebt sich schliesslich noch bei Untersuchung des öffentlich-rechtlichen Vertrages. Woher stammt das objektive Vertragsrecht, nach dessen Normen derartige Rechtsgeschäfte zu beurtheilen sind? Ueber diese Normen schweigen die Gesetze und die juristische Literatur hat die ganze Frage nur nebenbei gestreift[293]. Gelöst wird sie nur durch die Erkenntniss, dass der Vertrag eine allgemeine Rechtsform[294] ist

[293] O. M a y e r, Archiv S. 49 f. Seydel, St.R. III, S. 340.
[294] Zuerst betont von Unger, System II, S. 169.

und daher gewisse allgemeine Elemente des Vertrages vorhanden sind, die auch ohne ausdrückliche Anerkennung durch den Gesetzgeber objektives Vertragsrecht bilden. So ist auch aus dem allgemeinen Wesen des Vertrages das objektive Recht der völkerrechtlichen Verträge deducirt worden, über welches niemals ausdrückliche Vereinbarungen stattgefunden haben.

XIII. Die Rechte der Staatsorgane

Durch Rechtssätze wird aus natürlichem Willen staatlicher Wille gebildet. Die staatlichen Willen bildenden Menschen werden insoweit sie dies thun zu staatlichen Organen. Die staatliche Organschaft versorgenden Personen sind entweder unmittelbar kraft der Verfassung dazu berufen, indem diese durch gewisse juristische Thatsachen ipso iure Organstellung eintreten lässt oder sie werden zu Organen durch einen öffentlich-rechtlichen Auftrag, den sie von einem unmittelbaren Organ empfangen haben. Dadurch entsteht die Scheidung zwischen unmittelbaren und mittelbaren Staatsorganen, eine Scheidung die aber nur die Organstellung der Individuen, nicht die Organschaft selbst trifft. Denn alle Staatswillensakte sind unmittelbare; sofern sie überhaupt definitiv geworden sind, ist es gleichgiltig, welches Organ sie geäussert hat. Das letztinstanzliche Urtheil eines Gerichtes und die inappellable Entscheidung eines Ministeriums stehen in ihrer Qualität als Willensakte dem Gesetze oder einem Befehle des Monarchen völlig gleich.

Staatliche Geschäfte werden auf dem Gebiete der Regierung und der Rechtsprechung gegeneinander abgegrenzt und zu einer Einheit zusammengefasst. Damit entstehen Behörden, welche sowohl den objektiven Geschäftskreis als die ihn versehenden Organe bedeuten. Individuell bestimmten Verwaltungszwecken gewidmete Verwaltungsmittel werden zur staatlichen Anstalt[295];

[295] Eine klare Bestimmung des Wesens der staatlichen Anstalt fehlt bisher in der Literatur des deutschen Staatsrechts. Sie ist jedoch enthalten in dem französisch-rechtlichen Begriffe des service public, vgl. O. Mayer, Theorie des franz. V.R. S. 225. Die staatliche Anstalt darf nicht verwechselt werden mit der öffentlichen Anstalt, die selbständiges Rechtssubjekt ist, dem établissement public des französischen Rechts. Die deutsche Rechtssprache hat keine entsprechende Terminologie, um hier innerlich Getrenntes zu scheiden. Deshalb darf auch der

auch sie kann subjektive Bedeutung haben, indem die sie versorgenden Organe also bezeichnet werden.

Nur die befehlende, ordnende, leitende Thätigkeit in der Behörde und der Anstalt ist staatlicher Art. Wissenschaftliche, künstlerische, technische Verrichtungen bleiben Aktionen der Individuen, die vom Staate zwar angeordnet, aber nicht vollzogen werden können. Nur dass, nicht wie sie stattfinden, ist staatliches Werk. Sie sind, soweit sie überhaupt staatlich relevant sind, Vollziehung staatlichen Willens, nicht staatlicher Wille selbst.

Staatsorgane als solche sind, wie bereits früher dargethan, nicht Persönlichkeiten, sondern physische Individuen, welche innerhalb der ihnen zukommenden Competenz den Staat selbst darstellen. Sie sind nicht Stellvertreter, denn das Verhältniss der Stellvertretung setzt zwei Personen, eine vertretene und eine vertretende voraus. Der Wille der Organträger ist innerhalb der ihm zugewiesenen Schranken kraft verfassungsmässiger oder gesetzlicher Normirung als Staatswille anzusehen. Es steht hinter den Organen keine andere Person, sondern sie sind der wollende Staat selbst Der Staat kann nur durch das Medium von Organen walten; denkt man die Organe hinweg, so ist auch die Vorstellung des Staates selbst verschwunden.

Dieser einfache, von Vielen anerkannte Thatbestand wird aber in Theorie und Praxis nicht consequent festgehalten. Unwillkürlich fast drängt sich nämlich die Vorstellung von selbständigen Rechten der Staatsorgane auf. Der Monarch, die Kammern, die Minister, die Gerichte, die Verwaltungsbehörden, erscheinen dem populären Denken als Träger von Rechten und die staatsrechtliche Literatur, selbst wenn sie das selbständige Recht dieser Organe nicht anerkennt, spricht gleich der Redeweise des täglichen Lebens von Rechten, deren Inhaber die einzelnen Organe sind. Um diesen handgreiflichen Widerspruch zu lösen, ist eine Zahl von Hypothesen aufgestellt worden. Man hat Organschaft und Persönlichkeit derart mit einander zu verbinden gesucht, dass man die Kategorie der relativen, der unvollkommenen Personen und der Organpersönlichkeiten aufstellte. All

---

von Gierke, Genossenschaftsrecht II, S. 958 ff. entwickelte Anstaltsbegriff auf die staatlichen Anstalten nicht übertragen werden, die wesentlich Aemter sine imperio sind.

diese Constructionsversuche jedoch sind misslungen. Ihre gänzliche Unhaltbarkeit, den inneren Widerspruch, der sie alle durchzieht, hat *Bernatzik* in tiefdringender Weise dargelegt[296]. Die Lösung, die er dem Problem und zwar in Beschränkung auf das Verhältniss der Behörden zum Staate giebt, besteht darin, dass er erklärt, die Behörden seien nicht Träger eigenen, sondern fremden Rechtes, nämlich des Staates[297].

Aber auch diese Lösung ist misslungen. Wenn man sich mit *Bernatzik* völlig auf den Boden der organischen Staatslehre stellt, springt dies sofort in die Augen. Der Staat ist seinen Organen keine fremde Persönlichkeit, sondern diese sind eben der Staat selbst. Die Vorstellung des fremden Rechtes setzt wie die der Stellvertretung zwei Personen voraus. Der ganze Gegensatz des eigenen und fremden Rechtes kann innerhalb des einheitlichen Staatsorganismus keine Stätte finden. Die Staatsorgane mit der Ausübung fremden Rechtes betraut denken, heisst eben, sie zu Persönlichkeiten erheben. Die physischen Personen allerdings, deren Wille zum Organwillen wird, üben fremdes Recht aus. Aber diese physischen Personen als solche sind nicht Staatsorgane, nicht um das Verhältniss von Individualwillen zum Organwillen, sondern von Organwillen zum Staatswillen handelt es sich. Ueber das erstere Verhältniss ist ein Missverständniss kaum möglich. Dadurch, dass Bernatzik sich im Organwillen den Individualwillen als solchen fortdauernd denkt, dass er ihn ausschliesslich auf den Organträger bezieht, ist er zu der falschen Ansicht gekommen, dass das Staatsorgan Träger fremden Rechtes sei[298].

---

[296] Archiv S. 204 ff.

[297] Ebenda S. 230 ff.

[298] Bernatzik führt die falschen Construktionen der Behördenstellung auf das Willensdogma in der Lehre vom subjektiven Rechte zurück. Nach diesem bleibe es unerklärlich, wie so verschiedene definitive Willensäusserungen des Staates sich widersprechen können. Trenne man aber Rechts- und Willenssubjekt, so schwinden alle Räthsel, welche in dem Problem der rechtlichen Natur der Behörden stecken. Allein mit der Annahme einer Vielheit von selbständigen Willen, welche die Zwecke des staatlichen Rechtssubjektes versorgen, wird die Frage nicht gelöst, sondern nur verwirrt. Denn die Einheit des die staatlichen Zwecke versorgenden Willens ist ein Postulat jeder Staatslehre, widrigenfalls ein harmonisches Zusammenwirken der staatlichen Organe

Die Aufhellung des Räthsels, wieso die Erkenntniss der Unselbständigkeit des Organwillens nicht die bewusste oder unbewusste Personifikation der Organe zu verhindern im Stande ist, die Erklärung des Scheines selbstberechtigter Staatsorgane und die Erkenntniss der Wahrheit, die diesem Scheine zu Grunde liegt, soll die folgende Untersuchung herbeiführen.

Der Staat, selbst der absolute, handelt nicht durch ein einziges, sondern durch eine Vielheit von Organen. Unter diese sind die staatlichen Funktionen planmässig vertheilt. Das Mass staatlicher Funktionen, das durch ein Staatsorgan pflichtgemäss zu versehen ist, bildet seine *Competenz*. Ausserhalb seiner Competenz ist, in der Regel wenigstens, der Organwille rechtlich nicht mehr als Staatswille anzusehen.

---

unmöglich und der Staat zur Anarchie wird. Bernatzik erklärt ein ganz nebensächliches Element: den möglichen Conflikt der Organwillen, aber er weist das Wichtigste nicht nach, nämlich, was sie zusammenhält und ihr Zusammenwirken verbürgt. Die Frage, welche er selbst S. 208 gegen die Anhänger des Willensdogmas aufwirft: wo wäre das einheitliche Band, das diese verschiedenen Willen, die möglicher, ja wahrscheinlicher Weise in Conflikt gerathen werden, zusammenhält? kann man ihm mit grösserem Rechte entgegenhalten. Der mögliche Conflikt ist aber schon hinlänglich durch die selbstverständliche Thatsache erklärt, dass der Organwille durch Rechtssätze aus dem Individualwillen destillirt wird und eine absolute Harmonie dieser dem Staate durch juristische Thatsachen aus dem physischen Willen Vieler gewonnenen Willensakte nicht garantirt werden kann. Staatsrecht ist eben Menschenwerk und kann absolut Vollkommenes nicht erzeugen. Dem Idealbilde des Staates würden Competenzconflikte und ähnliche Erscheinungen sicherlich nicht entsprechen und alle Institutionen tendiren dahin, das Gebiet solchen Streites und Widerspruches möglichst zu verringern.

Denkt man die Theorie Bernatziks zu Ende, so ergiebt sich Folgendes: Die juristische Person ist Rechtssubjekt, auch ihr Organ als solches ist Subjekt. Die juristische Person ist, gemäss der Verwerfung des Willensdogmas, willensunfähiges Subjekt, das durch ihr fremde physische Personen vertreten wird. Mit diesem Gedankengange aber, der sich aus den Ausführungen Bernatziks nothwendig ergiebt, steht er in schroffem Gegensatze zu der von ihm vertheidigten organischen Staatslehre; es ist die alte, von ihm mit Recht verworfene Lehre von der persona ficta, mit welcher dieses Resultat wenigstens eine nicht zu verkennende Aehnlichkeit aufweist.

Das Organ stellt demnach nicht den Staat schlechthin. sondern nur innerhalb seiner Competenz dar. Der ausserhalb dieser Competenz, also durch ein anderes Organ sich äussernde Staatswille ist ein *diesem Organ* als fremder gegenübertretender Wille, obschon das allen Organen subsistirende Subjekt ein und dasselbe ist. Aus diesem Sachverhalte aber entsteht der Schein, als ob die Organe selbständige Persönlichkeiten seien. In Wahrheit aber stehen sich niemals Persönlichkeiten. sondern stets nur Competenzen gegenüber. Alle Streitigkeiten über die Rechtsgrenzen zweier Staatsorgane sind Competenzstreitigkeiten. Die Competenz aber ist niemals subjektives, sondern stets objektives Recht. Der Staat kann durch objektives Recht die Competenzen seiner Organe normiren, das subjektive Recht zur Ausübung der Competenz kommt nicht dem unpersönlichen Organ, sondern nur der Staatspersönlichkeit selbst zu. Daher handelt es sich im Competenzconflikte niemals um das subjektive Recht dieses oder jenes Organes, sondern stets nur um eine Interpretation objektiven Rechtes, welches das eine oder das andere Organ zur Vornahme einer staatlichen Handlung beruft. Entscheidung über objektives, nicht über subjektives Recht bildet den Gegenstand der Rechtsprechung eines Confliktgerichtshofes.

Dadurch, dass der Staat selbst als Subjekt der Gesammtheit seiner Funktionen nicht zur Erscheinung kommen kann, sondern stets nur als competenzbegabtes und daher auch als competenzbeschränktes Organ, ist ihm die Möglichkeit gegeben, sich selbst in seinen eigenen Organen als eine — scheinbar vielfache — Persönlichkeit entgegenzutreten. Der Staat als Gericht kann dem Staate als Verwalter gegenübertreten, der Staat als Ministerium dem Staate als Parlament. Er kann den Schein subjektiven Rechtes seiner in Organen lokalisirten Competenzen entstellen lassen, zumal diese Organe zugleich Menschen von Fleisch und Blut sind. Das populäre Denken thut das Seinige, um diesen Schein für Wahrheit zu nehmen und von dem Banne des populären Denkens hat sich auch die staatsrechtliche Literatur nicht zu befreien gewusst.

Durch die Möglichkeit, dass der Staat in seinen Organen seine einheitliche Persönlichkeit gleichsam spaltet und so sich selbst als ein von sich verschiedenes Wesen gegenübertritt, mit klareren Worten, durch die Möglichkeit, in seinen Organen bestimmte, von einander getrennte Aeusserungen seines Wesens zu personificiren, ist der Staat in den Stand gesetzt, seine Organe in das Verhältniss der Ueber-, Unter- und Nebenordnung zu bringen, über die Grenzen der Competenz seiner Organe zu Gericht zu sitzen. Der Staat als Gericht kann entscheiden, ob der Staat als Parlament oder der Staat als Minister im conkreten Falle seine Gompetenz eingehalten habe. Der Staat als Monarch kann dem Staate als Minister oder dem Staate als Parlament seine Willensmeinung in bindender Form ertheilen. Durch diese Annahme allein können die Vorgänge innerhalb der staatlichen Organisation erklärt werden, kann die Vielheit der Verrichtungen der Behörden in Einklang gebracht werden mit der Einheit des Staates. Dadurch wird es möglich zu verstehen, wieso eine Behörde bei der anderen sich informiren, an die andere berichten, von der anderen etwas fordern, wieso ein Organ nur mit Zustimmung eines anderen handeln, wieso aus der Uebereinstimmung mehrerer Staatsorgane der Staatswille hervorgehen kann. Auch die äussere Möglichkeit von Widersprüchen der verschiedenen definitiven Staatswillensakte — des negativen Competenzconfliktes und ähnlicher Erscheinungen — trotz der inneren Einheit der Staatspersönlichkeit findet damit ihre Erklärung.

Dabei aber bleibt das Subjekt all dieser Competenzen in seiner Einheitlichkeit unberührt. Der Staatswille selbst kann niemals gespalten werden. Stellt man sich auf den Standpunkt des Staates selbst, so verschwindet die Vielheit der Competenzen. Für ihn bleiben die einzelnen Willensäusserungen seiner Organe innere Vorgänge in seiner Persönlichkeit, die zu einem definitiven von ihm ausgehenden Willensakte führen sollen. Alle staatliche Organisation tendirt dahin, diese Einheitlichkeit des staatlichen Willens herbeizuführen. Daher die formelle und materielle Rechtskraft höchstinstanzlicher Urtheile, denen gegenüber alle vorangehenden als nicht definitive Willensakte des Staates erscheinen. Daher bindet eine höchstinstanzliche competente Entscheidung alle übrigen mit derselben Sache in anderer Richtung sich befassenden Organe[299]. Daher tritt der definitive Staatswille allen, auch den an seiner Bildung betheiligten Organen als einheitlicher, inalterabler, herrschender entgegen.

Die hier entwickelte Idee ist in anschaulicher Weise durchgebildet worden im englischen Staatsrecht, indem dort alle Be-

---

299 Bernatzik, Rechtsprechung und mat. Rechtskraft S. 241 ff.

hörden neben und unter dem König als von einander geschiedene Erscheinungsformen des Königs selbst gelten. Im Parlament, im Kronrathe und den von diesem abhängigen Behörden. in allen Gerichten wird der König als anwesend und beschliessend fingirt. Der king in parliament erlässt Gesetze, denen gemäss der king in council und der king in court handelt. Namentlich im Gerichtsverfahren tritt dies noch heute mit plastischer Deutlichkeit hervor. „In den Augen des Gesetzes ist der König in allen seinen Gerichtshöfen stets gegenwärtig, wenn er auch nicht persönlich dort Recht pflegen kann[300]." Gerichtsbarkeit wird nicht nur vom Könige abgeleitet, sondern selbst die einzelnen richterlichen Befehle werden als vom Könige ausgehend angesehen, was heute noch in manchen Formularen der zum high court vereinigten Reichsgerichte zu Westminster in denen die Königin in erster Person als redend angeführt wird. zum Ausdrucke kommt. Der König als fons iustitiae gilt daher als das wahre Subjekt aller Gerichte. Aber auch der Ankläger. der öffentliche Vergehen vor Gericht verfolgt, repräsentirt den König, denn „der König ist in den Augen des Gesetzes der beleidigte Theil"[301] und „alle öffentlichen Vergehen sind entweder gegen den Frieden des Königs oder gegen seine Krone und Würde und es wird daher jede Anklage so gestellt[302].

Nur durch klare Erfassung des Wesens der Competenz wird die rechtliche Normirung der staatlichen Organisation möglich, ohne dass man unzulässigerweise den Staat in eine Summe unzusammenhängender Persönlichkeiten zerreisst. Die fremde Competenz tritt dem Staatsorgane ebenso gegenüber, wie dem der Staatsgewalt unterworfenen Individuum, d. h. insoferne in ihr staatliches Imperium enthalten ist, als herrschende Macht. Daher ist das Gesetz für die Behörden ebenso bindend, wie für die Unterthanen, trotzdem die Substanz des Gesetzgebers und der Behörde eine und dieselbe ist, daher ist befehlen und gehorchen, bitten und gewähren oder abweisen innerhalb der Staatsorganisation möglich. Der unus homo plures sustinens personas

---

[300] Blackstone, Commentaries I, 7, p. 270

[301] „He is therefore the proper person to prosecute for all public offences and breaches of the peace, being the person injured in the eye of the law." Blackstone I, 7, p. 268

[302] Blackstone, l. c.

findet an den plures homines unam personam sustinentes sein staatsrechtliches Gegenstück. Auch dem Einzelnen tritt der Staat stets in einem bestimmten. Organ, mit einer abgegrenzten Competenz entgegen. Daher verkehrt, das Individuum mit dem Staate nur durch ein bestimmtes Organ hindurch. Es hat nicht dem Staate schlechthin, sondern der rechtlich hiezu verordneten Behörde seine Pflicht zu leisten. Ebenso kann es seine Ansprüche an den Staat nur an die gegebenen Falles hiezu competente Behörde adressiren. Daraus, dass der Staat in Gestalt seines Organes mit dem Einzelnen in Berührung tritt, ergiebt sich die Möglichkeit eines Deliktes gegen Organe als solche, namentlich gegen Behörden. Das Objekt derartiger Delikte ist stets der Staat, aber nicht der Staat schlechthin, sondern der Staat in Gestalt einer bestimmten Competenz.

So gut der Subjicirte nicht dem Staate schlechthin, sondern der Finanzbehörde die Steuer zu leisten hat, so wie er nicht jede beliebige Behörde, sondern nur das competente Gericht um Rechtsschutz angehen kann, so können auch Injurien gegen den Staat durch das Medium einer conkreten Behörde gerichtet werden, derart, dass der Staat in diesem seinem Organe verletzt erscheint.

Aus all diesen Thatsachen ergeben sich hochwichtige juristische Consequenzen. Vor allem folgt aus ihnen die klare Einsicht in die Richtigkeit des bereits oben aufgestellten Satzes, dass der Begriff des subjektiven Rechtes auf alle wie immer gearteten Funktionen staatlicher Organe unanwendbar ist. Der Monarch hat nicht das Recht der Gesetzessanktion, sondern die Competenz hiezu, ebenso hat das Parlament nicht das Recht der Ministeranklage, sondern die Competenz hiefür. Das diesen Competenzen zu Grunde liegende Recht hat der Staat, wessen man sich bewusst bleiben muss, wenn auch die strenge Scheidung nie ganz in den Sprachgebrauch eindringen wird. Der Inhalt der Competenz ist rein publicistischer Natur, er ist nie ein Dürfen, sondern stets ein Können, weil er eben ein rechtlich abgegrenztes Stück staatlicher Macht ist.

Eine zweite Consequenz ist die Nothwendigkeit einer strengen Scheidung zwischen den Befugnissen, welche den Staatsorganen als solchen und denjenigen, welche auf Grund der Organschaft den diese tragenden Individuen zukommen. Die ersteren können den täuschenden Schein subjektiver Rechte annehmen, der aber niemals die Wahrheit verdecken soll. Alle hierauf bezüglichen Rechtssätze sind nie im partikularen Interesse der zur Organschaft berufenen Personen, sondern stets und ausschliesslich im staatlichen Interesse da, es mangelt hier daher a priori die Zweckbeziehung auf ein individuelles Interesse, welche dem subjektiven Rechte wesentlich ist. Solche Zweckbeziehung aber ist schon dadurch unmöglich gemacht, dass das Staatsorgan als solches der eigenen Subjektivität gänzlich ermangelt; wäre dem nicht so, dann müsste man ja wieder in die Theorie von der unvollkommenen Persönlichkeit einlenken. Es giebt daher kein Recht der Redefreiheit, der Abstimmung, der Interpellation, der Antragstelluug für die Parlamentsmitglieder, sondern objektive Rechtssätze, welche die Competenz der Mitglieder regelnd feststellen, unter welchen Bedingungen und innerhalb welcher Grenzen ein von einem Kammermitgliede ausgehender Willensakt als öffentlich-rechtlich relevant angesehen werden solle. Ebenso verhält es sich mit den Befugnissen von Mitgliedern collegialer Behörden auf Führung des Vorsitzes in den Sitzungen, Abgabe des ersten Votums u. s. w. In diesen Fällen mag zwar ein individuelles Interesse der zur Organschaft berufenen Personen vorhanden sein, dies ist jedoch stets faktischer, niemals rechtlicher Natur. Alle Rechtssätze der erwähnten Kategorie sind derart durch das öffentliche Interesse geregelt, dass es zu einer Lokalisirung der durch sie normirten Competenzen in der Rechtssphäre der Individuen gar nicht kommen kann.

Anders natürlich verhält es sich mit den aus dem Organverhältnisse entspringenden Individualrechten. Solche werden überall da geschaffen, wo der Staat überwiegend im Individualinteresse den seinen Organen subsistirenden Menschen Ansprüche verleiht: ich sage überwiegend, denn ein ganz vom Staatsinteresse losgelöstes auf der Organschaft beruhendes Individualinteresse seiner Herrscher und Diener kennt der Staat nicht. Das Nähere hierüber ist in dem Kapitel über den aktiven Status dargethan.

Aus dem Wesen der Competenz ergeben sich auch unmittelbare praktische Folgerungen. So z. B. dass im verwaltungsgerichtlichen Verfahren niemals die Behörde als solche, sondern stets nur der Staat Processsubjekt ist, wenn auch eine Competenz über die andere zu Gericht sitzt; daher wäre es ein Widersinn, eine Behörde als solche zu einem vermögensrechtlichen dare facere praestare zu verurtheilen, schon deshalb, weil die Exekution niemals die Behörde, sondern nur den in ihr verkörperten Staat treffen kann[303]. Ferner dass der Competenzconflikt nur der Form nach ein Rechtsstreit ist, indem der Staat seinen Behörden zum Zwecke eines geregelten Verfahrens Parteirolle zuweist.

Anschliessend an die voranstehende Untersuchung ist an dieser Stelle die Darlegung des rechtlichen Charakters der Normen für die staatliche Willensbildung zu unternehmen. Diese sind theils Rechtssätze, theils Verwaltungsakte, in der Regel Verwaltungsverordnungen. Insoferne der Staat ausschliesslich sein Verhältniss zu seinen Organen regelt, kann diese Regelung nur durch der rechtlichen Qualifikation entbehrende Anordnungen stattfinden, weil ein Vorgang, der streng innerhalb einer Persönlichkeit bleibt und an sich keine Wirkungen Anderen gegenüber äussert, niemals ein nach Rechtsnormen zu beurtheilender sein kann. Allein in der grössten Zahl der Fälle und zwar den allerwichtigsten schafft der Staat durch Normirung der Competenzen seiner Organe zugleich rechtliche Pflichten und Ansprüche der ihm Subjicirten. Und zwar einerseits der seinen Organen subsistirenden Individuen, andererseits der Gesammtheit seiner Unterthanen. Durch Rechtssätze ist bestimmt, wer die Krone trägt, die Gesetze sanktionirt, die Minister ernennt, Krieg erklärt und Frieden schliesst, weil nur dem durch die Rechtsordnung bezeichneten Willensträger des Staates Gehorsam zu zollen, nur seine Anordnungen oder die in seinem Namen erlassenen Akte des Staats Anerkennung heischen können. Durch Rechtssätze ist die Zusammensetzung und Competenz des Parlamentes normirt, weil den Trägern der Mitgliedschaft an ihm rechtliche Ansprüche gewährt sind, weil nur das legal zustandegekommene und in den legalen Formen beschliessende Parlament die Competenz hat, an der Gesetzgebung theilzunehmen, die Verwaltung zu controliren und demgemäss die Gesetzesunterthanen die von ihm beschlossenen und mit seiner Zustimmung erlassenen Gesetze als verbindlich zu betrachten haben, die Per-

[303] Vor dem österreichischen Reichsgericht sind die einzelnen Ministerien häufig wegen vermögensrechtlicher Ansprüche der Staatsbeamten belangt worden. Das condemnatorische Urtheil richtet sich aber correkterweise stets gegen das durch die belangte Behörde vertretene Staatsärar, vgl. z. B. Hye, Sammlung Nr. 87.

sonen der Minister wegen Verfassungsverletzung nur auf seine Anklage hin zur Verantwortung gezogen werden können. Durch Rechtssätze ist die Competenz und das Verfahren der Gerichte, die Stellung des Richters geregelt, weil durch sie die Sicherheit und Unabhängigkeit des Rechtsschutzes garantirt wird. Die ganze innere Staatsordnung ist Rechtsordnung deshalb, weil sie nicht für den abstrakten Staat, sondern für die conkrete ihn bildende Menschengemeinschaft da ist. Daher ist es auch ein allgemeines Interesse, dass die staatliche Willensbildung sich innerhalb der rechtlichen Formen und vermittelst der rechtlich normirten Competenzen vollziehe. Indem der Staat Rechtssätze darüber aufstellt, über die Einhaltung der Competenzen wacht, den Zweifel über sie im conkreten Fall durch Rechtsspruch entscheidet, bewährt er sich als Hüter und Bewahrer des Gemeininteresses. Nicht der Einzelne, wohl aber die zur Einheit verbundene Gesammtheit hat ein rechtliches Interesse an dem Dasein und der Aufrechterhaltung der staatlichen Competenzen.

Mit dieser Erkenntniss erlangt auch die von mir vertretene Lehre, dass in der staatlichen Selbstverpflichtung der formale Rechtsgrund der Rechtsbeständigkeit der Staatsordnung liege, ihre unanfechtbare Basis. Selbstverpflichtung einer isolirt gedachten Persönlichkeit ist allerdings eine Unmöglichkeit.

Die Vorstellung der isolirten d. h. von den rechtlichen Beziehungen auf ihre Unterthanen losgelösten staatlichen Persönlichkeit liegt aber allen Einwänden zu Grunde, die gegen jene Lehre erhoben worden sind, ohne welche jedoch ein juristisches Erfassen der Grundlagen der Rechtsordnung zur baren Unmöglichkeit wird.

Die Volksgemeinschaft ist es, die an dem Dasein und der Erfüllung der staatlichen Rechtsordnung ein rechtliches Interesse hat. Sie ist jedoch identisch mit dem Staate, rechtlich erscheint als Subjekt dieses, wie aller ihrer rechtlichen Interessen der Staat selbst. Damit erhält aber der Staat einen zwiefältigen Charakter: als Subjekt der staatlichen Macht und als Verwalter des Gemeininteresses. Die Selbstverpflichtung ist daher näher betrachtet eine Verpflichtung des Staates als handelnden, d. h. als rechtsschaffenden und machtübenden Subjektes dem Staate als Repräsentanten des Gemeininteresses. Es besteht daher häufigem subjektiver Rechtsanspruch auf gesetzliches Dasein der Staatsordnung, auf Einhaltung der einzelnen staatlichen Competenzen durch die dazu bestimmten Organe. Es ist der Staat als Vertreter des Gemeininteresses, dem dieser Anspruch an den Staat als Willensmacht zusteht[304]. In jeder Entscheidung eines Competenzconfliktes zwischen Krone und Parlament, zwischen Gericht und Verwaltung liegt daher auch verborgen eine Entscheidung über die Verwirklichung des Gemeininteresses an der Aufrechterhaltung der Rechtsordnung. In diesem Sinne ist in jeder Entscheidung über das Dasein und die Anwendung objektiven Rechtes zugleich eine Entscheidung über subjektives Recht enthalten, dessen Träger allerdings identisch ist mit dem der Rechtsordnung. Diesem Gemeininteresse dienen eine ganze Reihe staatlicher Institutionen. Ausser der richterlichen Entscheidung der Competenzconflikte die Verfassungs- und Staatsgerichtshöfe in den verschiedenen Staaten, das richterliche Prüfungsrecht der Gesetze und Verordnungen in seiner jedem Staate eigenthümlichen Ausgestaltung. Aber auch äusserlich kann Vertretung des Gemeininteresses und des Staatswillens auseinanderfallen, indem jenem ein eigenes Organ bestellt wird. Dieses Organ kann ein gelegentliches, ein zufälliges sein. Das ist z. B. der Fall in den schweizerischen Kantonen, wo jedem Kantonsangehörigen das Recht zusteht, beim Bundesgericht Klage zu erheben auf Ungiltigkeitserklärung bundes- und kantonsrechtswidriger Gesetze. Diese Klagen haben den Charakter publicistischer Popularklagen; der Richter hat nicht zu entscheiden, ob der individuelle Anspruch des Klägers, sondern ob der An-

---

[304] Wie diese Idee der inneren Scheidung der Staatspersönlichkeit und der Verpflichtung des einen Momentes durch das andere selbst den Gegnern der Idee staatlicher Selbstverpflichtung sich aufdrängt, beweist Laband I, 679, 680. Ueber die inneren Widersprüche dieser Ausführungen treffend Hänel, Das Gesetz im formellen und materiellen Sinne S. 230 ff., dessen positive Aufstellungen indess bei dem Mangel eines klaren Staatsbegriffes in diesem Werke ganz unhaltbar sind. Gegen Binding, der, Normen I, S. 18, sich zur Lehre von der staatlichen Selbstverpflichtung bekennt, hat jüngst Klöppel, Gesetz und Obrigkeit S. 106 eingewendet, sie beruhe auf der „naturrechtlichen" Verwechslung von Pflicht und Verbindlichkeit. Leider hat Klöppel es bei dieser Andeutung bewenden lassen. Der Nachweis eines Gegensatzes von Pflicht und Verbindlichkeit und namentlich die Entdeckung von juristischen Verbindlichkeiten, die keine Pflichten sind, würde zweifellos die ganze Rechtswissenschaft von Grund aus umwälzen.

spruch der Gesammtheit auf Verwirklichung der Rechtsordnung durch den zur Erfüllung dieses Anspruches berufenen Staat realisirt wurde.

Ein Beispiel eines ständigen Organes des Staates zur Hütung des Gemeininteresses bietet die Staatsanwaltschaft dar, insoweit ihr die Parteirolle des Klägers zukommt. Bei anderen Behörden ist natürlich auch die Funktion der Wahrung des Gemeininteresses vorhanden, nur tritt sie selten rein, unabhängig von den anderen Funktionen hervor. Allein ganz klar zeigt sie sich in der Competenz des Parlamentes im monarchischen Staate. Dort ist das Parlament wesentlich entstanden zum Zwecke der Betheiligung des Gemeininteresses an der staatlichen Willensbildung. Nur die von ihm als dem Gemeininteresse gemäss erkannten Normen sollen Gesetzeskraft gewinnen können. Ferner ist es da zur Wahrung des Gemeininteresses an der gesetz- und zweckmässigen Willensbethätigung des Staates. Wenn lange Zeit hindurch die Stellung des Parlamentes im Staate nicht klar erkannt und ihm heute trotz der herrschenden staatsrechtlichen Theorie von seiner Organnatur noch vielfach der Charakter einer Körperschaft eingeräumt wird — eine Auffassung die in schreiendem Widerspruch zu dem Gedanken der Einheit des Staates steht —, wenn noch *Mohl* die Kammern als „Vertheidiger der Volksrechte“ bezeichnet, so liegt all dem das dunkle Gefühl zu Grunde, dass der Staat selbst ein reicheres Wesen besitzt, als die landläufige Meinung vielfach annimmt. Die identificirt ihn aber häufig mit dem willensbildenden und handelnden Staate, in. a. W. mit der Regierung im weitesten Sinne. Dass der Staat aber nicht nur regierender, d. h. sich frei entschliessender Staat, sondern auch Repräsentant des Gemeininteresses und durch dieses sowohl rechtlich als auch in allen seinen Zwecken determinirt ist, dass daher Regierung nicht nur Recht, sondern auch Pflicht ist, dieser Gedanke ist von der ganzen bisherigen Staatslehre in sich widerspruchslos und klar niemals erfasst worden. Daher einerseits die Behauptung absoluter Schrankenlösigkeit für den Staat und andererseits die entgegengesetzte, dass alles öffentliche Recht nichts als öffentliche Pflicht sei, welche in den verschiedenen Staatsanschauungen der neuesten Zeit unvermittelt neben einander stehen.

Erst die Erkenntniss der doppelten Qualität des Staates aber: als Diener des Gemeininteresses und als Herrscher über die Einzelnen, aus deren Gesammtheit das Gemeininteresse hervorgeht, macht die rechtliche Natur des Parlamentes verständlich. Es ist ein an der staatlichen Willensbildung theilnehmendes Organ des das Gemeininteresse verfolgenden Staates. Diese letztere Charakter mangelt allerdings, wie erwähnt, bei dem innigen Zusammenhange aller staatlichen Funktionen keinem Organe. Auch der Monarch ist sicherlich im Gemeininteresse da. Allein bei ihm und den von ihm abhängigen Behörden tritt energisch ihr Charakter als regierende Organe hervor. Die Gewähr, dass die Regierung auch stets im Gemeininteresse geführt werde, war im absoluten Staate nicht gegeben. Daher seit dem Ende des vorigen Jahrhunderts die grosse Bewegung gegen diese Staatsform, weil man in einem mit überwiegend regierenden Organen ausgerüsteten Staate keine Garantie für die Erfüllung des Gemeininteresses sah, diese vielmehr ganz von der Individualität des Monarchen abhängig und selbst bei dessen besten Intentionen als nicht mit Sicherheit erreichbar erkannte. Die ganze constitutionelle Bewegung, welche schliesslich den Staat der Gegenwart hervorbrachte, war gerichtet auf Schaffung von Staatsorganen, welche wesentlich in Vertretung des Gemeininteresses gegenüber der Regierung handeln sollen. Auch die Einführung des Laienelementes in Gericht und Verwaltung sollte demselben Zwecke dienen. Durch diese Erkenntniss erhält erst der Begriff der Volksvertretung einen verständlichen Sinn. Juristisch ist er bisher nicht erfassbar gewesen. Entweder nahm man eine juristische Vertretung des Volkes an und forderte damit eine logisch unmögliche Construktion, indem man implicite dem Volke als der Summe der Einzelnen juristische Persönlichkeit zuschrieb oder man erfasste die Volksvertretung richtig als Repräsentation, wusste aber, da man den Parlamentswillen als den Volkswillen selbst nahm, diesen nicht in den einheitlichen Bau des Staates einzuschieben. Daher spielt mehr oder weniger bei allen Theoretikern, die sich über diesen Punkt auslassen, der Volkswille eine selbständige Rolle neben dem Staatswillen; daher auch die immer und immer wiederkehrende Vorstellung der körperschaftlichen Natur der Volksvertretung[305], die consequent zu Ende

[305] Selbst bei Solchen, die die Orgallstellung der Kammern erkannt haben. Aus der neuesten Literatur sei z. B. erwähnt Seidler, der a. a. O. S. 63 ff. die richtige Lehre eingehend vorträgt und dennoch im Titel

gedacht, diese ausserhalb des Staates stellt. Hat man aber erkannt, dass die staatlichen Institutionen des Gemeininteresses wegen da sind, dass das Gemeininteresse identisch mit den Interessen der Gesammtheit ist, dass es kein Widerspruch ist, den Staat einmal als Vertreter und Verwalter des Gemeininteresses und sodann als Subjekt der Staatsgewalt zu erfassen, dann ist es möglich, das Parlament als Repräsentanten des Gemeininteresses einzufügen in die Organisation der Staatsgewalt selbst. Dadurch wird auch die Stellung des Parlamentes in Staaten des monarchischen Principes in ihrer juristischen Eigenart verständlich: das gesammte Imperium soll dem Monarchen verbleiben, das neue Organ des Gemeininteresses soll die Stellung des Trägers der staatlichen Herrschergewalt nicht tangiren.

Aber nicht nur kraft staatlicher Selbstverpflichtung, sondern auch kraft eines zweiten Momentes sind in einem grossen Theile der Anordnungen über die staatliche Organisation und in den Normen für die staatlichen Organe Rechtssätze zu erblicken. Nicht durch natürlich wirkende, bewusstlose Kräfte, sondern durch bewusste individuelle menschliche Aktionen wird der staatliche Wille und das staatliche Handeln erzeugt. Der Staat muss daher, um recht- und zweckmässiges Wollen und Handeln zu erzielen, Vorschriften an die Träger seiner Organe erlassen, welche theils inhaltlich deren Willen bestimmen, theils die Grenzen festsetzen, innerhalb welcher die pflichtmässige individuelle That als staatliches Thun zu gelten habe. Da staatlicher Wille immer menschlicher Wille ist, so ist ein höchst complicirtes System von Rechtssätzen nothwendig, um die Umsetzung der individuellen Willensakte in staatliche hervorzurufen und einzuschränken. Deshalb sind die an die staatlichen Organe sich richtenden Normen zugleich Normen für die hinter den Organen stehenden Menschen. Die Sätze über Ministerverantwortlichkeit, über Einberufung des Parlamentes, Contrasignatur, Processleitung, Behandlung von Klagen durch den Richter u. a. m. sind Rechtssätze, weil sie Rechte und Pflichten von Trägern staatli-

---

seines Buches von „Vertretungskörpern" und im Texte (z. B. S. 96) von „gesetzgebenden Körperschaften" spricht. Ebenso erkennt Anschütz, Kritische Studien zur Lehre vom Rechtssatz und formellen Gesetz S. 80 die Einheit der Staatspersönlichkeit an, um ihr die Volksvertretung als „Personifikation der Volksrechte" einzufügen.

cher Organschaft bezüglich organschaftlicher Leistungen fixiren. Sie sind daher einerseits objektives Recht des Staates und begründen andererseits das subjektive Recht des Staates auf das ihnen entsprechende Verhalten der betreffenden zur Organschaft berufenen Individuen, Die Pflicht zur Befolgung dieser Normen ruht auf der allgemeinen Subjektionspflicht der Individuen. Denn die Unterwerfung unter die Rechtsordnung kraft des stets einseitigen Hoheitsrechtes des Staates ist auch für den vorhanden, der in einem speciellen, auf anderer Basis als der allgemeinen Subjektion sich erhebenden Verpflichtungsverhältnisse zum Staate steht. Die Unterwerfung entspringt hier nicht aus dem Verhältnisse selbst, sondern hat es nur zur Voraussetzung. So hat, um eine Analogie aus einem anderen Rechtsgebiete anzuführen, das Verbrechen der Bigamie die bestehende Ehe zwar zur Voraussetzung, entspringt jedoch mit nichten aus der Ehe selbst. Ebenso ist das Verbot der Amtsveruntreuung, des Missbrauches der Amtsgewalt u. dgl. nicht eine rechtliche Folge des dienstlichen Verhältnisses des Beamten zum Staate, sondern ruht kraft allgemeiner Subjektion unter die Normen des Strafgesetzes auf Jedem, in dessen Person die von dem Gesetze geforderten Umstände zusammentreffen.

Diese Unterscheidung ist wichtig, um Rechtsnormen im Verhältnisse des Staates zu seinen Organen von Verwaltungsnormen zu sondern. Das ist vor Allem der Fall im Verhältnisse des Staates zu seinen Beamten. Durch den Dienstvertrag unterwirft sich der Beamte einer speciellen Dienstgewalt. Sie ist wie jede rechtliche Gewalt in ihrem Umfange und ihrer Zulässigkeit durch Rechtssätze normirt, aber die aus ihr entspringenden Befehle sind nicht direkte Anwendung objektiven, sondern vielmehr subjektiven durch Erfüllung des Dienstvertrages gewonnenen Rechtes. Der staatliche Dienstbefehl schafft daher nicht objektives Recht, sondern ist für den Staat Ausübung subjektiven Rechtes, er entspringt nicht der qualificirten Gewalt des Herrschers, sondern der einfachen des Dienstherrn. Ebenso ist es aber auch bei den auf gesetzlicher Dienstpflicht ruhenden Verhältnissen, wie namentlich der auf der Wehrpflicht basirten militärischen Dienstpflicht. Behördliche und militärische Dienstbefehle und Verordnungen begründen daher kein neues

Rechtsverhältniss zwischen Staat und Individuum[306]. Die praktische Folge des Satzes, dass blosse Verletzungen der Dienstpflicht keine strafrechtlichen, sondern nur disciplinäre Folgen nach sich ziehen, ist bereits an anderer Stelle erörtert worden.

Fassen wir das bisher Gesagte zusammen, so ergiebt sich, dass kein Staatsorgan, sei es ein unmittelbares oder ein mittelbares als solches Rechtssubjekt ist, dass es vielmehr innerhalb seiner Competenz den Staat darstellt und daher Jedem, sei es ein Subjicirter oder eine andere durch ein Organ dargestellte staatliche Competenz als Persönlichkeit, d. h. als Staat selbst entgegentritt, woraus der Schein gesonderter Persönlichkeiten der Organe entsteht. Alle Sätze, welche sich auf die Organisation des Staates beziehen, sind Rechtssätze, sofern sie Recht und Pflicht der Subjicirten schaffen, keine Rechtssätze, sofern sie nur von bereits bestehender Pflicht Gebrauch machen. Wo der Staat aber ausschliesslich eine gar keine Wirkung nach Aussen zeigende[307] organisatorische Anordnung vornimmt, ist ebenfalls nur Verwaltungsverordnung (organisatorische im Gegensatz zur Dienstverordnung) vorhanden. Dahin gehören z. B. Bestimmungen über collegiale Verhandlungen der Referenten von Einzelbehörden, über die Erstattung consultativer Voten durch eine Behörde, sofern die consultirende Behörde frei in dem Verlangen und der Beachtung des Votums ist, über Eintheilung der Geschäfte einer Verwaltungsbehörde nach Departements u. s. w. In der Regel haben derartige organisatorische Verwaltungsverordnungen zugleich den Charakter von Dienstverordnungen, allein nicht nothwendig, da es solche Verordnungen giebt, welche nicht befehlen, sondern gewähren, z. B. eine Verordnung, welche den Amtschef ermächtigt, statt wie bisher durch einen Beamten, von nun an durch mehrere sich vertreten zu lassen.

Anknüpfend an die Lehre von der Competenz ist die sehr schwierige Frage zu erörtern, welche rechtliche Bedeutung der competenzüberschreitenden Handlung eines Staatsorgans zukommt. Sofern die competenzwidrige Handlung überhaupt in

---

[306] Vgl. meine näheren Ausführungen Gesetz und Verordnung S. 384 ff. Gegen die unhaltbare Theorie Hanels a. a. O. S. 246, dass Verwaltungsvorschriften in Gesetzesform Rechtssätze seien, treffende Bemerkungen bei Anschütz a. a. O. S. 57 ff.

[307] Im entgegengesetzten Falle liegt eine Rechtsverordnung vor, Gesetz und Verordnung S. 387.

den gesetzlichen Wirkungskreis des Staates fällt, kann der von dem unzuständigen Organ vorgenommene Akt volle Rechtskraft gewinnen. Die zum Schütze der Competenzen erlassenen Rechtssätze können den Charakter von legibus minus quam perfectis tragen[308]. In der Regel jedoch wird der Staat ein Interesse daran haben, den competenzwidrigen Akt als einen nichtigen zu erklären. Da nun jedes Staatsorgan grundsätzlich zu staatlichem Handeln legitimirt erscheint, so streitet die Vermuthung stets für die Competenz des Organs. Deshalb müssen in der staatlichen Organisation selbst Vorrichtungen getroffen sein, um den competenzüberschreitenden Organwillensakt, der sonst seine Geltung behaupten würde, zu vernichten. Die Nichtigkeit competenzüberschreitender Akte kann principiell anerkannt werden. Das ist namentlich der Fall bei der Unzuständigkeit im engeren Sinne, wenn Behörden Akte vornehmen, die grundsätzlich nicht in ihren Geschäftskreis gehören. In der Regel jedoch wird durch die Ueber- und Unterordnung der verschiedenen Organe die Garantie der Einhaltung der Competenzen geboten. Wo aber derartige Garantien versagen, da erzeugt auch der competenzüberschreitende Organwille den Staatswillen. Ein hervorragendes Beispiel hiefür ist die Beschliessung und Sanktion eines verfassungsändernden Gesetzes ohne Einhaltung der verfassungsmässigen Formen in jenen Staaten, welche ein richterliches Prüfungsrecht der Gesetze nicht anerkennen. Ebenso wenn gegen eine competenzwidrige Verfügung der Unterbehörde die Oberbehörde nur auf Antrag der verletzten Partei thätig werden darf, dieser aber unterbleibt. De lege ferenda entsteht aus solchen Fällen stets die Forderung an den Staat, die Garantien für die strikte Einhaltung der betreffenden Competenzen zu vermehren. Denn dem vollendeten Bilde des Staates entspricht es, dass der competenzüberschreitende Organwille nicht mehr als Staatswille anzusehen sei. In dem Idealbilde des Staates müsste der Satz des englischen Staatsrechtes: The king can do no wrong zu der unfehlbaren Wahrheit sich ausdehnen, dass der Staat nicht Unrecht thun könne.

---

[308] Man denke z. B. an die Unzulässigkeit der Erhebung des positiven Competenzconfliktes nach eingetretener Rechtskraft des gerichtlichen Urtheils, an die von dem unzuständigen Standesbeamten vollzogene Trauung (R.G. v. 6. Febr. 1875 § 42) u. s. w.

So lange aber derartige Garantien nicht gegeben sind, unterliegen die staatlichen Aktionen selbst der juristischen Beurtheilung, ist die Möglichkeit vorhanden, dass der Staat durch sein Organ ein Unrecht verübt. Dieses Unrecht kann einen solchen Grad erreichen, dass die ganze Staatsordnung selbst dadurch in Frage gestellt wird. Revolution und Staatsstreich können dann Zustände schaffen, die vom Standpunkte des bisher geltenden Verfassungsrechtes überhaupt nicht mehr beurtheilt und geregelt werden können. sondern die nicht weiter ableitbare Basis einer neuen Ordnung bilden.

Von der grössten praktischen Bedeutung aber wird die Zurechnuug des competenzüberschreitenden Organwillens an den Staat selbst im Völkerrechte. Während nach Innen der Staat durch seine Organe zwar Unrecht thun kann, aber dann niemals einer andern als auf vermögensrechtliche Reparation gerichteten Haftung unterliegt, wird der gegen das Völkerrecht handelnde Staat einer Verantwortlichkeit unterzogen, die zwar nicht identisch mit der strafrechtlichen Haftung, aber ihr analog ist. Ja, die gliedliche Stellung, welche im Staate jedem Angehörigen zukommt, offenbart sich völkerrechtlich dadurch, dass selbst Handlungen der Unterthanen, die nicht der staatlichen Organisation angehören, ihm zugerechnet werden können. Man denke an Neutralitätsbruch durch massenhaften Zuzug neutraler Unterthanen zu einer der Kriegsparteien, an Beschimpfung eines Gesandten oder einer fremden Flagge durch eine Volksmenge, die der Staat zu verhindern oft beim besten Willen nicht in der Lage ist und die dennoch der verletzten Macht einen unter Umständen sehr weitgehenden Anspruch auf Genugthuung erzeugen. Die Gesammthaftung, welche auf früher Culturstufe für alle Angehörigen eines socialen Verbandes: Familie, Sippe, Stamm, Gemeinde, Heer bestand, besteht im Völkerrecht, allerdings dem unentwickeltsten Rechtsgebiete noch ungeschwächt fort.

Wie competenzüberschreitende Handlungen können auch competenzwidrige Unterlassungen[309] dem Staate zugerechnet werden, sofern keine Vorsorge getroffen ist, die Consequenzen

[309] Da der Begriff der Competenz hier im weitesten Sinne als der pichtmässig zu versehene Kreis amtlicher Geschäfte genommen wird, ergiebt sich nothwendig die Bezeichnung einer jeden pflichtwidrigen Handlung eines Organträgers als einer competenzwidrigen.

derselben durch anderweitigen aktiven Organwillen aufzuheben. Auch in diesen Fällen ist die staatliche Haftung kraft Völkerrechtes eine viel weitergehende und anders geartete als die kraft der inneren Staatsordnung.

Welches ist aber das Verhältniss des Staates zum competenzwidrig handelnden oder unterlassenden Organ? Hier ist zu unterscheiden zwischen bona fide stattfindender und verschuldeter Competenzwidrigkeit. Die erste begründet gar kein Rechtsverhältniss zwischen dem Staate und dem Träger der Organschaft. Da Menschen seinen Organen subsistiren, muss der Staat mit den entschuldbaren und nicht zu vermeidenden Gebrechen der menschlichen Natur rechnen. Hingegen begründet der Missbrauch organschaftlicher Thätigkeit für mittelbare Staatsorgane disciplinarische, eventuell straf- und civilrechtliche Folgen. Bei unmittelbaren Organen ist in der Regel derartige Haftung ausgeschlossen. Nur in der heutigen Republik ist sie namentlich für die Repräsentanten der Regierungs- und der richterlichen Gewalt gegeben.

Nach der Strenge des Rechtsgedankens wäre das competenzwidrig sich verhaltende Organ überhaupt, soweit die Competenzwidrigkeit reicht, nicht als solches zu betrachten. Lässt sich das nun auch nicht stricte durchführen, so ist doch auch nach Aussen hin das schuldhafte competenzwidrige Verhalten zugleich zurechenbares Verhalten einer individuellen Persönlichkeit. Daraus ergiebt sich die Möglichkeit von Rechtsansprüchen des Einzelnen gegen Beamte, welche durch pflichtwidrige Amtsthätigkeit individuelles Recht verletzen. Da derartige Ansprüche niemals gegen das Staatsorgan als solches, sondern gegen den dolos oder culpos handelnden Träger einer Organschaft gehen, so sind sie nicht öffentlich-, sondern privatrechtlicher Natur. Inwiefern aber der Staat für Verschulden seiner Beamten zu haften hat, ist im Allgemeinen keine juristische, sondern eine gesetzgebungspolitische Frage. Aus der Natur der Sache ergiebt sich a priori keine Entscheidung zu Gunsten der Haftpflicht[310]. Der Staat als Subjekt seiner

[310] Im Resultate, aber nicht in der Begründung übereinstimmend Löning, Die Haftung des Staates aus rechtswidrigen Handlungen seiner Beamten S. 93 ff., Piloty, Hirths Annalen 1888 S. 245 ff. Kaum der Erwähnung bedarf es, dass im Texte nur von der Haftung aus staatli-

Hoheitsrechte ist es, dein die Gewaltüberschreitung seines Organes zuzurechnen ist. Das Subjekt des Imperiums steht aber unter dem Privatrecht, nur soweit es sich ihm ausdrücklich unterworfen hat[311]. Alle privatrechtlichen Analogien für die Verpflichtung Dritter zum Schadenersatz sind schon deshalb unzulässig, weil das Recht zu verschiedenen Zeiten in diesem Punkte von ganz verschiedenen Anschauungen ausgegangen ist. Während einerseits von strenger Gesammthaftung zu rein individueller fortgeschritten wurde, ist andererseits wieder auf anderen Gebieten von dem Princip der Nichthaftbarkeit ausgegangen, die Haftbarkeit jedoch allmählich statuirt und immer mehr ausgedehnt worden und durch positive Rechtsbestimmungen noch heute in der Ausdehnung begriffen. So kommt es denn ganz auf die ausdrücklichen Festsetzungen des positiven Einzelstaatsrechts an, wann und wie weit eine staatliche Haftpflicht vorhanden ist.

Gewährt das positive Recht dem Einzelnen einen vermögensrechtlichen Anspruch an den Staat wegen pflichtwidrigen Handelns oder Unterlassens seiner Beamten, so ist er ebenfalls civilrechtlicher Art, weil der Staat nicht wegen der ihm zuzurechnenden That seines Organes, sondern wegen des Verschuldens eines Trägers staatlicher Organschaft, also einer in diesem Falle selbständigen Persönlichkeit verhaftet ist. Derartige Haftbarkeit ist nur ein Specialfall der Haftung für das Verschulden

---

chen Hoheitsakten, nicht von der selbstverständlichen aus Rechtsgeschäften die Rede ist.

[311] Daher sind auch die Ansprüche, welche der Staat den durch legale Ausübung seiner Hoheitsrechte Verletzten gewährt, principiell öffentlich-rechtlicher Natur. Dem Individuum steht kein grundsätzlicher Anspruch dieser Art kraft allgemeinen Rechtssatzes zu, vielmehr sind sie vom Staate frei gewährt und stellen daher ein reines Können dar. Auch entspringen sie zweifellos de lege ferenda der Erkenntniss, dass es im Gemeininteresse gelegen sei, den dem Einzelnen durch eine zwar nicht ungesetzliche, aber fehlbare Ausübung der Staatsgewalt verursachten Schaden auszugleichen. Solcher Art sind vornehmlich die unschuldig Verurtheilten gewährten Ansprüche. Ihre publicistische Natur ist treffend hervorgehoben in dem Bericht der jurid. Commission des österr. Herrenhauses über das seither publicirte Gesetz betr. die Entschädigung für ungerechtfertigt erfolgte Verurtheilung. Vgl. Nr. 94 der Beilagen zu den stenogr. Protokollen XI. Session S. 2.

Dritter oder noch weiter gefasst ein Fall der Vertheilung oder Ueberwälzung einer stattgehabten Vermögensminderung auf Andere als den unmittelbar Betroffenen[312].

XIV. Ausübung staatlicher Hoheitsrechte durch Private

In der Regel wird der Staat nur durch seine Organe, d. h. durch Personen thätig, die kraft Gesetzes oder kraft specieller, auf verschiedenen Rechtsgründen ruhender Dienstpflicht in einem dauernden qualificirten Verhältnisse zu ihm stehen. Allein diese Regel hat weitgehende Ausnahmen. Es giebt zahlreiche Fälle, in denen der Staat von der Bestellung eigener Organe absieht und Privatpersonen, die in keinem Dienstverhältnisse zu ihm stehen, verpflichtet oder berechtigt, staatliche Competenzen zu versehen, Imperium auszuüben.

Derartige Verpflichtung findet sich mit gewissen nichtstaatlichen Berufen und Beschäftigungen verbunden. So bei Bediensteten der Privateisenbahnen, die Bahnpolizei und Schiffscapitänen, die Schiffspolizei auszuüben haben. Namentlich dem Seeschiffer steht eine weitgehende Polizeigewalt zu [313]. Hieher gehören ferner die Befugnisse der Aerzte, die persönliche Freiheit von Irren zu beschränken, die Integrität des menschlichen Körpers zu Heilzwecken zu verletzen, das Kind im Mutterleibe zur Rettung der Mutter zu perforiren. Diese Befugnisse beruhen auf staatlicher Autorisation. Nur der Staat kann im Gemeininteresse feststellen, dass die freie Bewegung der Irren gehemmt werde, dass das menschliche Leben und Wohlbefinden höheren Werth habe, als die körperliche Integrität, welches von

---

[312] Vgl. Merke l, Enc. S. 283 ff., E. Steinbach, Die Grundsätze des heutigen Rechts über den Ersatz von Vermögenschäden S. 66 ff., Binding, Normen I, S. 433 ff. Mataja, Das Recht des Schadenersatzes vom Standpunkte der Nationalökonomie S. 19 ff. Unger, Handeln auf eigene Gefahr, Jahrb. f. Dogm. XXX, S. 363 ff.

[313] Auch die Gewalt des Seeschiffers über die Schiffsmannschaft ist nicht reine Disciplinar-, sondern zugleich Polizeigewalt, wie aus § 79 Absatz 2 u. 3 der Reichs - Seemannsordnung vom 27. Dezember 1872 deutlich hervorgeht. Nicht zur Garantirung der Dienstpflicht, sondern als Schutzmittel gegen deliktische Angriffe („geeignete Sicherungsmassregeln") darf der Schiffer Fesselung des Schiffsmanns vornehmen.

zwei Menschenleben, deren eines geopfert werden muss, als das kostbarere erscheine. Der diesen geschriebenen oder ungeschriebenen Normen gemäss handelnde Arzt übt daher nicht ein Recht, sondern eine Pflicht aus, wie aus den einschlägigen Stellen der Strafgesetze mit unzweifelhafter Deutlichkeit hervorgeht[314].Allein nicht nur kraft nichtstaatlichen Geschäftes, auch ohne solche Voraussetzung kann der Private Träger staatlichen Rechtes werden. Die Nothwehr, sofern sie einen rechtswidrigen Angriff auf die eigene Person abzuwehren bestimmt ist, mag als Ausübung eines individuellen Rechtes aufgefasst werden, obwohl an der Abwehr rechtswidriger Angriffe auch das Gemeinwesen betheiligt ist. Allein die Verteidigung gegen gegenwärtige, rechtswidrige Angriffe, deren Objekt ein Anderer ist, kann nicht als ein Individualrecht aufgefasst werden, weil das individuelle Interesse des Nothwehr Uebenden durchaus nicht an der Abwehr betheiligt sein muss. Hier tritt der Abwehrende vielmehr als Vertreter des Rechtsschutz übenden Staates auf. Ein anderes Beispiel dieser Art ist das Recht des Privaten, den auf frischer That betroffenen oder verfolgten Verbrecher auch ohne richterlichen Befehl vorläufig festzunehmen[315]. In beiden Fällen findet in Wahrheit nicht individuelle Rechtsübung, sondern polizeiliche Handlung durch ein gelegentliches Staatsorgan statt. Sind die oben erörterten Fälle der gesetzlichen, so sind die letzteren der freiwillig übernommenen Dienstpflicht analog.

Es liegt für die betreffenden Personen daher nur der Schein einer Berechtigung vor, der durch den Reflex objektiven Rechtes entsteht. Daraus ergiebt sich die Folgerung, dass dem Einzelnen kein Rechtsmittel gegeben ist, wenn der Staat die Vornahme der von ihm abgeleiteten Funktionen aus irgend einem Grunde verhindern sollte. Der Privatbahngesellschaft steht daher keine Verwaltungsklage zu, wenn ein Staatsbeamter auf der Bahn einen Akt der Polizei vornimmt, dem Schiffer nicht, wenn von Staatswegen in seine schiffspolizeilichen Befugnisse eingegrif-

---

[314] Vgl. Binding, Handbuch I, S. 802 ff., v. Liszt, Lehrbuch S. 156 f., Finkelnburg, Holtzendorffs Rechtslexicon Art. Perforation III, l. S. 33 f. Die meisten anderen „Berufsrechte“ sind Aktionen staatlicher und communaler Beamter oder militärischer Dienstpflichtiger innerhalb der ihnen zugewiesenen Competenz.

[315] R.Str.P.O. § 127.

fen, dem Arzte nicht, wenn er an der Vornahme einer Operation z. B. durch Verhaftung des Kranken gehindert wird.

Anderer Art als die erörterten sind jene Fälle, in welchen öffentliches Recht dem Einzelnen als ein Individualrecht verliehen wird. Die zahlreichsten Beispiele hiefür bietet der Feudalstaat mit seinen erblichen Berechtigungen. Aber auch in der Gegenwart sind derartige Incorporirungen öffentlichen Rechtes in die individuelle Sphäre nachzuweisen. Vor Allem im Familienrecht. Der Anspruch auf richterliche Bestellung- als Vormund, das Züchtigungsrecht der Eltern und Vormünder[316] sind durch das öffentliche Recht gegeben, wie sie denn auch weit über das Eigeninteresse der durch sie Berechtigten hinausgehen.

Eine eigenthümliche Form der Ausübung staatlicher Hoheitsrechte durch Private war das dem Beamten zustehende Recht auf Sporteln, die sich als principiell dem Staate gebührende Leistungen aus dem Rechtsgrunde der Ausübung von Staatshoheitsrechten darstellten, demnach öffentlich-rechtlicher Natur waren. Indem der Beamte aus den Einkünften des Amtes bezahlt wurde, ward seiner individuellen Persönlichkeit — nicht etwa dem Staatsorgane — die Ausübung eines staatlichen Forderungsrechtes in seinem Interesse überlassen. Eine moderne Form der Amtssporteln sind die Collegiengelder und die an die Mitglieder staatlicher Prüfungscommissionen zu vertheilenden Prüfungstaxen. Dass Prüfungstaxen den Charakter öffentlich-rechtlicher Gebühren haben, ist eine sofort zu bejahende Frage. Sie werden gezahlt für die staatliche Untersuchung der Befähigung einer Person für bestimmte Berufe. Die Prüfung ist ein Akt der öffentlichen Verwaltung und zwar ein rechtsbegründender Verwaltungsakt, der eine erhöhte Qualifikation des mit Erfolg die Prüfung Bestehenden nach sich zieht. Ganz ähnlich aber verhält es sich mit den Collegiengeldern. Die Zulassung zum Universitätsstudium (Immatrikulation) ist ein öffentlicher Verwaltungsakt, an den sich für den Zugelassenen öffentlichrechtliche Folgen knüpfen, namentlich weil der Besuch einer Universität die recht-

---

[316] Das pädagogische Züchtigungsrecht unterscheidet sich von der Disciplinargewalt wesentlich dadurch, dass diese nie im Interesse des der Disciplin Unterworfenen gegeben, während jenes überwiegend um des zu Erziehenden willen normirt ist. Dieser wichtige Unterschied wird von Binding, der Handbuch I, S. 797 ff. die Disciplinarstrafe mit dem pädagogischen Züchtigungsrecht identificirt, übersehen.

liche Bedingung der Zulassung zu staatlichen Prüfungen und damit der Befähigung für gewisse öffentliche Berufe ist. Der Besuch von Vorlesungen und die an ihn geknüpfte Honorarpflicht ist eine gesetzliche Bedingung sowohl des Verbleibens im Verbände der Universität, als auch des darauf beruhenden Anspruches auf Zulassung zu den Prüfungen. Das Collegiengeld hat daher den Charakter einer öffentlichrechtlichen Gebühr, welche aber kraft gesetzlicher Anordnung nicht dem Staate, sondern dem Docenten zufällt, wobei es für die Natur des Anspruches auf Collegiengelder ganz gleichgiltig ist, ob der Docent als Professor in einem Dienstverhältniss zum Staate steht oder als Privatdocent blos zugelassener Lehrer ist[317].

Ein moderner Fall des Sportelwesens ist auch enthalten in den Bestimmungen über die Notare, wie sie in Nachahmung der französischen Gesetzgebung in einer grossen Zahl von Staaten getroffen sind. Notare sind öffentliche Beamte, welche dem Staate eignende Geschäfte der s. g. freiwilligen Gerichtsbarkeit zu üben, namentlich als Beurkundungsbeamte zu fungiren haben. Die für ihre Leistungen bestimmten Gebühren, die als Entgelt für staatliche Hoheitsakte öffentlich-rechtlichen Charakter haben. fliessen aber nicht dem Staate, sondern ihnen zu. Sie haben jedoch trotzdem auch formell den unzweifelhaften Charakter einer Gerichtsgebühr, da für sie ausdrücklich derselbe Weg der Beitreibung vorgeschrieben ist, wie für jene.

Eine der heutigen Staatsordnung angehörige Form der Ausübung staatlicher Funktionen durch Private als eines Individualrechtes ist in der Institution der Rechtsanwaltschaft gelegen. Rechtsanwälte sind nicht Staatsorgane, aber ihr Beruf ist ein öffentlicher, im Interesse staatlicher Rechtspflege normirter. Ihre Funktionen sind zum Theil für die Ausübung der processualen Rechte der Privaten öffentlich-rechtliche Voraussetzung. Der Rechtsanwalt hat „nicht Geschäfte des Staates als eines individuellen Rechtssubjektes wahrzunehmen, wohl aber Geschäfte, die in der objektiven Rechtsordnung des Staates als nothwendig zur Durchführung der staatlichen

[317] Vgl. Entscheidung des österr. Verwaltungsgerichtshofes vom 28. März 1890, Budwinski, Erkenntnisse des k.k. V.G.H. Nr. 5227, über eine von mir gegen die Gemeinde Wien erhobene Beschwerde. A. A. v. Stengel, Lehrbuch des deutschen Verwaltungsrechts S. 337 Note 2.

Aufgaben vorausgesetzt und begründet sind“[318]. Die Rechtsanwälte haben ein Amt, d. h. sie erfüllen einen gesetzlich fixirten Kreis staatlicher Aufgaben, allein sie üben es nicht gleich dem Beamten nur im Interesse des Staates aus, sondern auch in dem der Parteien und im eigenen. Sie sind nicht vom Staate angestellt, sie haben kraft ihres Amtes öffentliche Pflichten zu erfüllen, ohne deshalb Glieder der staatlichen Organisation zu werden. Sie haben, was beim Beamten niemals der Fall ist, ein Recht auf ihr Amt, einen Anspruch, es unter den gesetzlichen Bedingungen zu erlangen (soweit das System der freien Advokatur reicht) und auf Beibehaltung, respektive Unentziehbarkeit, so lange kein gesetzlicher Endigungsgrund eintritt. Dem Privaten gegenüber treiben sie mit ihrem Amt ein Gewerbe, „die Rechtsanwaltsordnung ist ebensowohl eine Ergänzung des Gerichtsverfassungsgesetzes, als der Gewerbeordnung“[319]. Sie sind mit öffentlichem Rechte belehnt, die Ausübung des geliehenen Rechtes ist dem Staate gegenüber Ausübung eines öffentlichen, dem Privaten gegenüber eines Privatrechtes.

Die Uebertragung staatlicher Rechte an den Einzelnen findet sich als eine normale Institution von grosser Bedeutung im Processrecht und zwar in der Ausgestaltung der Zwangsvollstreckung. Zwei Ansichten stehen sich hier gegenüber. Nach der einen ist der Staat Exekutor, die Exekution wird vom Gerichtsvollzieher im staatlichen Auftrage vollzogen, der aber durch den Willen der Exekution führenden Partei fortwährend bedingt ist. Nach der anderen ist die Partei selbst Exekutionsführer. die Dienste des Gerichtsvollziehers sind in die Macht des Einzelnen derart gestellt, dass jener als Beauftragter dieses handelt und ihm daher auch privatrechtlich als Mandatar haftet[320]. Beide Ansichten erklären nicht das Wesen der Sache. Nach der ersten ist das

[318] Laband II, S. 418.
[319] Laband II, S. 421.
[320] Als Hauptvertreter der letzteren Ansicht erscheint A. S. Schultze, Privatrecht und Process in ihrer Wechselwirkung I, S. 64 ff., während die erstere u. A. von Planck, Lehrbuch des Civilprocessrechts l, S. 136, namentlich aber in gründlicher Darlegung von v. Schrutka-Rechtenstamm, Grünhuts Zeitschrift XIII, S. 567 ff. und XVI, S. 673 ff. vertreten wird; in letzteren Aufsätzen auch eingehende Literaturangaben.

Verhältniss von Gläubiger und Gerichtsvollzieher seiner privatrechtlichen Seite nach unverständlich. Eine Ersatzklage des Gläubigers wegen Versehens des Gerichtsvollziehers könnte nicht gegen diesen, sondern nur gegen, den Staat gerichtet sein oder der Gerichtsvollzieher müsste der Partei doch wie ein Beamter haften, wenn der Staat Subjekt der Zwangsvollstreckung wäre. Andererseits geht es aber nicht an, den Staat in seinen Organen: Vollstreckungsgericht und Gerichtsvollzieher als Diener des Individuums wirken zu lassen. Eine derartige Auffassung steht mit dem Wesen des Staates und seiner Justizpflege in gröblichstem Widerspruch. Die Lösung liegt vielmehr darin, dass der Gläubiger Subjekt der Zwangsvollstreckung wird dadurch, dass der Staat ihm das seiner Machtfülle entstammende Recht überträgt. Ihrer Substanz nach heute dem Staate zustehend, wird die Zwangsvollstreckung zu einem Anspruch des Einzelnen, aber nicht zu einem privatrechtlichen. Sie bewahrt vielmehr ihren Charakter als Ausfluss des Imperiums. Der Einzelne ist somit gleichsam Beamter geworden, der als procurator in rem suam handelt. Der Staat lässt den individuellen Wollen entscheiden, inwieweit ein Gemeininteresse — das der Urtheilsvollstreckung — gegebenen Falles zu wahren sei. Der Gerichtsvollzieher steht daher bezüglich seiner Haftpflicht dem Gläubiger genau so gegenüber, wie der Beamte dem Staate selbst, nicht wie einem Privaten. Wie aus der Pflichtwidrigkeit des Beamten sich civilrechtliche Ansprüche des Staates an ihn ergeben, so erwachsen aus demselben Rechtsgrunde dem Gläubiger Ansprüche an den Gerichtsvollzieher aus dessen Versehen [321]. Das ursprüngliche Individualrecht der Selbsthilfe ist vom

---

[321] R.C.Pr.O. § 674: „Die Zwangsvollstreckung erfolgt.... durch Gerichtsvollzieher, welche dieselbe im Auftrage des Gläubigers zu bewirken haben." Hiezu die Entscheidung der vereinigten Civilsenate des Reichsgerichts vom 10. Juni 1886, Entsch. in Civils. XVI, S. 399, wonach der Gerichtsvollzieher dem Gläubiger civilrechtlich für Versehen nach den Grundsätzen des Auftrags, nicht wie ein Beamter haftet. Dieselbe ist richtig, insofern der Gläubiger zum Gerichtsvollzieher nicht in dem Verhältniss steht, wie ein Privater zum Beamten, unrichtig, indem sie den „Auftrag" im Sinne des Civilrechts auffasst (dagegen die treffenden Ausführungen v. Schrutkas a. a. O. XVI, S. 680 ff.) und daher ein vertragsmässiges Verhältniss zwischen Gläubiger und Gerichtsvollzieher construirt. Der Gerichtsvollzieher erfüllt dem Gläubiger gegenü-

Staate an sich gezogen worden, um in Form des Rechtes auf Zwangsvollstreckung dem Individuum als nunmehriger Bestandtheil staatlichen Imperiums zurückgegeben zu werden. Der Einzelne hat im Laufe der Geschichte sein Recht auf Rechtsverwirklichung gleichsam dem Staate commendirt, um es als Lehen von diesem zurückzuerhalten.

Auf strafrechtlichem Gebiete findet ein ähnlicher Vorgang statt bei der Privatanklage. Das Strafklagerecht eignet principiell nur dem Staate. Allein in jenen Fällen, wo die Verletzung der öffentlichen Rechtsordnung wesentlich durch das Bewusstsein des Gekränkten um seine Verletzung oder der ihm familienrechtlich verbundenen Personen bedingt ist, oder wo der Staat die Rechtsordnung nur insoweit für tangirt erachtet, als die verletzte Person das Dasein der Rechtsverletzung zu erkennen giebt, kann der Staat dem Verletzten die Stellung einräumen, die principiell dem öffentlichen Ankläger zukommt. Zweifellos übt der Privat- und Nebenkläger da staatliches Recht aus, welches ihm als Privaten übertragen wurde[322].

Aehnlich wie mit der Privatanklage verhält es sich mit der Subsidiaranklage des österreichischen Strafprocessrechtes[323]. Kein staatliches Recht hingegen, sondern einfach eine dem positiven Status und zwar dem Rechtsschutzanspruch entspringende Befugniss ist das Recht zur Stellung eines Strafantrags im Sinne des § 61 des deutschen Reichsstrafgesetzbuches sowie das des Antragstellers gegen den abweisenden Bescheid der Staatsanwaltschaft den Anspruch auf gerichtliche Entscheidung erheben zu können[324]. Während im Falle der Privatanklage der Einzelne selbst eine Stellung im Organismus des Strafgerichtes erhält, hat er beim Strafantrag nur den Anspruch auf eine processuale Handlung eines Staatsorganes.

---

ber nicht einen Vertrag, sondern seine Amtspflicht. Seine Haftung ist daher eine aussercontraktliche, wie die des Beamten gegenüber dem Staate.

322 Das ergiebt sich in erster Linie daraus, dass die öffentliche Strafe niemals dem Einzelnen, sondern stets dem Staate gezollt wird. Die Stellung des Privatanklägers tritt am deutlichsten in der österreichischen Strafprocessordnung hervor, derzufolge (§ 46) der Staatsanwalt auf Wunsch des Privatanklägers dessen Vertretung übernehmen kann.

323 Oesterr. Str.Pr.O. § 48.

324 R.Str.Pr.O. §§ 170 — 175.

In ganz eigenthümlicher aber dem zuletzt betrachteten Typus analoger Art findet die Uebertragung staatlichen Rechtes an Private statt in der Enteignung. Das Recht der Enteignung kann als ausschliesslich im öffentlichen Interesse constituirt principiell nur dem Staate als öffentliches Recht zustehen. Indem der Einzelne oder eine Corporation Subjekt des Expropriationsrechtes werden, können sie nur vom Staate hiezu autorisirt werden. Der Expropriant, wer immer er sei, übt staatliches Hoheitsrecht aus. Allein dieses Recht ist ihm nicht als eine Pflicht übertragen, wie etwa dem Organträger, sondern als ein ihm auch gegenüber dem Staat selbst zustehender Anspruch[325]. Das Expropriationsrecht ist im Gemeininteresse, die rechtliche Ausübung desselben auch zur Förderung des Einzelinteresses, das oft eng mit dem Gemeininteresse verknüpft ist, gegeben. Daher hat der durch Gesetz oder Verwaltungsakt hiezu Befugte einen Anspruch auf positive Anerkennung seines Expropriationsrechtes von Seiten des Staates und auf Vornahme der zu dessen Verwirklichung dienenden staatlichen Akte.

Eine Zahl staatlicher Funktionen sind Angehörigen bestimmter wirthschaftlicher Berufe, ohne dass sie im Dienstverhältnisse zum Staate stehen würden, durch die neuere socialpolitische Gesetzgebung als ihr Recht übertragen worden. Es sei nur erwähnt das Recht der Unternehmer, Betriebskrankenkassen zu errichten und das Kassenstatut festzustellen[326], das Recht des

---

[325] Grünhut, Enteignungsrecht S. 78 ff. und Handwörterbuch der Staatswissenschaften III, S. 258 erklärt die Staatsgewalt als das einzig mögliche Subjekt des Enteignungsrechtes. Die herrschende von G. Meyer, Das Recht der Expropriation S. 260 ff., Seydel, St.R. III, S. 628 ff., Randa, Grünhuts Zeitschrift X, S. 633 u. A. vertretene Ansicht, die auch in den meisten Expropriationsgesetzen eine Stütze findet, erhält durch die Erkenntniss, dass der Staat auch sein Hoheitsrecht in der individuellen Sphäre lokalisiren kann, ihre tiefere Begründung. Sie allein aber vermag den Enteignungsanspruch des Einzelnen gegen den Staat zu erklären. Ist der Staat stets das Subjekt der Enteignung, dann würde der Einzelne gegebenen Falles sich zu ihm verhalten wie ein Beamter, der doch aber nie einen Anspruch auf Ausübung amtlicher Funktionen hat.

[326] Reichsgesetz betreffend die Krankenversicherung der Arbeiter §§ 60, 64[2], Oesterreichisches Krankenversicherungsgesetz §§42, 47. Vgl. Menzel, Das Recht der Arbeiterversicherung, Grünhuts Zeitschr. XVIII, S. 302.

Arbeitgebers, die Arbeitsordnung nach Anhörung der Arbeiter zu erlassen[327], ferner das Recht der Arbeiter, an der Berathung und Beschlussfassung über Vorschriften zum Zwecke der Unfallsverhütung theilzunehmen [328].

All diese Rechte weisen in ihrer juristischen Struktur eine weitgehende Uebereinstimmung mit Erscheinungen auf, welche dem Staatsrechte einer entschwundenen Epoche angehören. Der feudale und ständische Staat war es, in welchem staatliches Hoheitsrecht tausendfältig zersplittert und zerstäubt zahllosen Individuen und Corporationen im Staate zu eigenem Rechte zustand. Allein ein tiefgreifender Unterschied beherrscht die Rechtsideen, welche der alten und der neuen Form der Ausübung staatlicher Hoheit durch Private zu Grunde liegen. Während früher das Gemeininteresse vor dem partikularen einfach zurücktreten musste, ist die analoge Erscheinung im modernen Staate dadurch zu erklären, dass in all den erörterten Fällen das Gemeininteresse am besten durch Anerkennung des Einzelinteresses sich bewähren kann. Eine nach der materiellen Seite hin treffende Analogie dieser rechtlichen Phänomene ist daher bei den modernen Selbstverwaltungskörpern gegeben, welche staatliche Hoheitsrechte als ihre Competenzen üben. Allerdings unterscheidet sich aber wieder die obrigkeitliche Gewalt der Selbstverwaltungskörper von den hier behandelten Fällen in wesentlichen Punkten[329]. Das Recht des Patrimonialherrn zur Ausübung der Herrschaft über seine Leibeigenen oder Unterthanen erschien wenigstens dem ständischen Staatsrecht als originäres Recht, das Hoheitsrecht der nichtstaatlichen Persönlichkeit im modernen Staate hat stets derivativen Charakter. Das erstere wurde daher privatrechtlich gedacht, das letztere ist als durch und durch publicistisch anzuerkennen.

Alle erörterten, ihrer Substanz nach dem Staate zukommenden Rechte[330], können daher der Sphäre des Individuums nur einverleibt werden durch einen Akt der Delegation. Dieser kann erfolgen durch Gesetz, Verordnung oder Verfügung. Dem Ein-

---

[327] Reichsgewerbeordnung §§ 134a, 134b, 134d.

[328] Reichsunfallversicherungsgesetz §§ 41, 78, 79, 81

[329] Vgl. Unten Kap. XVII.

[330] Die Aufzählung hieher gehöriger Fälle im Texte will keineswegs erschöpfend sein. Eingehende Untersuchung des Verwaltungsrechts würde noch manche den erwähnten hinzufügen können.

zelnen kann ein rechtlicher Anspruch auf ihre Verleihung zustehen oder nicht. Im ersten Falle gehört er als Anspruch auf Anerkennung oder auf eine rechtliche Handlung des Staates im individuellen Interesse seinem Wesen nach zum positiven Status. Unter anderem Gesichtspunkte können diese Ansprüche zum Theil auch dem aktiven Status zugerechnet werden, insofern die berechtigten Personen zugleich als mittelbare Staatsorgane erscheinen.

XV. Die öffentlichen Rechte der privatrechtlichen Verbände

In analoger Weise wie in dem Staate sieht das juristische Denken mit Nothwendigkeit überall dort, wo ein constanter, selbständiger, d. h. nicht wesentlich an individuell bestimmten Personen haftender Zweck vorhanden ist, ein diesen Zweck versorgendes Subjekt, welches durch Anerkennung von Seiten der Rechtsordnung zum Rechtssubjekt erhoben wird. Auch das nicht anerkannte Zwecksubjekt hat eine innere Ordnung, kraft welcher sein Wille gebildet und die Stellung seiner Mitglieder und der in seiner Gewalt befindlichen Objekte normirt wird. In Beziehung auf diese seine Ordnung ist es Rechtssubjekt, unabhängig von jeder äusseren Anerkennung, allerdings nur Subjekt einer relativen Rechtsordnung, indem jede von einem Kreise von Menschen anerkannte Norm ihres äusseren gegenseitigen Verhaltens das innere Recht dieses Kreises bildet und den Einzelnen ähnlich als Regel und Befehl entgegentritt, wie die Regeln und Befehle des rechtsetzenden Staates. Man braucht hiebei nicht sofort an die Körperschaften zu denken. Die Hausordnung eines jeden grösseren Hauses, einer Curanstalt, eines Bades u. s. w. geben hievon Zeugniss. Ob diese Regeln auf irgend einem staatlich anerkannten Rechtsgrunde beruhen, z. B. Vertragsbedingungen sind oder nicht, ist für ihren Charakter als relative Rechtsordnung gleichgiltig, sofern sie nur thatsächlich von dem Personenkreis, für welche sie zu gelten bestimmt sind, als Norm des Verhaltens anerkannt werden. Im Verhältniss zum staatlichen Rechte, d. h. zum objektiven Rechte im vollen Rechtssinne sind sie entweder rechtlich irrelevant oder ein ius inter partes. Auch ist jenes relative Recht bis zu einem gewissen Grade durch eigene Mittel, die disciplinarischen, geschützt, die allerdings niemals den Charakter von Erfüllungszwang annehmen können.

Werden aber derartige Zweckeinheiten von der staatlichen Rechtsordnung als solche, sei es generell durch Gesetz, sei es durch specielle Verfügung anerkannt, so entsteht dadurch eine juristische Person[331] und zwar eine Anstalt, wenn der Gemeinheitszweck von einem ausserhalb ihrer selbst stehenden Willen gesetzt wird[332], eine Corporation, wenn der Gemeinheitswille ihr immanent ist, aus ihrer Mitte selbst hervorgeht. Durch Anerkennung also wird die unabhängig vom staatlichen Willen bestehende Gemeinheit zur juristischen Person erhoben. Natürlich ist es dem Staatswillen selbst auch möglich, Anstalten und Körperschaften zu schaffen oder schaffen zu helfen, sei es, dass er die anstaltlichen Zwecke durch seine Organe verwirklicht und demgemäss die Anstalt selbst sich angliedert[333], sei es, dass er die Organisation von frei sich bildenden Verbänden generell festsetzt oder einen Zwang zur Bildung von Verbänden ausübt, sei es, dass er selbst durch Ernennung oder Beitrittszwang die Willensbildner einer durch ihn zur Corporation erhobenen Gemein-

[331] Der Umfang dieser Anerkennung kann verschiedene Grade haben, da die Persönlichkeit (vgl. oben S. 79) eine dynamische Grösse ist. Rudimente derselben sind daher bereits in der Zuerkennung der Parteifähigkeit (R.C.P.O. § 19) an einen sonst unpersönlichen Verband gegeben. Dass hier nicht nur „formelle“ Parteifähigkeit im Sinne Wachs, Civilpr. I, S. 520 ff. vorhanden ist, sondern dass wir „unfertigen Rechtsgebilden gegenüberstehen, denen man die Existenzberechtigung darum nicht absprechen darf, weil sie eben noch nicht fertig geworden“, vgl. Bekker, System I, § 63, sowie Gierke, Genossenschaftstheorie S. 733.

[332] Dem bisher ganz verschwommenen Anstaltsbegriff in seiner über die Stiftungen weit hinausgehenden Bedeutung einen soliden Inhalt gegeben zu haben, ist das Verdienst Gierkes, zuletzt Genossenschaftstheorie S. 25 ff., vgl. auch Preuss, Gemeinde, Staat S. 249 ff., Bernatzik, Archiv S. 250 ff. Der vollen Klärung des Wesens der Anstalt ist der Sprachgebrauch hinderlich, der einerseits staatliche Verwaltungsmittel, andererseits private Unternehmungen, die beide der Persönlichkeit entbehren, als Anstalten bezeichnet.

[333] Man denke an Universitäten, Staatsbanken, Staatsversicherungsanstalten, Krankenhäuser.

heit schafft oder schaffen hilft[334]. Diese Fälle werden später zu untersuchen sein.

Alle Persönlichkeit ist iuris publici, also auch die der juristischen Personen. Ist sie deshalb aber auch gleichartig der individuellen Persönlichkeit und wenn nicht, worin zeigt sich der Unterschied dieser von jener?

Wie das Princip der Rechtsgleichheit sich nur als eine Regel mit weitgehenden Ausnahmen dargestellt hat, so ist aus ihm auch kein stringenter Schluss auf den Umfang der Rechte juristischer Personen zu ziehen. Die Rechtsfähigkeit der Anstalt und Körperschaft hat vor Allem ihre Grenzen in der Natur selbst. Alle Fähigkeiten, welche physische Individualität voraussetzen, können ihr nicht zukommen. Alles, was streng individuelle That und individuelle Innerlichkeit zur Grundlage hat, bleibt auch ohne ausdrückliche Festsetzung des Gesetzgebers ihr verwehrt. Familienrechtliche Verhältnisse sind Verhältnisse der Individuen, ebenso ist Religionsbekenntniss streng individuell. Selbst wenn eine Anstalt oder Körperschaft ausschliesslich religiöse Zwecke verfolgt, ist sie selbst confessionslos[335]. Soweit hingegen zur Erreichung ihrer Zwecke eine freie Lebensbethätigung nothwendig ist, die physische Individualität nicht zur Voraussetzung hat, wird ihr kraft ihrer Persönlichkeit gleich dem Individuum eine vom Staatszwange freie Sphäre zuerkannt werden müssen. Soweit daher nicht in der Natur der Sache liegende Gründe entgegenstehen oder ausdrückliche gesetzliche Ausnahmen gemacht worden sind, steht ihr der negative Status wie dem

[334] Vgl. die Betrachtungen von Gierke, Genossenschaftsrecht I, S. 960 ff. und Bernatzik, Archiv S. 253 über die Mischung von körperschaftlichem und anstaltlichem Typus.

[335] Erkenntnisse des österr. Verwaltungsgerichtshofes Nr. 1806, 1931, Erk. des O.L.G. Kiel vom 14. Dezember 1884, Seufferts Archiv XL, S. 219. Gierke, Genossenschaftstheorie S. 912 polemisirte insofern gegen die letztere Entscheidung, als er kirchlichen Gliedkörpern mit eigener Persönlichkeit die Fähigkeit zur Kirchenmitgliedschaft zuspricht. Allein juristische Personen können doch weder Sakramente empfangen, noch sonst am inneren Leben der Kirche theilnehmen. Sie können allerdings an der Ausübung der kirchlichen Verwaltung durch Patronats-, Präsentationsrechte u. dgl. participiren; das aber ist nicht im Stande, sie der Kirche in deren principalen Eigenschaft als Heilsanstalt einzugliedern.

Einzelnen zu und kann wie der der physischen Persönlichkeit nur aus einem Rechtsgrunde beschränkt werden. Das äussert sich in erster Linie darin, dass der juristischen Person ihre Existenz nur aus einem gesetzlichen Grunde entzogen werden kann.

Der passive Status der juristischen Person hat wie der negative seine Grenze an der Natur der juristischen Person selbst. Das zeigt sich namentlich bei der Deliktsfähigkeit der Körperschaft. Dass sie möglich und dem positiven Rechte bekannt ist, steht durch neuere Untersuchungen fest[336]. Allein alle Delikte, welche streng individuelle That voraussetzen, können von der Körperschaft nicht begangen werden. So verhält es sich aber mit allen dolosen und culposen Güterverletzungen. Diebstahl, Mord, untreue, Hochverrath sind ausschliesslich individuelle Handlungen. Die Handlungen eines Vereines zu hochverrätherischem Zwecke ist unter strafrechtlichem Gesichtspunkte ausschliesslich Hochverrath der an der betreffenden Aktion betheiligten Individuen, nicht etwa des nur durch seine Organe handlungsfähigen Vereines selbst. Die Deliktsfälligkeit der Körperschaft beschränkt sich daher auf reinen Ungehorsam. Dieses gemeinsame Element aller deliktischen Thatbestände kommt in ihren Delikten stets rein und unvermischt zum Ausdruck. Auch die möglichen Strafen sind Ungehorsamtstrafen: Vermögensstrafen, Privilegienentziehung und Auflösung der Körperschaft, eventuell auch zeitliche Untersagung ihrer Thätigkeit. Die durch manche Gesetzgebungen verfügte Haftung juristischer Personen für den von Dritten angerichteten Schaden oder die von ihnen verwirkte Geldstrafe hat nicht straf-, sondern civilrechtlichen Charakter[337]. Sie unterscheidet sich juristisch in nichts von der Haftung der Eisenbahnen für den im Betriebe oder von ihren Angestellten angerichteten Schaden, die doch viel strenger selbst als alle Haftung von Gemeinden und dennoch zweifellos civilrechtlicher Natur ist. Die strafrechtliche Haftung der Körperschaften ist wesentlich polizeilichen Charakters. Sie bezweckt weniger Repression als Prävention, sowie auch die Grade schuldhaften Verhaltens von keinem Einflusse auf die Rechtsfolgen sein kön-

---

[336] Gierke, Genossenschaftstheorie S. 743 ff., Merkel, Strafrecht § 18. Ueber die Geschichte des Körperschaftsdelikts Gierke, Genossenschaftsrecht III, S. 234 ff., 342 ff., 402 ff., 491 ff.

[337] A. A. Merkel, Strafrecht S. 50.

nen, vielmehr die Thatsache zurechenbarer Uebertretung des betreffenden Strafgesetzes genügt, um die Strafbarkeit zu begründen. Der feinere Gegensatz von dolus und culpa hat menschliche Innerlichkeit zur Voraussetzung, die der Collektivperson mangelt. Nur der bereits perficirte Willensakt ihres Organes gehört ihr an, nicht die individualpsychischen Processe, aus denen er herausgeboren wird. Damit ist natürlich nicht ausgeschlossen, dass sie civilrechtlich für dolus und culpa ihrer innerhalb des körperschaftlichen Wirkungskreises handelnden Organträger haftbar gemacht werden kann, sowie auch Irrthum, Zwang und Furcht dieser Personen civilrechtliche Wirkungen auf die von ihnen als Organe der Körperschaft vorgenommenen Geschäfte äussern können.

Die strafrechtliche Haftung von Verbänden für die Delikte ihrer Mitglieder oder Organe hat bekanntlich in den frühesten Zeiten der Rechtsentwickelung eine grosse Rolle gespielt[338]. Die wachsende Einsicht in das Wesen des Deliktes als verschuldeter Handlung hat fortschreitend die Deliktsfähigkeit immer mehr auf das schuldige Individuum beschränkt, bis endlich im heutigen Recht nur das Polizeidelikt als mögliches Verbandsdelikt erscheint. Die Haftbarkeit der Gemeinde für Körper- und Sachverletzungen, die sie durch ihre Polizeigewalt hätte hindern sollen[339], ist juristisch identisch mit der Haftung des Staates aus dem Verschulden seiner Beamten, die, wie immer sie sich gestalten mag, niemals strafrechtliche Haftung sein kann. Nur im Völkerrecht tritt noch eine öffentlich-rechtliche Haftung der staatlichen Persönlichkeiten für das von ihren Gliedern begangene Unrecht ein, die aber nur aus dem unentwickelten Charakter des Völkerrechtes und der Ungeordnetheit des stets als Selbsthilfe zu charakterisirenden internationalen Verfahrens abzuleiten ist.

Das Ziel der Rechtsentwickelung bezüglich der Deliktsfähigkeit der Verhände geht zweifellos dahin, sie aus der Rechtsordnung zu eliminiren, da juristische Consequenz selbst beim

---

[338] Vgl. Post, Ursprung des Rechts S. 74, Kohler, Das Recht als Kulturerscheinung S. 22, Mataja a. a. O. S. 47 Note 3.

[339] Die betreffenden deutschen Gesetze angeführt bei G. Meyer, Verwaltungsr. I, S. 148 f.; ferner in Oesterreich böhmische Gemeindeordnung § 37, galizische G.O. g 34.

blossen Ungehorsam des Verbandes, der doch auch ein innerliches Verhalten zur Voraussetzung hat, schliesslich nur individuelle That wird sehen können, die dem Verbande selbst nicht wird zugerechnet werden können. Mit dieser Auffassung sind polizeiliche Massregeln gegen den Verband, sowie gegen ihn gerichtete Aktionen, die den Charakter von Nebenstrafen für die Schuldigen haben, nicht unvereinbar. Alle möglichen Aktionen gegen einen Verband sind auf Grund verschiedener Pressgesetze gegen Zeitungsunternehmen vorgenommen worden: Vermögensminderung in Form von Cautionsverlust, Verwarnung, Suspension, Verbot. Nichtsdestoweniger denkt kein Jurist daran, die Zeitung selbst als straffälliges Subjekt zu betrachten.

Dass privatrechtlichen mit Persönlichkeit begabten Verbänden der positive Status zukommt, ist selbstverständlich; zeigt sich in der Anerkennung eines solchen doch die Anerkennung der Persönlichkeit überhaupt. Namentlich der Rechtsschutzanspruch ist juristischen gleichwie physischen Personen gegeben [340]. Von den conkreten Gesetzesnormen hängt es ab, wie weit sonstige Ansprüche auf staatliche Thätigkeit statthaben können, ferner von der Natur der Ansprüche, ob sie nicht an physische Individualität geknüpft sind. Auch die Steigerung des positiven Status, welche in der Zugehörigkeit zu einem bestimmten Staate zum Ausdrucke kommt, ist bei juristischen Personen vorhanden. Jede Zuerkennung der Qualität einer solchen an eine bisher noch nicht anerkannte Körperschaft verleiht ihr zugleich die Qualität einer inländischen, vorausgesetzt, dass sie ihren Sitz im Inlande hat. Die vom Auslande anerkannten Verbände hingegen bedürfen keiner besonderen inländischen Anerkennung, möge nun die persönliche Rechtsfähigkeit nach dem Domicil- oder dem Nationalitätsprincipe beurtheilt werden, sofern nicht ausdrücklich abweichende Normen existiren, die namentlich das Recht zur Errichtung von Zweigniederlassungen im Inlande bestimmen. Auch Versagung der Anerkennung fremder Verbandspersonen ist möglich. Das ist z. B. der Fall in den Staaten, welche der Kirche keine Corporationsrechte zugestehen, in Folge dessen dieses anderswo als Person anerkannte Gemeinwesen in den die Aner-

---

[340] Persönlichkeit hier in dem oben S. 244 N. 1 entwickelten Umfang genommen; ebenso oben S. 120 (wo Z. 31 das sinnstörende „Processfahigkeit" natürlich in „Parteifähigkeit" zu corrigiren ist).

kennung versagenden Staaten nur in dieser letztern Eigenschaft fortexistirt[341]. Die Qualität eines Verbandes als eines inländischen ist dem Verhältniss der Staatsangehörigkeit der Individuen analog, indem aus dieser vollen Mitgliedschaft am Staate ihm ähnlich eine Reihe vorbehaltener Ansprüche negativer und positiver Art entstehen, wie den Einzelnen[342].

Zu diesen Ansprüchen können auch solche gehören, welche den aktiven Status zur Grundlage haben[343]. Collektivpersonen können gleich den physischen Wahlrechte besitzen[344]. Sie können zu Staatsorganen auf Grund eines öffentlich-rechtlichen Vertrages erhoben werden, der dem Anstellungsvertrage des Staatsdieners analog ist. So z. B. wenn einem geistlichen Orden die Verwaltung von Strafanstalten oder die Leitung von Schulen übertragen ist, in welchem Falle nicht die einzelnen Ordensmitglieder, sondern dieser selbst im Dienstverhältnisse zum Staate steht. Dass Verbände auch kraft Gesetzes organschaftliche Funktionen übernehmen können und müssen, ist in den folgenden Kapiteln erörtert. Solche Verbände scheiden jedoch aus dem Kreise der privaten aus, sie gehören dem öffentlichen Rechte an.

Das leitende Princip für die Bestimmung der rechtlichen Grenzen der Verbandsthätigkeit bleibt immer der Zweck des Verbandes. Rechtlich irrelevante Handlungen verlieren ihren Charakter als solche auch dann nicht, wenn sie von einer Collektivperson vorgenommen werden. Ist hingegen kraft positiver Rechtsvorschrift der Verband auf seinen statutenmässigen Zweck beschränkt, dann ist jede Ueberschreitung des statutenmässigen Wirkungskreises als verboten zu betrachten. Eine solche wird jedoch nur da anzunehmen sein, wo in der betreffenden Handlung selbst eine principielle Ausdehnung des Verbandzweckes enthalten ist. Wenn etwa ein Geselligkeitsverein, trotzdem seine Statuten davon schweigen, einem anderen eine Glückwunschadresse sendet, so handelt er rechtlich irrelevant.

---

[341] Bernatzik, Archiv S. 250.

[342] Z. B. Reichsgesetz betr. die Nationalität der Kauffahrteischiffe vom 25. Oktober 1867 § 2 Absatz 2.

[343] Ueber politische Rechte juristischer Personen vgl. E. Mayer in v. Stengels Wörterbuch I, S. 698 f.

[344] Oesterr. Reichsrathswahlordnung vom 2. April 1873, R.G.B. Nr. 41 § 13. Landtagswahlordnungen vom 26. Februar 1861 § 11 (beziehungsweise 10 oder 12).

Unterstützt er hingegen aus seinen Mitteln eine politische Agitation, so dehnt er damit seinen Zweck selbst eigenmächtig aus.

XVI. Die öffentlichen Rechte der öffentlichen Verbände

Wir haben gesehen, dass das Recht der Verbände dem Privatrechte nicht principiell entrückt ist, vielmehr innerhalb der Privatrechtsordnung ein eigenartig gestaltetes, die verschiedenen Formen privater Association umschliessendes Gebiet existirt. Allein die Erscheinung des nichtstaatlichen Verbandes hat auch im öffentlichen Recht ihre bedeutsame Stelle. Es ist daher die Frage zu erheben, wodurch ein Verband zum öffentlichrechtlichen erhoben wird.

Diese Frage wurde in eingehender und scharfsinniger Weise untersucht von *Rosin*. Mit überzeugender Kritik hat er dargethan, dass eine ganze Reihe von Ansichten vom Wesen des öffentlichen Verbandes unhaltbar sind[345]. Als positives Kriterium desselben stellt er selbst aber fest, dass der öffentliche Verband dem Staate zur Erfüllung seiner Zwecke verpflichtet sei.

So sehr durch *Rosins* werthvolle Untersuchungen die Erkenntniss vom Wesen des öffentlichen Verbandes gefördert worden ist, so sind sie dennoch nicht abschliessend, indem nicht alle Züge, welche das schwer zu erfassende Gesammtbild des dem Staate eingegliederten Verbandes des öffentlichen Rechtes charakterisiren, von ihm erkannt und gezeichnet worden sind.

Eine grosse Schwierigkeit in der Bestimmung des Begriffes des öffentlich-rechtlichen Verbandes liegt darin, dass eine Fülle von Beziehungen zwischen Staat und Verband möglich sind. Es lässt sich daher gar nicht mit Sicherheit bestimmen, wo der Verband des Privatrechtes aufhört und jener des öffentlichen Rechtes beginnt[346]. Unter dem einen Gesichtspunkt betrachtet kann ein und dieselbe Körperschaft als dem Privatrecht zugehörig bestimmt werden, die unter einem anderen zweifellos als Subjekt öffentlichen Rechtes erscheint. Es ist daher oft Sache individuellen Ermessens, wie überall, wo das Leben continuirliche Uebergänge zeigt, die Linie zu bestimmen, die im Flusse des

[345] Das Recht der öffentlichen Genossenschaft S. 1 ff.
[346] Gierke, Genossenschattstheorie S. 158.

Seienden den Verband des Privatrechts von dem des öffentlichen scheidet.

Zuvörderst ist festzustellen, dass alle Verbände, seien sie nun durch Gesetz oder Willkür geschaffen, mögen sie Persönlichkeit besitzen oder nicht, Beziehungen zum öffentlichen Recht aufweisen. Hat der moderne Staat auch die Associationsfreiheit als wesentliche Folge des negativen Status seiner Bürger erklärt, bedarf es daher in der Regel keiner staatlichen Concession zur Bildung des Verbandes, so stellt der Staat doch für die Organisation der Vereine Normen auf, zieht ihrer Thätigkeit gesetzliche Schranken, die ihm garantiren, dass seine Funktionen und Zwekke durch jene nicht gehindert oder gar verletzt werden. Aus Gründen staatlicher Polizei- und Oberaufsicht sind den Vereinen öffentlich-rechtliche Pflichten auferlegt.

Derartige Pflichten sind jedoch nicht im Stande, den Verband selbst als einen öffentlich-rechtlichen zu qualificiren. Die Erfüllung dieser Pflichten ist eine Bedingung seiner Existenz oder ungehinderten Thätigkeit. Allerdings ist der Persönlichkeit besitzende Verband, wie jede Person in ein öffentlich-rechtliches Verhältniss zum Staate gesetzt[347]. Er kann sogar einen aktiven Status besitzen, ohne deshalb aus der Sphäre des Privatrechts herauszutreten[348]. Würde man einen Verband schon aus dem Grunde, dass er positive und aktive Mitgliedsrechte im Staate besitzt, als einen öffentlich-rechtlichen qualificiren wollen, so fiele jeder Unterschied zwischen privaten und öffentlichen Verbänden dahin.

Unter den Verbänden kann man nun allerdings mit *Rosin* eine Kategorie hervorheben, die die Eigenthümlichkeit besitzen. dass sie kraft staatlicher Rechtsordnung dem Staate zur Erfüllung ihrer Zwecke verpflichtet sind. In diesem Merkmal aber aus-

---

[347] Gierke, Genossenschaftstheorie S. 163. Hiebei sind gemäss der dynamischen Natur der Persönlichkeit der Verbände die verschiedensten Modifikationen möglich. Der Verband kann der Vermögensfähigkeit ermangeln und nur verwaltungsrechtliche Parteifähigkeite besitzen, ohne deshalb aus dem Privatrecht auszuscheiden.

[348] Viel zu weit geht E. Mayer, Krit. Vierteljahrschrift XXVIII, S. 455 ff. und v. Stengels Wörterbuch I, S. 694, wenn er alle nach den Grundsätzen des Allgemeinen Landrechts und des gemeinen Rechts geschaffenen juristischen Personen für öffentlich-rechtliche erklärt. Gegen diesen exorbitanten Begriff Gierke, Genossenschaftstheorie S. 912 f.

schliesslich das Charakteristikum des öffentlichen Verbandes zu finden, heisst zu weit gehen, indem dadurch wichtige Unterschiede übersehen werden. Die blosse Verpflichtung dem Staate gegenüber hat nicht den geringsten Einfluss auf die Rechtsstellung der Mitglieder zum Verbande, die Beziehungen zwischen Verband und Verbandsmitglied können rein privatrechtliche bleiben. Das juristische Verhältniss eines solchen Verbandes zum Staate ist aber nicht unterschieden von dem der privaten Verbände, oder es ist vielmehr nur ein quantitativer, kein qualitativer Unterschied vorhanden. Denn das Pflichtverhältniss, in welchem der Verband principiell zum Staate steht, ist bei dieser Klasse zweifellos ein gesteigertes, allein immerhin nur ein Pflichtverhältniss. Durch die blosse Belastung mit Pflichten aber welcher Art auch immer, wird kein Subjekt des öffentlichen Rechtes geschaffen. Indem der Staat einem Verbande die Erfüllung seiner Zwecke als nothwendig vorschreibt, erkennt er diese Zwecke zwar indirekt als von ihm selbst zu versorgende oder doch seiner Fürsorge unterstehende an. Damit ist jedoch die auf einen solchen Zweck gerichtete Verbandsthätigkeit noch keineswegs öffentlich-rechtlicher Natur geworden[349]. Sie ist eine öffentliche im Sinne des Gemeinnützigen. wie denn überhaupt nicht durch die Zwecke, die sie verfolgt, sondern nur durch die Mittel, die sie anwendet, eine Thätigkeit mit Sicherheit als öffentlich-rechtliche charakterisirt werden kann. Durch Auferlegung einer Pflicht, mag sie auch noch so weit gehen, wird eine Persönlichkeit stets nur zum Objekt, nicht zum Subjekt öffentlichen Rechtes. Jede Pflicht gegen den Staat bedeutet eine Einschränkung der Handlungsfähigkeit. Das Kriterium des

[349] Vgl. auch Gierke, Genossenschaftstheorie S. 657 Note l. die öffentlich - rechtliche Natur des ganzen Gebietes anzuerkennen. Als privatrechtlich fassen die Versorgungsansprüche auf Menze l,; Archiv f. bürg. Recht I, S. 327 ff. u. Grünhuts Zeitschr. XVIII, S. 307 ff., Gierke, Die soziale Aufgabe des Privatrechts S. 45. Die richtige Entscheidung kann hier durch formal juristische Erwägungen allein nicht getroffen werden, sondern wie bei jeder strittigen Grenze zwischen Privat- und öffentlichem Rechte nur aus dem materiellen Elemente des betreffenden Rechtsinstitutes. Die juristische Construktion hat die ihr von dieser Seite her zu verleihende Basis zu acceptiren. Ein näheres Eingehen auf die so interessanten Details der neugeschaffenen Rechtsinstitute würde den Rahmen dieses Werkes weit überschreiten.

öffentlich-rechtlichen Verbandes kann aber nicht in seiner dem privatrechtlichen Verbande gegenüber geringeren Handlungsfähigkeit liegen. Das Merkmal der Verpflichtung eines Verbandes zur Erfüllung seiner Zwecke kann somit nicht dasjenige sein, welches ihn als öffentlich-rechtlichen zu charakterisiren vermag.

Dieses Merkmal kann vielmehr nur darin liegen, dass ein Verband Subjekt des öffentlichen Rechtes ist, d. h. dass ihm Rechte zustehen, die principiell der Herrschaftssphäre des Staates zugehören. Es steht mit dem Verbande des öffentlichen Rechtes nicht anders als mit dem Staate selbst, der Subjekt des öffentlichen Rechtes ist kraft der ihm eignenden Herrschermacht. Um einen Verband zum öffentlich-rechtlichen zu erheben, müssen ihm noch andere Befugnisse zustehen als die, welche aus den rechtlichen Zuständen fliessen, die er mit jeder Einzelperson theilt. Und diese anderweitigen Befugnisse können eben keine anderen sein als Herrschaftsrechte, weil diese allein nicht nothwendig in der gliedlichen Stellung der Persönlichkeit zum Staate enthalten sind.

Diese Herrschaftsrechte müssen sich nun in doppelter Weise zeigen. Einmal dadurch, dass die Ausübung der Herrschaft durch Gesetz in der Sphäre des betreffenden Verbandes derart lokalisirt sein muss, dass ihm der Anspruch auf Ausübung der Herrschaft auch dem Staate gegenüber zukommt. Der Staat hat diesen Verbänden Imperium derart übertragen, dass sie in dessen Ausübung nicht nur eine Pflicht erfüllen, sondern auch von einem Rechte Gebrauch machen. Der Staat kann also nicht durch Verwaltungsakte das dem Verbande kraft Gesetzes verliehene Imperium an sich ziehen. Der Verband ist rechtlich geschützt in dem ihm zustehenden Anspruch auf Herrschaft.

Andererseits üben diese Verbände nothwendigerweise die ihnen zustehenden Herrschaftsrechte über die ihnen Eingegliederten aus. Sie beherrschen ihre Glieder, d. h. sie üben qualificirte Gewalt über sie aus, sie können sie aus eigener Macht und mit eigenen Mitteln zur Erfüllung ihrer Befehle verhalten[350].

Derartige Verbände können jedoch in der Regel nicht willkürlich über ihre Existenz und den Kreis ihrer Thätigkeiten

[350] Die Polemik Rosins, gegen diese Auffassung a. a. O. S. 6 ff., trifft nicht den Kern der Sache, indem sie sich wesentlich gegen Widersprüche einzelner Autoren, nicht aber gegen den Grundgedanken wendet.

schalten. Da sie mit öffentlich-rechtlicher Macht ausgerüstet sind, so verpflichtet sie der Staat zur Erfüllung ihrer Zwecke. dessen bessere Erreichung er durch Zuweisung von Imperium fordern will. Die Verbände dieser Art können also in der That dem Staate zur Erfüllung ihrer oder wenigstens einiger ihrer Zwecke verpflichtet sein. Diese Verpflichtung ist aber gleichsam die Gegenleistung für die Steigerung ihrer Rechtssphäre[351].

Diesen entwickelten Verbänden des öffentlichen Rechtes steht eine andere Kategorie nahe. Denn nicht nur durch Ausstattung mit Imperium, auch durch mindere Rechtsvortheile kann der Staat einen Verband herausheben aus der Sphäre des gemeinen Rechtes. Er kann einen Zwang zur Mitgliedschaft constituiren, kann durch seinen Befehl die Mitglieder zu Leistungen an den Verband verpflichten, kann die Forderungen des Verbandes an seine Mitglieder und Dritte auf verschiedene Weise privilegiren, kann Streitigkeiten zwischen dem Verbande und seinen Gliedern oder Dritten auf den Verwaltungs- oder verwaltungsgerichtlichen Weg verweisen u. s. w. In solchen Fällen ist allerdings nicht nothwendig der Verband Subjekt bestimmter Privilegien. Derartige Privilegirung kann sich als blosser Reflex objektiven Rechtes darstellen. Zunächst wird den mit Imperium begabten Verbänden eine solche privilegirte Stellung zukommen. Neben ihnen aber noch einer ungemessenen Zahl anderer, die zwar mit Herrschaftsübung in keiner Weise betraut, aber sonst von Bedeutung für die staatlichen Aufgaben sind. Mit Rücksicht auf die näheren Beziehungen dieser Verbände zu den staatlichen Zwecken, auf die erhöhte Aufmerksamkeit, die der Staat ihnen durch Schutzmassregeln zuwendet, die vom gemeinen Rechte abweichen, auf die grössere Verbundenheit, in welcher sich sie und ihre Glieder zum Unterschiede von anderen Verbänden zu befinden pflegen, kann man immerhin derartige Verbände als öffentliche bezeichnen. Nur muss man sich vor Augen halten, dass sie durch all diese Umstände nicht Subjekte des öffentlichen Rechtes im Sinne der Trägerschaft von Rechten

---

[351] Genau das Entgegengesetzte behauptet Rosin a. a. O. S. 19. Beispiele öffentlicher Verbände, die dem Staate Eicht zur Zweckerfüllung verpflichtet sind, bieten die Kirchen, welchen Rosin„S. 35 ff. deshalb den publicistischen Charakter abspricht; Dagegen treffend Gierke, Genossenschaftstheorie S. 657.

und Qualitäten, welche die der Privatpersonen überragen, geworden sind. Mindestens wäre die terminologische Scheidung in passive und aktive öffentlich-rechtliche Verbände zu acceptiren, um die Zweideutigkeit im Begriffe des publicistischen Verbandes zu beheben.

Die aktiven öffentlichen Verbände sind einerseits mit Imperium ausgestattet und haben andererseits Pflichten zu erfüllen sowohl dem Staat als ihren Mitgliedern gegenüber. Unter den den Mitgliedern zu leistenden Pflichten befinden sich in grösserem oder geringerem Umfange solche, die der Staat principiell als die seinigen anerkennt, die er aber nicht durch seine Organe, sondern durch selbständige Verbandpersönlichkeiten besorgt. Ansprüche der Verbandsmitglieder, die dadurch begründet werden, empfangen ebenfalls einen publicistischen Charakter. Das ist vor Allem der Fall mit den auf Grund der Arbeiterschutzgesetzgebung gebildeten Verbänden. Die gesetzlichen Ansprüche der Versicherungspflichtigen an die Krankenkassen, Berufsgenossenschaften, Versicherungsanstalten sind öffentlich-rechtlicher Art, weil der Staat es als seine Aufgabe anerkannt hat, die Arbeiter vor gewissen Gefahren zu schützen, deren Folgen auszugleichen, dem arbeitsunfähig Gewordenen seine Existenz zu garantiren[352]. Nur weist er dem Anspruchsberechtigten ein anderes Subjekt als Träger dieser Pflicht an. Auch die Ansprüche der freiwillig in derartige Verbände Tretenden sind öffentlich-rechtlicher Natur; es kann keinen Unterschied in dem Charakter des Anspruches machen, ob er unmittelbar kraft Gesetzes, oder erst auf Grund eines Antrages des Berechtigten eintritt [353]. Dass der Staat in diesen Fällen das in letzter Instanz verpflichtete Subjekt ist, zeigt sich allemal darin, dass er durch seine Organe als Oberaufsichts- oder Recursinstanz über Verweigerung derartiger Leistungen oder Streit über deren Umfang

---

[352] Der publicistische Charakter dieser Ansprüche ist in überzeugender Weise entwickelt von Laband II, S. 241 ff., ferner von Rehm, Archiv f. off. Recht V, S. 529 ff. und Piloty, Das Reichsunfallversicherungsrecht S. 168 ff. Auch Rosin, der sich bisher ex prof'esso über diese Frage noch nicht ausgesprochen hat, scheint gemäss dem von ihm, Recht der Arbeiterversicherung l, S. 418 entwickelten Begriff des Fürsorgerechtes.

[353] Für privatrechtliche erklärt diese Ansprüche L a b a n d II, S. 249, ferner B o r u h a k, Zeitschr. f. Handelsrecht XXXIX, S. 222, 243.

sein Urtheil fällt. Diese Ansprüche können daher als *mittelbar öffentlich-rechtliche* den unmittelbaren, direkt an den Staat gerichteten an die Seite gesetzt werden.

Indem der Staat einen Verband mit Imperium ausstattet, schafft er zwiefach öffentlich-rechtliche Verhältnisse. Er steigert den Status einer solchen Verbandpersönlichkeit bis zum aktiven und qualificirt die Ansprüche der Verbandsmitglieder sowohl auf Leistungen von Seiten des Verbandes, als auch auf Theilnahme an der Willensbildung, Verwaltung und Rechtsprechung[354] desselben zu solchen, die den entsprechenden seiner Mitglieder wesensgleich sind. Die subjektiven öffentlichen Rechte sind sämmtlich durch die Beziehungen der Herrschergewalt zu den Gewaltunterworfenen bedingt. Daher erlangen sowohl die Verhältnisse des mit Herrschergewalt durch Gesetz belehnten Verbandes zum Staate als auch die der Verbandsmitglieder zur Verbandsgewalt den Charakter öffentlicher Rechtsverhältnisse. Eine Theorie der subjektiven öffentlichen Rechte wird daher die Rechtsverhältnisse der aktiven öffentlich-rechtlichen Verbände in den Kreis ihrer Betrachtung zu ziehen haben.

Unter diesen sind die mannigfaltigsten Abstufungen möglich, Es kann ihnen nämlich Imperium in grösserem oder geringerem Umfange zustehen und demgemäss ihr aktiv publicistischer Charakter mehr oder minder ausgeprägt sein[355]. Am schärfsten und breitesten tritt er hervor bei den Gemeinden niederer und höherer Ordnung. Ihrer Betrachtung ist das folgende Kapitel gewidmet.

An dieser Stelle sind noch einige schwierige Fragen zu erörtern.

Zuerst die nach der Grenze zwischen mittelbar publicistischen und privatrechtlichen Ansprüchen. Auch sie lässt sich nur nach dem allgemeinen Gesichtspunkt lösen, ob die betreffenden Ansprüche im Gemein- oder individuellen Interesse gewährt sind, was im conkreten Falle gewiss oft schwer zu ermitteln ist, sodass hier jenes oben constatirte Grenzgebiet zwischen Privat- und öffentlichem Recht eine Erweiterung seines Umfanges erfährt. Auch hier ist durch gesetzgeberische Unterstellung der

---

[354] Eventuell auch Dritte; Krankenversicherungsgesetz § 38.

[355] Verschiedene Modalitäten eingehend erörtert von Rosin, Oeff. Genossenschaft S. 181 ff.

betreffenden Ansprüche unter das Privatrecht oder unter Specialnormen des öffentlichen Rechtes die Scheidung von materiellem und formellem publicistischen Anspruch möglich. Auch hier wird jene innige Durchdringung, Verflechtung und gegenseitige Bedingtheit von öffentlichem und Privatrecht gegeben sein, welche in dem Verhältnisse des Staates zum Individuum stattfindet. Sofern der Gesetzgeber die formelle Scheidung nicht vorgenommen hat, erwächst da, wo der materielle Gegensatz von Privat- und öffentlichem Recht in die Competenz der Gerichte eingreift, dem Richter die schwierige Aufgabe auf Grund des materiellen Momentes die Competenzfrage im Einzelfalle zu lösen, wobei, wie die Dinge liegen, dem subjektiven Ermessen ein gewisser Spielraum angewiesen bleibt.

Eine zweite Frage betrifft das Vorhandensein von publicistischen Ansprüchen zwischen coordinirten öffentlich-rechtlichen Körperschaften. Dass solche möglich sind, lehrt ein Blick zur die Verwaltungs- und Rechtspraxis eines jeden Staates. Wenn eine Gemeinde, ein Armenverband, eine Krankenkasse u. s. w. einen Aufwand für eine Leistung macht, die gesetzlich einer anderen zufällt, so ist ihr Anspruch an letztere, wenn die Leistung selbst publicistischer Natur ist, ebenfalls öffentlich-rechtlich. Die Möglichkeit derartiger Ansprüche scheint aber dem Grundcharakter des öffentlichen Rechtes als dem Rechte zwischen Herrschendem und Subjicirten von Grund aus zu widersprechen. Denn in derartigen Fällen stehen principiell gleichberechtigte Persönlichkeiten mit ihren Ansprüchen einander gegenüber[356].

Die Lösung dieses Widerspruches ergiebt sich, wenn man die Stellung derartiger Körperschaften zu den staatlichen Verwaltungsaufgaben erkennt. Der Staat macht sie nämlich seinen Zwecken dadurch dienstbar, dass er sie verpflichtet, gewisse im Gemeininteresse liegende Zwecke zu versorgen. Der Staat erfüllt daher seine Zwecke nicht nur durch die Gesammtheit seiner unmittelbaren Organe, sondern auch durch die ihm verpflichteten öffentlich-rechtlichen Verbände, die dadurch die Doppelnatur

---

[356] Derartige Ansprüche unterscheiden sich wesentlich von den in verwaltungsrechtlichen Parteistreitigkeiten vorgebrachten, wo Individuen als Parteien einander gegenüberstehen. Denn in solchen Fällen bildet in letzter Instanz doch immer eine obrigkeitliche Verfügung den Gegenstand der Klage.

von Personen und unpersönlichen Organen erhalten. Die in Rede stehenden Leistungen erfolgen nun nicht auf Grund eines freien Willensaktes der betreffenden Verbände, sondern kraft gesetzlicher Leistungspflicht; sie handeln daher als mittelbare Staatsorgane. Ein Rechtsstreit über einen derartigen Anspruch ist in Folge dessen nicht verschieden von jedem anderen Streite über individuelles öffentliches Recht. Bestreitet demnach eine Gemeinde ihre Ersatzpflicht für Armenverpflegung an eine andere, so ist die beschwerdeführende Gemeinde in ihrer Eigenschaft als individuelle Persönlichkeit Kläger, denn die Vermögensverminderung hat nach der klägerischen Behauptung das im conkreten Falle nicht verpflichtete gemeindliche Vermögenssubjekt erfahren, Beklagter hingegen ist die andere Gemeinde in ihrer Eigenschaft als Träger organschaftlicher Pflichten, da ihr in dieser Qualität die bestrittene Leistung zufällt. Es ist somit auch in diesen Fällen der Staat das indirekte Subjekt eines individuellen Anspruchs. Da aber der Staat bestimmte Rechte und Pflichten, die grundsätzlich ihm zufallen, in der Sphäre gewisser Körperschaften lokalisirt, so ist nicht er, sondern die Körperschaft des öffentlichen Rechtes der direkte Adressat derartiger Ansprüche. Seine Pflicht zur Besorgung der betreffenden Angelegenheiten dokumentirt er eben dadurch, dass er kraft seines Imperiums sie auf die betreffenden Verbände überwälzt.

Eine eigenartige Stellung unter den öffentlich-rechtlichen Verbänden nehmen die staatlich anerkannten Kirchen ein. Die Kirche hat ihre selbständigen, vom Staate ganz unabhängigen Lebensaufgaben. Zu diesen kann sich aber der Staat in verschiedener Weise verhalten. Er kann diese Aufgaben als solche erfassen, welche seine Zwecke und Ziele nicht weiter berühren, als jede nichtstaatliche Thätigkeit, so dass er sie höchstens einschränken oder ihre Vollziehung an bestimmte Bedingungen knüpfen kann. Bei solcher Lage der Dinge gehört die ganze kirchliche Thätigkeit selbst zu den für den Staat rechtlich indifferenten Handlungen. In dem System der völligen Trennung des Staates von der Kirche kommt das zum rechtlichen Ausdruck. Jede Kirche, welche Bedeutung und Organisation sie sonst auch haben möge, kommt da für den Staat nur als Privatverein in Betracht, der unter die Herrschaft der Normen des Associationsrechtes gestellt ist.

Ganz anders verhält es sich aber dort, wo der Staat eine Kirche zur herrschenden erhebt, sie als die seinige, die Staatskirche erklärt. Eine Scheidung staatlicher und kirchlicher Aufgaben ist da mit voller Sicherheit gar nicht vorzunehmen. Die Kirche ist ein Theil der staatlichen Herrschaftsordnung selbst. Kann unter dem Systeme des Staatskirchenthums die Kirche zwar unter Umständen sich eine selbst über den Staat dominirende Stellung erringen, so ist auch andererseits die tiefste Beugung der Kirche unter den Herrscherwillen des Staates, ihre Herabdrückung zu einem polizeilichen Institut möglich, wie die Geschichte von der altrömischen Staatskirche bis zum Josephinismus bewiesen hat. Wie immer aber sich das Staatskirchenthum praktisch gestalten möge, sein juristisches Kriterium liegt stets darin, dass die kirchliche Lebensordnung, soweit sie überhaupt durch weltliches Imperium realisirbar ist, dieses vom Staate erhält, derart, dass die der Verwirklichung durch äussere Machtmittel fälligen kirchenrechtlichen Normen den mittelbaren Charakter staatsrechtlicher erlangen, so dass dieser Theil der kirchlichen Aufgaben zu einer staatlichen Competenz umgebildet wird.

Aber noch eine dritte Möglichkeit des Verhältnisses von Staat und Kirche ist gegeben. Der Staat kann erkennen, dass die Existenz und Funktion der Kirche für ihn und seine Aufgabe von Bedeutung sei, derart, dass er sich des Unterschiedes seiner Ordnung von der kirchlichen wohl bewusst ist, allein sich das Dasein und Wirken der letzteren garantirt. Das kann bewirkt werden dadurch, dass er die von ihm als selbständig anerkannte Kirche berechtigt und verpflichtet. Berechtigt dadurch, dass er die Kirche über die Sphäre eines dem gemeinen Rechte unterstehenden Verbandes heraushebt, dass ihr ein privilegirter Status verliehen wird, der sowohl nach der negativen, als auch der positiven und aktiven Richtung sich äussern kann. Verpflichtet dadurch, dass der Staat die Kirche seiner Controle in gesteigerter Weise unterwirft, indem er gewisse kirchliche Akte an seine Zustimmung oder Mitwirkung knüpft.

Auf diese Weise erlangt die Kirche die Qualität eines öffentlichen Verbandes, wobei die dynamische Natur dieses Begriffes wohl zu beachten ist[357]. Ob sie nicht nur durch ihre

---

[357] Hinschius, Staat und Kirche in Marquardsens Handbuch S. 255 bezeichnet die Kirchen als Anstalten des öffentlichen Rechts, weil der

gesteigerte Rechtssphäre, sondern auch durch die Qualität von Funktionen, die ihrem Rechtskreise einverleibt sind, öffentlichen Charakter erlangt, lässt sich nur nach dem conkreten Eintelrechte beantworten. Dem Typus dieses Verhältnisses entspricht aber für den heutigen Staat im Wesentlichen nur die Qualifikation der Kirche als passiv publicistischen Verbandes. Die Ausstattung derselben mit Herrschaftsrechten in grösserem Umfange[358] macht sie zu einem staatlichen Organe, giebt damit dem Staate weitergehende Controlrechte und bedeutet daher leicht ein Einlenken in das System des Staatskirchenthums. Das zeigt sich selbst da, wo die Kirche zum passiven Träger staatlicher Funktionen bestellt wird, so z. B. in der Verpflichtung zur Matrikelführung in Staaten ohne Civilstandsregister wie Oesterreich und Ungarn. Die kirchlichen Organe sind dort in dieser Hinsicht staatlicher Gewalt in weitgehenderer Weise unterworfen, als anderswo, indem sie gleichsam die Qualität von mittelbaren Staatsbeamten besitzen. Je reicher eine Kirche mit Hoheitsrechten ausgestattet werden würde, desto stärker würde im Staate der Gegenwart der staatliche Beamtencharakter ihrer Organe hervortreten.

Um die eigenartige Natur des Kirchenrechts sowohl gegenüber dem Staate als den Kirchenmitgliedern zu begreifen, muss man sich die Relativität unserer Rechtsbegriffe vor Augen halten. Wir pflegen den staatlichen Begriff des Rechtes mit dem des Rechtes überhaupt zu identificiren. Der Staat aber betrachtet alles Recht der ihm Eingegliederten von seinem Standpunkte aus und da giebt es für ihn nur öffentliches, überwiegend um seiner Ordnung willen, und privates, überwiegend im selbständigen Interesse der Einzelnen constituirtes Recht. Ganz anders aber stellt sich die Sache dar, wenn man den Boden des staatlichen Rechtes überhaupt verlässt und die innere Ordnung der Kirche

---

Staat ihre obrigkeitliche Gewalt anerkennt. Diese obrigkeitliche Gewalt aber, sofern sie der Staat nicht privilegirt, unterscheidet sich in gar nichts von der oben charakterisirten Gewalt privater Verbände über ihre Mitglieder. Ihre eigenen Machtmittel sind rein moralischer Natur, ihre Herrschaft daher ganz anderer Art als die des Staates, mit der staatlichen nicht unter einem höheren Begriff zu vereinigen.

[358] Im heutigen Rechte pflegen sie zur im kirchlichen Besteuerungsrechte, in der Approbation von Religionslehrern für staatliche Schulen und der Strafgewalt der Kirche gegen Geistliche gegeben zu sein.

zum Ausgangspunkt der Betrachtung nimmt. Am eigenen, nicht am staatlichen Massstab gemessen, erscheint die kirchliche Gewalt und ihr Recht als eine die einzelnen Kirchenmitglieder weitaus überragende und — mit anderen als staatlichen Mitteln — beherrschende Macht. Die katholische Kirche betrachtet sogar alles Recht als kirchlich angeordnetes oder zugelassenes, ihrer Controle unterworfenes. Es giebt daher ein öffentliches Recht im staatlichen und ein solches im kirchlichen Sinne. Das Kirchenrecht ist stets öffentliches Recht für die Kirche selbst; ob und inwiefern es für den Staat diesen Charakter besitzt, hängt davon ab, inwiefern der Staat die kirchliche Ordnung als eine für seine Zwecke nothwendige betrachtet und sie daher seiner eigenen Ordnung als wesentlichen Bestandeil einfügt[359].

Ein vollendetes Bild der Beziehungen zwischen Staat und öffentlichem Verband zu geben, überschreitet die Grenzen der hier zu lösenden Aufgabe. Zum Zwecke seiner controlirenden Thätigkeit, aber auch aus anderen Gründen kann sich der Staat das Recht der gesetzlichen Regelung wenigstens der Grundzüge der Verbandsorganisation beilegen, so wie es hinsichtlich der meisten Klassen von Vereinen in den heutigen Staaten geschehen ist. Bestätigung und Ernennung von Verbandsorganen. Genehmigung und Sistirung von Verbandsbeschlüssen, Auflösung von Verbänden, zeitweilige commissarische Verwaltung der Verbandsangelegenheiten u. s. w. bilden den Inhalt zahlreicher Rechtssätze, in denen der Staat die näheren Modalitäten seines Verhältnisses namentlich zum öffentlichen Verbande normirt.

XVII. Die öffentlichen Rechte der Gemeinden

Die Gemeinden sind schon dadurch von allen übrigen dem Staate eingegliederten Verbänden unterschieden, dass sie ein Gebiet beherrschen, Gebietskörperschaften sind. Gebiet ist territorialer Herrschaftsbereich. Die blosse Thatsache des Aufenthaltes auf dem Gebiete genügt, um die Gewalt der Gemeinde

---

[359] Dieser nie ganz zu lösende Widerstreit wird noch am besten vermieden durch den Ausweg, das Kirchenrecht als ein selbständiges Gebiet neben Privat- und öffentlichem Rechte anzuerkennen, wofern man sich nur vor Augen hält, dass diese Selbständigkeit blos eine relative ist und verschwindet, sobald man sich consequent auf den Standpunkt des staatlichen Rechtes stellt.

über die betreffende Person zu begründen. Alle anderen Verbände können nur Gewalt über ihre Mitglieder haben. Der Gemeinde hingegen wie dem Staate sind auch die auf ihrem Gebiete befindlichen Fremden unterworfen.

Die Gemeinde übt nun zweifellos auf ihrem Gebiete Herrschaftsrechte aus, welche denen des Staates gleichartig sind sie kommen namentlich in der communalen Polizei-[360] und Finanz-Verwaltung[361], sowie der persönlichen Leistungspflicht der Gemeindemitglieder, neuestens auch in den Massregeln hinsichtlich

---

[360] Die Stellung der Gemeinde zur Ortspolizei ist allerdings nach den einzelnen Gemeindegesetzen eine verschiedene. In Oesterreich, Württemberg und einigen kleineren deutschen Staaten (Braunschweig, Sachsen-Weimar, Sachsen-Coburg und Gotha, Schwarzburg-Sondershausen) ist die gesammte Ortspolizei Bestandtheil des eigenen Wirkungskreises der Gemeinde, während in Preussen, Bayern, Sachsen, Baden u. s. w. die Gemeinde Polizeigewalt lediglich im staatlichen Auftrage ausübt. Indessen steht auch in diesen Staaten den Gemeinden die individualisirte Competenz zum Erlass selbständiger und die Zustimmung oder Mitwirkung hinsichtlich staatlicher Polizeiverordnungen zu. Ferner hat die Theilnahme an der Ausübung der Polizei, selbst wo sie ausdrucklich im staatlichen Auftrag geübt wird, doch nicht blos den Charakter einer Pflicht, indem die Gemeindebehörden hinsichtlich dieser Thätigkeit regelmässig nicht ausser Dienst gesetzt werden können. Sie haben daher in der Regel einen rechtlichen Anspruch auf Amtsführung wie Seydel, St.R. 111, S. 57 treffend ausfuhrt; vgl. auch Rosin, Souveränetät, Staat, Gemeinde, Selbstverwaltung, Sep.Abdr. aus Hirths Annalen 1883, S. 30. Der Staat kann allerdings unter der Herrschaft dieses Systems eigene Ortspolizeibehörden errichten. Dazu ist aber stets eine Competenzveränderung nothwendig. Auch in den Staaten des ersten Systems kann sie auf dem Wege des Gesetzes stattfinden. Der praktische Unterschied zwischen beiden Systemen läuft also wesentlich darauf hinaus, daas unter der Herrschaft des ersten durch Gesetz, unter der des zweiten durch Verordnung ortspolizeiliche Geschäfte den Gemeinden entzogen werden können.

[361] Dass die Finanzgewalt der Gemeinde öffentlich-rechtlicher Natur und der des Staates gleichartig sei, ist unbestritten. Selbst da, wo die Gemeinde nicht durch ihre, sondern nur durch staatliche Organe die zwangsweise Beitreibung ihrer Abgaben durchführen kann, ist sie es und nicht der Staat, der Verwaltungszwang übt. Sie steht zu den Zwangsvollstreckungsbeamten in ähnlichem Verhältnisse, wie der Gläubiger zum Gerichtsvollzieher.

der Arbeiterfürsorge[362] zum Vorschein. Hier erhebt sich nun die für die principielle oben entwickelte Auffassung vom Wesen des öffentlich-rechtlichen Verbandes entscheidende Frage: Woher stammen diese Herrschaftsrechte? Sind sie durch die Natur der Gemeinde selbst gegeben, entspringen sie deren eigenem Wesen, oder sind sie ursprünglich in der Machtfülle des Staates enthalten und von diesem durch Gesetz der Gemeinde derart übertragen worden, dass sie nun als ein zwar vom Staate gewährtes, jedoch auch gegenüber dem Staate der Gemeinde zustehendes Recht erscheinen?

Die Theorie und die Gesetze mancher Staaten pflegen von einem selbständigen, eigenen, natürlichen und einem übertragenen Wirkungskreis der Gemeinde zu sprechen. In dieser Ausdrucksweise ist der Entscheidung der uns beschäftigenden Frage bereits präjudicirt. Deshalb sei zunächst der Ursprung dieser Terminologie dargethan. Die Idee des selbständigen Wirkungskreises der Gemeinde ist nicht in Oesterreich entstanden, wie L. v. *Stein*[363] und *Gierke*[364] rühmend hervorheben, sie gehört vielmehr zu den „Ideen von 1789". Die französische Constituante hat ihr zuerst Ausdruck gegeben[365].

---

362 Z. B. Reichskrankenversicherungsgesetz § 2, Reichsges. betr. die Invaliditäts- und Altersversicherung § 13, Reichsgewerbeordnung § 142, Reichsgesetz betr. die Gewerbegerichte § 1.

363 Die vollziehende Gewalt 2. Aufl. II, S. 283, 322.

364 Genossenschaftsrecht I, S. 744. Vgl. auch Preuss, Gemeinde u. s. w. S. 228. Der Zusammenhang der Scheidung des eigenen und übertragenen Wirkungskreises der Gemeinde mit der französischen Gesetzgebung ist in der deutschen Literatur angedeutet blos von Löning, V.R. S. 181, Note l.

365 Noch unter dem ancien régime hatten einsichtige Männer der regierenden Kreise in der Befreiung der Gemeinde den wichtigsten Schritt zur gedeihlichen Reorganisation des Staates erblickt. Unter Ludwig XV. bereits war es d'Argenson. der den Umbau des Staates durch die Wiederherstellung und Erweiterung der alten Gemeindefreiheit gefordert hatte vgl. Considérations sur le gouvernement ancien et présent de la France, Amsterdam 1765 p. 190 sv. Unmittelbar vor der Revolution erschien Turgots seinerzeit an Ludwig XVI gerichtetes Memoire über die Reform der Lokal Verwaltung (Turgot, Oeuvres éd. Daire t. II, p. 502 sv.), welches den ganzen Staat auf die Gemeindeverfaasung basiren wollte. Ueber beide Männer in ihrer Bedeutung für die Gemeinde-

Eine der ersten Aufgaben nämlich, an welche die französische Nationalversammlung gieng, war die völlige Reform der Communalverwaltung. In scharfem Gegensatze zu den bureaukratischen Ideen des ancien régime unternimmt sie in der Ueberweisung der ganzen inneren Verwaltung an die mit völliger Verachtung aller historischen Traditionen neugeschaffenen Departements, Arrondissements und Municipalitäten und deren gewählte Vertretungen den ersten Schritt zum Umbau des Staates. In dem Bericht des Verfassungsausschusses vom 29. September 1789 erklärt *Thouret*, dass die Communen ihre eigene Sphäre besitzen, welche gleichsam ihre Privatangelegenheiten umschliesse und dass sie daher in dieser Richtung dem Staate ähnlich gegenüberstehen, wie die Individuen bezüglich ihrer privaten Geschäfte. Diese eigenen Angelegenheiten seien sowohl legislativer als exekutiver Natur und beide nur durch Organe der Gemeinde zu vollziehen[366].

In diesen Ausführungen sehen wir bereits deutlich die Lehre von einer vierten Gewalt im Staate, die aber nicht dem Staate selbst angehört, die Lehre vom pouvoir municipal. Bald darauf erlangt sie officiellen Charakter durch den Gesetzgeber. Das Gesetz vom 14. December 1789 erklärt nämlich, dass die gewählten Municipalvertretungen zwei Gattungen von Funktionen zu erfüllen haben: les unes propres au pouvoir municipal; les autres propres à l'administration générale de l'État et déléguées par eile au municipalités[367]. Der eigene Wirkungskreis umfasst die gesammte wirthschaftliche Verwaltung, sowie die Lokalpolizei nach den verschiedenen Richtungen. Innerhalb dieses Wirkungskreises ist die Gemeinde nur der Controle der höheren Selbstverwaltungskörper unterworfen, weil, wie es in der Instruktion zu dem Gesetze heisst, „die grosse Commune der Nation ein Interesse daran hat, dass die kleinen Communen, die ihre Elemente bilden, gut verwaltet werden."

Die Idee des eigenen Wirkungskreises der Gemeinde gehört daher zu den Schöpfungen des Jahres 1789. Und wenn man

---

gesetzgebung der Constituante Oncken, Das Zeitalter Friedrich des Grossen l, S. 451 ff.. und II, S. 614 ff.

[366] Archives parlementaires I. série t. IX, p. 208. Die Gemeinde wird direkt ein „petit état municipal" genannt.

[367] Art. 49, Hélie, Les constitutions de la France p. 63.

schärfer zusieht, erkennt man, dass sie innerlich zusammenhängt mit dem ganzen Gedankenkreise, in dem die Revolution befangen war. Die Revolution hatte den grossartigen Versuch gewagt, die naturrechtliche Doktrin zu verwirklichen. Die Erklärung der Menschenrechte bezweckte, eine scharfe Grenzlinie zu ziehen zwischen Staat und Individuum, um diesem einen Bestand eigener, unantastbarer Rechte zu sichern. Die Idee des selbständigen Wirkungskreises der Gemeinde ist nun nichts Anderes als die Anwendung des naturrechtlichen Gedankens auf diese Körperschaft. Wie der Mensch, so sollte auch die Gemeinde ihre Grundrechte haben, die der Staat nicht schafft, sondern nur anerkennt, die nicht aus der Machtfülle des Herrschers delegirt, sondern der Körperschaft gleichsam angeboren sind.

Die Revolution schlug in ihrem Verlaufe bezüglich der Gemeindegesetzgebung bald andere Bahnen ein, als in denen sie begonnen hatte. Die Auflösung des Staates in souveräne Communen machte rasch der entgegengesetzten Strömung Platz und das Pluviôsegesetz Bonapartes liess schliesslich die Gemeinde in öffentlich-rechtlicher Hinsicht kaum als mehr denn einen staatlichen Verwaltungsbezirk erscheinen. An Stelle der durch gewählte Vertreter repräsentirten einander übergeordneten Communalverbände treten Einzelbeamte, die sich in striktester Unterordnung unter die Befehle der Centralregierung befinden. Das selbständige Recht der Gemeinde wird im Wesentlichen auf Funktionen der wirthschaftlichen Verwaltung beschränkt, aber auch in diesen Beziehungen der wachsamsten staatlichen Controle unterworfen. Dieses französische Municipalsystem hat lange Zeit hindurch mehr oder minder auf die Gesetzgebung vieler deutschen Staaten in einem der Gemeinde ungünstigen Sinne eingewirkt, und so entstand die Vorstellung, als ob gerade die französischen politischen Ideen von Haus aus die stärkste Gegnerschaft der freien Gemeinde in sich schlössen.

Die Ideen der Constituante waren aber ausserhalb Frankreichs lange Zeit hindurch unvergessen, und sie waren es, die mittelbar in Deutschland in breiten Schichten des Volkes die Forderung nach Gemeindefreiheit zu neuem Leben erweckten. Die grosse That des Freiherrn vom Stein, der nicht theoretisirte, sondern schuf, hatte — überdies auf die Stadtgemeinden beschränkt und in der Ausführung hinter den Absichten ihres Urhebers zurückstehend — unmittelbar nicht die Wirkung, die ihr heute zugeschrieben zu werden pflegt[368]. Es war vielmehr die liberale Schule des constitutionellen Staatsrechts, welche zuerst die freie Gemeinde ihrem Musterbilde des Staates einfügte. In dem ersten Werke dieser Art, welches nach der Revolution in Deutschland erschien und allgemeine Aufmerksamkeit errang. ist auf jeder Seite der Einfluss der Principien von 1789 und der neueren französischen constitutionellen Schule, die sich unter der Restauration entwickelt hatte, unverkennbar. Die Berton, Duvergier, Pansey, Laujuinais, Kératry, Dupin, Barante hatten entschieden Front gemacht gegen die von den Bourbonen fortgesetzte Unterdrückung der Gemeinde und die neuerliche Anerkennung des pouvoir municipal „le plus ancien de tous" gefordert[369]. Auf sie, wie auf die Constituante sich berufend, erklärt nun *Rotteck*, dass die Gemeinde, wie die Familie vor dem Staate da gewesen sei. Jeder grössere Staat sei im Grunde nichts als eine Föderation von Gemeinden. Weit davon entfernt, dass die Gemeinde ihre Rechte vom Staate herleite, habe vielmehr der Staat seine Rechte von der Gemeinde empfangen und deshalb seien ihm absolute Schranken gegenüber der Gemeinde gezogen. Wahre Gemeinden, als deren Wesen ein einwohnendes selbsteigenes politisches Gesammtleben sei, habe der Staat nicht geschaffen und kann sie nicht schaffen, denn die Gemeinde selbst sei wesensgleich mit dem Staate. Die Gemeinde sei nicht des Staates, sondern der Staat, der doch um seiner Glieder willen existirt, der Gemeinde wegen da. Die Gemeinde habe daher nothwendig einen Kreis, in dem sie sich frei und selbständig entfalten könne, andererseits aber könne auch der Staat im Gesammtinteresse die Gemeinde zu seinen Zwecken gebrauchen und ihr einen Theil seiner eigenen Gewalt delegiren. Hingegen seien freie Wahl ihrer Vertreter, freie Aufnahme ihrer Bürger, Vermögensverwaltung, Lokalpolizei und Selbstbesteuerung die

---

[368] Trotz der praktischen Wirkung, welche die preussische Städteordnung auf die Gesetzgebung anderer deutscher Staaten ausübte, ist in der staatsrechtlichen und politischen Literatur von ihr vorerst nur wenig die Rede. Erst Dahlmann feiert Stein als den, der in tieferem Sinne als König Heinrich, der blos Festungen bauen konnte, der Städteerbauer von Deutschland geworden war, Politik l. Aufl. (1835) S. 217.

[369] Aretin-Rotteck, Staatsrecht der konstitutionellen Monarchie III, S. 27 ff.

wichtigsten Funktionen, welche der selbständigen Gemeindegewalt angehören[370].

Die *Rotteck*'sche Lehre, welche die Postulate des deutschen Liberalismus der 30er und 40er Jahre formulirte, sollte hinsichtlich ihrer Sätze über die Gemeinde bald von einer anderen Seite in dem populären Bewusstsein kräftige Nahrung erhalten. Zum zweiten Male nämlich wirken die Ideen von 1789 eine Verfassungsurkunde aus. Es ist Belgien, welches sich 1830/31 auf dieser Basis constituirt und der belgische Nationalcongress erkennt ausdrücklich unter Hinweis auf das französische Gesetz vom 14. December 1789 die Existenz eines pouvoir provincial und communal an, das unabhängig von jeder staatlichen Delegation den Communen niederer und höherer Ordnung zu eigenem Rechte zusteht. Art. 108 der belgischen Verfassung erkennt diesen Communen zu: direkte Wahl ihrer Vertreter, Verwaltung der Lokalangelegenheiten, Oeffentlichkeit der Sitzungen ihrer Vertreter, Oeffentlichkeit der Budgets und Rechnungslegungen.

Die bald zur Musterverfassung erklärte belgische Constitution im Vereine mit den liberalen Ideen der *Rotteck*'schen Schule erwecken in Deutschland und später in Oesterreich mächtig die Forderung der Befreiung der Gemeinde von zweckwidrigem Staatzwange und ihrer Anerkennung als einer freien Persönlichkeit des öffentlichen Rechtes. So gewaltig wird diese Idee, dass selbst conservative Staatsrechtslehrer wie Stahl sich ihr nicht ganz entziehen können[371], sowie auch bereits die Gesetzgebung vor 1848 unter ihrem Einflusse steht. In diesem Jahre werden nun alle angeführten Momente praktisch wirksam, Ueberall in Deutschland und Oesterreich ertönt der laute Ruf nach der freien Gemeinde. In Nachbildung des belgischen Originales gewährleisten die preussische Verfassung vom 5. December 1848, die Frankfurter Reichsverfassung und die österreichische Verfassung vom 4. März 1849 der Gemeinde gewisse Grundrechte, die sich auf ihre Organisation, Competenz, sowie die Oeffentlichkeit ihrer Geschäftsführung beziehen. So wird denn auch in diesen Verfassungen gleichsam ein Naturrecht der Gemeinde gegenüber dem Staate anerkannt, welches ebenso unantastbar sein soll, wie die Grundrechte der Bürger. Von diesem Principe ausgehend

---

[370] Ebendaselbst S. 25 f., Rotteck, Lehrbuch des Vernunftrechts

[371] Staatslehre 2. Aufl. S. 23 ff.

erklärt das wenige Tage nach dem Erlasse der Märzverfassung publicirte österreichische Gemeindegesetz, dass die Gemeinde einen doppelten Wirkungskreis habe, einen selbständigen, in welchem sie mit Beobachtung der bestehenden Gesetze nach freier Selbstbestimmung anordnen und verfügen kann in Allem, was das Interesse der Gemeinde zunächst berührt und innerhalb ihrer Grenzen durch ihre eigenen Kräfte besorgt und durchgeführt werden kann und einen übertragenen, der die gesetzlich geregelte Verpflichtung der Gemeinde zur Mitwirkung für die Zwecke der öffentlichen Verwaltung umfasst[372].

Wenn wir nun auf Grund des gewonnenen rechtsgeschichtlichen Resultates das Wesen der der Gemeinde zustehenden Rechte untersuchen, so erhebt sich zunächst die Frage: Welche rechtliche Natur kommt dem selbständigen Wirkungskreis der Gemeinde zu, in welchem Verhältnisse steht er zu den Rechten der Staatsgewalt? Hiebei haben wir ausschliesslich von dem geltenden Rechte auszugehen. Nach diesem ist es heute aber überall das Staatsgesetz, welches die Organisation der Gemeinde sowie deren Competenz feststellt. Die Gemeindeverwaltung ist eine Verwaltung nach Gesetzen, die unwandelbar dem Willen der Gemeinde gegenüberstehen. Nach den deutschen Gemeindeordnungen ist zwar der Stadtgemeinde die Erlassung von Ortsstatuten innerhalb des Rahmens der Gesetze und unter Bestätigung der staatlichen Aufsichtsbehörde eingeräumt, auch kann die Gemeinde auf Grund der Gesetze Verordnungen erlassen, allein eine Autonomie im Sinne einer freien, nur am Staatsgesetze ihre Schranken findenden Selbstgesetzgebung ist ihr heute nicht gegeben.

Um die aufgeworfene Frage zu lösen, müssen wir die Mittel und Kräfte kennen lernen, deren sich die Gemeinde zum Zwecke ihrer Verwaltung bedient. Das sind aber einmal diejenigen, welche jeder verwaltenden Persönlichkeit, Privaten wie Associationen, zur Verfügung stehen: die geistigen, wirtschaftlichen, technischen Mittel und Kräfte, deren Anwendung innerhalb der Rechtsordnung vor sich geht, zum Zwecke der Erreichung socialer Ziele, der Befriedigung socialer Interessen. Armenpflege ausüben, Volksschulen und Gymnasien errichten, Spitäler herstellen, für Strassenbeleuchtung, gutes Trinkwasser, Reinlichkeit

---

[372] Provisorisches Gemeindegesetz vom 17. März 1849 Art. 4.

der öffentlichen Plätze, Bepflanzung von Gärten sorgen, Canäle graben u. s. w., das sind die Thätigkeiten, die zwar öffentlichen, aber nicht öffentlich-rechtlichen Charakter haben, sie sind im socialen, aber nicht im juristischen Sinne publicistischer Natur. Dass auch das Recht der Gemeinde, ihre Vertretung frei zu bestellen und neue Mitglieder in ihren Verband aufzunehmen, nicht specifisch öffentlich-rechtlicher Natur ist, zeigt sich auf den ersten Blick, da sie dieses Recht ja mit jedem Privatverein theilt.

Die Gemeinde übt jedoch auch in ihrer Verwaltung *Herrschaftsrechte* aus. Hier liegt nun der Kernpunkt der aufgeworfenen Frage, deren Beantwortung äusserst leicht zu sein scheint. Ist der selbständige Wirkungskreis der Gemeinde nicht offenbar durch Gesetz geschaffen und normirt worden? Zeigt sich die Ableitung der Herrschaftsrechte der Gemeinde aus dem Inhalte der Staatsgewalt nicht deutlich in der unleugbaren Thatsache, dass der Staat nach seinem Gutdünken von Rechtswegen den selbständigen Wirkungskreis der Gemeinde einengen oder ausdehnen kann? So hat durch Aufhebung der Patrimonialgerichtsbarkeit der Staat alle Gerichte zu staatlichen erklärt und damit durch einen Federzug die frühere Selbstgerichtsbarkeit der Stadtgemeinde beseitigt.

Dem ist aber entgegenzuhalten die Möglichkeit, dass der Staat den Wirkungskreis der Gemeinde durch sein Gesetz nicht schaffe, sondern nur anerkenne, dass das Gesetz nur den Umfang dieser Anerkennung constatire. Es ist namentlich die deutsche Genossenschattstheorie in der Form, die ihr *Gierke* gegeben hat, welche das eigene vom Staate unabhängige Herrschaftsrecht der Gemeinde behauptet[373]. Nach dieser Lehre übt nämlich jeder organisirte Verband kraft seiner unabänderlichen Natur eine Herrschaft über seine Mitglieder aus. Wo immer eine Personenvielheit zu einer Verbandseinheit zusammengefasst wird, da herrscht der dieser Einheit eignende Socialwille nothwendig über den Wollen der Glieder innerhalb der genossenschaftlichen Competenz. Mannigfach abgestuft und einander

[373] Ausser Gierke Rosin, Sonveränetät, Staat, Gemeinde, Selbstverwaltung S. 36 ff., Preuss, Gemeinde, Staat S. 174 ff. Für den ursprünglichen Charakter der Gemeindegewalt sind ausserdem früher viele andere Schriftsteller eingetreten, in der Regel ohne nähere Begründung.

durchschneidend seien die Herrschaftskreise, die den Einzelnen binden und zum Gliede einer vielverschlungenen Organisation erheben. Denn Herrschen sei kein Privilegium des Staates. Familie, Gemeinde, Kreis- und Provinzialverband, Kirche, öffentliche und private Genossenschaften der mannigfachsten Art gliedern sich unter und neben dem Staate die Individuen ein.

Um diese Theorie zu prüfen, werden wir die Frage beantworten müssen: Was heisst herrschen? Natürlich haben wir bei unserer Untersuchung nur unsern heutigen, den modernen Staat vor Augen, jenen Staat, der kraft seiner Ordnung sich das Recht zumisst, alles Recht seiner Glieder zu bestimmen. Es braucht kaum erwähnt zu werden, dass dem nicht immer so war. Es gab eine Zeit, in der zweifellos eine selbständige, die ganze Persönlichkeit ergreifende Herrschaft nichtstaatlichen Charakters vorhanden war. Der römische pater familias, dem das ins vitae ac necis zustand, der Gläubiger, der den Schuldner trans Tiberim verkaufte, die mittelalterlichen Barone und Städte, die in der Fehde sich selbst ihr Recht erstritten, die Kirche, welche Fürsten ein- und absetzte, sie alle übten unbestreitbar eine Herrschaft aus, welche nicht von der damals nur auf ein eng begrenztes Gebiet angewiesenen Staatsgewalt abgeleitet war. Allein diese Herrschaftsrechte sind, bis auf einige Rudimente, heute verschwunden, von dem Staate in seine Sphäre aufgesogen worden.

Ist nun heute trotzdem Etwas von dem selbständigen Herrschaftsrechte nichtstaatlicher Verbände übrig geblieben?

Zur sicheren Beantwortung dieser Frage fassen wir zunächst die private, d. h. von jeder Beziehung auf die Staatszwecke losgelöste Körperschaft ins Auge, weil wir in ihr am reinsten jenes behauptete, ihr immanente von der Staatsgewalt unabhängige Imperium finden müssten. Jede derartige Körperschaft kann ihre Statuten festsetzen, sich innerhalb der gesetzlichen Schranken frei organisiren, ihre Organe mit körperschaftlicher Gewalt bekleiden, Rechte und Pflichten der Mitglieder bestimmen, Schiedsgerichte zur Entscheidung innerer Streitigkeiten einsetzen. Ohne Zweifel ist das Mitglied einer körperschaftlichen Gewalt unterworfen. Allein die Mittel, welche der Körperschaft zu Gebote stehen, um ihren Willen zu verwirklichen, sind höchstens dieselben, welche dem nichtstaatlichen Dienstherrn gegen seinen Untergebenen zukommen. Sie sind rein disciplinarischer Natur. Alle Minderungen der körperschaftlichen Mitgliedsrechte, welche von der Körperschaft selbst zum Zwecke der Strafe verhängt werden, haben nur einen disciplinarischen Charakter. Und als letztes und schwerstes Disciplinarmittel steht der Körperschaft höchstens (nicht immer!) die Ausstossung der gegen das Körperschaftsrecht handelnden Mitglieder zu. Und andererseits kann jederzeit jedes Mitglied aus einer derartigen Körperschaft austreten. Auch die Körperschaft kann nur ausstossen, aber nicht festhalten, sie hat kein Mittel, um den absolut Widerstrebenden aus eigener Macht zur Erfüllung zu zwingen.

Das gilt aber auch von den Gemeinden. Die ihnen zustehende eigene Gewalt ist rein negativer Natur und überdies durch Gesetz sehr eingeschränkt, sie äussert sich wesentlich dann, dass die Gemeinde Ortsfremde unter gewissen gesetzlichen Voraussetzungen aus ihrem Gebiete wegweisen kann. Hingegen ruht das wichtigste Fundament des heutigen Gemeinderechtes, nämlich die Mitgliedschaft an der Gemeinde, nicht auf der eigenen Gewalt der Gemeinde. Selbst in jenen Fällen, wo die Gemeinde durch einen freien Verwaltungsakt eine Person in ihren Verband aufnimmt, beruhen die hieraus für diese Person und eventuell für Dritte entspringenden öffentlich-rechtlichen Rechtsfolgen nicht auf dem Willen der Gemeinde, sondern auf dem übergeordneten Herrscherwillen des Staates. Der rechtliche Inhalt der Mitgliedschaft an der Gemeinde ist ein für allemal durch Gesetz fixirt. Die Gemeinde hat kein Recht, eines ihrer Mitglieder zur Strafe auszuschliessen, wie es ihr dem Fremden gegenüber zukommt. Der Staat allein aber ist es, das steht wohl über jeden Zweifel erhaben fest, der das Gemeindemitglied im Gemeindeverband festzuhalten vermag und damit ist auch er es, der den Einzelnen zwingt, seine Pflichten gegen die Gemeinde zu erfüllen, denn im Verbande festhalten heisst nichts Anderes, als zur Erfüllung der Pflichten gegen den Verband zwingen. Und damit ist auch der im selbständigen Wirkungskreise enthaltene Polizei-, Dienst- und Finanzzwang charakterisirt als originär dem Staate zustehende Herrschergewalt. Denken wir uns diese vom Staate durch Gesetz in der Rechtssphäre der Gemeinden lokalisirte Herrschergewalt und die Zwangsmitgliedschaft an der Gemeinde hinweg, so würde der Gemeinde nur eine körperschaftliche Disciplinargewalt zukommen. Sie könnte nun und nimmer den widerstrebenden Einzelnen in ihrem Verbande festhalten, könnte ihn nicht verstricken, nicht Erfüllungszwang gegen ihn üben.

Denn festhalten in der Körperschaft kann niemand Anderer als der Staat. Jede Zwangsgemeinschaft kann es nur durch staatliche Macht, kraft des dem Staate eignenden Imperiums sein.

So zerfällt denn die Theorie vom pouvoir municipal der Franzosen und die auf ganz anderer Basis ruhende, im Resultate jedoch mit ihr übereinstimmende deutsche Lehre von dem selbständigen Herrschaftsrecht der Genossenschaft. Die französische Theorie hatte ihre Wurzeln im Naturrecht. Die Genossenschaftstheorie ist durch die historische Betrachtung des reichen, vielgestaltigen Verbandlebens des Mittelalters zu der Ansicht gelangt, dass die Natur des Verbandes im Laufe der Zeiten zwar Modifikationen durch den Staat erfahren habe, aber nicht von Grund aus geändert sei. Indem sie das Dasein einer Socialgewalt in der Körperschaft darlegte, glaubte sie diese Gewalt als wesensgleich mit dem Staate behaupten zu können, weil ihr jede Abhängigkeit eines Gliedes einer Genossenschaft von deren Willen als durch ein Herrschaftsrecht des Ganzen über seine organischen Theile bedingt erscheint. Allein die französische wie die deutsche Theorie lassen sich nicht in Einklang setzen mit der Erkenntniss des modernen Staates.

Der Staat nämlich, der an dem Herrschaftsrecht der ihm eingeordneten Verbände seine absolute Grenze hatte, ist der Staat des Mittelalters. Das ist die Zeit, in welcher Herrschergewalt dem Staate entwunden war und zahllosen Verbänden und sogar Individuen im Staate zukam, derart, dass der Staat selbst dabei in Trümmer zu gehen drohte oder, wie in Deutschland, auch wirklich in Trümmer gieng. Diese mittelalterliche Staatsidee ist für die Erkenntniss des modernen Staates nur als ein für alle Zeiten abschreckendes Beispiel zu gebrauchen und aller juristischen Romantik wird es nicht gelingen, ihr wieder einiges Leben einzuhauchen.

Alle staatsrechtliche Erkenntniss muss vielmehr rechnen mit der grossen, unumstösslichen, durch keinerlei juristische Entdekkung aus der Welt zu schaffenden historischen Thatsache, dass es fast überall in der heutigen europäischen Staatenwelt dem absoluten Königthum gelungen war, das selbständig gewordene Herrschaftsrecht der dem Staate eingegliederten Verbände und Individuen zu beseitigen. Durch die harte Zucht absoluter Herrscher ist die mittelalterliche Gesellschaft mit ihren zahlreichen Abstufungen zwischen dem Staate und dem Einzelnen zerrieben und die staatsrechtlich homogene staatsbürgerliche Gesellschaft vorbereitet worden. Die Revolution und die in ihrem Gefolge vordringende constitutionelle Idee haben das Werk des Absolutismus in dieser Hinsicht nicht gestört, sondern vollendet, nachdem sie es in andere Bahnen gelenkt hatten. Die ganze Geschichte der letzten vier Jahrhunderte mit all ihren Wechselfällen bestätigt fortdauernd den Satz des *Hobbes*, dass der Staat der grosse Leviathan sei, der alles ursprüngliche Herrschaftsrecht der ihm Eingegliederten verschlungen habe.

Allein bei diesem Resultate hat sich die fortgeschrittene politische Erkenntniss der neuesten Zeit, hat sich das Selbstgefühl der Nationen nicht beruhigt. Antheil zu erringen an der Ausübung der Staatsgewalt, ist in unserem Jahrhundert der innerste Zug der politischen Kämpfe der beherrschten Klassen. Und als Resultat dieser Kämpfe ist ein grossartiger Process der Selbsteinschränkung und Uebertragung des Imperiums durch den Staat vor sich gegangen. In anderer Weise als der mittelalterliche Staat seinen Vasallen hat der moderne seinem Volke Rechte zu Lehen gegeben, die zwar seiner Sphäre entstammen, aber dauernd der Rechtssphäre seiner Glieder einverleibt sind. Er hat den aktiven Status des Bürgers geschaffen, dessen Zweck Theilnahme des Einzelnen am Imperium ist oder doch die Fähigkeit, auf das Imperium Einfluss zu üben und es zu begrenzen. Dieses Recht steht aber dem Staatsbürger in ganz anderer Weise zu als seinerzeit das feudale Hoheitsrecht dem Vasallen. Nicht um seinetwillen, nicht als absolut der einseitigen Verfügung des Staatswillens entzogenes Recht, über das nur in Form des Vertrages disponirt werden kann, sondern kraft Gesetzes als Mitglied des Staates besitzt er es, das aus der Natur der staatlichen Gemeinschaft stammt und ihrer legalen Einwirkung stets unterworfen ist. Nur als aktivem Staatsgliede, als möglichem Träger staatlicher Funktionen steht dem Menschen politisches Recht zu.

Nicht anders verhält es sich mit dem Imperium, das die Communalverbände besitzen. Wie das politische Recht des Bürgers stammt es vom Staate und wurzelt in der Mitgliedschaft am Staate. Weil die Gemeinde ein selbständiges und nothwendiges Staatsglied ist, darum hat der Staat sie derart mit Imperium ausgerüstet, dass sie auch ihm gegenüber als Träger öffentlichen Rechtes erscheint. So ist die Gemeinde durch den Staat zur aktiven Körperschaft des öffentlichen Rechtes erhoben worden. Das ist sie aber nicht kraft ihrer eigenen unwandelbaren Natur, das ist sie kraft der Natur des modernen Staates.

Auf Grund der gewonnenen Erkenntniss lässt sich nun die rechtliche Stellung der Gemeinde im Staate nach allen Richtungen hin leicht bestimmen. Die Gemeinde hat wie jedes Staatsglied einen *passiven Status*. In ihm hat auch der übertragene, aufgetragene, delegirte Wirkungskreis seinen Platz. Kraft der vom Staate auferlegten Verpflichtung hat die Gemeinde staatliche Funktionen auszuüben[374]. Der Staat gliedert dadurch die Gemeinde seiner Verwaltungsorganisation selbst ein, sie wird zu einem Organ des Staates.
Die Gemeinde besitzt einen *negativen Status*, kraft dessen sie selbsteigene Entschlüsse fassen, innerhalb dessen sie bis zu einem gewissen Grade den Umfang ihrer Thätigkeit bestimmen kann. Deshalb hat man fakultative Aufgaben der Gemeinde im Gegensatz zu den obligatorischen unterschieden[375]. Allein dem negativen Status und damit auch den fakultativen Aufgaben sind gerade durch die öffentlich-rechtliche Stellung der Gemeinde engere Grenzen gezogen, als es bei einer Privatcorporation der Fall ist. Da die Gemeinde ein integrirendes Glied der staatlichen Verwaltung ist, so kann sie nicht Funktionen ausüben, welche die Erfüllung der ihr nothwendigen Aufgaben hindern würden. Die Gemeinde ist daher überall, um dem Staate die Harmonie ihrer Thätigkeit mit den staatlichen Interessen zu garantiren, einer schärferen Controle unterstellt als eine Privatcorporation.

Üeber den *positiven Status* der Gemeinde ist Besonderes nichts zu bemerken. Desto interessanter ist die Untersuchung ihres *aktiven Status*.

---

[374] Die politische Bedeutung der Verwaltung des Wirkungskreises durch die Gemeinde treffend hervorgehoben durch Rosin, Souveränetät u. s. w. S. 57.

[375] Diesen Gegensatz will Löning, Verwaltungsrecht S. 181 als den einzig juristisch relevanten erklären. Dabei fällt das auch von Löning S. 809 constatirte Recht der Gemeinde gegen den Staat ganz ins Leere. Dass dieser Gegensatz aber auch abgesehen davon zum Verständniss der communalen Verhältnisse nicht ausreicht, lehrt z. B. ein Blick auf das Besteuerungsrecht der Gemeinde. Wer kann entscheiden, welche Auflagen die Gemeinde zur Erfüllung ihres obligatorischen und welche zur Erfüllung ihres fakultativen Wirkungskreises vorschreibt?

Die Gemeinde kann zunächst in ähnlicher Weise wie der Einzelne aktiv qualificirt sein, also namentlich durch Zuerkennen von Wahlrechten verschiedener Art. Sie kann die Fähigkeit haben, Mitglieder in die Vertretungen höherer Communalverbände oder in Staatsbehörden zu entsenden. Es können ihr parlamentarische Wahlrechte zustehen, wie denn in England bis heute das Unterhaus nicht sowohl als Repräsentation des Volkes als vielmehr der Gemeinden rechtlich angesehen werden muss. Ihr aktiver Status unterscheidet sich aber in anderer Richtung wesentlich von dem der Individuen.

Die Gemeinde hat nämlich kraft Gesetzes den Anspruch auf Ausübung von Herrschaftsrechten. Mit diesen ist sie zwar auch im staatlichen Interesse belehnt, das durch die Herrschaftsübung der Gemeinde innerhalb bestimmter Grenzen besser gewahrt erscheint als durch die von staatlichen Organen besorgte. Allein auch im partikularen Interesse der Gemeinde selbst findet diese Herrschaftsübung statt. Wenn die Gemeinde Polizeigewalt besitzt, Communalsteuern auflegen und persönliche Leistungen fordern kann, so hat sie diese Rechte nicht nur zum Zwecke ihrer Pflichterfüllung gegen den Staat, sondern auch zur besseren und sichereren Realisirung ihrer eigensten Interessen. Die Zwangsbeiträge der der Gemeindegewalt Unterworfenen werden nicht nur verwendet zur Lösung der vom Staate der Gemeinde vorgeschriebenen Aufgaben, sondern für alle Gemeindezwecke ohne Unterschied. Das Imperium ist daher ein Verwaltungsmittel der Gemeinde für ihre gesammte Thätigkeit.

Dadurch erhält der Anspruch der Gemeinde auf Herrschaftsübung einen anderen Charakter als der des Einzelnen auf Mitwirkung an den staatlichen Funktionen. Dort geht der individuelle Anspruch nur auf Anerkennung und Zulassung. Allein die von dem Einzelnen auf Grund des erfüllten Anspruches geübten Funktionen sind und bleiben staatliche derart, dass sie ausschliesslich in des Staates, niemals im individuellen Interesse zu üben sind. Hier aber ist nicht nur der Anspruch, sondern auch die Funktion selbst im Interesse der Berechtigten da. Im aufgetragenen Wirkungskreise ist die Gemeinde Staatsorgan, im selbständigen übt sie ihr Recht aus.

Mit dieser Erkenntniss wird auch die Einsicht in die juristische Natur der Selbstverwaltung gegeben. Der Ursprung dieses Begriffes ist, wie der fast aller staatsrechtlichen Begriffe, ein politischer gewesen[376]. In Folge vertiefter Untersuchung hat sich jedoch eine Sonderung des staatsrechtlichen von dem politischen Momente in der Selbstverwaltung ergeben. Der politische Begriff der Selbstverwaltung legt das Schwergewicht auf die Natur der verwaltenden Personen, er besteht in der Verwaltung eines öffentlichen Interessenkreises durch die Interessenten selbst[377]. Das juristische Wesen der Selbstverwaltung hingegen kann nur liegen in der Beziehung der Competenz eines subjicirten Verbandes zur staatlichen Competenz. Alle juristischen Versuche, die Selbstverwaltung zu erfassen, haben diesen Weg beschritten. Alle diese Versuche haben aber ein wesentliches Element in der Selbstverwaltung nicht zu erklären vermocht. Entweder nämlich schreiben sie den Communen und anderen Selbstverwaltunskörpern eigenes Herrschaftsrecht zu, dann mangelt ihnen die Erkenntniss des Unterschiedes zwischen einfacher und qualificirter oder Herrschaftsgewalt, welch letztere nüchterne Untersuchung für die Gegenwart primär nur dem Staate zuschreiben kann oder sie erkennen die abgeleitete Art des Imperiums der Verbände, dann fehlt ihnen die Einsicht in den Unterschied zwischen der blossen Verpflichtung, Imperium zu üben, und dem Rechte auf Imperium, oder mindestens in die Zweckbeziehung der Selbstverwaltung zu den eigensten Aufgaben der Verbände.

Als Selbstverwaltung stellt sich dar jene Verwaltung der Verbände, vornehmlich der Gemeinden[378], welche staatliches Imperium als ein dem Verband zustehendes Recht zur Erfüllung

---

[376] Vgl. Löning, V.R. 8. 34 ff., dessen Polemik aber gegen die Versuche, dem Begriffe der Selbstverwaltung einen juristischen Inhalt zu geben, schon deshalb ungerechtfertigt ist, weil sie sich im Grunde gegen alle staatsrechtliche Construktion richtet, die doch in erster Linie den rechtlichen Kern gegebener politischer Verhältnisse begreifen will.

[377] Vgl. Gluth, Die Lehre von der Selbstverwaltung S. 39 ff. und namentlich Rosin, Souveränetät u. s. w. S. 50 ff., der die politische Seite der Selbstverwaltung als „bürgerliche“ im Gegensatz zur „körperschuftlichen“ bezeichnet.

[378] Viel zu eng ist die von einer grossen Zahl von Schriftstellern vorgenommene Identificirung von Selbst- und Communal Verwaltung (vgl. das Verzeichniss bei Gr. Meyer S. 288 N. 7). Vielmehr haben alle aktiven öffentlichen Verbände Selbstverwaltungsbefugnisse in dem hier erörterten Sinne.

der Verbandszwecke in Uebereinstimmung mit den Gesetzen und unter Controle des Staates ausübt.

Sowohl der Ursprung aus dem Gesetze als auch die über die vollzogene Verwaltung geübte Controle erklären sich wesentlich durch die Erkenntniss, dass das Recht der Verbände, Herrschaft zu üben, aus der Machtsphäre des Staates stammt. Diese Abkunft erweist sich ferner durch die Pflicht der Gemeinde, gegebenen Falles das Imperium zu üben. Obwohl die Gemeinde z. B. das Recht der Marktpolizei hat, so hat sie andererseits auch die Pflicht dazu. Erfüllt ein Verband diese Pflicht nicht, so tritt in letzter Linie der Staat selbst vorübergehend mit seinen Machtmitteln ein. Durch seine Organe nimmt er selbst dann die dem Verbande zufallende Verwaltungsaufgabe vor, dadurch klärlich erweisend, dass er sein Recht nur geliehen, nicht gänzlich veräussert habe. Die Selbstverwaltung hat daher das specifische Kennzeichen, dass sie zwar ein Recht des Verbandes darstellt, dass aber der Verband die Pflicht hat, sein Recht zu üben. Nicht das Ob, nur das Wie der Herrschaftsübung und auch dieses nur innerhalb der gesetzlichen Schranken ist sein freies, von keiner Pflicht beschwertes Recht.

Dass die Verleihung staatlichen Rechtes an die Gemeinden zur Verwendung für die Gemeindezwecke rein publicistischer Natur ist, geht daraus hervor, dass der Staat unzweifelhaft die Competenz hat, auf dem Wege des Gesetzes die Selbstverwaltungsbefugnisse der Gemeinde im Gemeininteresse zu ordnen, sie einzuschränken oder auszudehnen. Irgend ein „erworbenes" Recht der Gemeinde, das für den staatlichen Willen eine Schranke bildet, ist nicht vorhanden. Damit ist keineswegs der staatlichen Willkür gegenüber der Gemeinde das Wort geredet. Es muss energisch protestirt werden gegen Verwechslung staatlicher Freiheit mit staatlicher Willkür, die immer und immer wieder in der staatsrechtlichen Literatur hervortritt. Der ethische und politische Inhalt des Willens des Staates ist ihm durch sein Volk, dessen Aufgaben und Ziele, durch den ganzen historisch gegebenen Zustand der Gesellschaft gesetzt. Diese Ziele zu verwirklichen ist ihm die juristische Freiheit inhärent, kraft deren allein er der historischen Entwicklung vorausgehen oder folgen kann. Die juristische Freiheit ist eben rein formaler Natur; die Art, wie der Staat sie anzuwenden hat, ist von Momenten bedingt, die gar nicht Gegenstand juristischer Erkenntniss sind. Dass dem

Staatswillen auch formale, aber nur relative Schranken gesetzt sein können, habe ich selbst unausgesetzt zu beweisen gesucht. Wer jedoch absolute juristische Schranken für ihn behauptet, spricht dem Staate die Möglichkeit ab, aus eigener, selbständiger Rechtsmacht seine Ordnung dem historischen Flusse der Entwickelung des von ihm beherrschten Volkes anzupassen und verurtheilt ihn damit unbewusst zur endlichen Erstarrung[379].

Was bezüglich der Gemeinden niederer Ordnung Gegenstand der Controversen sein konnte, ist bezüglich der höheren Communalverbände durch ihre Entstehungsgeschichte allein schon über jeden Zweifel erhaben. Mit seltenen Ausnahmen sind nämlich überall diese höheren Verbände nicht naturwüchsige, sondern vom Staate geschaffene Bildungen. Der Creationsakt des Verbandes liegt da im Staatswillen selbst und damit auch seine Ausstattung mit Imperium.

Auf Grund der gewonnenen Resultate ergiebt sich eine Gliederung des Wirkungskreises der Gemeinde nach drei Richtungen. Die Gemeinde hat wie jeder Verband zunächst ihre eigenen, nur ihr zugehörigen Aufgaben, wie Bestellung ihrer Organe, Aufnahme neuer Mitglieder, Vermögensverwaltung, Verwaltung der aus speciell lokalen Verhältnissen sich ergebenden Angelegenheiten. Zum Zwecke der besseren Erfüllung dieser Aufgaben, die auch im Staatsinteresse gelegen ist, weil auf breiten Gebieten die Verwaltungsthätigkeite des Staates erst da einzutreten hat, wo die des Individuums und der Verbände nicht ausreicht, ist zweitens der Gemeinde jenes Imperium als pflichtmässig auszuübendes Recht verliehen, welches nun in der Besorgung aller Gemeindeangelegenheiten zum Ausdruck kommt. Eine Trennung eigenen Verbandsrechtes und geliehener staatlicher Macht ist mit Sicherheit gar nicht durchzuführen, sowie ja auch in der staatlichen Verwaltung selbst die Herrschermacht nur als eines der Mittel der Verwaltung erscheint. Am meisten kommt diese innere Scheidung zum Ausdruck in der Gegenüberstellung von wirthschaftlicher und obrigkeitlicher Selbstverwaltung, obwohl auch dieser Gegensatz nicht ganz zutreffend ist, zumal da die wirthschaftliche Thätigkeit der Gemeinde — die übrigens auch der obrigkeitlichen bedarf — unter den juristischen Begriff der

[379] Darauf läuft praktisch die Polemik von Preuss, Gemeinde, Staat S. 100 ff. gegen den Souveränetätsbegriff hinaus.

Selbstverwaltung nicht gebracht werden kann; sonst müsste auch alle wirthschaftliche Thätigkeit der Individuen als Selbstverwaltung bezeichnet und diesem Begriffe daher jeder feste, brauchbare Inhalt genommen werden[380]. Die obrigkeitliche Verwaltung ist ferner nicht ein besonderer Zweig der Gemeindeverwaltung, sondern ein ihr inhärentes Moment.

Die dritte Richtung der Gemeindethätigkeit besteht in der Erfüllung ihrer staatlichen Pflichten und zwar vornehmlich durch Unterstützung der staatlichen Verwaltung. Hier übt aber die Gemeinde nicht sowohl ihr, als des Staates Recht aus, sie ist in dieser Richtung Staatsorgan geworden. Die betreffenden Verwaltungsaufgaben sind daher in striktem Sinne nicht als ihr zugehörig zu betrachten. Es lässt sich eine staatliche Organisation denken, die den Gemeinden derartige Pflichten nicht auferlegt. Somit ist das der Gemeinde wesentliche Gebiet jenes, auf welchem die Selbstverwaltung sich zu bethätigen vermag.

Ein solches Gebiet der Selbstverwaltung der Gemeinde einzuräumen liegt nun bei der heutigen Gestaltung der Gesellschaft in dem Interesse der Staaten, welche in ihren Institutionen das Princip verwirklichen, die Selbstbethätigung der Individuen und der Verbände in erster Linie wirken zu lassen und nur dort mit ihrem Imperium und ihren Machtmitteln verwaltend einzugreifen, wo Individuum und Verband mit ihren Mitteln nicht ausreichen. Soweit daher der Staat Verwaltungsaufgaben findet, die er durch Verbände besser und sicherer zu lösen hält, als durch seine Macht, muss er auch die zur Verwaltung nothwendigen Herrschaftsbefugnisse dem Verbande zur Verfügung stellen.

XVIII. Die öffentlichen Rechte der Mitglieder von Staatenverbindungen

Es sind die organisirten politischen Staatenverbindungen, m. a. W. die aus Staaten gebildeten dauernden Gemeinschaften, die an dieser Stelle zu betrachten sind. Diese sind aber der Bundesstaat, der Staatenbund und die Realunion.

I. *Der Bundesstaat*. Der Bundesstaat ist ein souveräner Staat, der aus verfassungsmässig zur Einheit zusammengefügten

---

[380] Wie es H. Rösler, Das sociale Verwaltungsrecht I, S. 43 ff. gethan hat. Vgl. Laband I, S. 97 f.

nichtsouveränen Staaten besteht, die an seiner Willensbildung theilnehmen. Die nichtsouveränen Staaten sind Gliedstaaten des Bundesstaates. Ihre Theilnahme an der Willensbildung des Bundesstaates unterscheidet sie von Vasallenstaaten, die von einem Oberstaate beherrscht werden, an dessen Thätigkeit sie keinen aktiven Antheil haben.

Die Verfassung des Bundesstaates weist diesem nicht die Versorgung aller staatlichen Zwecke zu. Indem sie die Staatsaufgaben des Centrums beschränkt, wird für die Glieder die Möglichkeit und Nothwendigkeit geschaffen, sich staatlich zu bethätigen, durch selbständiges, nicht vom Bundesstaate abgeleitetes Imperium staatlichen Zwecken zu genügen. Der Gliedstaat herrscht auf den vom Bundesstaate nicht occupirten Gebieten, da er unterstützt von eigenen, von Niemand entlehnten Machtmitteln im Stande ist, seinen eigenen von Niemand abgeleiteten Willen zu bethätigen und durchzusetzen.

Die Gliedstaaten sind Mitglieder des Bundesstaates. In dieser Eigenschaft empfangen sie nothwendig die mehrfache Qualifikation, die sich für jede Persönlichkeit aus der Mitgliedschaft an einem Gemeinwesen ergiebt.

Die Gliedstaaten sind der Bundesstaatsgewalt unterworfen. Soweit die Unterwerfung reicht, ist die Persönlichkeit und damit der staatliche Charakter der Subjicirten ausgeschlossen. Wie das im passiven Status befindliche Individuum nicht Rechtssubjekt, sondern Pflichtsubjekt ist, so ist es auch mit den Gliedstaaten der Fall. Die Aufhebung der Rechtsfähigkeit auf diesem Gebiete kann so weit gehen, dass den Staaten die Willensfähigkeit genommen wird, d. h. dass nicht sie durch ihre Organe, sondern der Bundesstaat selbst aus eigenen Mitteln und Kräften die betreffenden staatlichen Aufgaben löst. Hier verschwindet der Gliedstaat gänzlich und kann höchstens den Charakter einer selbständigen territorialen Abtheilung für die bundesstaatlichen Funktionen erlangen, er wird zum Bezirke, zum Kreise, zur Provinz für die Verwaltung des Bundesstaates. Das ist z. B. der Fall mit der Postverwaltung des deutschen Reiches, der Vereinigten Staaten, der Schweiz.

Ein zweites Gebiet bundesstaatlicher Funktionen aber wird nicht vom Bundesstaate selbst, sondern von den Gliedstaaten in bundesstaatlichem Auftrage versorgt, derart, dass sie nicht ihren, sondern den bundesstaatlichen Willen zur Vollziehung bringen.

Das findet überall statt, wo bundesstaatsgesetzlich die Gliedstaaten zur Vornahme bestimmter bundesstaatlicher Funktionen verpflichtet sind. Der Grad der Verpflichtung ist hierbei der mannigfaltigsten Abstufungen fähig. Entweder die Staaten sind verpflichtet, bereits bestehende Normen zur Ausführung zu bringen, oder die Freiheit der Gliedstaaten kann in bestimmten Richtungen bereits anerkannt sein, derart, dass die Festsetzung specieller Normen innerhalb der Bundesgesetze den Gliedstaaten anheimgestellt oder in der Art der Ausführung der bundesstaatlichen Anordnungen ihnen ein gewisses Mass von Freiheit gewährt ist. Letzteres findet statt, wenn die Gliedstaaten zwar verpflichtet sind, gemäss bundesstaatlichen Normen zu verwalten und der Bundesstaat durch seine Befugniss der Oberaufsicht die Erfüllung seiner Normen sicher stellt, die Verwaltung selbst aber als ein den Gliedstaaten zwar durch Bundesrecht gewährtes, nun aber kraft Gesetzes ihnen als auch dem Bundesstaate gegenüber zuständliches Recht zukommt. In diesem Falle erscheinen die Gliedstaaten wesensgleich den Gemeinden im Einheitsstaate, die einerseits vom Staate auferlegte Pflichten zu vollziehen, andererseits einen rechtlichen Anspruch auf Theilnahme an der Staatsverwaltung als deren gesetzliche Organe besitzen. Der status subjectionis der Gliedstaaten hat daher einen doppelten Inhalt. Erstens die Verpflichtung zur Duldung der Aufhebung ihrer Persönlichkeit in bestimmter Richtung, zweitens die Gehorsamspflicht auf den Gebieten, wo sie in ihrer Eigenschaft als dem Bundesstaate eingegliederte höhere Gemeindeverbände Funktionen für diesen zu vollziehen haben. Der passive Status qualificirt daher die Gliedstaaten zwiefach. Entweder negirt er sie gänzlich als Rechtssubjekte und macht sie zu blossen Pflichtsubjekten oder er lässt sie zwar als Rechtssubjekte bestehen, drückt sie jedoch von der Qualifikation als Staaten auf den Status eines Communalverbandes herab. Er negirt somit ihre Persönlichkeit oder nimmt mit ihr eine capitis deminutio vor.

Die Gliedstaaten besitzen aber eine zweite, von der Bundesstaatsgewalt gänzlich befreite Sphäre: einen status *libertatis*. Auf diesem Status basirt wie bei anderen, einem Staate subjicirten juristischen Personen ihre wirthschaftliche Verwaltung und die Macht sich frei zu organisiren innerhalb der weiteren oder engeren Schranken, welche das conkrete Bundesrecht aufstellt. Aber der negative Status der Gliedstaaten geht noch viel weiter als der aller privaten Corporationen und öffentlichen Selbstverwaltungskörper im Staate. Er umfasst auch jenes von der Bundesverfassung freigelassene Gebiet, auf welchem der Gliedstaat nach eigenem, durch Bundesrecht inhaltlich nicht determinirtem Beschluss normsetzend und mit eigenem, nicht abgeleitetem Imperium verwaltend auftritt. Darin dass der Gliedstaat Hoheitrechte als seiner von der Bundesstaatsgewalt freien Sphäre zugehörig in Anspruch nehmen darf, unterscheidet er sich grundsätzlich von jedem Communalverband, der Imperium zu Lehen, aber nicht zu Eigen besitzt. Durch den Eintritt in den Bundesstaat wird nicht das gesammte dem Gliedstaate zustehende Imperium aufgesogen und durch Zulassung der Bildung eines neuen Gliedstaates auf bisher der Bundesgewalt völlig unterworfenein Territorium auch die Entstehung neuen, selbständigen Imperiums zugelassen. Der Communalverband ist im negativen Status Subjekt von Privatrechten, der Gliedstaat von öffentlichen Rechten; auch jene hieher gehörige Sphäre, welche eine analoge bei den Communalverbänden findet, ist für ihn in erster Linie eine öffentlich-rechtliche. Denn seiner wirthschaftlichen Verwaltung ist bereits staatliches Imperium immanent, welches Gommunalverbänden erst vom Staate übertragen werden muss, und seine Organe sind, eben weil sie die seinigen sind, unmittelbare Staatsorgane, während der communale Organisationsprocess durch die den communalen Organen kraft Staatsgesetzes zuwachsende Eigenschaft als mittelbare Staatsorgane einen mittelbar publicistischen Charakter erhält. Allerdings wird sich ein Analogen auch bei den staatlichen Organen der Gliedstaaten ergeben, indem manchen von ihnen bundesgesetzlich der Charakter von Bundesorganen zukommt. Allein auch in dieser Hinsicht sind weitgehende Unterschiede von den communalen Organen gegeben, was im Folgenden zum Theil zu erörtern ist.

Sofern und in so weit die Bundesverfassung es nicht ausdrücklich untersagt, wird der Gliedstaat auch in der Lage sein, als Subjekt des Völkerrechtes sich zu bethätigen. Die — nur einem Staate gegebene — Möglichkeit, solches zu thun, ist ebenfalls im negativen bundesrechtlichen Status des Gliedstaates enthalten.

Als Mitglied des Bundesstaates besitzt der Gliedstaat drittens einen *positiven* Status, aus dem eine Reihe von Ansprüchen entspringen. Zuvörderst der Anspruch auf Anerkennung in dem früher erörterten Sinne. Und zwar zunächst auf Anerkennung des ihn berechtigenden Status. Also Anerkennung der bundesrechtsfreien staatlichen Sphäre, welche daher den Anspruch auf Unterlassung, beziehentlich Aufhebung der das Subjektionsverhältniss rechtswidrig ausdehnenden bundesstaatlichen Anordnungen in sich schliesst, Anerkennung der im Gliedstaatsinteresse statuirten positiven Ansprüche an die bundesstaatliche Thätigkeit und endlich Anerkennung des Anspruches auf Theilnahme am staatlichen Leben des Bundesstaates selbst. Die zweite Gattung von Ansprüchen sind die auf conkrete Leistungen im gliedstaatlichen Interesse. Hier steht in erster Linie der Rechtsschutzanspruch. Dieser Rechtsschutz ist ein doppelter: nach Innen und nach Aussen. Nach Innen garantirt der Bundesstaat den Gliedstaaten die Aufrechterhaltung ihrer Verfassungen durch seine Machtmittel und Entscheidung von Verfassungsstreitigkeiten durch eine Bundesinstanz, nach Aussen Vermeidung von Selbsthilfe zwischen den Gliedstaaten; daher friedliche und rechtliche Entscheidung von Streitigkeiten der Gliedstaaten untereinander. Endlich ist, wenn auch nicht bereits überall durch entsprechende Einrichtungen garantirt, ein Rechtsanspruch gegen verfassungswidrige, das gliedstaatliche Recht tangirende Aktionen des Bundesstaates gegeben. Dieser letztere Anspruch ist analog demjenigen, der den staatlichen Unterthanen durch die Verwaltungsgerichtsbarkeit garantirt ist.

Welcher Inhalt sonst noch dem positiven Status zukommt, ist nur aus den conkreten, in stetem legislatorischen Flusse begriffenen Bundesstaatsgesetzen zu entnehmen; seine eingehende Darstellung kann nicht Aufgabe einer allgemeinen Theorie sein. Ein grosser Theil dessen jedoch, was als principieller Inhalt eines derartigen Anspruches aufgezählt wird, hat nicht die juristische Natur eines solchen. Wenn den Gliedstaaten des deutschen Reiches ein rechtlicher Anspruch auf Pflege ihrer Wohlfahrt beigelegt und demgemäss die gesammte Reichsverwaltung als ihm dienend dargestellt wird[381], so findet hier handgreifliche Verwechslung der Reflexwirkung objektiven Rechtes mit subjektivem Rechte statt. Die Ausübung dieser Funktionen durch das Reich muss nämlich zunächst in einer Reihe von Gesetzen und Staatenverträgen inhaltlich bestimmt und in ihrer Ausdehnung

[381] Laband I, S. 106, H. Schulze, Deutsches St.R. II, S. 12.

begrenzt werden. Auf Erlassung eines Gesetzes. auf Abschluss eines Staatenvertrages kann aber niemals ein subjektivrechtlicher Anspruch irgend einer dem Staate subjicirten Person gehen. Objektive Normen können Gesetze an Gesetze binden und die legislatorischen Organe zu legislatorischen Funktionen verpflichten; dadurch wird aber niemals ein individueller Anspruch der Gesetzesunterthanen geschaffen. Und zwar nicht nur aus allgemeinen staatsrechtlichen Gründen, sondern vor Allem auch deshalb, weil es der Natur der Sache nach absolut unmöglich ist, einen derartigen Anspruch rechtlich zu realisiren. Kein deutscher Gliedstaat hat daher den Anspruch auf Erlassung eines seine Wohlfahrt fördernden Reichsgesetzes. Nur auf Grund der erlassenen Gesetze selbst kann ein Anspruch auf durch das Gesetz im Gliedstaatsinteresse dem Reiche auferlegte Leistungen entstehen; dieser Anspruch ist aber ganz unabhängig von der etwa dem Gesetze zu Grunde liegenden ratio der Wohlfahrtsförderung. Objektive Norm für Reichsgesetzgebung und Verwaltung ist es allerdings, dass sie im gleichmässigen Interesse aller Gliedstaaten ausgeübt werden. Wie alle Verwaltung soll auch die des Reiches im Gemeininteresse stattfinden. Die den Gliedstaaten zu Gute kommenden Resultate dieser Verwaltung sind aber, wie nun klar, in erster Linie Reflex objektiven Rechtes und freier staatlicher Thätigkeit des Reiches.

Ein subjektiver Rechtsanspruch, eine Forderung auf eine Leistung kann daher nur soweit statthaben, als ausdrücklich die individuell gliedstaatlichen Interessen als solche anerkannt und durch Gewährung eines Rechtsschutzanspruches geltend gemacht werden können. In vollem Umfange besteht ein solcher nur hinsichtlich der auf öffentlich-rechtlicher Basis ruhenden Ansprüche der Gliedstaaten auf finanzielle Leistungen des deutschen Reiches. Im Uebrigen ist der Rechtsschutzanspruch der Gliedstaaten hinsichtlich ihres positiven Status in der Reichsverfassung ein ganz unentwickelter, so dass gegebenen Falles die Grenze zwischen rechtlicher Reflexwirkung und Rechtsanspruch sich nur mit äusserster Schwierigkeit ziehen lässt. Da wo ein Anspruch auf eine individuell nach Quantum und Quale bestimmbare Leistung der Lage der Sache nach sich überhaupt nicht fixiren lässt, da wird auch kein individueller Rechtsanspruch zu fixiren sein. Das ist vor Allem der Fall bei dem gewöhnlich in der Liste der Staatenrechte angeführten Anspruch auf diplomatischen und militärischen Schutz gegen das Ausland. Dieses angebliche Recht ist in Analogie mit dem Anspruche der Individuen auf völkerrechtlichen Schutz construirt worden. Allein die Ausübung dieses Schutzes wäre nichts als völkerrechtlich anerkannte Selbstvertheidigung des Reiches, weil jeder Angriff eines fremden Staates auf einen deutschen Gliedstaat nicht nur Verletzung dieses, sondern Verletzung des Reiches selbst ist.

Die Gliedstaaten im Bundesstaate haben endlich einen Anspruch auf Theilnahme an der Bildung und Ausübung der Bundesstaatsgewalt. Es ist dies ein wesentliches Kriterium des Bundesstaates selbst, der sich einzig und allein dadurch als eine Föderation principiell gleichberechtigter Theilnehmer darstellt. Die Gliedstaaten im Bundesstaate haben einen *aktiven Status*. Dieser Status zeigt sich aber in zwei verschiedenen Richtungen. In jenen Bundesstaaten nämlich, welche die Gliedstaaten in deren passiven Status auch als Communalverbände qualificiren, kommt denselben in dieser Eigenschaft ein Anspruch auf Anerkennung dieses bundesrechtlichen Status mit allen daraus entspringenden Ansprüchen zu. In allen Bundesstaaten aber steht ihnen als Staaten ein Anspruch auf Organschaft des Bundesstaates zu. Und zwar geht dieser Anspruch genau auf dasselbe, wie der analoge aus der aktiven Civität der Individuen entspringende der Einzelpersonen, nämlich auf Anerkennung der eigenen Individualität als zur Trägerschaft staatlicher Funktionen berufen. Diese Funktionen jedoch sind für den Gliedstaat niemals gliedstaatliche, sondern ausschliesslich bundesstaatliche und ihr Subjekt ist niemals der Glied-, sondern stets der Bundesstaat[382].

---

[382] Die von G. Meyer, St.R. S. 348 gegen Laband I, S. 87 ff. aufgestellte Behauptung, dass nicht die Staaten, sondern die Regierungen Träger der Reichsgewalt seien, hat keinen staatsrechtlichen Boden. Alle Rechte der Regierungen sind Rechte ihrer Staaten, ein Sonderrecht der Regierung, dessen Subjekt nicht der Staat wäre, ist undenkbar, sonst müsste man den Staat in zwei geschiedene Subjekte zerreissen. Es ist daher völlig gleichgiltig, ob man die Staaten oder die Regierungen als Mitglieder des Reiches bezeichnet. Ein Staat kann nur durch Organe handeln, daher auch nur durch Organe an der Reichsgewalt theilnehmen. Die Regierung als Subjekt kann nur den durch sie handelnden Staat bedeuten. Der Hinweis Meyers auf das im Bundesrathe nicht vertretene Lauenburg ist nicht stichhaltig, da Lauenburg als solches niemals eine Stimme im Plenum des Bundestages hatte.

Nicht die bayerische Regierung als solche, sondern das Reichsorgan Bayern führt sechs Stimmen im Bundesrathe. Der Gliedstaat Bayern wäre gar nicht in der Lage, über Dinge, die gänzlich ausserhalb der staatlichen Gompetenz Bayerns liegen, giltig seine Stimme abzugeben. Wenn die Reichsverfassung bezüglich des Königs von Preussen verfügt, dass er in seiner Eigenschaft, als Präsidialorgan des Reiches den Titel deutscher Kaiser führt, so ist diese Scheidung zwischen gliedstaatlichem Recht und bundesstaatlicher Organschaft auch in der äusseren Form der Titulatur durchgeführt; in der Sache jedoch findet das gleiche Verhältniss zwischen der dem Gliedstaate inhärirenden aktiven Qualifikation für die Reichsorganschaft und dieser selbst statt. Daher ist auch der Bundesrath ein von der Summe der einzelnen Regierungen verschiedenes Organ[383]. Er vertritt die Einheit der Gliedstaatsregierungen. Sein Wille ist im Sinne der bekannten Rousseau'schen Terminologie eine volonté générale, keine volonté de tous. Den Regierungen nicht nur einen Anspruch auf Trägerschaft der Reichsgewalt zuerkennen, sondern sie selbst in ihrer Eigenschaft als Einzelstaatsregierungen zu Organen des Reichsregimentes machen, heisst den deutschen Bundesstaat vernichten und einen Staatenbund an seine Stelle setzen. Denn unter dieser Voraussetzung wäre der Bundesrath kein Organ des Reiches, sondern der einzelnen deutschen Staaten, der in seiner juristischen Struktur sich nicht vom ehemaligen Bundestage unterschiede[384].

---

[383] Zu welchen Consequenzen die Verkennung dieser fundamentalen Thatsache führt, zeigt Laband I, S. 222, der dem Einzelstaat weder Recht noch Pflicht, für das Reich zu handeln, zuschreibt. Der Bundesrath als Ganzes ist für ihn natürlich ein Reichsorgan. Daraus ergiebt sich aber die logische Consequenz, dass die Einzelwillen, welche das collegiale Reichsorgan bilden, Theilorgane des Ganzen sind.

[384] Damit ist über das Verhältniss der Stimmführung im Bundesrathe zum Landesrecht nichts ausgesagt. Auf welchem Wege die Instruirung des Bundesrathsbevollmächtigten durch seine Regierung erfolgt, ist für das Reich ganz gleichgiltig. Nur die Abstimmung im Bundesrathe auf Grund einer Instruktion ist für das Reich juristisch relevant, vgl. Laband I, S. 226 ff. Die Behauptung von G. Meyer, St. R. S. 357 Note 10 (vgl. auch H. Schulze, Deutsches St.R. II, S. 52 u. A.), dass die Instruktion landesgesetzlich nicht von einer landtäglichen Zustimmung abhängig gemacht werden dürfe, weil im Bundesrath nur die Regierun-

Aus denselben Gründen ist in den Vereinigten Staaten der Senat kein gemeinsames Organ der amerikanischen Gliedstaaten, sondern ein Organ der Union, trotzdem auch der Senat häufig als durch die Legislaturen der Einzelstaaten instruirbar angesehen wird[385]. Ebenso ist der schweizerische Ständerath nichts Anderes als eine parlamentarische Kammer der Eidgenossenschaft. Auch wenn die Staaten in ihren Legislaturen oder Conventen eine Verfassungsänderung beschliessen oder die Schweizerkantone das Referendum verlangen oder über eine Verfassungsrevision abstimmen[386], handeln sie als Organe des Bundesstaates, nicht als selbständige Persönlichkeiten. Die hierauf bezüglichen Anordnungen der Bundesverfassungen normiren daher nicht subjektive Rechte, sondern bundesstaatiiche Organcompetenzen, sind daher ausschliesslich objektives Recht. Subjektivrechtlicher Natur ist einzig und allein der Anspruch des Gliedstaates, als Organ des Bundesstaates zu gelten, demnach als Träger bundesstaatlicher Organschaft anerkannt und zu den verfassungsmässigen Funktionen und Competenzen derselben zugelassen zu werden.

Die *Mitgliedschaft* eines Staates am Bundesstaate erweist sich als echter Status nach allen Richtungen darin, dass sie ganz unabhängig ist von dem conkreten Inhalt, der ihr augenblicklich gegeben ist. Aller Wechsel in diesem vermag an der constanten Relation von Glied- und Bundesstaat nichts zu ändern. Dieser Inhalt ist aber, wie alle öffentliche Rechtsnorm, der ausschliesslichen absoluten Disposition des souveränen Staates unterstellt, selbst in jenen Fällen, wo Zustimmung des Einzelstaates zur Aenderung nothwendig ist, die nur den Charakter einer erschwerenden Form für die Verfassungsänderung hat. Nur an den eigenen Zwecken, der eigenen Macht und den eigenen Rechtsformen findet der Bundesstaat eine Grenze seiner Competenz. Absolute Rechtsgrenzen für die Normirung der Mitgliederstellung sind ihm jedoch nicht gesetzt. So wenig, wie auf irgend einem Ge-

---

gen vertreten seien, ist schon deshalb unzutreffend, weil der Landtag durch seinen legislatorischen Akt nicht Theilnehmer des monarchischen Repräsentationsrechtes wird. Mit demselben Rechte — oder Unrechte — könnte man behaupten, dass die parlamentarische Genehmigung von Staatenverträgen in das Recht des Monarchen zur völkerrechtlichen Vertretung des Staates eingreife.

[385] Vgl. Rüttimann a. a. O. I, S. 172.

[386] Schweizer. Bundesverf. Art. 89, 121.

biete des öffentlichen Rechtes hat im Bundesstaatsrecht der Begriff des erworbenen Rechtes seine Stelle. Nicht einmal die Existenz der Gliedstaaten als solcher ist dem recht- und statusändernden Willen des Bundesstaates entrückt[387].

Soweit die staatliche Sphäre der Gliedstaaten reicht, also innerhalb ihres negativen Status, stehen sie sowohl unter einander, als auch mit dem Bundesstaate in völkerrechtlichem Verhältnisse, d. h. der Vertrag ist die Form, durch welche auf diesem Gebiete wechselweise Rechte und Pflichten begründet werden. Schon darin zeigt sich der von manchen Seiten angefochtene Staatscharakter der Gliedstaaten deutlich, da über Objekte des staatlichen Imperiums regelmässig weder vom Staate mit dessen Gliedern, noch von den Gliedern unter einander im Einheitsstaate Verträge abgeschlossen werden können. Das Vertragsrecht der Gliedstaaten innerhalb der verfassungsmässigen Schranken ist ein völlig freies, d. h. völkerrechtliches. Nur die Garantien der Vertragserfüllung sind anderer Art, indem im Bundesstaate als einer Friedensgenossenschaft eine Instanz gegeben ist, deren Urtheil im Streitfälle zwischen den Bundesgliedern die Anwendung völkerrechtlicher Mittel zur Realisirung des Vertrages ausschliesst, sowie auch dritten Staaten gegenüber die Anwendung von Gewalt ausschliesslich dem Bundesstaate zusteht.

Sonderrechte der Gliedstaaten. Während der amerikanische und schweizerische Bundesstaat auf dem Principe der absoluten Gleichberechtigung der Glieder aufgebaut sind, sind im deutschen Reiche verfassungsmässige Ungleichheiten in der Stellung der einzelnen Gliedstaaten zum Bundesstaate gegeben, die doppelter Art sind. Entweder nämlich bestehen sie in der Privilegirung des negativen Status des Gliedstaates oder in der individuellen Ausprägung der ihm zukommenden, von der der übrigen unterschiedenen Organstellung. Die Privilegirung des negativen Status besteht in einer im Verhältniss zu der der anderen geminderten Subjektionspflicht des Gliedstaates unter das Reich. Die staatliche Sphäre solcher Gliedstaaten ist eine grössere und demgemäss auch ihr Anspruch auf deren Anerkennung ein inhaltlich weitergehender[388]. Die zweite Art von Ungleich-

---

[387] Vgl. meine Ausführungen Staaten Verbindungen S. 304 ff.

[388] Auch eine Privilegirung des positiven Status einzelner Staaten ist in einigen Fällen gegeben. So z. B. der Anspruch Bayerns gemäss Art.

heiten betrifft die Gliedstaaten als Organe des Reiches, so die verschiedene Stimmenzahl, die ihnen in dieser Eigenschaft im Bundesrathe zukommt, die verfassungsmässige Theilnahme einzelner an den ständigen Bundesrathsausschüssen, die mit der organschaftlichen Stellung des Königs von Preussen als deutschen Kaisers reichsverfassungsmässig verbundenen Competenzen, die Competenz, welche dem bayerischen Gesandten zur Vertretung des Reichsgesandten zukommt. All diese Befugnisse bezeichnen nicht privilegirte Rechte dieser Staaten, sondern erhöhte Competenzen der betreffenden Reichsorgane.

Diese Erkenntniss hat auch eine wichtige praktische Consequenz. Wenn Art. 78 Abs. 2 der Reichsverfassung erklärt: „Diejenigen Vorschriften der Reichsverfassung, durch welche bestimmte Rechte einzelner Bundesstaaten in deren Verhältniss zur Gesammtheit festgestellt sind, können nur mit Zustimmung des berechtigten Bundesstaates abgeändert werden“, so können der richtigen Auffassung gemäss nur die Rechte der ersten, nicht aber die reichsverfassungsmässigen Competenzen der zweiten Klasse hierunter verstanden werden. Jede auf die Organisation des Reiches sich beziehende Verfassungsänderung erfolgt vielmehr ausschliesslich in den normalen Formen der Verfassungsgesetzgebung[389]. Zur Aenderung oder Aufhebung eines Reservatrechtes ist hingegen eine specielle Form der Verfassungsänderung vorgeschrieben, indem der berechtigte Staat in seiner Eigenschaft als Reichsorgan seine Stimme für die Aenderung abgeben muss.

Neben der in diesen verfassungsmässigen Beservatrechten gelegenen ist noch eine auf andere Weise — durch Gesetz und Bundesrathsbeschluss — hervorgerufene Ausnahmsstellung einzelner Gliedstaaten möglich[390]. Auch in dieser Hinsicht unterscheidet sich das Reich von anderen Bundesstaaten, wo derartige Modifikationen der gliedstaatlichen Stellung auf Grund speciel-

---

VIII des Schlussprotokolles zu dem Vertrage vom 23. Nov. 1870 auf angemessene Vergütung der Kosten seiner eigenen Gesandtschaften.

[389] Vgl. G. Meyer, St.R. § 164 S. 489 f., Zorn a. a. O. I, S. 92. Die entgegenstehenden Ansichten beruhen auf der Verkennung der Stellung der Regierungen als Theilorgane des Bundesrathes.

[390] Auf sie will Laband I, S. 109 ff. die Bestimmung des Art. 78 Abs. 2 angewendet wissen auf Grund von Deduktionen, die nicht staatsrechtlicher Natur sind. Dagegen treffend G. Meyer S. 487 N. 19.

ler gesetzlicher Verfügungen entweder gar nicht oder nur ganz ausnahmsweise stattfinden können[391].

II. *Der Staatenbund.* Der Staatenband ist eine auf Vereinbarung beruhende Staatengesellschaft mit dauerndem politischen Zwecke und dauernder gesellschaftlicher Organisation. Er begründet ein Bundesverhältniss zwischen den vereinigten Staaten, schafft aber kein Imperium über den Staaten. Daher ist ein passiver Status der auch im Bundesouverän bleibenden Staaten grundsätzlich ausgeschlossen. Die bundesrechtlichen Pflichten sind vielmehr völkerrechtlicher Natur, d. h. sie ruhen nicht auf der Verbindlichkeit des Gebotes einer höheren Macht, sondern auf der Anerkennung der aus dem Wesen der internationalen Staatengemeinschaft fliessenden, alle Staaten gleichmässig bestimmenden, durch Selbsteinschränkung der Staatsmacht zu realisirenden Normen. Nicht im status subjectionis, sondern im status restrictionis befindet sich das Bundesglied in Beziehung auf seine Bundespflichten. Weist letzterer Status mit dem ersteren zwar Analogien auf, so ist er dennoch seiner juristischen Struktur nach von ihm grundverschieden. Auch ein Analogen des negativen und positiven Status ist gegeben in der Freiheit von den Bundespflichten und den Ansprüchen an den Bund. Diese aber lösen sich auf in Ansprüche an die Gesammtheit der Bundesglieder. Sie unterscheiden sich von anderen völkerrechtlichen Ansprüchen dadurch, dass sie nicht aus einer Summe völkerrechtlicher Einzelobligationen, sondern aus einer Correalobligation entspringen. Kraft des Bundesvertrages erscheinen alle Bundesglieder in Rücksicht auf die bundesmässigen Leistungen und Unterlassungen sowohl als correi credendi, wie als correi debendi. Jedes Mitglied ist der Gesammtheit und die Gesammtheit jedem Mitgliede verpflichtet. Auch der aktive Status findet seine Analogie in dem Recht der Theilnahme der Mitglieder an der Bildung des Bundeswillens. Allein dieses Recht ist trotzdem grundverschieden von dem Anspruch der Gliedstaaten im Bundesstaate auf Anerkennung als Träger bundesstaatlicher Organschaft. Nicht als Organe eines höheren Ganzen und daher der Persönlichkeit entkleidet treten im Staatenbunde die Träger der Bundesgewalt auf. Vielmehr sind es

[391] Eine derartige Ausnahme in der Schweiz. Bundesverf. Art. 30, Abs. 3 und 4.

die Staaten selbst in dieser ihrer Eigenschaft, welche den Societätswillen des Bundes bilden. Zu Zeiten des deutschen Bundes waren es Oesterreich, Preussen, Bayern u. s. w. selbst, welche in ihrer Qualität als souveräne Staaten nicht auf dem Wege der Gesetzgebung, sondern dem der Vereinbarung die nicht einen höheren, sondern ihren gemeinsamen Willen darstellenden Bundesbeschlüsse fassten[392]. Daher auch das Erforderniss der Einstimmigkeit für alle Aenderungen in den Grundbestimmungen des Bundesrechtes selbst, während auf dem Boden der geltenden Grundvereinbarung Majoritätsbeschlüsse zulässig sind, ähnlich, wie es bei der privatrechtlichen societas der Fall ist. Dabei ist. allerdings praktisch die grösste Annäherung an den Typus des Bundesstaates möglich. Da der Bundesstaat kein Rechtssubjekt ist, so bleibt dieser Charakter den Mitgliedern selbst dann gewahrt, wenn sie im Namen des Ganzen handelnd auftreten. Juristische Persönlichkeit des Ganzen entzieht sie nothwendig dem Organe, während da, wo das Ganze nur eine Zusammenfassung von Personen darstellt, es selbst keine Persönlichkeit gewinnen kann.

Kraft des Wesens des Bundesstaates findet in ihm eine doppelte Qualifikation der Individuen: durch die Bundes- und die Gliedstaatsgewalt statt. Im Staatenbunde hingegen ist nur einfache Qualifikation der Einzelnen möglich. Selbst wenn eine direkte Herrschaft der Bundesgewalt über die Individuen kraft bundesmässiger Vereinbarung festgesetzt ist, erwirbt diese als Geschöpf der Staaten ihre Legitimation ausschliesslich durch das Imperium des Einzelstaates, welches gegebenen Falles mit dem der anderen verknüpft, aber nicht zur Einheit verschmolzen den Unterthanen entgegentritt.

III. *Die Realunion.* Die Realunion ist in der heutigen und künftigen Staatenwelt ein auf Vereinbarung beruhender dauernder politischer Bund zweier oder mehrerer monarchischer Staa-

---

[392] Vgl. meine Lehre v. d. Staatenverbindungen S. 177 ff. Gegen die im Widersprach zu mir von Brie, Grünhuts Zeitschr. XI, S. 43 ff. und Theorie der Staatenverbindungen S. 83 ff. vertretene Lehre von der Persönlichkeit des Staatenbundes treffend Unger, Jahrbücher f. Dogm. XXII, S. 220 N. 30. Vgl. ferner Bernatzik, Archiv S. 228 ff. über Verbände mit collektiver Einheit. Ein näheres Eingehen auf Streitfragen in der Lehre von den Staatenverbindungen muss ich mir an dieser Stelle versagen.

ten des Inhaltes, dass die physische Person des Herrschers gemeinsam sei, wozu noch Bestimmungen über gemeinsame Ausübung von Hoheitsrechten kommen können[393]. Was bei den anderen Formen des Staatenbundes nicht oder mindestens nicht nothwendig statthat, dass die Organe des einen Staates von den anderen Staaten qualificirt werden, das bildet bei der Realunion den juristischen Kern. In ihr besteht ein Anspruch eines jeden Staates auf Qualificirung seines Souveräns in gleicher Weise durch die anderen, bei weitergehender Gemeinschaft auf gleichartige Qualificirung der gemeinsamen Organe, deren Gemensamkeit in der physischen Identität der Träger gleichartiger Organschaften besteht. Aus dieser physischen Identität der Organschaftsträger ergeben sich die eigenthümlichen politischen Wirkungen der Realunion; Eine derartige Identität kann aber nur hervorgerufen werden durch verfassungs- und gesetzmässige Anordnungen, welche die vereinbarte Gemeinsamkeit der Organschaftsträger durch innerstaatliche Normen garantiren. Aus der Realunion entspringt daher, ihr wesentlich, ein Anspruch auf staatsrechtliche, legislatorische Leistungen der verbündeten Staaten. Durch Verfassungsbestimmung wird dieser erste aus der Vereinbarung fliessende Rechtsanspruch erfüllt. Daher erscheint die Realunion auf den ersten Blick als staats- nicht als völkerrechtliche Verbindung, während juristische Analyse sie als primär völkerrechtlich erkennt, weil sie auf der Vereinbarung souveräner oder doch von einander unabhängiger, auch in der Verbindung die gegenseitige Unabhängigkeit wahrender Staaten beruht. In diesem Ansprüche zeigt sich auch der scharfe Unterschied zwischen Realunion und Bundesstaat. Im Bundesstaate mit monarchischen Gliedstaaten besteht ein Anspruch der letzte-

---

[393] Vgl. Staatenverbindungen S. 211 ff. Die Construktion von Brie, Grünhuts Zeitschr. S. 53 N. 126 einer möglichen Realunion zwischen dem künftig zum Staate erhobenen Reichslande und Preussen kraft Reichswillens ist durchaus verfehlt. Es liegt gar nicht in der Competenz des Reiches, zwei Staaten ohne deren Willen mit einander zu verbinden; daher kann gegebenen Falles auf solche Art nur eine Personalunion gegründet werden. Dass früher auch andere Entstehungsgrunde der Realunion möglich waren, habe ich selbst hervorgehoben. Ich halte es aber für unfruchtbare Scholastik, aus den feudal-patrimonialen Verhältnissen der Vergangenheit und denen der modernen Staaten höhere staatsrechtliche Begriffe zu bilden.

ren auf Anerkennung ihrer Monarchen als Organe des Gesammtstaates, in der Realunion hingegen auf Anerkennung als Organe der anderen Staaten. Neben diesen Ansprüchen können natürlich auch andere den staatenbündischen gleichartige entstehen.

In Realunion und Staatenbund besteht kraft des Charakters dieser Vereinigungen als Friedensbündnisse ein gegenseitiger Anspruch der verbündeten Staaten auf Unterlassung jeder Schädigung des anderen. Jeder Bundesvertrag enthält nothwendig den Verzicht auf die Anwendung völkerrechtlich zulässiger Zwangsmittel, d. h. der Selbsthilfe im gegenseitigen Verkehre. Allein die Durchsetzung des bundesrechtsmässigen Willens der verbündeten Staaten gegen den widerstrebenden Einzelstaat erfolgt nicht durch die dem Staat gegen den ungehorsamen Unterthan zustehenden Mittel. Selbst im Bundesstaate zeigt sich das. Gerichtliche Exekution versagt da oft ihren Dienst, Absetzung der Gliedstaatsregierung, Auflösung des Gliedstaatsparlamentes nach Art des staatlichen Rechtes gegenüber Gemeindevertretungen steht der Bundesgewalt nicht zu. Demzufolge ist in der durch militärische Machtmittel erfolgenden Bundesexekution der Bundesgewalt ein eigenartiges Zwangsmittel gegeben, welches den völkerrechtlich zulässigen zwar analog ist, aber trotzdem einen ganz anderen Charakter als diese trägt. Denn im Bundesstaate ist die Ausübung derselben in der Regel verfassungsmässig geordnet, derart, dass ein rechtswidriges Verhalten der Gliedstaaten der Grund der Exekution, der Zwang zur Herstellung des bundesrechtlich correkten Zustandes ihr letztes Ziel ist.

Aehnlich verhält es sich aber auch im Staatenbunde. Allein da die Glieder des Staatenbundes souverän bleiben, so kann die Exekution durch wenn auch bundesrechtswidrigen Austritt des Staates, gegen den sie gerichtet ist, aus dem Bunde, in völkerrechtlichen Krieg sich verwandeln. Im Bundesstaate hingegen kann das faktische Machtverhältniss der Exekutoren und der Exekuten zu einem Bürgerkrieg führen, dessen letztes Ziel für den Bundesstaat aber nur Wiederunterwerfung der anderen Partei unter das Bundesrecht, also Herstellung des status quo ante sein kann. Jede Aenderung in diesem hinsichtlich des wieder unterworfenen Gliedstaates wäre nur durch Aenderung der Bundesverfassung selbst möglich[394]. In der Realunion aber ist ein jeder wie immer geartete Zwang des einen Staates gegen den anderen kraft der gemeinsamen Herrscherpersönlichkeit ausgeschlossen[395]. Allenfalls liessen sich Retorsionen durch Verweigerung von Budgetposten oder Retention von fälligen Zahlungen denken. Der Ausgleich ist die einzig mögliche Lösung bundesrechtlicher Streitigkeiten in der Realunion. Nur wenn die Realunion bundesrechtswidrig gelöst würde, indem einer der Staaten eine andere Monarchenpersönlichkeit an die Spitze stellen würde, wäre ein Streit über Wiederherstellung der Union denkbar. Dieser wäre jedoch Krieg im völkerrechtlichen Sinne und hätte daher auch alle Consequenzen eines solchen.

XIX. Die Staatenrechte in der internationalen Gemeinschaft

So reich sich auch in der Gegenwart die völkerrechtliche Literatur entwickelt, so grosse Unklarheit, ja Confusion herrscht noch über die rechtlichen Grundlagen des Völkerrechts. Eine klare und eindringende Untersuchung über das subjektive Recht im Völkerrecht mangelt noch immer. Und doch ist ohne richtige Einsicht in dasselbe nicht nur theoretische Erkenntniss des Völkerrechts unmöglich, sondern auch die praktische Entscheidung schwebender Fragen bedeutend erschwert.

Die herrschende Lehre hat bezüglich der Staatenrechte unbesehen die alte naturrechtliche Theorie von den absoluten und hypothetischen Rechten der Persönlichkeit, wie sie sich im 18. Jahrhundert im Detail ausbildete, acceptirt, ohne nur im Geringsten nach der inneren Berechtigung der Theorie von der absoluten Persönlichkeit zu fragen. Während auf allen anderen Rechtsgebieten die Unhaltbarkeit einer Doktrin längst eingesehen wurde, welche sowohl Rechtssubjekte als auch Rechte und Pflichten auf Grund einer dem positiven Rechte vorangehenden

---

[394] Das hat der amerikanische Secessionskrieg gezeigt, nach dessen Beendigung die Rebellenstaaten wieder in alle bundesverfassungamässigen Rechte eingesetzt wurden.

[395] Die Unmöglichkeit eines Krieges ist bereits zwischen persönlich unirten Staaten vorhanden, Staatenverb. S. 87 f. Auch der von Brie, Grünhuts Zeitschr. S. 21 construirte Krieg solcher Staaten wird nur im juristischen Begriffshimmel geführt.

und dieses meisternden Rechtsordnung schafft, feiert das alte Naturrecht in den Systemen des Völkerrechtes noch immer seine wohlbekannten Orgien, die nur hie und da von einem „Läugner des Völkerrechtes" unsanft unterbrochen werden, um bald von Neuem zu beginnen.

Im Folgenden soll nun der Versuch gemacht werden, der in einem System der subjektiven öffentlichen Rechte nicht fehlen darf, den Grund und die Art der subjektiven Rechte der Staaten in der Staatengemeinschaft zu erkennen. Ausgangspunkt für diese Untersuchung ist einerseits der Charakter des Staates, andererseits der der Staatengemeinschaft.

Für die juristische Betrachtung hat sich uns der Staat ergeben als ein Gemeinwesen, welches auf territorialer Basis ruhend, kraft einheitlicher, dauernder, bestimmte Zwecke verfolgender Organisation als Person im juristischen Sinne sich darstellt. Um als Staat zu gelten, muss diese Person nach irgend welchen Richtungen hin eigenes Herrschaftsrecht besitzen, d. h. in der Ausübung der Herrschaft rechtlich unabhängig sein. In der Regel ist der Staat, namentlich soweit er bei den hier sich erhebenden Fragen in Betracht kommt, souverän, d. h. keiner höheren Macht untergeben, nur durch eigenen Willen bestimm- und verpflichtbar. Damit ist die Möglichkeit der Einordnung des souveränen Staates unter eine höhere mit selbständigem Willen begabte Organisation ausgeschlossen.

Die civilisirten Staaten jedoch stehen kraft ihrer nicht durch die Mittel des Einzelstaates allein lösbaren Aufgaben, sodann kraft historisch wirkender Kräfte, vor Allem kraft der gemeinsamen an den Staatsgrenzen nicht ihr Ende findenden Cultur in einer socialen, in ununterbrochenem Verkehr sich äussernden Gemeinschaft[396]. Auf dem Grund gemeinsamer Cultur und gemeinsamer Interessen erhebt sich die Staatengemeinschaft, die durch die gesammte geschichtliche Entwickelung gegeben, von dem Willen der einzelnen Mitglieder ebenso unabhängig ist, wie die fortdauerlide Existenz des Staates von dem bewussten hierauf gerichteten Willen der menschlichen Individuen. Die Staatengemeinschaft kann ebensowenig aus dem Wesen des Einzelstaates deducirt werden, wie der Staat aus dem des isolir-

[396] Das ist neuerdings in anziehender Weise dargelegt worden von Preuss. Das Völkerrecht im Dienste des Wirthschaftslebens.

ten Menschen. Sie ist für die Culturstaaten eine gegebene Thatsache, deren rechtliche Natur nun zu constatiren ist.

Eine stetige, nothwendige, gemeinsame Zwecke einer Mehrheit von Personen fördernde Institution nennen wir eine Gemeinschaft. Wesentlich für den Begriff der Gemeinschaft ist nur eine Mehrheit von Personen, die Zwecke verfolgen, die durch den isolirten Willen des Einzelnen nicht erreicht werden können. Als engerer Begriff unter den weiteren der Gemeinschaft fallend erscheint das Gemeinwesen: die organisirte, einen selbständigen Willen über dem Willen der Glieder besitzende Gemeinschaft. Dieser engere Begriff passt auf die Staatengemeinschaft nicht. Sie ist nicht Gemeinwesen, sondern nur Gemeinschaft. Dass die civilisirten Einzelstaaten nothwendig Mitglieder einer solchen seien, bedarf kaum einer Ausführung. Dem modernen Staate muss Souveränetät, aber es kann ihm nicht Autarkie zugeschrieben werden. Er allein hat die höchste Macht, diese genügt aber nicht, um ihm Alles zu verschaffen, was er nöthig hat. Hierzu bedarf er eines Etwas, das weder herrscht, noch beherrscht wird — der Staatengemeinschaft.

Eine Gemeinschaft ist aber nur möglich, wenn der Wille ihrer Theilnehmer den Gemeinzwecken gemäss bestimmt wird. Diese Bestimmbarkeit kann statthaben kraft des Gebotes einer höheren Autorität oder kraft Anerkennung der Nothwendigkeit gewisser Handlungen und Unterlassungen im Gemeininteresse. Herrschergebot und Anerkennung sind die letzten formalen Quellen des Rechtes und da die Giltigkeit des Herrschergebotes in letzter Linie doch wieder auf Anerkennung beruht, so ist sie der gemeinsame Grund, auf welchem die Verbindlichkeit aller Rechtsnormen beruht.

Die Staatengemeinschaft nun kennt keine Herrschergebote, wohl aber Normen, welche einerseits ihre Existenz ermöglichen, andererseits die Grundlage abgeben für ihre Fortbildung, daher materiell als Recht sich darstellen. Durch Anerkennung werden sie zum geltenden Rechte für die Staaten erhoben.

Was aber die Grundlage aller Anerkennung von Rechtsnormen bildet, das ist die Voraussetzung, dass alle Mitglieder der Gemeinschaft durch sie gebunden werden. Die Anerkennung gemeinsamer durch die gemeinsamen Zwecke gegebenen Rechtsnormen schafft aus der faktischen Gemeinschaft eine Gemeinschaft im Rechtssinne.

Diese Anerkennung kann erfolgen auf dem Wege der Uebung oder ausdrücklich. Auf dem Wege der Uebung durch faktische Bethätigung einer Norm ohne vorhergehende Verabredung oder durch gleichmässige, stetig wiederkehrende Statuirung einer solchen in vertragsmässigen Festsetzungen zwischen einzelnen Staaten. Ausdrücklich anerkannt aber als objektives Recht der Staatengemeinschaft wird eine Norm, wenn sie als Vorschrift für das künftige Verhalten der Staaten von ihnen vereinbart wird. Solche Vereinbarungen sind ihrem Wesen nach nicht Verträge, denn sie schaffen kein ius intra partes, sondern ein ius supra partes, d. h. sie geben einer gemeinsamen Rechtsüberzeugung Ausdruck, sie sind nicht zweiseitige Rechtsgeschäfte, sondern gemeinsame irrevokable Erklärungen. Derlei Vereinbarungen, wie die Pariser Seerechtsdeklaration, die Genfer, die Petersburger Convention, die Bestimmungen der Akte der westafrikanischen Conferenz über Occupation sind nicht befristet und kündbar, noch lässt ihre Verletzung von einer Seite den Mitdeklaranten das Recht erwachsen, sie dem Uebertreter gegenüber für erloschen zu erklären[397].

Da die völkerrechtlichen Normen aber nicht einer über dem Staate rechtlich stehenden Quelle entstammen, so können die Staaten in der Staatengemeinschaft nicht in derselben Weise qualificirt werden, wie die Individuen im Staate. Es giebt keinen Status der Staaten, welcher von der Staatengemeinschaft als solcher anzuerkennen wäre, aus dem einfachen Grunde, weil die Staatengemeinschaft als nicht zur Persönlichkeit gediehene Gemeinschaft rechts- und handlungsunfähig ist. Vielmehr lösen sich alle Rechte und Pflichten der Staaten auf in Rechte und Pflichten Aller gegen Alle, d. h. alle jene Rechte und Pflichten, die sich aus dem objektiven Völkerrechte ergeben und nicht den Inhalt specieller Festsetzungen von Staat zu Staat bilden.

Damit hat es den Anschein, als ob die oft gehörte Behauptung, die Staaten verhielten sich in ihren gegenseitigen Beziehungen lediglich wie die Individuen zu einander und das Völkerrecht sei daher nach Analogie des Privatrechtes zu erfas-

---

[397] Es sind daher Repressalien gegen den Uebertreter zulässig, haben diese aber ihren Zweck erreicht, so hat die verletzte Rechtsregel ipso iure wieder von allen Betheiligten befolgt zu werden; keineswegs ist eine neue Vereinbarung nothwendig.

sen, auf unwiderleglicher Wahrheit beruhe. Und doch lehrt eindringende Untersuchung, dass das Völkerrecht auch formell kein Privatrecht zwischen den Staaten ist, sondern trotz mancher Analogie mit dem Privatrecht, den vollen, ausgeprägten Charakter des öffentlichen Rechtes an sich trägt. Das gilt namentlich von den allgemeinen Sätzen des Völkerrechtes, welche nicht etwa Privatrechte der Staaten, sondern öffentlich-rechtliche Qualifikationen und auf diesen beruhende Ansprüche schaffen.

Das formale Kriterium des subjektiven öffentlichen Rechtes haben wir darin gefunden, dass es nicht eine bereits in natura gegebene Handlungsmöglichkeit anerkenne, sondern eine neue schaffe, dass nicht ein Dürfen, sondern ein Können sein Inhalt sei. Alle aus dem objektiven Völkerrecht sich ergebenden Normen sind aber, *wofern sie die Handlungsfähigkeit der Staaten nicht blos einschränken*, derartige machtverleihende Sätze. Ihr nothwendiger Inhalt ist nämlich ein Anspruch des Staates an andere Staaten, der, weil nicht durch das Gebot einer höheren Macht geschützt, in der durch jeden Staat erfolgenden Anerkennung seine rechtliche Garantie findet. Nicht natürliches, sondern rechtlich gewährtes und anerkanntes Können bildet den Inhalt aller subjektiven völkerrechtlichen Rechte. Die Kategorie des Erlaubens existirt streng genommen für das Völkerrecht überhaupt nicht. Denn erlauben setzt eine Macht voraus, die verbieten könnte. Wie es aber über dem souveränen Staate keine verbietende Autorität giebt, so ist auch keine über ihm vorhanden, die ihm erlauben könnte. Nur gewährt und versagt, aber nicht erlaubt und verboten kann einem Staate Etwas von den anderen werden. Man kann auch nicht behaupten, dass Concessionen der Staaten untereinander unter dem Gesichtspunkte der gegenseitigen Anerkennung ihrer natürlichen Handlungsfreiheit erfasst werden könnten. Die natürliche Handlungsfreiheit hat nämlich natürliche Grenzen und für jeden Staat ist in der Macht des anderen, welche nicht immer physische Macht zu sein braucht, eine derartige Grenze gegeben. Nur der Erfolg kann lehren, ob im conkreten Falle natürliche Handlungsfreiheit vorhanden war oder nicht. Der Krieg aber, so sehr er durch Rechtsregeln eingeschränkt werden kann, ist und bleibt physische Gewalt, die als solche der Beurtheilung durch das Recht gänzlich entzogen ist. Soweit die Rechtsordnung zwischen den Staaten reicht, sind daher Gewähren und Anerkennen die einzigen Rechtsformen, auf die sich der Anspruch eines Staates an den anderen stützen kann. Selbst wo scheinbar in dem freiwilligen Entschluss eines Staates eine Erlaubniss für den anderen vorliegt, ist in Wahrheit eine Concession, keine Permission vorhanden. Die entgegengesetzte Ansicht müsste zu der Anschauung führen, es liege in der natürlichen Handlungsfreiheit eines jeden Staates, sich zum Herrn der Welt zu erheben und nur die Anerkennung des Völkerrechtes, welches derartiges Beginnen verbietet, hindere ihn, es wirklich zu thun.

Alle völkerrechtlichen Ansprüche sind daher öffentlichrechtliche, weil durch staatlichen, das Völkerrecht anerkennenden Willen geschaffene. Sie zerfallen sammt und sonders in Ansprüche auf Anerkennungen und auf Gewährungen.

Ein Recht ist nur möglich unter Rechtssubjekten. Jeder Staat hat daher nothwendig gegen jeden anderen den Anspruch auf Anerkennung als Rechtssubjekt, d. h. als Persönlichkeit, und zwar als staatliches Rechtssubjekt, d. h. als alle die Funktionen ausübend, die nothwendig einem Staate zukommen. Dies schliesst in sich die Anerkennung einer Sphäre freier, d. h. durch keinen anderen Staat gehemmter oder beeinflusster Thätigkeit. Diese Anerkennung erhebt den Staat für die anderen von einer blos physischen Macht zu einem Mitgliede der Staatengemeinschaft. Anerkennung, obwohl unter bestimmten Voraussetzungen materiell gefordert, ist formell dennoch stets freie That eines jeden Staates. Durch die formell freie Anerkennung wird nun jeder Staat gegenüber dem anderen, ihn anerkennenden qualificirt. Denn sie besagt nichts Anderes, als dass der Staat für die anderen als Träger bestimmter Rechte und Pflichten erscheint und ihm in Folge dessen die Fähigkeit gegeben wird, in seinem Interesse bestimmte Handlungen und Unterlassungen von den anderen zu fordern.

Die Anerkennung bezieht sich auf den Staat als solchen, d. h. er wird als Staat anerkannt und demgemäss seine staatliche Thätigkeit in vollem Umfange und zwar so lange und insoweit sie nicht die Rechtssphäre anderer Staaten tangirt. Die unmittelbar aus dem Wesen und den Zwecken des Staates sich ergebenden Funktionen werden damit scheinbar zu internationalen Rechten der Staaten erhoben. Besonnene Betrachtung dieser angeblichen Rechte lehrt aber, dass sie analog sind den einzelnen Freiheitsrechten der Einzelpersonen im Staate, die sich einfach als Einschränkung und Negation des Imperiums darstellen. Man hat einen Katalog völkerrechtlicher Grundrechte der Staaten aufgestellt, der aber nichts enthält als eine grosse Tautologie. Denn er besagt nichts Anderes, als dass der Staat das Recht habe, Staat zu sein und dass kraft der von ihm gewährten Anerkennung kein Staat das Recht habe, einen anderen in der Bethätigung seiner nothwendigen Funktionen zu hindern. Das Recht der Souveränetät, das Recht der Territorialhoheit, das Recht der Selbsterhaltung, das Recht auf Achtung, das Recht auf gegenseitigen Verkehr werden als Hauptnummern in diesem Kataloge aufgezählt. Alle diese anscheinenden Rechte bezeichnen aber nichts als bestimmte Richtungen des von einschränkenden völkerrechtlichen Normen und darauf gegründeten Ansprüchen freien Raumes staatlicher Thätigkeit. Er ist gleichsam der völkerrechtliche status libertatis der Staaten in ihren gegenseitigen Beziehungen. Daher ist es auch vergebliche Mühe, den Inhalt dieses Quasi-Status juristisch zu fixiren, sowenig es gelingen könnte oder, wenn es gelänge, den geringsten wissenschaftlichen Werth besässe, alle unverbotenen menschlichen Handlungen aufzuzählen. Derartiges hat das Staatsrecht in den Anfangsstadien seiner wissenschaftlichen Behandlung versucht; heute würde ein Unternehmen, wie das *Mohls*, den ganzen Inhalt der staatsrechtlich fixirten menschlichen Freiheit nach allen Seiten rechtlich darzustellen, nur ein verwundertes Lächeln hervorrufen[398]. In den Systemen des Völkerrechtes wird aber lustig weiter deducirt aus dem Rechte der Unabhängigkeit, dass fremde Notare, Aerzte und Hebammen ohne eine Concession des betreffenden Staates nicht prakticiren dürfen[399], aus dem Rechte auf Selbsterhaltung, dass der Staat das Recht habe, seine Angehörigen gegen Seuchen zu schützen und Festungen anzulegen[400]. Zudem ist oft die Einordnung der einzelnen staatlichen Ansprüche in die eine oder andere

---

398 Man vgl. z. B. die Darlegungen Mohls, Württemb. Staatsr. I, § 72 über die Denkfreiheit, aus der u. A. (S. 357 N. 4) deducirt wird, dass einem Redner, der gegen den Willen des Publikums im Theater die Musik oder die Vorstellung unterbräche, Stillschweigen auferlegt werden könnte, nicht aber wenn ihn Jedermann hören wollte.

399 Rivier, Lehrbuch des Völkerrechts S. 216, Heffter-Geffeken, Das Europ. Völkerrecht § 29 N. 2.

400 v. Holtzendorff in seinem Handbuch des V.R. II, S. 54, F. v. Martens, Völkerrecht übers, von Bergbohm I, S. 294, Rivier a. a. O. S. 215.

der alten naturrechtlichen Kategorien mit Sicherheit gar nicht durchzuführen, woraus allein schon die juristische Werthlosigkeit ihrer Aufstellung sich ergiebt[401]. So z. B. kann das Verbot der Nachprägung fremder Münzen mit derselben Sicherheit aus dem Rechte der Selbsterhaltung, dem Rechte der Souveränetät, dem Rechte auf Achtung und dem Rechte auf gegenseitigen Verkehr gefolgert werden!

Juristisch relevant sind aber nur die völkerrechtlich gesetzten *Einschränkungen* der freien Bethätigung der souveränen Persönlichkeiten im Verhältnisse zu anderen. Nicht die staatliche Freiheit, sondern die Beschränkung derselben ist in erster Linie völkerrechtlich von Bedeutung. Und mit Rücksicht darauf lassen sich alle Betrachtungen, Behauptungen und Dithyramben über „die Grundrechte der Staaten" juristisch zusammenfassen in den einen Satz: *Kein Staat kann rechtlich von dem anderen Etwas fordern oder ihn rechtmässig zu Etwas zwingen als auf Grund eines Rechtssatzes.* Bei jeder conkreten völkerrechtlichen Frage handelt es sich immer um die Entscheidung, ob gegebenen Falles eine Einschränkung der staatlichen Freiheit zu Gunsten eines anderen Staates gerechtfertigt sei oder nicht. Aus den einzelnen Grundrechten werden zwar auch gewisse Ansprüche auf unmittelbare positive Leistungen des Staates im Interesse der anderen abgeleitet, jedoch in ganz unmethodischer Weise, indem aus der Anerkennung des Staates als solchen. d.h. als isolirter staatlicher Persönlichkeit sich nur Ansprüche auf Unterlassungen ergeben.

Da nicht ein bestimmter Inhalt der staatlichen Thätigkeit, sondern nur die Freiheit in Bestimmung des Inhaltes Gegenstand völkerrechtlicher Anerkennung ist, so kann auch keine wie immer geartete Einschränkung dieser freien Thätigkeit zu Gunsten Dritter irgendwie als völkerrechtlich unverbindlich erscheinen. Jede noch so weit gehende Einschränkung oder gar Verzichtleistung auf die Ausübung staatlicher Funktionen kann kraft der anzuerkennenden ungehinderten, nur durch die Rücksichtnahme

---

[401] Gareis, Institutionen des Völkerrechts S. 82 deducirt aus dem Recht der Selbsterhaltung das Verbot jedes fremden Angriffes auf das Gebiet und auf die rechtliche Unabhängigkeit, die selbst S. 83 für ein besonderes Grundrecht erklärt wird; S. 87 wird hierauf aus dem Recht auf Achtung das Verbot von Grenzverletzungen gefolgert: „denn die Achtung hat sich auch auf die Gebietshoheit zu erstrecken". Welches „Grundrecht" wird also durch eine Grenzverletzung tangirt?

auf die Rechte Dritter geminderten Dispositionsfähigkeit stattfinden. Daher ist die Behauptung von der aus der Unveräusserlichkeit der Grundrechte fliessenden Anfechtbarkeit oder gar Nichtigkeit freiwilliger Festsetzungen, welche auf die Beschränkungen dieser Rechte zielen[402], nicht nur unrichtig, sondern einfach eine Negation des Völkerrechts, da jede Concession eines Staates an den andern nothwendig ein Stück aus dem Bestande der in den Grundrechten enthaltenen Freiheitsbethätigung nimmt.

Auch das als Grundlage des Völkerrechtes proklamirte Princip der Rechtsgleichheit fliesst aus der fundamentalen Thatsache der Anerkennung. Denn ein souveräner Staat kann nur als solcher anerkannt werden, hat daher dieselbe Persönlichkeit wie jeder andere. Die gleiche Rechtsfähigkeit ergiebt sich somit aus der Anerkennung der Gleichheit der völkerrechtlichen Persönlichkeiten.

Die Anerkennung eines Staates durch den anderen enthält aber nicht blos die Deklaration, dass ein fremdes staatliches Gemeinwesen für ihn Rechtspersönlichkeit besitze, sondern auch Anerkennung der nothwendigen Consequenz, dass sein Wille dem anderer Staaten gegenüber einschränkbar sei durch alle Normen, welche kraft der herrschenden rechtlichen Ueberzeugungen, des internationalen Rechtsbewusstseins den Staatswillen in Beziehung auf seine Aktionen gegen andere Staaten binden und einschränken. Ist die Persönlichkeit einmal anerkannt, so muss Alles unterlassen werden, was nach den historisch individualisirten Anschauungen als Verletzung und Negirung der Persönlichkeit betrachtet wird. Mit der Anerkennung dieser Normen, welche dem Staate noch keinen individuellen Anspruch gegen die anderen geben, also rein objektives Recht darstellen, das kein Moment subjektiver Berechtigung schafft, sind die Consequenzen erschöpft, welche sich aus der Anerkennung der Rechtssubjektivität des Staates völkerrechtlich ergeben.

---

[402] F. v. Martens a. a. O. I, S. 293 f. Ganz so hatte Rousseau aus der Unveräusserlichkeit der Freiheit die Illegalität jeder nicht nach den Principien des contrat social gebildeten Verfassung deducirt. Besonnener v. Hollzendorff a. a. O. S. 48 ff., v. Bulmerincq, Völkerrecht in Marquardsens Handbuch S. 202, Gareis, Völkerrecht S. 82 und Rivier a. a. O. § 20.

Allein die Anerkennung des Staates verleiht ihm noch eine zweite, von der erörterten zu trennende Qualifikation. Nicht nur als isolirtes Rechtssubjekt nämlich, sondern nothwendigerweise auch als Mitglied der Staatengemeinschaft wird der Staat anerkannt. Da die Staaten auch Zwecke verfolgen, die nur durch gemeinsame That zu erreichen sind, so ergiebt sich aus der Thatsache der kraft der gemeinsamen Zwecke existirenden Staatengemeinschaft das Analogon eines aktiven Status ihrer Mitglieder. Diese Staatengemeinschaft kann nicht in naturrechtlicher Weise aus dem Begriffe des Staates abgeleitet werden. Es hat eine Zeit gegeben, in welcher die Staaten neben und gegeneinander standen, ohne dass eine Gemeinschaft aus ihnen sich gebildet hätte oder auch nur die ethisch-politische Ueberzeugung von der Nothwendigkeit einer solchen vorhanden gewesen wäre. Sie ist vielmehr ein historisches Produkt der ganzen geschichtlichen Entwickelung, das erst in sehr später Zeit, in vollem Masse erst in unserem Jahrhundert sein Dasein äussert. An diese geschichtlich gegebene Gemeinschaft hat die juristische Analyse sich zu halten, um die Stellung der Staaten in ihr zu erkennen.

Aus der Mitgliedschaft an der Staatengemeinschaft ergiebt sich eine Reihe von Ansprüchen, die den bereits constatirten Charakter öffentlich-rechtlicher Ansprüche an sich tragen. Es sind dies Ansprüche an die Gesammtheit der Mitglieder, bei welchen allerdings heute noch diese Gesammtheit vielfach als die unverbundene Summe der Einzelnen, nicht als correi debendi erscheint.

Der erste grundlegende Anspruch ist der auf Unterlassung aller die eigene Persönlichkeit innerhalb der Schranken ihrer anerkannten Sphäre schädigenden Handlungen und der daraus sich ergebende weitere auf ein positives Thun, die Wiederaufhebung derartiger schädigender Handlungen, beziehungsweise die Reparation der durch sie hervorgerufenen schädlichen Folgen. Zu diesen Ansprüchen treten hinzu die weiteren auf alle Handlungen, welche kraft der gegebenen völkerrechtlichen Entwickelung ein jeder Staat von den anderen zu fordern berechtigt ist, wie z. B. Gewährung der Privilegien der Gesandten, Erfüllung der eingegangenen Vertragsverbindlichkeiten. Diese principiellen Ansprüche sind als unmittelbar aus der Mitgliedschaft an der Staatengemeinschaft fliessend unveräusserlich und unverzichtbar, es sei denn, dass das berechtigte Mitglied selbst eine capitis deminutio erleidet.

Prüft man aber den juristischen Gehalt der Völkerrechtssätze genau, so ergiebt sich, dass die Zahl derartiger Ansprüche namentlich der positiven eine verhältnissmässig geringe ist. Sie lassen sich sammt und sonders zurückführen auf die Formel des Anspruches auf Erfüllung der zu Gunsten der fordernden Staaten statuirten Völkerrechtsnormen. Dieses allgemeine objektive Völkerrecht hat aber heute noch einen geringen Umfang. Der grösste Theil dessen, was als Völkerrecht sich ausgiebt, ist es keineswegs in dem erörterten Sinne. Man darf behaupten, dass neun Zehntel der herkömmlichen völkerrechtlichen Lehrsätze nicht objektives Völkerrecht sind.

Der grösste Theil der völkerrechtlichen Ansprüche basirt nicht auf objektivem Völkerrechte, sondern auf Rechtsgeschäften, in der Regel auf ausdrücklichen Verabredungen in der Form von Vereinbarungen und Verträgen. Hier ist nun das grosse Gebiet gegeben, auf dem die Staaten nach Analogie der Privatpersonen verfahren. Allerdings aber nur nach Analogie, wie scharf betont werden muss, denn auch diese Rechtsgeschäfte erweisen sich schon durch ihre Zwecke von den privatrechtlichen verschieden. Formell bereits zeigen sie eine viel strengere Gebundenheit des aus dem Rechtsgeschäfte erworbenen Anspruches an die Person des Erwerbers als bei privatrechtlichen Rechtsgeschäften. Cession, Stellvertretung, Assignation u. s. w. sind in der grossen Zahl der Fälle ausgeschlossen. Nur wenn die Staatspersönlichkeit selbst untergeht oder das Staatsgebiet verändert wird, kann kraft der Staatenfolge ein regulärer Uebergang von Pflichten und Rechten auf einen Rechtsnachfolger stattfinden. Die Analogie der also erworbenen Rechte mit den Privatrechten tritt aber insofern stark hervor, als sie von der Person ihres Trägers lösbar sind, ohne diese irgendwie zu alteriren. Wenn ein Staat noch so viele ihm vertragsmässig eingeräumte Rechte aufgiebt, so bleibt er dennoch genau dieselbe völkerrechtliche Persönlichkeit wie früher. Derartige subjektive Rechte unterscheiden sich also von den aus der Mitgliedschaft an der Staatengemeinschaft fliessenden Ansprüchen dadurch, dass sie kein Analogon einer Qualifikation der Staatspersönlichkeit nach irgend einer Richtung hin hervorrufen.

Für die Erkenntniss der Normen des objektiven Völkerrechtes ist aber die Kenntniss der nicht blos transitorischen Abmachungen von Staat zu Staat von grosser Bedeutung. Denn einerseits werden aus diesen die allgemeinen Formen erschlossen, in welchen sich die Beziehungen der Staaten bewegen, wie ja auch nur aus der Kenntniss der faktischen Verkehrsverhältnisse die Arten der privatrechtlichen Rechtsgeschäfte zum juristischen Bewusstsein gebracht worden sind. Die gleichförmige Wiederkehr inhaltlich identischer Festsetzungen ist ferner, wie bereits erwähnt, Zeichen einer allgemeinen internationalen Rechtsanschauung, daher international gleiches Recht stets auf internationales Recht hindeutet. Andererseits ist aber bei der geringen Anzahl der Mitglieder der Staatengemeinschaft und der Wichtigkeit der internationalen Abmachungen der Inhalt derselben von grosser Bedeutung. Einmal für die Completirung des Staatsrechtes, indem die Gesammtheit der speciellen Rechte und Pflichten eines Staates gegen andere dessen äusseres Staatsrechte bilden; sodann als Norm und Correktur für das gesammte internationale Handeln eines Staates. In diesem Punkte allerdings steht das Völkerrecht einzig im Kreise der juristischen Disciplinen da. Es wäre eine unmögliche Aufgabe, den gesammten Inhalt auch nur einer einzigen Gattung von Rechtshandlungen oder Rechtsgeschäften, die innerhalb eines anderen Rechtsgebietes abgeschlossen werden, kennen zu lernen. Daher tritt das formale Element im Völkerrecht weit zurück hinter der stofflichen Fülle, die so bedeutend ist, dass bei vielen Autoren die Rechtsgedanken entweder gar nicht zu finden sind oder von der Masse des Thatsächlichen erdrückt werden. Daher giebt es auch kein Rechtsgebiet, auf dem juristische Dilettanten sich so breit und wichtig machen können, wie auf diesem.

Eine andere Klasse rechtlicher Ansprüche lässt sich in keine der bisher erörterten einreihen. Das Recht des Staates, Retorsion und Repressalien zu üben und das Recht der Kriegsführung können weder der Kategorie von Mitgliedsansprüchen der bisher erörterten Arten noch der von subjektiven durch Rechtsgeschäft begründeten Rechten eingereiht werden. Sie unterscheiden sich von den ersteren dadurch, dass sie nicht den Charakter eines Könnens, eines Machtzuwachses, sondern den der natürlichen nur an der physischen Macht ihre Grenze findenden Handlungsfreiheit besitzen, von den letzteren durch ihre unlösbare Verknüpfung mit der völkerrechtlichen Persönlichkeit.

Diese Erscheinung erklärt sich daraus, dass diese Rechte Surrogate eines völkerrechtlichen Imperiums sind. Da sich über den Staaten keine Rechtsschutz verleihende Centralgewalt erhebt, so muss die Selbsthilfe als bedenkliches und unsicheres Ersatzmittel desselben anerkannt werden. Und nicht blos als Mittel des Rechts-, sondern auch des Interessenschutzes, also selbst dann, wenn die Qualifikation der Interessen als rechtlicher nicht vorhanden ist. Das Recht zur Selbsthilfe ist ein Mitgliedsrecht, welches eine Analogie mit den aus der aktiven Civität fliessenden Ansprüchen aufzuweisen hat, andererseits aber auch den aus dem staatlichen Imperium entspringenden einzelnen Herrschaftsbefugnissen analog erscheint. Als Mitgliedsrecht bewährt es sich kraft des aus ihm fliessenden Anspruches auf Anerkennung, der die wichtige Consequenz hat, dass dic staatliche Selbsthilfe übenden Personen nach Völkerrecht und nicht nach Strafrecht zu qualificiren sind, ferner durch die aus dem Kriegszustände sich ergebende Reflexqualität dritter Staaten als neutraler mit den hieraus entspringenden Pflichten und Ansprüchen. Als Recht anderer Art aber erweist es sich durch die Thatsache, dass es die Ausübung physischer, nicht von der Rechtsordnung verliehener Macht zum Inhalt hat. Insofern ist in ihm die Analogie eines Dürfens enthalten.

Wahre organschaftliche Rechte in der Staatengemeinschaft kann es selbstverständlich nicht geben, doch sind in ihr Rudimente einer vorübergehenden Organisation vorhanden in den Congressen und Conferenzen, sowie in den Schiedsgerichten. Das diese Gelegenheitsorganisationen beherrschende Recht hat aber noch zu wenig Consistenz gewonnen, als dass man allgemein giltige, unbestreitbare Rechtssätze aus ihm ableiten könnte. Sie beruhen noch zu sehr auf Abmachungen, die nur subjektive Rechte zwischen den Parteien schaffen, als dass bereits ein objektives, die Mitglieder specifisch qualificirendes Recht aus ihnen sich ergeben würde. Nur wenn Vereinbarungen über völkerrechtliche Normen getroffen werden, erscheinen die Einzelstaaten nicht sowohl als Individuen, denn als Organe der internationalen Gemeinschaft selbst. Die rechtschaffende Gemeinschaft fällt aber in solchem Falle zusammen mit der Gesammtheit der Rechtsunterthanen.

Denn mindestens in Form der Adhäsion muss ein jeder Staat seine specielle Zustimmung zur Vereinbarung geben, da jede Majorisirung in der Staatengemeinschaft rechtlich unzulässig ist. Nur wenn ein neuer Staat sich bildet, kann die Frage entstehen, ob er an das durch Vereinbarung der anderen sanktionirte Völkerrecht auch ohne seine Zustimmung gebunden sei und diese Frage muss bejaht werden. Denn was einmal als gemeinsame Rechtsüberzeugung ausgesprochen ist, tritt nun allen Mitgliedern der Staatengemeinschaft als giltige Norm entgegen, von welcher der Rücktritt nicht gestattet ist und die auch alle künftigen Mitglieder bindet.

Schliesslich ist noch eine wichtige Frage zu beantworten. Entspringen aus dem Völkerrecht Rechte und Pflichten der Einzelpersönlichkeiten? Sie ist principiell zu verneinen. Das Völkerrecht als Recht zwischen den Staaten berechtigt und verpflichtet nur diese, aber nicht die ihnen untergeordneten Individuen und Verbände[403]. Aber ein Blick auf die völkerrechtlichen Normen und namentlich auf den Inhalt der Staatenverträge genügt, um zu zeigen, dass dieser Gedanke, wenigstens dem Anscheine nach, noch nicht consequent durchgeführt ist. Von den Rechten der Monarchen, der Gesandten, der Consuln, der Angehörigen fremder Staaten in Beziehung auf Handel, Schiffahrt, Niederlassung, Gewerbebetrieb u. s. w. wird fortwährend in der völkerrechtlichen Literatur und der diplomatischen Praxis gesprochen. Ein grosser Theil der völkerrechtlichen Abmachungen hat den Zweck, den Unterthanen der contrahirenden Staaten rechtliche Vortheile zu verschaffen. Sind diese Vortheile nur Reflexwirkungen völkerrechtlicher Festsetzungen oder wohnt ihnen nicht dennoch ein individualrechtliches Moment inne?

Was zunächst die sog. Privilegien der Organe des völkerrechtlichen Verkehrs anbelangt, so sind sie in erster Linie nicht im Individualinteresse der sie versehenden Personen, sondern im Interesse der Staaten selbst constituirt. Sie bilden ein Recht der Staaten selbst, ein jeder Staat kann sie kraft allgemeinen Völker-

---

[403] F. v. Martens a. a. O. I, § 87 erklärt, sich selbst widersprechend die Individuen für Subjekte gewisser aus den internationalen Verhältnissen entspringender Rechte. Dagegen treffend Störk, Holtzendorffs Handb. II, S. 587, der indess selbst S. 588 einen juristisch inhaltlosen Begriff eines Völkerrechtsindigenats aufstellt. Mit Störk übereinstimmend Gareis, Völkerrecht §§ 53, 56.

rechtes oder besonderer Festsetzung von den anderen verlangen. Ihre Verletzung ist Verletzung des Staates selbst, dem das betreffende Organ angehört. Aber mit dieser Constatirung ist das Problem noch nicht gelöst. Denn zweifellos haben diese Privilegien auch eine den individuellen Interessen der staatlichen Repräsentanten zugewendete Seite. Sie normiren den Status der betreffenden Personen in gleicher Weise von der Regel abweichend, wie die analogen Bestimmungen über die Privilegien der Kammermitglieder. Der Gesandte, der processual seine Exterritorialität geltend macht, übt nicht staatliches, sondern eigenes Recht aus. Hier scheinen daher in der That individuelle direkt aus dem Völkerrecht abzuleitende Ansprüche vorzuliegen.

Dieser Widerspruch mit dem Wesen des Völkerrechtes löst sich aber auf ganz einfache Weise. Die beiden concurrirenden Ansprüche des Staates und der individuellen Persönlichkeit seines Organes ruhen auf ganz verschiedener juristischer Basis. Der Richter nämlich ist niemals durch das blos die Staaten verpflichtende Völkerrecht, sondern stets nur durch das innerstaatliche Gesetz gebunden. Dieses muss Normen über die Exterritorialität aufstellen, damit der Einzelne sie wirksam anrufen kann[404]. Verwirklicht die betreffende Norm den fremdstaatlichen Anspruch auf Exterritorialität seiner Organe nicht, dann ist durch eine staatsrechtlich nicht anfechtbare Satzung oder Unterlassung eine Verletzung des Völkerrechtes begangen worden. Nicht kraft Völkerrechtes, sondern kraft § 18 des deutschen Gerichtsverfassungsgesetzes ist der deutsche Richter gehalten, die Exterritorialität des italienischen Botschafters beim deutschen Kaiser zu respektiren. Dass aber eine entsprechende gesetzliche Weisung an den deutschen Richter ergehe und bestehe, ist der ausschliessliche Anspruch Italiens selbst. Der Anspruch der fremden Macht ist völkerrechtlicher, der der individuellen Persönlichkeit des Repräsentanten staatsrechtlicher Natur. Dass völkerrechtlicher und individueller Anspruch weit auseinander fallen können, hat gelegentlich eines höchst interessanten Falles die Stellung des Art. XIV der deutschen Bundesakte zum öster-

---

[404] Diese Normen können auch gewohnheitsrechtlich statuirt sein, was vor Allem hinsichtlich der Exterritorialität der Souveräne gilt.

reichischen Staatsrecht in der klarsten Weise gezeigt[405]. Die Privilegien der Gesandten und die in neuerer Zeit vertragsmässig begründeten Exemtionen der Consuln sind daher in Erfüllung völkerrechtlicher Pflichten staatsrechtlich gewährte individuelle Ansprüche, welche auf der von einem fremden Staate verliehenen Organqualität beruhen.

Damit ist auch der Lösung der Frage nach der individuellen Berechtigung, die fremden Unterthanen kraft Festsetzungen völkerrechtlicher Natur erwächst, der Weg gewiesen. Eine solche kann im juristischen Sinne nur entstehen durch innerstaatliche Anordnung, kraft Staatsrechtes. Da aber Staatenverträge, soferne sie nicht blos Rechte und Pflichten der Regierungen normiren als Gesetze oder Verordnungen publicirt werden, so können aus ihnen Individualansprüche staatsrechtlicher Natur entspringen, der negative und positive Status des Fremden kann durch sie normirt werden. Wird hingegen durch derartige staatliche Akte blos eine Förderung fremder Interessen bezweckt, ohne dass ein Anspruch der zu fördernden Personen begründet würde, dann findet formell einfach eine Reflexwirkung objektiven Rechtes statt. Die Tendenz der internationalen Entwickelung geht aber zweifellos dahin, jene Reflexwirkung immer mehr und mehr in subjektive Ansprüche zu verwandeln.

Die gefundene Lösung gilt auch für die andere Frage, ob es völkerrechtliche Pflichten der Individuen giebt. Eine direkte Verletzung des Völkerrechtes durch den Einzelnen ist nicht möglich, vielmehr kann der Einzelne stets nur eine innerstaatliche Vorschrift übertreten[406]. Solche Verletzungen können aber zu-

[405] Ein Mitglied des fürstlichen Hauses Windischgrätz hatte, als einer ehemals reichsunmittelbaren Familie angehörig, auf Grund des Art. XIV Abs. 3 der deutschen Bundesakte die Befreiung von aller Militärpflicht verlangt, war jedoch im administrativen Instanzenzuge abweisend beschieden worden. Seine daraufhin beim Reichsgericht erhobene Beschwerde wurde zurückgewiesen, indem das Gericht unter Anderein constatirte, dass die deutsche Bundesakte als Ganzes in Oesterreich niemals publicirt worden war. Darauf wurde der ganz correkte Schluss aufgebaut: „Der österreichische Richter ist nicht in der Lage, diese Bundesakte als Entscheidungsquelle seiner richterlichen Erkenntnisse in Betracht zu ziehen“. Hye, Sammlung Nr. 55 (II, S. 259).

[406] Das ergiebt sich mit Nothwendigkeit aus dem Satze, dass nur die Staaten Subjekte des Völkerrechts sind.

gleich eine Verletzung des Völkerrechtes begründen, wenn nämlich der betreffende Staat durch Duldung oder Nichtbestrafung der bereits begangenen Handlung, sei es absichtlich, sei es aus Unvermögen, seine Autorität geltend zu machen, für die zunächst nur seine innere Ordnung tangirende Handlung und ihre schädigenden Consequenzen verantwortlich wird. Rechtlich verpflichtet durch Völkerrecht wird also in diesen Fällen auch nur der Staat, der mit den ihm staatsrechtlich zu Gebote stehenden Mitteln dafür haftet, dass keine fremde Staaten schädigenden Handlungen von den seinem Machtbereiche Unterworfenen vorgenommen werden und der selbst dann, wenn ihm culpa nicht zur Last gelegt werden kann, gleichsam aus einem Quasidelikt haftet[407]. Die Verletzung solcher völkerrechtlicher Normen hingegen, welche sich angeblich direkt an die fremden Unterthanen wenden, kann in Wahrheit auch nur Anordnungen des Einzelstaates treffen, zu welchen dieser völkerrechtlich befugt erscheint. Die kriegspolizeilichen Festsetzungen über Contrebande, Feindesgut, Embargo, Blokade, Prisengerichte u. dgl. sind für den conkreten Fall staatsrechtlicher Natur, insofern sie Wirkungen auf die feindlichen und neutralen Unterthanen äussern. Das völkerrechtliche Element in ihnen liegt nur darin, dass kraft Völkerrechtes der Kriegführende competent erscheint, gegebenen Falles sein Imperium über die fremden Unterthanen auszudehnen, sowie auch die Grenzen dieser Ausdehnung und

[407] Daher auch die Pflicht eines jeden Staates, derartige Handlungen seinen Unterthanen zu verbieten. Nach der Unionsverf. Art. I, sect. VIII, 9 gehört es in die Competenz des Congresses: to define and punish piracies and felonies committed on the high seas, and offences against the law of nations, das eben dadurch innerstaatliches Recht wird. Das schweizerische Bundesgericht ist kraft Bundesverfassung Art. 112 Nr. 2 berufen zu judiciren „über Verbrechen und Vergehen gegen das Völkerrecht". Welcher Art diese Delikte sind, erfährt man aus Art. 39 — 43 des Bundesstrafrechts, vgl. Blumer-Morel a. a. O. III, S. 198. Es sind also schweizerische Gesetze und nicht völkerrechtliche Normen, die gegebenen Falles von Einzelnen übertreten und vom Richter angewendet werden. In anderen Staaten sind die angeblichen „Verbrechen gegen das Völkerrecht" einfach gewisse in den Abschnitten der Strafgesetzbücher über Landesverrath, feindliche Handlungen gegen befreundete Staaten, Beleidigung u. s. w. mit Strafe bedrohte Delikte. Vgl. auch v. Martitz, Internationale Rechtshilfe I, S. 60, 61.

ihr Inhalt durch völkerrechtliches Gewohnheitsrecht, durch Vereinbarungen und Verträge festgesetzt sind. Das Völkerrecht schafft daher gleichsam den Rechtsinhalt, das materielle Element dieser Bestimmungen, die dem Einzelnen jedoch als Befehle der fremden Staatsgewalt, in deren Herrschaftsbereich er sich eventuell begiebt, entgegentreten[408], Ueberschreitung der völkerrechtlich zulässigen Grenzen derartiger staatlicher Anordnungen begründet aber eine Verletzung der Staaten, gegen deren Unterthanen sie gerichtet sind und gewähren diesen alle Ansprüche, die aus der Verletzung von Völkerrecht sich ergeben. Alle Uebertretungen der erwähnten Vorschriften durch Einzelne haben daher keinen völkerrechtlichen, sondern einen staatsrechtlichen, näher bestimmt einen kriegspolizeilichen Charakter. Die Judikatur über solche Fälle ist daher staatsrechtlicher Art, was namentlich auch von der Rechtsprechung aller Prisengerichte gilt. Allerdings wird in diesen Gerichten mangels besonderer Vorschriften vielfach Völkerrecht zur Anwendung kommen, aber nur seiner materiellen, nicht seiner formellen Seite nach, weil Völkerrecht im formellen Sinne nur zwischen Staaten gilt und nur Staaten seine Entscheidung anrufen können.

Dritter Abschnitt
Abschliessende Erörterungen

XX. Begründung, Erlöschen und Modifikation öffentlicher Rechte

1. Begründung öffentlicher Rechte

a) *des Staates und öffentlich-rechtlicher Verbände.* Rechte des Staates oder öffentlich-rechtlicher Verbände gegen die untergeordneten Personen werden begründet durch Gesetz, in eingeschränktem Masse auch durch Gewohnheitsrecht, ferner sekundär durch Verfügung, wenn das Gesetz nur die Möglichkeit des rechtlichen Anspruches begründet und daher noch ein specieller Verwaltungs- oder richterlicher Akt zur Individualisirung

---

[408] In der Regel verbunden mit der Bekanntmachung des eigenen Staates, dass er für den Fall der Uebertretnug seine Unterthanen zu schützen nicht in der Lage sei, vgl. Rivier a. a. O. S. 421 M. 4.

und Conkretisirung des betreffenden Anspruches nöthig ist, oder sofern eine nähere Determinirung und Ergänzung des bereits kraft Rechtssatzes individuell conkretisirten Anspruches durch einen Einzelbefehl erfolgen muss. Demgemäss muss auch hinsichtlich des status subjectionis zwischen passiver und aktiver Qualifikation unterschieden werden. Militär-, zeugen-, geschworenenpflichtig ist kraft Gesetzes Jeder, in dessen Person die rechtlich geheischten Bedingungen zusammentreffen. Allein diese Pflichten bleiben solange potentiell, bis kraft conkreter Verhältnisse ein specieller auf das Individuum gerichteter staatlicher Anspruch entsteht. Der Militärpflichtige ist daher blos passiv, aber erst der durch Verfügung zum Dienst Eingezogene aktiv dienstpflichtig. Was hinsichtlich der Wehrpflicht bereits klar erkannt wurde, findet in der Regel bei allen im Handeln bestehenden öffentlichen Pflichten der Subjicirten statt. Passiv zeugenpflichtig ist Jeder, der nach Ansicht der Parteien processual erhebliche Aussagen ablegen kann, aktiv zeugenpflichtig nur der vom Gericht hiezu Berufene. Passiv geschworenen- oder schöffenpflichtig ist jeder in der Urliste Eingetragene, aktiv nur der zum Geschworenen- oder Schöffendienst individuell Berufene. Passiv einkommensteuerpflichtig ist Jeder, der aus Dienstleistungen ein Einkommen bezieht, aktiv erst derjenige, dessen Einkommen für eine bestimmte Periode festgestellt und dem auf Grund dieser Feststellung eine bestimmte Steuerleistung vorgeschrieben ist. Die aus dem Subjektionsverhältnisse entspringenden Ansprüche auf Unterlassungen hingegen treten häufig unmittelbar mit dem Erlasse des gesetzlichen Verbotes in Kraft, obwohl auch andererseits in solchen Fällen vielfach nur eine passive Qualifikation als Herrschaftsobjekt begründet wird, die zum Aktivwerden einer näheren Determination namentlich durch polizeiliche Verfügung bedarf. Unter allen Umständen aber kann die Verfügung nur sekundär die bereits früher kraft Rechtssatzes bestehende allgemeine Verpflichtung näher determiniren. Ein originäres praeter legem existirendes Verfügungsrecht ist nicht vorhanden. Die Annahme eines solchen widerspricht dem obersten Principe für das Verhältniss der Subjicirten zum modernen Rechtsstaate, kraft welches Jedermann nur gesetzmässigen Gehorsam schuldet.

Ein weiterer Entstehungsgrund öffentlich-rechtlicher Ansprüche für Staat und öffentlich-rechtlichen Verband ist der öffentlich-rechtliche Vertrag, der eine individuelle nicht aus dem gesetzlichen Subjektionsverhältnisse entspringende Unterwerfung unter eine specielle Gewalt des Staates oder öffentlichrechtlicher Verbände begründet. Auch dieses Vertragsrecht hat seine rechtlichen Bedingungen und Schranken. Wie jede staatliche Thätigkeit darf es nur innerhalb der Gesetze frei geübt werden, der Umfang des Rechtes zum Abschlüsse solcher Verträge ist überdies durch ausdrückliche Gesetzesnormen oder Budgetpositionen eingeengt.

Endlich entstehen öffentliche Rechte des Staates gegenüber den Einzelnen durch Delikte der letzteren, welche den im Strafurtheile näher zu bestimmenden staatlichen Anspruch auf Strafe erzeugen.

Oeffentliche Rechte des Staates gegen andere Staaten völkerrechtlicher Natur entstehen entweder unmittelbar kraft allgemeinen Völkerrechtssatzes oder durch Vereinbarung, Vertrag, Delikt oder einen anderen Thatbestand, an den völkerrechtliche Wirkungen sich anknüpfen.

Oeffentliche Rechte des Bundesstaates gegen seine Glieder und umgekehrt haben in der Regel bundesstaatsrechtliche Entstehungsgründe, also Verfassung, Gesetz und Verordnung des Bundesstaates, Delikt des Gliedstaates (Bundesexekution). Nur in Beziehung auf die von der Bundesgewalt freie Sphäre der Gliedstaaten ist zwischen ihnen und dem Centralstaate die Begründung vertragsmässiger Rechtsverhältnisse möglich.

b) *Begründung individueller Rechte.* Ein öffentlichrechtlicher berechtigender Status oder Anspruch der Subjicirten (Einzelner und privater Verbände) wird begründet durch Gewohnheit oder Gesetz. Sowie aber vielfach die passive Qualifikation des Verpflichteten eine specielle auf seine Person gerichtete Aktion nöthig hat, um zur aktiven zu werden, so ist auch häufig eine Verfügung nothwendig, um passive Qualifikation des Berechtigten in aktive zu verwandeln. Dass der negative Status als solcher gar nicht aktiv qualificirt, ist bereits dargethan; eine das Subjektionsverhältniss unrechtmässig ausdehnende behördliche Verfügung ist nothwendig, um von ihm zur aktiven Qualifikation, d. h. zur Begründung eines Anspruchs hinüberzu leiten.

Eine ganze Reihe von Ausdehnungen der Ansprüche des negativen und positiven Status setzt eine specielle anspruchverleihende staatliche Verfügung voraus, die als Verleihung, Concession, Ermächtigung u. s. w. in den verschiedenartigsten Formen auftreten kann. Derartige anspruchverleihende Verfügungen unterscheiden sich von den aktive Verpflichtung begründenden dadurch, dass sie nicht wie diese ein sie gestattendes oder anordnendes Gesetz zur nothwendigen Voraussetzung haben, sondern auch als freie Verfügung dem Ermessen des sie erlassenden Organes entspringen können. Gesetzlich gebunden wird die Verfügung namentlich dann sein, wenn dem Einzelnen ein rechtlicher Anspruch auf ihre Erlassung zusteht[409]. Ansprüche aus dem aktiven Status werden begründet durch Gesetz, Ernennung, Wahl, welch beide letzteren Entstehungsgründe wieder auf dem Gesetze oder einem Vertrage beruhen. Auch bei ihnen ist aktive und passive Qualifikation zu unterscheiden, welche auch äusserlich oft auseinanderfallen[410].

2. Untergang öffentlicher Rechte

a) *des Staates und öffentlich-rechtlicher Verbände*. Wie Erwerb, so findet auch Verlust in erster Linie durch Gesetz oder Gewohnheit (völkerrechtlich auch durch Vereinbarung und Vertrag) statt. Ob der Staat oder der öffentlich-rechtliche Verband ihren Anspruch geltend machen wollen, ist in manchen Fällen ihrem Ermessen anheimgestellt. Daher ist auch *Verzicht* ein Endigungsgrund öffentlicher Rechte herrschender Verbände. Staatlicher Rechtsverzicht für den Einzelfall ist auf Grund der bestehenden Rechtsordnung materiell stets ein Verwaltungsakt und daher durch die für Verwaltungsakte geltenden Rechtsregeln gebunden. In der Regel wird er stattfinden, um gegebenen Falles im individuellen und mittelbar auch im Gemeininteresse die aequitas zum Ausdruck zu bringen; allein auch ausschliesslich im Gemeininteresse kann er erfolgen, wie z. B. Abolition eines Strafprozesses zum Zwecke staatlicher Sicherheit, Erlass von Steuerrückständen zur Vermeidung der Kosten der Eintreibung u. dgl. Der Verzicht kann sich sowohl auf den einzelnen

---

[409] Z. B. Anspruch auf Ertheilung einer Concession, eines Patentes, von Legitimationsurkunden, auf Aufnahme bei Ueberwanderung, auf Entlassung aus dem Staatsverbande nach Erfüllung der gesetzlichen Bedingungen u. s. w.

[410] Ueber Ersitzung als ausnahmsweise statuirten Grund öffentlich-rechtlicher Ansprüche vgl, F. F. Mayer a. a. O. S. 441, Löning V.R. S. 17.

Anspruch als auf einen das übergeordnete Gemeinwesen berechtigenden Status des Einzelnen beziehen. Letzteres bei Staatsangehörigkeit und Gemeindeangehörigkeit, sofern nach den speciellen Gesetzen ein constitutiver Akt der Behörden hiezu nothwendig ist. Die Hauptformen des Anspruchsverzichtes sind Verzicht im engeren Sinne, Erlass, Dispensation und Begnadigung[411]. Verzicht im engeren Sinne liegt vor, wenn der Staat einen ihm zustehenden Anspruch aufgiebt, ohne dass dadurch unmittelbar der Rechtskreis des Individuums tangirt würde, also namentlich wenn eine Behörde gegebenen Falles gewisse Competenzen nicht geltend machen will, z. B. durch Beschluss, von der gesetzlich ihr zustehenden Befugniss, Commissarien zu bestimmten Versammlungen zu entsenden, keinen Gebrauch zu machen, oder durch Verzicht des Staatsanwaltes auf Requirirung und Verlesung von Aktenstücken oder Abhörung von Zeugen. Erlass bezieht sich stets auf eine öffentlich-rechtliche Leistung vermögenswerthigen Inhaltes, Dispensation auf andersgeartete Erweiterung des individuellen Rechtskreises durch Verzicht auf die Handhabung einer diesen einschränkenden Rechtsnorm, Begnadigung auf das Recht des Staates zur Strafe.

Alle Formen des Rechtsverzichtes können nur stattfinden unter der Voraussetzung, dass ein Rechtssatz sie ausdrücklich gestattet. Denn die Geltendmachung öffentlich-rechtlicher Ansprüche ist, sofern nicht die Rechtsordnung ein Anderes will, Pflicht des Staates. Was dem Individuum gegenüber als Recht

---

[411] Ueber letztere Binding, Handbuch des Strafr. I, S. 873, Merkel, Strafrecht S. 247. Gegen die Auffassung der Begnadigung als Verzicht Laband II, S. 487 f., der sie als Verwaltungsakt charakterisirt, was ganz richtig ist, aber in keinem Gegensatz zur Verzichtstheorie steht, da staatlicher Rechtsverzicht häufig in Form eines Verwaltungsaktes erfolgt. Verwaltungsakt ist eine allgemeine Rechtsform, die den verschiedenartigsten Inhalt aufzunehmen vermag. Auch die mannigfaltigen Wirkungen der Begnadigung stehen dieser Auffassung nicht entgegen, da an jeden Verzicht sich unter Umständen eine ganze Reihe rechtlicher Consequenzen anknüpfen kann. Auch die partielle Begnadigung in Form der Strafumwandlung ist partieller Verzicht. Der Befehl zum Strafvollzug in solchem Falle ist nicht ein Bestandtheil des Gnadenaktes, sondern die auf Grund desselben erfolgende Modifikation des richterlichen Befehles zum Strafvollzug

erscheint, stellt sich zugleich als öffentlich-rechtliche Pflicht dar, welche die Regierung dem Staate als Vertreter des Gemeininteresses schuldet. Competenzen als abstrakte Möglichkeiten gewisser Kategorien staatlicher Aktionen sind selbstverständlich unverzichtbar. Verzichtbar hingegen sind die auf Völkerrecht beruhenden Ansprüche eines Staates an den anderen, ohne dass sich in dieser Hinsicht eine Grenze ziehen liesse. Selbst eine völkerrechtliche Statusverminderung durch Verzicht (Verwandlung eines souveränen in einen nichtsouveränen Staat) liegt nicht ausserhalb des Bereiches juristischer Möglichkeiten. In zahlreichen Fällen ist es ferner dem staatlichen Ermessen überlassen, die passive Pflichtqualifikation in eine aktive zu verwandeln. Die Unterlassung einer derartigen Aktion ist aber nicht Verzicht, sondern blosses Nichtgeltendmachen eines Anspruches.

Andere Arten des Unterganges von Ansprüchen, wie der durch Verjährung oder Zeitablauf bieten als allgemeine Kategorien rechtsaufhebender Thatsachen nichts besonderes und bedürfen daher nicht weiterer Untersuchung an dieser Stelle.

b) *Endigung individueller Rechte.* Auch für das Individuum kommt in erster Linie das Gesetz als Endigungsgrund sowohl eines ihn qualificirenden Status als auch eines aus einem solchen fliessenden Anspruches in Betracht. Eine nähere Untersuchung der Fälle in denen ohne Willen des Einzelnen Statusminderung und Anspruchsverlust eintritt führt zu der praktisch wichtigen Frage, ob und in welchem Umfange erworbene Rechte auf dem Gebiete des Öffentlichen Rechtes vorhanden und geschützt sind.

Der Begriff des erworbenen Rechtes stammt aus dem Ideenkreise des Naturrechtes. Er bezeichnet ursprünglich nichts anderes als den Gegensatz zum angeborenen Recht. Die Garantie erworbener Rechte heisst daher nur, dass der dem Individuum zustehende aktuelle Rechtsbestand von Staatswegen nicht gegen seinen Willen vermindert werden könne.

Dieses Princip, welches in vielen Verfassungsurkunden formulirt ist, hat schon bezüglich der Privatrechte seine Ausnahmen. In allen Fällen wo ein Conflikt zwischen Gemein- und Individualinteresse entsteht, macht sich seiner Natur nach das erstere als das stärkere geltend. Jenes Princip bewährt daher seine Macht nur de lege lata, während der Gesetzgeber gezwungen ist, manche Ausnahmen von ihm zu constatiren. In der Enteignung ist nicht mehr der konkrete Rechtsbestand, sondern nur das

Vermögen als solches geschützt; die Thatsache, dass volle Entschädigung dem Expropriaten gewährt wird, vermag den Eingriff in das erworbene Recht nicht ungeschehen zu machen.

Aber nicht immer kann die Staatsgewalt einen Eingriff in das Privatrecht durch Gewährung voller Entschädigung wettmachen. Staatlicher Nothstand wie z. B. im Kriege und legale Ausübung von Hoheitsrechten, die vermögenszerstörende Reflexwirkungen haben, begründen keinen Anspruch der hiedurch Betroffenen. Zahlreiche verwaltungsrechtliche Beschränkungen des Eigenthums sind ohne jedwede Entschädigung geschaffen worden und erscheinen auch nicht der Gerechtigkeit widersprechend. Die Unversehrtheit des Vermögens ist daher nur soweit rechtlich anerkannt, als sie mit den höheren Zwecken des Staates vereinigt werden kann[412]. Dem unentwickelten Staate des Mittelalters gegenüber konnte der altgermanische Satz von der Unantastbarkeit des Vermögens, den Fall der Strafe ausgenommen, fast uneingeschränkte Geltung besitzen; je weiter sich der Staatsgedanke entwickelt, desto mehr gewinnt die Möglichkeit eines rechtlich zulässigen Eingriffes der Staatsgewalt in den individuellen Rechtskreis an Werth und Bedeutung.

Für das öffentliche Recht der Einzelnen gelten nun genau dieselben Grundsätze wie für das Privatrecht und wenn das Resultat in beiden Rechtsgebieten ein verschiedenes ist, so liegt das nicht an dem Unterschied der Principien, sondern der Thatsachen, auf welche diese anzuwenden sind.

Subjektives öffentliches Recht der Einzelnen unterscheidet sich von subjektivem Privatrecht auch dadurch, dass die Zuerkennung individueller Willensmacht unter wesentlicher. Berücksichtigung des Gemeininteresses erfolgt, welches gegebenen Falles die Schaffung von Ansprüchen gegen den Staat gebieten kann. Aendert sich aber die Richtung des Gemeininteresses, so fallt die Nöthigung weiterer Anerkennung des Einzelinteresses hinweg, es kann auf dem Wege der Aenderung der Rechtsordnung das individuelle Recht vernichtet werden.

Allein auch in solchem Falle gilt der Grundsatz möglicher Schonung des bereits existenten individuellen Rechtskreises.

---

[412] Vgl. A. Menger, Das bürgerliche Recht und die besitzlosen Volksklassen S. 81 ff.

Dass ohne zwingende Nöthigung das Individuum in diesem keinen Schaden erleide, ist ein auf Grund vielhundertjähriger Entwickelung den modernen Völkern zum Bewusstsein gekommenes Princip.

Die unantastbare Anerkennung der Möglichkeit, die Rechtsordnung jederzeit im Gemeininteresse zu reformiren, kann mit diesem zweiten Grundsatze in Uebereinstimmnng gebracht werden durch folgende Sätze.

Jeder bereits existente positive Anspruch an den Staat vermögensrechtlichen Inhaltes ist seinem Vermögenswerth nach unangetastet zu erhalten. Minderung des gesetzlich zugesicherten Gehaltes, des Ruhegehaltes der bereits angestellten Beamten ist daher unzulässig. Nichts hindert jedoch den Staat z. B. die Gehaltsverhältnisse der künftig wenn auch aus den bereits angestellten Beamten zu nehmenden höheren Funktionären nach Gutdünken zu regeln, da ein Recht auf Avancement nicht besteht. Unentziehbar sind ferner (ausser zur Strafe) die Rechte, einen staatlichen Rang zu besitzen, staatliche Titel zu führen und Ordensauszeichnungen zu tragen, es sei denn, dass derartige Institutionen als absolut unvereinbar mit der öffentlichen Rechtsordnung selbst erklärt werden, wie es in den Verfassungen einiger Republiken geschehen ist. Unentziehbar sind individuelle Qualifikationen, die durch staatliche Prüfungen erworben werden, es sei denn, dass die Institution, für welche die Qualifikation gilt, aufgehoben oder wesentlich verändert wird.

Negative Ansprüche an den Staat hingegen unterliegen, selbst wenn sie vermögensrechtlichen Charakter haben, der freien Disposition des Gesetzgebers. Sie bestehen stets in einer Einschränkung staatlichen Imperiums zu Gunsten Einzelner. Absoluter Verzicht des Gesetzgebers auf dem Staate zustehendes Hoheitsrecht ist jedoch unzulässig. Auch die Gewährung eines seiner Substanz nach unzerstörbaren vermögensrechtlichen Anspruches würde diesen Charakter an sich tragen. Daher begründen individuelle Befreiungen von öffentlichen Leistungen aller Art: Steuerbefreiungen, aber auch Exemtionen von der Militär- und Dienstpflicht u. s. w. keine „wohlerworbenen“ Rechte. Sie können daher jederzeit ohne Entschädigung, die häufig der Natur der Sache nach unmöglich ist, aufgehoben werden[413]. Ihre Aufhebung steht juristisch auf gleicher Linie mit jeder anderen gesetzlichen Determinirung bestehender Gehorsamspflicht. Jedes eine neue Auflage anordnende Gesetz greift in das Vermögen der Subjicirten ein, ohne dass deshalb von einem unberechtigten Eingriff in die individuelle Rechtssphäre gesprochen werden könnte[414].

Dem aktiven Status entspringende Ansprüche auf Anerkennung unterliegen ebenfalls der freien gesetzgeberischen Thätigkeit. Bei ihrer Constituirung überragt die Rücksicht auf das Gemeininteresse derart, dass eine absolute Schranke der Dispo-

---

[413] Ueber diesen Punkt herrscht in Theorie und Praxis die grösste Unklarheit, die sogar zur gänzlichen Verwerfung des Begriffes der erworbenen Rechte geführt hat, Löning, V.R. S. 17, 18. Meistens wird indess erklärt, dass generelle Befreiungen kraft eines ius singulare keine Schranke für den Gesetzgeber seien, so Zachariä a. a. O. II, S. 113, H. Schulze, Preuss. St.B. II, S. 49, Entscheidung des Reichsgerichts in Civilsachen vom 3. Februar 1887 XVII, S. 55, individuelle Privilegirungen hingegen einen Anspruch auf Entschädigung begründen. Gesetzgebung, Verwaltung und Literatur haben sich aber häufig für weitergehende Einschränkung des Staates ausgesprochen. Die meisten hieher gehörigen Fälle stammen aus der Uebergangszeit des patrimonialen in den modernen Verfassungsstaat. In dem letzteren kann jedoch niemals ein Privatrecht auf Unterlassung eines legislatorischen Aktes construirt werden, worauf doch schliesslich die Theorie von dem Charakter individueller Befreiungen als wohlerworbener Rechte hinausläuft. Das richtige Princip ist bei der Aufhebung der Portofreiheiten und Portoermässigungen durch das Gesetz vom 5. Juni 1869 betreffend die Portofreiheiten im Gebiete des norddeutschen Bundes § 6 angewendet worden, wonach Entschädigungen für derartige Aufhebungen und Einschränkungen nur dann geleistet wurden, wenn dies mit Rücksicht auf die den Befreiungen zu Grunde liegenden Privatrechtstitel nach den Landesgesetzen nothwendig war. Eine andere Frage ist es, ob nicht die Billigkeit gegebenen Falles (wie z. B. gegenwärtig bei der Aufhebung der Steuerfreiheit der standesherrlichen Familien in Preussen durch das Einkommensteuergesetz vom 24. Juni 1891 § 4) eine angemessene Berücksichtigung des individuellen Interesses erheischt. Pro futuro dürften derartige Befreiungen nur in der Form vorkommen, dass Einzelnen, Gesellschaften oder Corporationen wegen ihrer Wirksamkeit im Gemeininteresse zeitweilig publicistische Privilegien zu wirthschaftlichen Zwecken zugesichert werden.

[414] Vgl. auch Christiansen, Ueber erworbene Rechte S. 77.

sitionsfähigkeit des Gesetzgebers der staatlichen Entwickelung und der Entfaltung des Gemeininteresses die schwierigsten Hindernisse bereiten würde. Sie sind demnach ohne Rücksicht auf das Privatinteresse wandelbar. Alle feudalen Hoheitsrechte konnten daher vom Staate ohne jede Entschädigung an sich gezogen werden. Da die meisten hieher gehörigen Rechte einer Abschätzung gar nicht fähig sind, so ist der Gesichtspunkt einer Entschädigung auf sie überhaupt nicht anwendbar. Sie können daher aufgehoben oder geändert werden, ohne dass dem Individuum hieraus ein wie immer gearteter Anspruch erwüchse. Auch darin liegt nichts dem öffentlichen Rechte Eigenartiges, da es sich mit Privatrechten nicht vermögensrechtlicher Art genau ebenso verhält. Gesetzliche Aenderungen in pejus in der familienrechtlichen Stellung des Vaters und Vormundes, in dem Rechte des Prokuristen zur Vertretung der Firma, in der Organisation der Aktiengesellschaft können ohne Weiteres auch hinsichtlich der bereits Berechtigten stattfinden.

Erweitert der Staat seine Competenz derart, dass er aus irgend einem Grunde ein bisher der Privatthätigkeit überlassenes Gebiet als seine ausschliessliche Domäne erklärt, (Schaffung staatlicher Monopole, Creirung eines neuen staatlichen Verwaltungszweiges) so ist die Entschädigung der bisher Berechtigten selbstverständlich. Denn in solchem Falle macht der Staat nicht von einem ihm bereits zustehenden Rechte Gebrauch, sondern occupirt ein neues Herrschaftsgebiet. Jede derartige Occupation ist aber nothwendig mit einer Expropriation der bisherigen Gewaltinhaber, der Privaten verbunden, daher hier die Grundsätze über die Gewähr des Vermögens eintreten.

Die erörterten Rechtssätze gewähren jedoch, sofern es sich um die Stellung des Individualrechtes zum Gesetze handelt, niemals ein subjektives Recht[415]. Es sind verfassungsmässige Normen für die rechtschaffende Thätigkeit des Staates, welche wie früher dargelegt, niemals einen individualrechtlichen Anspruch begründen können. Sofern jedoch de lege lata das Privat-

---

[415] Es sei denn, dass der Gesetzgeber selbst einer Rechtscontrole unterworfen ist, wie der kantonale Gesetzgeber des schweizerischen Bundesgerichtes. Ueber einen interessanten Fall diser Art G. Vogt, Rechtsgutachten betreffend die Aufhebung von Steuerprivilegien im Kanton Freiburg. Zürich 1890.

recht gegen willkürliche staatliche Verletzung geschützt erscheint, ist der hieraus entspringende Anspruch auf Unterlassung störender behördlicher Aktionen eine Funktion des negativen Staates.

Eine zweite wichtige und interessante Frage ist die, inwieweit das öffentliche Recht des Einzelnen verzichtbar ist.

Auch beim Einzelnen wie beim Staate gilt als Regel die Unverzichtbarkeit, weil Verhältnisse, die im Gemeininteresse geschaffen und normirt sind, dem Einzelinteresse nur aus ganz besonderen Gründen weichen dürfen. Absolut unverzichtbar sind diejenigen Statusverhältnisse, in welchen das Individuum sich dem Staate gegenüber passiv verhalten kann, d. h. die in keiner Weise die Bethätigung einer öffentlich-rechtlichen Pflicht in sich schliessen. Daher sind der negative und der positive Status unverzichtbar, es existirt für den Einzelnen keine wie immer geartete Pflicht, von den ihm durch dieselben gewährten Ansprüchen Gebrauch zu machen. Anders steht es mit dem aktiven Status. Sofern dessen Bethätigung rechtlich in das freie Belieben gestellt ist und die Bethätigung selbst nur eine vorübergehende, momentane Leistung erfordert, ist sie ebenfalls unverzichtbar. Alle Stimm- und Wahlrechte tragen daher diesen character indelebilis an sich. Anders in jenen Fällen, wo der Status nicht nur berechtigt, sondern auch verpflichtet, wo eine fortgesetzte Thätigkeit im staatlichen Interesse durch ihn unmittelbar oder mittelbar bedingt ist. Hier gebietet die das individuelle Interesse berücksichtigende aequitas, andererseits aber auch die Rücksicht auf den volle Hingebung an seine Aufgaben verlangenden Staat die Möglichkeit des Verzichtes, weshalb es in das Ermessen des Individuums gestellt wird, ob es Glied oder Organ des Staates sein und bleiben will. Daher ist verzichtbar die Staatsangehörigkeit und die fortgesetzte Thätigkeit verlangende Organschaft. Verzichtbar ist demnach die Beamtung, die Kammermitgliedschaft, die Präsidentschaft in der Republik und der höchstqualificirte Status: die Trägerschaft der Krone. Verzichtbar sind aus demselben Grunde Eventualansprüche auf die Krone. Verzichtbar sind auch die Rudimente staatlicher Organschaft, wie wir sie oben kennen gelernt haben: das Führen von Adels- und Amtstiteln, das Tragen von Orden, weil auch sie, wenn auch in geringerem Masse mit einer bestimmten fortgesetzten Lebensbethätigung, wenigstens nach den Anschauungen herrschender socialer Kreise verbunden sein sollen. Aehnlich verhält es sich mit den mittelbaren publicistischen Statusverhältnissen, welche aus der Zugehörigkeit zu einer Körperschaft des öffentlichen Rechtes entspringen. Hier ist allerdings in der Regel der Verlust nur eine Folge andersartiger Handlungen, mit welchen das Gesetz jenen verknüpft. Indessen ist auch freiwilliges Aufgeben (z. B. des Ehrenbürgerrechtes) denkbar. Mit mittelbaren Staatsämtern, sofern ein Aemterzwang nicht stattfindet, hat es dieselbe Bewandtniss, wie mit den unmittelbaren.

Wie die öffentlichen Statusverhältuisse, so scheiden sich auch die aus ihnen entspringenden einzelnen Ansprüche in unverzichtbare und verzichtbare. Unverzichtbar ist stets die abstrakte Anspruchsmöglichkeit, sofern der ihr zu Grunde liegende Status ein unverzichtbarer ist und auch bei verzichtbarem Status, sofern nicht ein Verzicht auf ihn selbst stattfindet und damit ipso iure alle aus ihm entspringenden Consequenzen verschwinden. In letzterem Falle kann daher Verzicht auf die Anspruchsmöglichkeit nur durch Statusverzicht erreicht werden. Verzichtbar hingegen ist jeder aktuelle Anspruch, sofern nicht ausdrücklich das Gegentheil festgesetzt ist. Verzichtbar ist daher jedes Rechtsmittel, das dem Einzelnen im conkreten Processe zusteht, verzichtbar die Ansprüche aus dem Beamtenverhältnisse, Ansprüche auf Sachleistungen jeder Art. Verzichtbar ist der Anspruch auf Eintragung in die Wahllisten für eine bestimmte Wahl durch Nichtreklamirung innerhalb der festgesetzten Friste auf Zulassung zur Wahl durch Nichtausübung des Wahlrechtes bei einem conkreten Wahlakte. Nur wo ein die Unverzichtbarkeit des Anspruches gebietendes öffentliches Interesse vorhanden ist, hat diese statt. So sind unverzichtbar häufig die Ansprüche der Abgeordneten auf Taggelder und Reisekostenentschädigung, unverzichtbar ist ferner der Anspruch der Beamten auf Führung des Amtstitels, der Kammermitglieder auf Immunität. Unverzichtbar sind alle erworbenen speciellen persönlichen Qualifikationen, da es ohnehin in der Willkür des Individuums gelegen ist, ob es von ihnen Gebrauch machen will oder nicht. Unverzichtbar, weil nicht Individualrechte, sondern staatliche Competenzen sind alle den Staatsorganen als solchen zustehenden Befugnisse, es sei denn dass das betreffende Organ nach seinem Ermessen von einer Competenz Gebrauch machen kann. Häufig ist die Norm aufgestellt, dass eine Behörde das Recht, aber nicht die

Pflicht hat, Akte von Einzelnen oder von Verbänden zu beaufsichtigen, daher im conkreten Falle Verzicht auf diese Competenz zulässig ist. Sofern aber eine Funktion Amtspflichten eines Organträgers in sich schliesst, ist Verzicht ausgeschlossen. Daraus folgt auch, dass eine Stimmenthaltung in parlamentarischen Kammern und collegial organisirten Behörden principiell nicht gestattet ist. Ist blos der Schein individueller Berechtigung in Gestalt des Reflexrechtes vorhanden, so ist der Natur der Sache nach Verzicht ausgeschlossen, derart, dass aus der Verzichtmöglichkeit direkt auf einen wahren Rechtsanspruch geschlossen werden kann. Die Unterlassung einer die Reflexwirkung zu produciren fähigen Handlung kann auch daher nicht als Verzicht gedeutet werden, sondern ist einfach rechtlich irrelevant.

In jenen Fällen, wo der Staat nicht die Gewissheit hat, dass eine von ihm auferlegte Pflicht gewissenhaft werde erfüllt werden, oder wo er den Einzelnen in eine Pflichtencollision bringt, oder auch aus anderen Gründen, räumt er ihm oft das Recht ein, sich einer der Pflichten zu entschlagen, was einen eventuellen Verzicht von Seiten des Staates in sich schliesst, indem der negative Status dieser Personen erweitert wird. Solcher Art sind z. B. die Rechte, sich der Zeugen-, Geschworenen-, Schöffenpflicht und der Pflicht zur Führung von Vormundschaften und Gemeindeämtern zu entschlagen, ebenso jene Fälle, wo der Staat in Berücksichtigung persönlicher Verhältnisse seiner Organträger die Erfüllung einer Amtspflicht in deren individuelles Ermessen stellt.

Ausser Gesetz, Gewohnheitsrecht und Verzicht sind Endigungsgründe individueller Ansprüche Zeitablauf, Verjährung[416], Entziehung durch Urtheil oder Verwaltungsakt, Wegfallen des Berechtigten, sei es durch Vernichtung seiner Persönlichkeit (Tod, Auflösung der Corporation), sei es durch Aenderung der Rechtsstellung, an welche der Anspruch gesetzlich geknüpft ist. Eine nach Analogie privatrechtlicher Succession zu construirende Rechtsnachfolge in öffentliches Recht giebt es nicht, vielmehr entsteht es immer in der Person des jeweilig Berechtigten von Neuem, selbst wenn an privatrechtliche Succession öffentlich-

---

[416] Z. B. Verjährung von Rechtsmitteln, Erlöschen der Rechtskraft der Entlassungsurkunde, wenn binnen sechs Monaten die Auswanderung nicht erfolgt u. s. w.

rechtliche Wirkungen geknüpft sind[417]. Bezüglich des Thronfolgerechtes ist es heute klar erkannt, dass es nicht Erbrecht sei, indem durch das Wegfallen des bisherigen Monarchen nicht etwa dessen Recht auf den Nachfolger übertragen wird, sondern eine durch Gesetz vorher bestimmte Person unmittelbar ex lege den Anspruch auf Anerkennung als Monarch erwirbt. Allerdings kann kraft positiver Satzung diese Regel Ausnahmen erleiden. Ein bekanntes Beispiel hiefür aus der neuesten Gesetzgebung ist der Anspruch der Wittwen und minderjährigen Erben auf Ausübung der Gewerbeconcession durch einen qualificirten Stellvertreter[418].

3. *Modifikation öffentlicher Rechte.* Oeffentliches Recht als wesentlich auf persönlichen Eigenschaften seiner Träger beruhend, ist seiner Natur nach kein Gegenstand rechtlichen Verkehres und privater Disposition. Es kann daher, in der Regel wenigstens, nicht direkt von einer Person auf die andere übertragen werden[419]. Eine Ausnahme besteht für den Staat selbst, der sowohl im internationalen Verkehre auf andere Staaten als auch nach Innen auf die ihm subjicirten Einzelnen und Verbände Rechte übertragen kann. Allein die Disposition über staatliche Competenzen ist in der Regel nicht sowohl Verfügung über bestehendes Recht, als vielmehr Rechtsschöpfung und daher nicht unter den Begriff der Disposition über bestehendes Recht zu subsumiren. Selbst die völkerrechtlichen Rechtsgeschäfte lassen sich häufig nicht völlig unter den Gesichtspunkt der Disposition über bestehendes Recht bringen. Jede Concession öffentlichrechtlicher Natur an einen fremden Staat schliesst nothwendigerweise eine Aenderung der bestehenden staatlichen Rechtsordnung in sich: sowohl die einseitige als die durch Staatenvertrag erfolgende Gewährung kann nur auf Grund innerstaatlicher Rechtsschöpfung erfolgen. Ferner lässt sich die staatliche Organschöpfung, möge sie nun kraft Dienstzwanges, gesetzlicher Succession oder öffentlich-rechtlichen Vertrages vor

[417] Löning, V.R. S. 17, v, Stengel, V.R. S. 17.

[418] R.Gewerbe-Ordn. § 46. Vgl. Löning, V.R. S. 17, Rehm, Gewerbeconcession S. 46 ff.

[419] Indirekte Uebertragung eines öffentlich - rechtlichen Anspruchs findet statt mit einem Privatrecht, das von einem solchen bedingt und daher unlöslich mit ihm verknüpft wird, wie z. B. der Anspruch auf Ertheilung des Patents. R.Patent-G. vom 7. April 1891 § 6.

sich gehen, der Kategorie der Disposition über öffentliches Recht überhaupt nicht einordnen. Denn auch diese Akte, soweit sie überhaupt juristisch qualificirbar sind, fallen unter den Begriff der Rechtsschöpfung, indem individuelle Ansprüche durch einen Staatswillensakt erzeugt, nicht etwa übertragen werden. Die Anbildung des Organes selbst ist stets ein entweder ipso iure oder durch einen Verwaltungsakt erfolgender Vorgang innerhalb der staatlichen Persönlichkeit. Somit ergiebt sich, dass auch das Dispositionsrecht des Staates über die ihm zukommende Rechtsmacht in enge Grenzen gebannt ist.

Träger öffentlicher Organschaft können über die von ihnen als Organen zu übenden Competenzen principiell nicht disponiren, d. h. jedes Organ hat die ihm zugewiesenen Competenzen selbst auszuüben. Ausnahmen von diesem Satze können nur auf dem Wege der Rechtssetzung verfügt werden. So kann z. B. durch Gesetz Rechtsschöpfung auf den Verordnungsweg gewiesen werden. Auch Stellvertretung in der Ausübung von Competenzen kann nur kraft Rechtssatzes oder Organisationsverordnung stattfinden. In der also geordneten Stellvertretung wird niemals über öffentliches Recht disponirt, sondern ein Organ von Staatswegen an Stelle eines anderen gesetzt, ein Vorgang, der als solcher sich streng innerhalb der Staatspersönlichkeit abspielt. Insofern aber durch Stellvertretung ein neues Verhältniss zwischen der Persönlichkeit des stellvertretenden Organes und dem Staate begründet wird, ist es niemals nach irgend welchen dem Privatrechte analogen Regeln, sondern nach den allgemeinen Grundsätzen zu beurtheilen, welche das Verhältniss der Beamten oder anderer zur Organschaft herangezogener Personen beherrschen. So ist das Verhältniss des Vicepräsidenten einer Collegialbehörde zum Präsidenten, die Vertretungsbefugniss der Mitglieder einer Einzelbehörde einfach nach den betreffenden amtlichen Vorschriften zu beurtheilen. Hier von einer Disposition über Rechte zu sprechen, würde nur zur Verwirrung derartiger juristisch meist uninteressanter Verhältnisse beitragen.

Nur die Frage nach dem Rechtsgrunde der Competenz eines Organes zur Delegirung eines anderen kann von erheblicher staatsrechtlicher Bedeutung sein. Das ist vor Allem beim Monarchen der Fall, wenn er nicht durch einen kraft verfassungsmässiger Vorschrift eintretenden Regenten, sondern durch einen andersartigen, zugewiesene Befugnisse ausübenden, ihm verantwortlichen Stellvertreter vertreten werden soll. Wo eine derartige Vertretung nicht durch Rechtssatz[420] in das freie Ermessen des Monarchen gestellt ist, hat sie stets ein ermächtigendes Gesetz zur Voraussetzung. Die entgegenstehende Auffassung beruht auf gründlicher Verkennung des Wesens des öffentlichen Rechtes.

Grundsätzlich unvertretbar auf Grund einer Disposition der betreffenden Personen sind jene organschaftlichen Thätigkeiten, welche den Absichten der Rechtsordnung gemäss durch die eigenste persönliche That des Trägers der Organschaft vollzogen werden sollen. So verhält es sich mit den Stimm- und Wahlrechten, die den Volkswillen oder ein ihn repräsentirendes Organ zu erzeugen bestimmt sind. Unvertretbar ist die Thätigkeit der Kammermitglieder, weil kraft der Idee der Volksrepräsentation der Vertretende durch denselben Creationsakt bestimmt werden müsste, wie der zu Vertretende. Das Kammermitglied oder auch die Kammer selbst kann nicht aus eigener Macht die Qualität eines Volksvertreters Jemand beilegen oder einem ihrer Mitglieder eine Mehrheit von Stimmen verleihen.

Von dieser Regel macht heute das positive Recht hie und da noch einige Ausnahmen. Wenn direktes Frauenstimmrecht grundsätzlich nicht anerkannt ist, kann der ausnahmsweise stimmberechtigten Frau die Pflicht auferlegt werden, durch einen Vertreter zu stimmen[421]. Eigenthümlicher Art als unorganischer Rest mittelalterlicher Vorstellungen ist das Recht der Mitglieder des englischen Oberhauses, das ihnen zustehende Votum durch einen ihrer Genossen (by proxy) auszuüben, wobei der Inhaber der proxy nicht einmal sein eigenes Votum übereinstimmend mit dem seines Mandanten abgeben muss[422]. In Oesterreich ist die Ausübung des Wahlrechtes im Grossgrundbesitze durch Vollmacht zulässig[423], was damit zusammenhängt, dass die österreichischen Staatsgrundgesetze an die ständischen Verhältnisse,

---

[420] Der auch durch Gewohnheitsrecht geschaffen werden kann. O. Meyer, St.R. S. 232.

[421] Böhmisches Landesgesetz vom 9. Januar 1873 L.G.B. I, § 10.

[422] Vgl. Fischel a. a. O. S. 383, M a y, Law of Parliament 3th ed. p. 192.

[423] Reichsrathswahlordnung § 13. Stellvertretung in Ausübung des Wahlrechts z. B. auch in Baden, Wahlordnung vom 23. Dezember 1818 § 7, § 22, Württemberg. Verf. § 143.

wie sie bis 1848 existirten, anzuknüpfen bestrebt waren. Je schärfer der Gedanke der modernen Volksvertretung in den rechtlichen Institutionen eines Staates sich ausprägt, desto mehr werden die hier berührten Verhältnisse als anomale erkannt, so dass absolute Unvertretbarkeit in der Ausübung der Rechte der Wähler und der Gewählten überall das leicht zu erkennende Endziel der Entwickelung ist.

Andere Modifikation öffentlicher Rechte ist innerhalb gewisser Grenzen dadurch möglich, dass dem individuellen Willen oder übereinstimmender Willenserklärung von Privaten, öffentlich-rechtlichen Verbänden oder dem Staate die Macht eingeräumt wird, öffentliche Pflichten oder Rechte näher zu determiniren, also gleichsam das öffentliche Recht durch Rechtsgeschäft zu ergänzen[424]. Nur auf diese Weise wird es möglich, individuelle Unterschiede in einzelnen Rechtsverhältnissen in gedeihlicher Weise zu berücksichtigen. Hieher gehören alle Fälle, in denen der Staat den Unterthanen ein Wahlrecht hinsichtlich der Art der Pflichterfüllung einräumt. Auch die Vereinbarung und der Vertrag wird öfter die Form der Modifikation öffentlich-rechtlicher Pflichten und Ansprüche abgeben. Man denke z. B. an Auseinandersetzungen zwischen Armenverbänden, Schulgemeinden u. s. w., an Steuerabfindungen und Stundungen, an Verträge zwischen Staat und Communalverbänden über Beiträge zur Errichtung und Erhaltung öffentlicher Anstalten. Ueber Vereinbarungen dieser Art ist bereits an anderer Stelle gehandelt worden. Aber auch hieher gehörige Verträge sind öffentlich-rechtlicher Natur, unterscheiden sich aber wesentlich von den oben erörterten Subjektionsverträgen. Sie sind der Form nach den privatrechtlichen Verträgen gleich, von denen sie sich hinwieder durch den Vertragsinhalt wesentlich unterscheiden, da öffentliches Recht niemals das Objekt privater Rechtsgeschäfte bilden kann[425]. Man kann sie im Gegensatz zu den Subjektionsverträgen als Verwaltungsverträge bezeichnen, welche demnach die beiden Arten der Gattung staatsrechtlicher Verträge bilden.

---

[424] Eingehende Darlegung und Erörterung hieher gehöriger Fälle bei Badnitzky a. a. O. S. 42 ff.

[425] Vgl. auch v. Stengel in seinem Wörterbuch des V.E. II, S. 703 ff., der aber den Gegensatz beider Arten nicht hervorhebt.

Da das Verhältniss des Einzelnen zum Staate ein die Persönlichkeit des ersteren schaffendes und qualificirendes ist, so ist auch hinsichtlich der Ansprüche, die aus dem positiven Status entspringen, Uebertragung oder Stellvertretung in der Regel ausgeschlossen, sowie auch andererseits die dem passiven Status entspringenden Pflichten persönlich zu leisten sind. Dass eine Disposition über eine persönliche Qualifikation unzulässig ist, bedarf keiner näheren Ausführung. Möglich aber ist eine solche bei Ansprüchen auf Sachleistungen, wie sie auf Grund des aktiven Status entstehen, also z. B. bei den Gehaltsansprüchen der Beamten. Aber gerade hier hat das positive Recht das an sich Mögliche durch verbietende Rechtssätze eingeschränkt. Selbst aber wenn die Rechtsnorm es gestattet, ist keine wahre Disposition über öffentliches Recht vorhanden, wenn gegebenen Falles der Beamte seinen Gehaltsanspruch cedirt oder verpfändet. Denn nicht der Anspruch selbst, sondern das auf Grund des Anspruches bereits erworbene, der Privatrechtssphäre des Erwerbers zugewachsene Recht ist in Wahrheit der mögliche Gegenstand rechtlichen Verkehres.

Eine wichtige Ausnahme von der erörterten Regel bildet aber die Zulässigkeit, unter Umständen sogar Nothwendigkeit der Vertretung in Ausübung des Rechts- und Interessenschutzanspruches. Im Interesse des Einzelnen ist hier grundsätzlich Vertretung zulässig. Im Gemein- und Individualinteresse zugleich ist, soweit der Anwaltszwang reicht, Stellvertretung in Ansehung des Rechtsschutzanspruches geboten. Diese gesetzliche Stellvertretung ist aber nicht unter dem Gesichtspunkt der Disposition über öffentliches Recht zu betrachten. Vielmehr ist hier von Vorneherein die Ausübung eines publicistischen Anspruches an die Vertretung eines amtliche Funktionen ausübenden Dritten geknüpft.

Innerhalb des Rechtsschutzanspruches ist das Gebiet des Civilprocesses kraft seiner innigen Verbindung mit dem Privatrechte jenes, in welchem die individuelle Disposition den weitesten Raum bat. In der Vereinbarung über einen Gerichtsstand oder einen Schiedsspruch, die Aufhebung eines Termines, die Verlängerung oder Abkürzung einer Frist, das Ruhen des Verfahrens, der Bestimmung von Sachverständigen liegen Determinationen öffentlichen Rechtes durch Rechtsgeschäft vor[426].

So hat sich der Satz: Oeffentliches Recht kann durch Privatwillkür nicht modificirt werden, zwar als Regel ergeben, die aber weitgehende Ausnahmen gestattet. Hier wie überall im Rechtssysteme ist es nicht die abstrakte Logik, sondern das praktische Bedürfniss, welches um Symmetrie und Harmonie oft unbekümmert, das Detail des Rechtsbaues ausgestaltet.

XXI. Der Rechtsschutz der öffentlichen Rechte

Nur die rechtlich anerkannte Willensmacht kann durch ihre Richtung auf ein conkretes Interesse ein Recht erzeugen. Rechtliche Anerkennung schliesst die Idee des Schutzes des Anerkannten in sich, derart, dass rechtlich Geschütztes und rechtlich Anerkanntes identificirt zu werden pflegen. Unter Schutz wird aber von Vielen nur der durch staatlichen Zwang (absoluten und compulsiven) gewährte verstanden, so dass heute wie zu Zeiten des Naturrechts der Zwang von einer grossen Zahl von Rechtslehrern als wesentliches Kriterium des Rechtes angesehen wird. Damit fällt aber das ganze öffentliche Recht, wenigstens sofern es in Ansprüchen der Subjicirten an den Staat besteht und sofern die verfassungsmässige Ordnung des Staates, sowie die Beziehungen von Staat zu Staat darunter begriffen sind, aus dem Rahmen des Rechtes gänzlich heraus. Die Theorie, welche Rechtsnorm mit Zwangsnorm identificirt, führt consequent zur Leugnung nicht nur des Völkerrechtes, sondern auch des Verfassungs- und des weitaus grössten Theils des Verwaltungsrechtes. Denn wie immer man die Garantien der beiden letzteren auffasst, unter die Kategorie des Zwanges können sie nicht gebracht werden, weil ein Selbstzwang ein Unding ist.

Diese weitverbreitete Lehre verwechselt Zwang mit Garantie. Irgend eine Gewähr dafür, dass das principiell von der Rechtsordnung Gewollte sich auch verwirkliche, muss allerdings gegeben sein, weil eine blos ideales Dasein führende Norm, die

---

[426] Vgl. Bülow, Dispositives Civilprocessrecht, Archiv f. civ. Praxis 64. Bd. S. 1 ff., namentlich die schönen Ausführungen S. 108 über das Verhältniss des disponirenden Einzelwillens zur Rechtsordnung. Ferner Kohler, Ueber procesarechtliche Verträge und Kreationen, Beiträge zur Erläuterung des deutschen Rechts 1887 S. 276 ff.

unfähig ist, die Wirklichkeit zu beherrschen, nicht den Namen einer Rechtsnorm beanspruchen kann. Allein die Mittel, durch welche der von der Rechtsordnung gewünschte Effekt Wirklichkeit erlangt, sind mit dem Zwange keineswegs erschöpft. In dem Spiel einander tausendfältig kreuzender, aber auch sich verstärkender Interessen liegt bereits eine Garantie der Verwirklichung des Rechtes, wie denn sonst die Bildung von Gewohnheitsrecht eine Unmöglichkeit wäre. Die blos auf sittliche Ueberzeugung, Interessengemeinschaft und Macht Verhältnisse gegründete Gewähr ist allerdings keine absolut wirkende, allein in geringerem Umfange ist das auch mit allen anderen, scheinbar noch so sicheren Garantien der Fall. Wo staatliche Exekution zur Verwirklichung bereit steht, ist allerdings das Recht am Besten geschützt, aber auch minderer Schutz ist bereits als Garantie aufzufassen. Es giebt demnach mehr oder minder geschützte Rechte und es lässt sich auch ein Process verfolgen, durch den minder geschützte Rechte allmälig eines höheren Schutzes theilhaftig werden. Was bereits innerhalb des Privatrechtes stattfindet, der Unterschied von vollkommen und unvollkommen geschützten Rechten (leges imperfectae, Naturalobligationen), das lässt sich in noch viel höherem Masse im öffentlichen Rechte wahrnehmen.

Den unvollkommensten Schutz zeigt das Völkerrecht. Allein in der Zusammenberufung von Congressen und Conferenzen, in der Einsetzung von Schiedsgerichten, in der Uebernahme specieller Gewährleistung eines Vertrages oder Zustandes durch dritte Staaten liegt bereits eine Steigerung der ursprünglich nur durch die Macht- und Spannungsverhältnisse der Staaten gegebenen, höchst mangelhaften völkerrechtlichen Garantien. Ebenso aber zeigt das Staatsrecht ein stetes Vorwärtsschreiten der rechtlichen Garantien, die ihrer Natur nach in Zwang nur dann bestehen können, wenn es sich um Schutz der Ansprüche des Staates gegen die ihm Subjicirten handelt.

Aus dieser Sachlage ergiebt sich, dass das Bestehen wirksamen Rechtsschutzes des individuellen Interesses zwar stets ein Kriterium formellen individuellen Rechtes ist, dass aber aus dem Fehlen des entwickelten Rechtsschutzes oder aus seiner unvollkommenen Entfaltung noch nicht auf das Fehlen des Individualanspruches überhaupt geschlossen werden darf. Wissenschaftliche Untersuchung wird vielmehr auch in solchen

Fällen constatiren müssen, ob ein des Rechtsschutzes fähiges Individualinteresse gegeben ist oder nicht. Hier ist der Gegensatz von formell anerkanntem und materiell existirendem Interesse vorhanden, der namentlich de lege ferenda von der grössten Bedeutung ist. Wäre nicht constatirt worden, dass der Verwaltung gegenüber rechtsschutzbedürftige Interessen existiren, so würde dieser Schutz niemals ins Dasein gerufen worden sein. Allerdings wird sich auch auf diesem Gebiete keine haarscharfe Grenze ziehen lassen und es daher dem ius proprium cujusque civitatis und der jeweiligen Entwicklungsstufe des öffentlichen Rechtes überlassen bleiben, im einzelnen Falle zu bestimmen, ob das Problem ausschliesslich unter dem Gesichtspunkte des Gemeininteresses oder auch unter dem des Einzelinteresses zu lösen sei.

Die Garantie des öffentlichen Rechtes des Staates schliesst ein Doppeltes in sich. Erstens eine Garantie der Ansprüche, welche dem Staate gegenüber dem Subjicirten zustehen. Dann aber eine Garantie der Aufrechterhaltung der staatlichen Rechtsordnung selbst, indem der Staat als Vertreter des Gemeininteresses einen Anspruch an den Staat als wollendes und handelndes Subjekt besitzt, dass in des letzteren Aktion das objektive Recht zum Ausdruck komme. Die Garantie der Ansprüche erster Art liegt in der gesetzmässig auszuübenden staatlichen Macht selbst, welche durch Gebot und Verbot, im Weigerungsfalle durch Zwangsvollstreckung der staatlichen Ansprüche wirksam wird. Die Ansprüche der zweiten Art werden durch darauf hinzielende Competenzvertheilungen an verschiedene staatliche Organe garantirt. Bestimmten staatlichen Organen werden Funktionen zugewiesen, deren Zweck in der Constatirung und Gewährung der Einhaltung der Rechtsschranken durch den handelnden Staat besteht.

In erster Reihe steht die administrative und Finanzcontrole, welche in der Verwaltung von den höheren Instanzen über die niederen, die richterliche, welche ex officio über Verfügungen und Urtheile des unteren Richters von dem oberen geübt wird. Ferner die Competenz, welche, durch positive Satzung vielfach eingeschränkt, dem Richter hinsichtlich der Prüfung von Gesetzen und Verordnungen gegeben ist. Endlich die Controlecompetenzen, welche dem Parlamente über die ganze Verwaltung zustehen und schliesslich die parlamentarische Competenz zur

Ministeranklage. Letztere ist das stärkste Mittel, durch welches das Gemeininteresse sich die Erfüllung der Rechtsordnung garantirt. Nur die Competenz zur Anklage gegen das Staatsoberhaupt in der Republik bedeutet für diese Staatsform noch eine Steigerung desselben.

Eine andere Gewähr des öffentlichen Rechtes liegt in der Art der Organisation der Behörden. Früher hatte man in der collegialen Verfassung der Aemter die beste Garantie sorgsamer und unabhängiger Wahrung der Rechtsordnung erblickt. Die durch das Ministerialsystem nothwendig gewordene Umformung eines grossen Theiles der Verwaltungsbehörden in Einzelbehörden, hat diese Garantie lange nicht mehr als Regel erscheinen lassen. Sie zu ersetzen und zugleich eine stärkere Sicherung gegen ungehörige Beeinflussung der Regierung zu gewinnen, ist einer der Zwecke, für den neue collegiale Behörden geschaffen worden sind, in welchen das durch Ernennung aus dem Amtsbezirke der betreffenden Behörde oder durch Entsendung von den Communalverbänden gewonnene Ehrenbeamtenthum an der Erledigung der Verwaltungsgeschäfte Theil nimmt. Schöffen- und Geschworenengerichte verfolgen auf dem Gebiete der Gerichtsbarkeit ähnliche Zwecke.

Anderer Art sind die Garantien der Erfüllung öffentlichen Rechtes durch die öffentlich-rechtlichen Verbände, namentlich die aktiven. Ueber diese können dem Staate nicht dieselben Machtmittel zustehen, wie über private Körperschaften. Diese kann er im Ungehorsamsfalle auflösen. Ein solches Recht der Vernichtung kann es aber nicht gegen Verbände geben, die selbst gesetzlich Organfunktionen für den Staat auszuüben haben, die also nicht nur dem Staate zur Erfüllung bestimmter Aufgaben verpflichtet sind, sondern denen gegenüber auch der Staat die Pflicht hat, sie in ihrer für ihn unersetzlichen Existenz beharren zu lassen. Da solche Verbände sich vielfach unabhängig vom Staate in gesetzlich vorgeschriebener Formen constituiren, so genügt bezüglich ihrer das administrative Aufsichtsrecht nicht. Dieses verwirklicht sich vornehmlich unter Garantie der Disciplinargewalt, welche über den selbständigen Verband nicht, über dessen Organe nur in beschränktem Umfange geltend gemacht werden kann. Daher hat sich der Staat das Disciplinarrecht ersetzende, diesem analoge Machtmittel zur Garantirung seiner Rechtsordnung gegenüber diesen Verbänden vorbehalten. Dahin gehört das Ernennungs- oder Bestätigungsrecht von Bürgermeistern und Gemeindevorstehern, ferner das Absetzungsrecht hinsichtlich dieser körperschaftlichen Organe, das Recht der Sistirung von Beschlüssen und der Auflösung von Communal-Vertretungen, endlich die zeitweilige commissarische Verwaltung der Angelegenheiten öffentlich-rechtlicher Verbände durch den Staat selbst.

Da in der Competenzvertheilung eine wichtige Garantie des staatlichen Rechtes für den Staat selbst gelegen ist, so dient auch die Institution des positiven Competenzconfliktes diesem Zwekke. Die dem Staatsoberhaupte zustehende Competenz zur Auflösung der Wahlkammern hat zwar in erster Linie die Bestimmung, den möglichen Conflikt faktischer Interessen, welcher zwischen den individuellen Trägern verschiedener staatlicher Competenzen entstehen kann, zu lösen, kann aber auch als ein Mittel zur Schlichtung eines Compelenzconfliktes zwischen Staatsoberhaupt, beziehentlich Ministerium und Parlament gebraucht werden. Die Institution von Verfassungsgerichtshöfen, die aber bisher nur in einer Minderzahl von Staaten existiren, haben im Grunde als specifisches Merkmal den Charakter von Confliktsgerichten[427]. Ebenso verhält es sich mit den Verwaltungsgerichten, sofern sie nicht über subjektives, sondern ausschliesslich über objektives Recht judiciren[428].

Der Schutz des individuellen Rechtsanspruches an den Staat wird in erster Linie gewährt durch die pflichtmässige Thätigkeit sämmtlicher Staatsorgane. An alle, d. h. an die physischen Träger der Organschaft geht der staatliche Auftrag, dem rechtlich anerkannten individuellen Anspruch zu genügen. Würde die staatliche Ordnung gleich der natürlichen in ihren Organen mit absoluter Nothwendigkeit wirken, so wäre ein weiteres Schutzmittel für den individual-rechtlichen Anspruch überflüssig. Allein wenn auch andere Garantien für ihn bestellt sind, weil die

---

[427] Z. B. in Sachsen, Verf. § 153, Oldenburg, Verf. Art. 209, Braunschweig, Neue Landschaftsordnung §231, ferner Reichsgesetz vom 14. März 1881 betr. die Zuständigkeit des Reichsgerichts für Streitfragen zwischen dem Senat und der Bürgerschaft der freien und Hansestadt Hamburg R.G.B. S. 37.

[428] Preussisches Gesetz über die Organisation der allg. Landesverwaltung vom 26. Juli 1880 §60, Kreisordnung § 178, Provincialordnung § 118; vgl. ferner G. Meyer, VR I, S. 43, 44.

Umwandlung des physischen Willens in rechtlich gestimmten Organwillen nicht mit Sicherheit besteht, so ist die pflichtmässige Thätigkeit der Staatsorgane dennoch die stärkste Garantie, die individuellem publicistischen Anspruch überhaupt gegeben werden kann. Auch für den Staat selbst liegt in der pflichtmässigen Thätigkeit seiner Organe, die er durch eine ganze Zahl von Machtmitteln schützt, die grundlegende Garantie seiner Rechtsordnung.

Allein der Staat muss, wenn er die Rechtsordnung aufrecht erhalten will, auch den individuellen Willen unter allen Umständen in bestimmtem Umfange als Bedingung seiner rechtsschützenden Thätigkeit anerkennen. Ein nur von gesetzlichen Voraussetzungen abhängiger Schutz des Privatrechts würde die ganze bestehende Gesellschaftsordnung von Grund aus umstürzen, den Menschen der absoluten Bevormundung des Staates unterstellen. Im Privatrecht wird vielmehr der Privatwille in der Regel nur soweit geschützt, als er selbst diesen Schutz zur Realisirung seiner Zwecke anruft. So ergiebt sich mit Nothwendigkeit der Satz, dass das Privatinteresse nicht unmittelbar von Staatswegen, sondern, in der überwiegenden Mehrzahl der Fälle wenigstens, nur auf Wunsch des Interessenten selbst geschützt wird. Dadurch entsteht die Anerkennung einer publicistischen Aktionsfähigkeit, welche als Rechtsschutzanspruch die wichtigste Funktion des positiven Status bildet.

In diesem Rechtsschutz ist aber bereits enthalten nicht nur der Anspruch, eine staatliche Thätigkeit auf Grund eines rechtlich constatirten Thatbestandes im eigenen Interesse zu provociren, sondern auch der, richterliche Verfügungen und Urtheile anzufechten. In den verschiedenen Rechtsmitteln ist die rechtliche Möglichkeit gewährt, eine Ueberprüfung staatlicher Willensakte herbeizuführen und zwar sowohl im staatlichen Interesse, das richtige und unparteiische Handhabung der Justiz verlangt, als auch im individuellen, dessen Rechtsbestand hievon abhängt. Der Richter höherer Instanz, indem er dem Rechtsschutzanspruch genügt, judicirt nicht nur über privatrechtliche Zustände und Rechte, sondern nothwendigerweise auch über die Rechtmässigkeit der Akte des unteren Richters. Der Rechtsschutzanspruch wird daher hier bereits realisirt durch eine Competenzvertheilung innerhalb des Systemes der Gerichte, kraft welcher gerichtliche, d. h. staatliche Akte richterlicher, d. h. staatlicher Prüfung unterworfen werden.

Der Anspruch auf Provokation richterlicher Ueberprüfung behördlicher Akte ist in anderer, gesteigerter Art gegeben im ordentlichen Strafverfahren. Handelt es sich im Civilprocesse in erster Linie um das Recht des Einzelnen und wird im condemnatorischen Urtheil das Individuum zwar staatlichem Gebote unterworfen, aber nur zu dem Zwecke, ein anderes Individuum zu befriedigen, so entscheidet im Strafprocesse der Richter über des Staates Anspruch auf Leisten oder Dulden der Strafe. Der Richter ist in zwiefachem Interesse, dem staatlichen der Wahrheitserforschung, dem individuellen der Freiheit von dem Strafgebote, vielfach gebunden, über Anträge der angeklagten Partei schlüssig zu werden. In der Gewährung der Berufung und Revision liegt jedoch bereits der individual-rechtliche Anspruch auf richterliche Entscheidung über ein dem Staate zugesprochenes Recht. Die Competenzvertheilung geht hier schon so weit, dass die eine Behörde im Stande ist, im allgemeinen und individuellen Interesse zugleich einen bereits fixirten Rechtsanspruch des Staates zu vernichten. Auf dem Gebiete der ordentlichen Gerichtsbarkeit wird daher der Rechtsschutzanspruch einfach durch Competenzvertheilung an verschiedene, einander über- und untergeordnete processual verfahrende Instanzen realisirt und garantirt. Die Garantie liegt sowohl in der Art des Verfahrens als in der Vertheilung der richterlichen Funktionen an eine Mehrheit unabhängig von einander judicirender, zu einem zusammenhängenden System von Gerichten mit einander verbundener Richter.

Staatliche Thätigkeit ist Thätigkeit im Gemeininteresse. Sie ist Verwaltung, sofern nicht Rechtsschöpfung und Rechtsschutz ihr Inhalt ist. Die Verwaltung tritt nothwendig in eine Fülle von Beziehungen zum Individuum und seinen Interessen. Sie kann mit Competenzen ausgerüstet sein, die sie befähigen und verpflichten, nur im Gemeininteresse zu handeln, d. h. das diesem entgegenstehende individuelle Interesse als solches nicht zu berücksichtigen. Sie kann aber andererseits ihren Zwecken oft nur dadurch genügen, dass sie in die rechtliche Stellung des Individuums eingreift und zwar durch eine Steigerung seines Rechtsbestandes. Hiebei ist es möglich, dass das Individuum sich ganz passiv verhält, so dass diese Erweiterung der individuellen Rechtssphäre streng einseitig stattfindet oder sie erfolgt zwar auf

Antrag der Betheiligten, aber nicht in Erfüllung einer Rechtsforderung, sondern in Berücksichtigung des im Hinblick auf das Gemeininteresse zu fördernden Individualinteresses. Die Verwaltung kann auch in die Lage kommen, durch Handeln im Gemeininteresse partikulare Interessen zu schaffen und zu fördern. Das sind die beabsichtigten oder auch unbeabsichtigten Reflexwirkungen der Verwaltung. Wenn eine Universität errichtet wird, so werden neue Interessen der Einwohner der betreffenden Stadt geschaffen, wenn die Trace einer Bahn bestimmt wird, die Interessen der künftig an ihr liegenden Ortschaften erheblich gefördert, obwohl der Bahnbau mit dieser Förderung in gar keinem ursächlichen Zusammenhange zu stehen braucht. Die Verwaltung kann aber endlich auch in Berührung treten mit den rechtlichen Ansprüchen der Individuen. Oberstes Princip in dieser Hinsicht ist für sie der Satz, dass sie in Rechtsschranken gebannt ist, dass sie vom Einzelnen nichts fordern, ihm nichts befehlen darf, als wozu sie durch Rechtssatz ausdrücklich legitimirt ist. Andererseits sind wieder dem Einzelnen positive Ansprüche an die Verwaltung gegeben. Sie treten namentlich dann ein, wenn im Gemeininteresse eine principielle Beschränkung der individuellen Handlungsfähigkeit normirt ist, die unter concreten Umständen durch einen von dem Individuum zu beanspruchenden Verwaltungsakt hinwegfällt oder wenn der Staat sich die Garantie verschafft, dass die Benutzung seiner Institutionen den von ihm gesetzten Zweck erfüllt und deshalb den Nachweis einer bestimmten Qualifikation von dem Einzelnen verlangt oder wenn die Verwaltung im Interesse öffentlicher Controle rechtlich relevante Zustände des Individuums beurkundet.

In allen Fällen nun, in denen der Verwaltung individuelles Recht gegenübersteht, wird dieses in erster Linie durch die pflichtgemässe Thätigkeit der Behörden zu schützen sein. Derart war der gesammte Schutz des Individualinteresses in den meisten Staaten bis in die neueste Zeit bestellt. Durch instanzenmässige Competenzvertheilung, durch collegiale Organisation, durch das Recht der Aufsicht der oberen Behörden über die unteren war gleich dem staatlichen Interesse auch das individuelle, soweit es Berücksichtigung fand, geschützt. Dieser Schutz war allerdings ein wenig entwickelter. Hat die Verwaltung in erster Linie das Gemeininteresse im Auge, so ist es psychologisch wahrscheinlich, dass das Einzelinteresse im Zweifelfalle nicht die genügende von der Rechtsordnung geforderte oder zugelassene Beachtung finden werde. Zudem steht bei dieser Lage der Dinge dem Individuum zwar ein principieller Anspruch an die Verwaltung zu, aber keine nach Art eines Rechtsmittels wirkende Fähigkeit, ihn zu verwirklichen. Die Verwaltungsbeschwerde giebt zwar den Anstoss zu neuerlicher Prüfung der Sache, sei es durch dieselbe, sei es, was die Regel bildet, durch eine höhere Instanz. Sie war aber häufig nur als ein Mittel gestaltet, die staatliche Controle innerhalb der Verwaltung in Bewegung zu setzen, nicht der Anlass zu einer in den Formen und nach den Principien des Rechtsverfahrens stattfindenden Revision des betreffenden Verwaltungsaktes. Nichtsdestoweniger ist auch bei solcher Lage der Dinge eine Sonderung rechtlichen Anspruches von der individuellen Forderung der Berücksichtigung der blos faktischen Interessen möglich. Der gesteigerte Rechtsschutz schafft das Recht nicht; das öffentliche Recht des Einzelnen gegenüber der Verwaltung ist nicht erst durch Einführung der Verwaltungsgerichtsbarkeit und individualrechtlichen Ausgestaltung der Verwaltungsbeschwerde entstanden. Allerdings war aber in solchen Fällen der gewährte Schutz oft nicht Erfüllung eines Rechtsanspruches, sondern Reflexwirkung objektiven Rechtes, ähnlich wie der dem Individuum gewährte strafrechtliche Schutz reiner Rechtsreflex ist.

Anders wird aber das Verhältniss mit der Einführung der Verwaltungsgerichtsbarkeit. Mittelst Competenzentrennung wird in verschiedenen Staaten in verschiedener, hier nicht näher zu erörternder Weise der rechtliche Anspruch des Einzelnen in grösserem oder geringerem Umfange derart geschützt, dass ihm die rechtliche Macht gegeben wird, gleichwie im Civil- und Strafprocesse die richterliche, so hier die Verwaltungsverfügung einer richterlichen Prüfung unterziehen zu lassen, auf Grund deren, wenn das Klagebegehren als begründet erscheint, je nach den positiven Festsetzungen eine cassatorische oder reformatorische Entscheidung erfolgt. Ferner schützt als besondere Form der querela denegatae iustitiae der negative Competenzconflikt, wenn die richterliche Incompetenzerklärung rechtlich begründet ist, den individuellen Anspruch auf Entscheidung zunächst durch die Verwaltung und im weiteren Verlaufe durch die Verwaltungsgerichte.

Die Verwaltungsgerichtsbarkeit garantirt zwar in erster Linie den Rechtskreis der Einzelnen. Sie garantirt aber ebenfalls das staatliche Interesse an der Verwirklichung des Gesetzes durch die staatlichen Organe und stellt sich unter diesem Gesichtspunkte dar als der Schlussstein in dem Bau jener staatlichen Institutionen, durch welche sich der Staat selbst die Erfüllung seiner Rechtsordnung sicher stellt[429]. Die Thatsache aber, dass nicht überall die Verwaltungsgerichtsbarkeit durchgeführt erscheint, und dass in den Staaten mit Verwaltungsgerichten nicht alle Rechtssachen auch der verwaltungsgerichtlichen Rechtsprechung unterliegen, ist der sprechendste Beweis gegen die Anschauung, dass mit Gewährung eines formellen Klagerechtes auch das Recht selbst erst erstehe. Aufgabe eingehender, de lege ferenda wichtiger Untersuchung ist es, zu constatiren, inwieweit im gegebenen Rechte des verwaltungsgerichtlichen Schutzes fähige individualrechtliche von der Rechtsordnung als solche gedachte Ansprüche vorhanden sind, um demgemäss die Forderungen an die Gesetzgebung zu bestimmen.

Unvollkommen geschützte Ansprüche sind in der Regel die auf Anerkennung der Berufung zur Organschaft. In den Staaten, welche das Recht der Prüfung der parlamentarischen Wahllegitimation — sowohl was die Wähler als was die Gewählten betrifft — ausschliesslich den Kammern selbst überlassen und höchstens eine administrative Beschwerde bei behaupteter Verletzung des Wahlrechtes gestatten, ist ein, wie früher dargethan, zweifellos vorhandener und hochwichtiger publicistischer Anspruch einer möglich sicher wirkenden Erfüllungsgarantie bar und damit nicht nur das individuelle, sondern auch das staatliche Interesse ungenügend geschützt. Die Erkenntniss aber, dass hier ein individueller Anspruch vorliegt, ist die Bedingung für die —

---

[429] Die Ansicht Gneists, Rechtsstaat 2. Aufl. S. 270, der sich Bornhak a. a. O. II, 8. 413 ff. anschliesst, die im Widerspruch zur herrschenden Lehre die Verwaltungsgerichte nur über objektives Recht judiciren lässt, vermag die streng individualisirten Befugnisse der Parteien im Verwaltungsstreitverfahren, namentlich aber die Abhängigkeit des ganzen Processes von einem Antrage der verletzten Privatpartei nicht zu erklären und läuft schliesslich auf Leugnung des subjektiven öffentlichen Rechtes hinaus oder doch auf eine Verkennung seines eigenartigen Wesens, wie Gneists Ausführungen S. 271 über die Parteienrechte im Strafprocess beweisen.

hierauf jedoch kraft juristischer Logik eintretende — Forderung, ihm höhere Garantien zu schaffen. Denn grösstmögliche, intensive und extensive Garantirung der individuellen Ansprüche ist eines der letzten und höchsten Ziele, welche der Rechtsordnung gesteckt sind. Garantirt sie doch damit zugleich ihre eigene Festigkeit und die Erfüllung dessen, was nur durch sie und in ihr erreicht werden kann.

Ungleich stärker als der aktive Status des Einzelnen ist in der Regel garantirt der der öffentlich-rechtlichen Verbände. Ihre Ansprüche auf Organschaft sind vielfach in gleicher Weise geschützt, wie die individualrechtlichen Ansprüche an die Verwaltung. In der rechtlichen Zuerkennung eines allerdings auch Elemente der Subjektion an sich tragenden aktiven Status an diese Verbände wurzelt ihr publicistischer Charakter. Gerade dieser Rechtsanspruch erzeugt die Forderung nach einer Garantie des Organverhältnisses gegen staatliche Versuche, die betreffenden Organrechte durch Verwaltungsakte zu schmälern und an sich zu ziehen. Andererseits aber erwächst für den Einzelnen der Anspruch auf Rechtsschutz als Mitglied derartiger Verbände gegen den nicht normgemässen Verbandswillen, sofern er die individuelle Sphäre tangirt. Bereits hervorgehoben wurde, dass der mittelbare aktive Status, den die Mitgliedschaft an diesen Verbänden gewährt, einen viel ausgiebigeren Rechtsschutz gefunden hat, als der, welcher in der Regel dem unmittelbaren aktiven Status zu Theil wird.

Ein schlagender Beweis dafür, wie wenig der Rückschluss von dem Nichtdasein eines geregelten Rechtsverfahrens auf das Nichtvorhandensein individualrechtlicher Ansprüche gestattet ist, zeigt der aktive Status der Gliedstaaten im Bundesstaate. Ohne Frage ist eine Garantie für den negativen Status der Staaten in dieser Hinsicht denkbar und in den Vereinigten Staaten durch die bundesgerichtliche Competenz, die Congressakten auf ihre Verfassungsmässigkeit zu prüfen, auch thatsächlich gegeben[430]. Der Mangel ähnlicher Bestimmungen im deutschen Reiche und der Schweiz kann das Dasein des Anspruches natürlich nicht aufheben, sondern bietet nur einen Fingerzeig für den Ausbau dieser Verfassungen.

---

[430] Vgl. Story,. Commentaries on the Const. of the United States (ed. by Cooley, Boston 1873) § 1575 squ.

Die Ansprüche der Gliedstaaten auf organschaftliche Stellung im Bundesstaate jedoch finden keine der Garantien, welche individuellen Ansprüchen gegeben sind. Indessen sind nirgends weniger sichere Garantien denkbar als auf dem Gebiete staatlicher Organisation überhaupt. Eine staatliche Organisation kann nicht durch Zwangsmittel verwirklicht werden, da sie die Voraussetzung aller staatlicher Thätigkeiten überhaupt ist. Wenn z. B. die französischen Kammern sich weigern sollten, in vereinigter Sitzung die Wahl des Präsidenten der Republik vorzunehmen, welche rechtlichen Mittel liessen sich denken, die verfassungsmässige Forderung zu garantiren? Alle derartigen grundlegenden organisatorischen Akte werden vorgenommen kraft des normalen Willens der organisirenden Elemente. Wo dieser mangelt, hat die Rechtsordnung überhaupt ein Ende und der Staatsstreich oder die Revolution beginnen. Gegen die ist aber juristische Garantie ohne Nutzen. Deshalb sind auch die organisatorischen bundesrechtlichen Bestimmungen ausschliesslich in den rechtlichen Willen sämmtlicher Bundesstaatsorgane gelegt; nichts destoweniger entspringen aus ihnen individuelle Ansprüche der Gliedstaaten, wie wohl von Niemand bezweifelt wird.

Made in United States
Troutdale, OR
11/03/2026

56844496R00196